Final Cu

MW00768645

abraxas - AULA 25
Rúa Montero Ríos, n.º 50
Rúa Santiago de Chile, n.º 25
Rúa Nova de Abaixo, n.º 7
Praza da Universidade, n.º 3
Telf: 981 580 377 - Fax: 981 580 145
SANTIAGO DE COMPOSTELA

MEDIOS DIGITALES

TÍTULO DE LA OBRA ORIGINAL:
Apple Pro Training Series: Final Cut Pro 5

RESPONSABLE EDITORIAL:
Eugenio Tuya Feijoó

TRADUCTOR:
José Luis Gómez Celador

ILUSTRACIÓN DE CUBIERTA:
David Villanueva Ghisleri

REALIZACIÓN DE CUBIERTA:
Cecilia Poza Melero

Final Cut Pro 5

Diana Weynand

Edición española:

© EDICIONES ANAYA MULTIMEDIA (Grupo Anaya, S.A.), 2006
Juan Ignacio Luca de Tena, 15. 28027 Madrid
Depósito legal: M. 8.656-2006
ISBN: 84-415-1983-8
Printed in Spain
Imprime: Closas-Orcoyen, S.L.

A Barry Clark, por decir que sí en dos ocasiones.

Agradecimientos

En primer lugar, me gustaría agradecer la colaboración de mi socia, Shirley Craig, por todo su apoyo en la gestión de nuestra empresa Weynand Training International mientras me centraba en escribir este libro.

Mi más sincero agradecimiento a todos los que han contribuido con el material utilizado en el libro. En especial a Barry Clark y Scott Garen por permitirme utilizar los archivos de medios de su película, *A Thousand Roads*, y a Elizabeth Duggal del Smithsonian's National Museum of the American Indian por apoyar su decisión. Este material imprime una belleza inigualable a los ejercicios del libro. Agradecer también a Michael Bryant y Perry Karidis por dejarme utilizar su magnífico documental sobre motociclismo. Por último, dar las gracias al grupo All Hours (Gilly Leads, Dean Moore, Nick Burns y Amit LeRon) por su esfuerzo en *The Viper Room* durante la grabación del vídeo musical; a su manager, Jodi Chall; Al Cafaro de Hybrid Recordings y Lauren Haber de BMG por permitirme utilizar un fragmento del tema "Box Office Stud" en el capítulo sobre grabación con varias cámaras.

Expresar también mi gratitud a mi excelente equipo editorial, comandado por Nancy Peterson de Alchemy Editing; a Nathan Haggard por sus ediciones técnicas; Mary Plummer y Adam Green por sus conocimientos sobre Apple; Darren Meiss por la labores de edición y a Brendan Boykin y Steve Kanter por el control de calidad.

En Apple, me gustaría agradecer a Patty Montesion su generoso entusiasmo y su participación en las series Apple Pro Training, también a Kirk Paulsen, Brian Meaney, Paul Saccone y Erin Skitt por su apoyo en todo lo relacionado con Final Cut Pro. Gracias al equipo de la editorial por llevar este libro a buen puerto: Nancy Ruenzel, Serena Herr, Kristin Kalning, Laurie Stewart, Maureen Forys y Eric Geoffroy.

Agradecer a Claudio Miranda la ilustración de la portada; a Karen Jossel de Lucky Dog Graphic Design por el diseño gráfico; Roger Mabon de G-Technology, Inc., por poder utilizar la unidad G-RAID, que se portó inmaculadamente; a Ted Shilowitz y Gerard Tassone de AJA por el tablero Io; a Manny Gaudierat de Sony por el equipo PDW-1 para capturar material en discos ópticos XDCAM y a Andrew Robbins de Megatrax.

Por último, siempre ayuda contar con un apoyo cerca. Gracias a Christian Dangaard, Jeff Morse, David Heimann y, en especial a Susan Merzbach, por su colaboración y su ayuda con las secuencias.

Índice de contenidos

Capítulo 2. Marcado y edición 51

Capítulo 3. Editar mediante técnicas de arrastrar y soltar 81

Capítulo 6. Ajustar puntos de edición 149

Capítulo 7. Otras opciones de edición 173

Capítulo 8. Personalizar un proyecto 195

Capítulo 9. Capturar material 225

Capítulo 10. Aplicar transiciones 251

Capítulo 11. Mezclar pistas de audio 277

Introducción

Bienvenidos al curso oficial de aprendizaje de Apple Pro para Final Cut Pro 5, el paquete de edición no lineal más poderoso y dinámico de Apple. Este libro constituye una exhaustiva guía de Final Cut Pro y utiliza material del mundo real tanto en NTSC como en PAL para demostrar los distintos usos de la aplicación.

Además de los capítulos incluidos en el libro, el DVD adjunto contiene una introducción a LiveType (en inglés), la aplicación de 32 bits para crear títulos animados incluida en Final Cut Pro junto a Cinema Tools y Compressor.

Ya sea un profesional veterano o un recién llegado Final Cut Pro cubrirá todas sus necesidades de edición. Así pues, manos a la obra.

Metodología

Este libro es fundamentalmente práctico. Cada ejercicio que incluye está diseñado para ayudarle a editar en Final Cut Pro y a alcanzar una calidad profesional rápidamente. Cada capítulo del libro describe las funciones y posibilidades que ofrece el programa, y amplía los conocimientos descritos en capítulos anteriores. Si es la primera vez que trabaja con Final Cut Pro, es recomendable que siga los capítulos del libro según se presentan, mientras que si ya está familiarizado con alguna versión anterior del programa, le resultará más útil consultar directamente la sección que más le interese, por estar cada capítulo descrito de manera independiente.

Estructura del curso

Este libro está estructurado de manera que le permite familiarizarse primero con las funciones de edición y de recorte más básicas de Final Cut Pro, para después ser capaz de personalizar y utilizar el programa para lograr sus propios objetivos y obtener un mejor entendimiento de las funciones más avanzadas, como la creación de efectos y títulos, y las tareas de grabación. Los capítulos se agrupan en las siguientes categorías:

- **Capítulos 1-7:** Técnicas básicas de edición y recorte.

- **Capítulos 8-9:** Personalización y captura.

- **Capítulos 11-13:** Efectos de vídeo y audio, y mezcla de audio.

- **Capítulos 14:** Edición con varias cámaras.

- **Capítulos 15-16:** Creación de títulos y producción final.

Cada capítulo comienza con una sección llamada "Preparar el proyecto" que presenta el trabajo que se va a crear en el mismo. Además de los ejercicios prácticos que aparecen en todos los capítulos, la mayoría incluye además una sección denominada "Tareas del proyecto" que le ofrece la oportunidad de practicar lo visto hasta el momento, antes de pasar a un nuevo tema.

Acerca del material

A lo largo del libro utilizaremos materiales diferentes, cada uno para representar un tipo de proyecto distinto.

Smithsonian's National Museum of the American Indian: A Thousand Roads (NTSC)

El primer material con el que trabajaremos se ha tomado de la película *A Thousand Roads*, del Smithsonian's National Museum of the American Indian. Sus responsables son el productor ejecutivo W. Richard West, Jr. (de la tribu Cheyenne), los productores Barry Clark y Scott Garen, el director Chris Eyre (Cheyenne/Arapahoe), los escritores Scott Garen y Joy Harjo (de la tribu Muscogee), el director de fotografía Claudio Miranda, el editor Harry Miller, III, y el poeta indio, activista y actor John Trudell, encargado de la narración de la película.

La película se ha rodado en 35 mm., se ha transferido a HD y, tras ello, a DV para su edición fuera de línea. El metraje de este libro son los medios DV originales utilizados en el proceso de edición. Como ocurre con muchos proyecto cinematográficos, verá que se incluyen números de referencia en las imágenes. Todas las decisiones de edición se aplicaron a la película en 35 mm y, por último, se digitalizó. *A Thousand Roads* es la primera obra pública estadounidense producida y emitida de acuerdo a las directrices de la Iniciativa de cine digital (DCI), un consorcio de siete grandes estudios de Hollywood que han definido los estándares para la representación digital de películas.

Documental sobre motociclismo (NTSC)

El segundo conjunto de medios incluye material sobre una carrera de motociclismo, producido y dirigido por Michael Bryant y Perry Karidis de State of Mind Productions. Este material se ha utilizado en un documental de deporte sobre el mundo del motociclismo. El equipo de producción siguió al equipo Yamaha of Troy, con sede en Dayton, Ohio, en distintas carreras y realizó la filmación con cámaras Sony PDW-530 XDCAM, para grabar el material en discos ópticos en lugar de cintas. Estas cámaras pueden grabar a distintas velocidades, con lo que se obtienen distintas calidades, como por ejemplo DVCAM (25 megabits por segundos o Mbps) y calidad MPEG IMX a 30, 40 y 50 Mbps. Para este proyecto, los productores decidieron utilizar la mayor calidad posible (50 Mbps) pero realizaron la edición preliminar en formato DV, el analizado en el libro. Por medio de Final Cut Pro 5 capturaron los medios directamente del reproductor de discos ópticos PDW-V1 a través de una tarjeta de captura AJA Io conectada a la entrada SDI.

Vídeo musical de All Hours (PAL)

El tercer conjunto de medios proviene de un vídeo musical de la canción *Box Office Stud*, escrita por Gilly Leads y ejecutada por el grupo de Los Angeles All Hours. El tema es de su primer CD, *In Flagrante Delicto* (Hybrid Recordings), disponible en la tienda de iTunes de Apple. El vídeo se rodó en la sala The Viper Room de Los Angeles con los integrantes del grupo Gilly Leads (voz y guitarra), Dean Moore (bajo), Nick Burns (batería) y Amit LeRon (guitarra). Se grabó en formato HDV por Perry Karidis y Mike Pescasio. La dirección corrió a cargo de Diana Weynand y la producción corresponde a Weynand Training International. Para adecuarlo a los objetivos del libro, parte del material se transfirió a DV-PAL Anamorphic.

Requisitos del sistema

Antes de comenzar a utilizar este libro, debe estar familiarizado con el ordenador y su sistema operativo. Debe conocer el funcionamiento del ratón, los menús estándar, los comandos y cómo abrir, guardar y cerrar archivos. Si necesita repasar estas técnicas, consulte la documentación impresa o en línea incluida en su sistema. Para más información sobre los requisitos del sistema para Final Cut Pro 5, consulte la documentación de Final Cut Pro.

Las series Apple Pro Training

Final Cut Pro 5 forma parte de las series de aprendizaje para aplicaciones de Apple Pro desarrolladas por expertos en el campo. Los capítulos están diseñados para que pueda aprender a su propio ritmo. Los conceptos y funciones fundamentales del programa vienen detallados para aquellos que no están familiarizados con Final Cut Pro. También se describen detalladamente las nuevas funciones de Final Cut Pro 5, para los que ya han trabajado con versiones anteriores del programa.

Aunque cada capítulo incluye instrucciones exhaustivas para crear proyectos concretos, siempre hay lugar para la experimentación. Es recomendable que siga todos los capítulos del libro, desde el principio al fin, o al menos los siete primeros capítulos, antes de comenzar a investigar y experimentar por su cuenta. Cada capítulo concluye además con una sección de repaso que resume los puntos vistos en el mismo.

Programa de certificación de Apple Pro

Los programas de aprendizaje y certificación de Apple Pro están diseñados para que esté a la vanguardia de la tecnología digital más avanzada de Apple, ofreciéndole la oportunidad de convertirse en un profesional competente en un mercado en constante cambio. Estas herramientas le ayudaran a incrementar y perfeccionar sus habilidades, tanto si es editor, diseñador gráfico, técnico de efectos especiales o profesor. Tras completar todo el material presentado en este libro, estará preparado para obtener la Certificación de Apple Pro en uno de los centros de aprendizaje autorizados de Apple. Se ofrecen diferentes certificaciones en Final Cut Pro 5, DVD Studio Pro 4, Shake 4 y Logic Pro 7, que le concederán el reconocimiento oficial a sus conocimientos sobre las aplicaciones profesionales de Apple, junto con el prestigio necesario en el mercado para presentarse ante sus supervisores o ante sus clientes como un profesional capacitado.

Consulte el sitio www.apple.com/es/training/pro/, en el que encontrará un listado de los centros autorizados existentes.

En estos mismos centros también se ofrecen cursos intensivos impartidos por profesionales certificados de Apple, que emplean manuales como éste y que refuerzan las clases teóricas con ejercicios prácticos en los laboratorios. Los centros de aprendizaje autorizados de Apple han sido cuidadosamente seleccionados y cumplen con los más altos estándares de calidad en todas las áreas de

Apple, incluyendo las instalaciones, los profesores, el material, así como las infraestructuras. El objetivo del programa reside en ofrecer a todos los usuarios de Apple, desde principiantes a profesionales, una experiencia de aprendizaje de la mejor calidad

Recursos

Esta guía no pretende reemplazar la documentación que acompaña al programa, ni erigirse como el único manual de referencia. Para más información sobre Final Cut Pro, consulte los siguientes recursos:

- **The Reference Guide:** Guía que se accede a través del menú de ayuda de Final Cut Pro y que contiene una completa descripción de todas sus funciones.

- **El sitio Web oficial de Apple:** `http://www.apple.com/es/`

Capítulo 1

Trabajar con la interfaz

L a interfaz de Final Cut Pro es flexible y dinámica. Nos permite modificar una pieza maestra y ver nuestro material original al tiempo que podemos organizar los elementos de nuestro proyecto.

En este capítulo, vamos a trabajar con la interfaz de Final Cut Pro, familiarizarnos con el flujo de trabajo de un proyecto, organizar los elementos de un proyecto, manejar los controles de desplazamiento de la interfaz, así como a aumentar y ajustar la línea de tiempo. Descubriremos además los menús y teclas de acceso directo de Final Cut Pro, y las funciones adicionales disponibles con un ratón de dos botones.

- **Archivos del capítulo:** Lesson 1 Project

- **Medios:** Carpeta A Thousand Roads>Intro

- **Duración:** 50 minutos aproximadamente

- **Objetivos:**

  - Iniciar Final Cut Pro.

  - Abrir y cerrar un proyecto.

- Trabajar con menús, teclas de acceso directo y el ratón.

- Comprender el flujo de trabajo de Final Cut Pro.

- Trabajar con proyectos en el buscador.

- Trabajar con la línea de tiempo y el lienzo.

- Reproducir una secuencia.

- Aumentar la línea de tiempo.

- Salir y ocultar Final Cut Pro.

Preparar el proyecto

Antes de comenzar, debe instalar la aplicación Final Cut Pro en el disco duro. También es necesario copiar las carpetas de capítulos y medios desde el DVD que acompaña al libro hasta el disco duro del ordenador. En la introducción encontrará la manera de realizar este proceso. Tras ello, podrá continuar con el capítulo.

Para abrir o iniciar Final Cut Pro, dispone de una de las siguientes formas:

- Hacer doble clic sobre el icono de Final Cut Pro que está en la carpeta de programas de su disco duro

- Hacer clic sobre el icono de Final Cut Pro de la Barra de tareas

- Hacer doble clic sobre un archivo de proyecto de Final Cut Pro

Nota: Si coloca el icono en la Barra de tareas, le resultará más rápido y sencillo abrir el programa en el futuro.

1. Si el icono de Final Cut Pro no aparece en la Barra de tareas, búsquelo en la carpeta de aplicaciones del disco duro, arrástrelo hasta la Barra de tareas y suelte el botón del ratón.

2. Haga clic sobre el icono de Final Cut Pro de la Barra de tareas para ejecutar el programa.

La interfaz del programa se abre por un proyecto predefinido con el nombre **Untitled Project 1** en la ventana Browser (Buscador), situada en la esquina superior izquierda de la interfaz. Si se han abierto otros proyectos

anteriormente, es posible que sus nombres aparezcan también.

La interfaz de Final Cut Pro

La interfaz de Final Cut Pro se compone de cuatro ventanas principales: el buscador, la ventana de muestra o visor, el lienzo y la línea de tiempo que se pueden agrupar de la manera siguiente: el buscador y el visor se emplean para organizar y visualizar el material no editado, mientras que en el lienzo y en la línea de tiempo se trabaja con material editado.

Existen otras dos ventanas secundarias: la paleta de herramientas, que contiene una gran variedad de herramientas de edición, y los medidores de audio, que sirven para controlar los niveles de audio.

 Nota: La primera vez que abra Final Cut Pro, aparecerá una ventana en la que debe seleccionar una configuración y el tipo de metraje que desea editar. El predeterminado es DV-NTSC, el utilizado en los capítulos. En un capítulo posterior veremos cómo seleccionar configuraciones. Por el momento, pulse **OK** para cerrar este cuadro de diálogo. Si aparece una ventana A/V externa indicando que no ha sido posible encontrar la unidad de vídeo externo, ignórela y pulse **Continue,** ya que dicha unidad no es necesaria para estos capítulos.

Buscador   Visor   Canvas

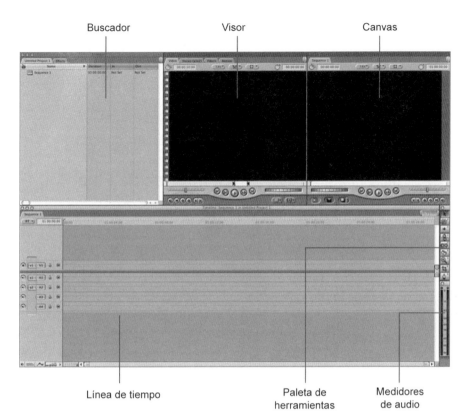

Línea de tiempo   Paleta de   Medidores
                         herramientas   de audio

Cada una de estas ventanas tiene una función concreta en el proceso de edición:

- **El buscador:** El buscador o Browser es la ventana donde se organizan todos los elementos del proyecto que se va a editar y que se mostrarán en forma de lista o de iconos.

- **El visor:** El visor o Viewer es la ventana en la que se visualiza el material original para elegir los puntos de edición. En esta ventana también se puede editar audio, modificar transiciones y efectos, y construir títulos.

- **La línea de tiempo:** La línea de tiempo o Timeline es una representación gráfica de todas las ediciones que realizamos. Se trata del área de trabajo donde se edita, separa, desplaza, agrupa o ajusta el material. En esta ventana se pueden ver todas las ediciones agrupadas.

- **El lienzo:** La línea de tiempo y el lienzo o Canvas son como los dos lados de una misma moneda, ya que ambos muestran el material editado. La línea de tiempo muestra las ediciones gráficamente, mientras que el lienzo las muestra visualmente, como en una película.

- **La paleta de herramientas:** La paleta de herramientas constituye la colección de las herramientas de edición de Final Cut Pro. Cada herramienta cuenta con accesos directos desde el teclado.

- **Los medidores de audio:** La ventana de los medidores de audio se compone de dos medidores que indican el volumen del audio que se esté ejecutando, bien sea de un clip original que aparezca en el visor antes de proceder a su edición o del material final visualizado en el lienzo.

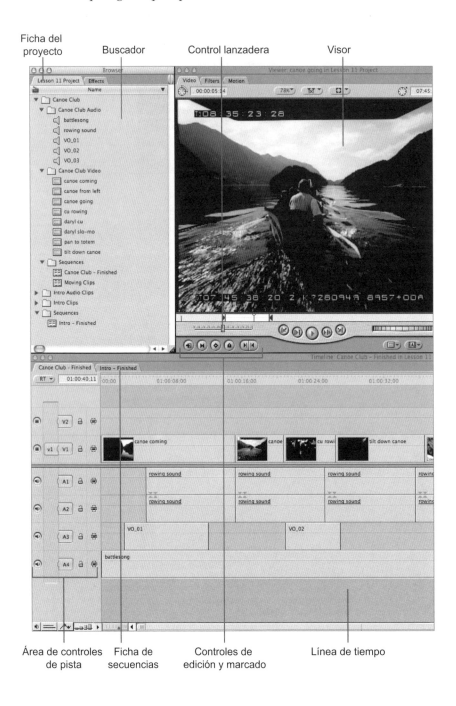

Ficha del proyecto · Buscador · Control lanzadera · Visor

Área de controles de pista · Ficha de secuencias · Controles de edición y marcado · Línea de tiempo

Zona de arrastre | Control de ajuste | Campo de duración del código de tiempo | Ficha de secuencias | Lienzo | Campo del código de tiempo actual

Regla de la línea de tiempo | Menú emergente de generadores | Barra de reproducción | Controles de edición | Controles de desplazamiento | Medidores de audio | Paleta de herramientas

Propiedades de las ventanas

Las ventanas que componen la interfaz de Final Cut Pro tienen propiedades similares a otras ventanas de OS X. Pueden abrirse, cerrarse, minimizarse, ocultarse y reubicarse mediante los botones Cerrar, Minimizar y de Zoom situados en la esquina superior izquierda de la ventana. El nombre de cada ventana aparece en la barra de título de la misma.

1. Haga clic sobre el buscador para que sea la ventana activa.

Ventana Browser activa al seleccionarla.

Ventana Browser inactiva al seleccionar otra ventana.

Una ventana activa tiene una barra de título de color claro y el nombre de la misma resulta sencillo de leer. Una ventana inactiva tiene una barra de título de color gris oscuro y se funde con el nombre. Sólo puede estar activada una ventana a la vez. Es muy importante en el proceso de edición activar ciertas ventanas ya que algunas funciones sólo están disponibles si la ventana en la que se encuentran está activa.

2. Haga clic en la ventana del visor para activarla y pulse el botón de cierre de la esquina superior izquierda.

En la mayoría de las ventanas de OS X, el botón de cierre es rojo, mientras que en Final Cut Pro, todos los botones son grises. Las funciones que realizan son, sin embargo, las mismas que las que aparecen en las ventanas tradicionales de OS X.

3. Para reestablecer el Visor, seleccione **Window>Viewer** (Ventana>Visor) o pulse **Comando-1**.

Todas las ventanas de la interfaz pueden abrirse y cerrarse seleccionando su nombre en el menú **Window** o mediante las teclas de acceso directo.

 Nota: Debido al pequeño tamaño de la paleta de herramientas y de la ventana de los medidores de audio, el único botón que aparece es el que permite cerrarlas.

4. Arrastre la barra de título de la ventana del buscador para alejarla de su posición actual. Vuélvala a arrastrar hasta ajustarla a su posición original.

Todas las ventanas de la interfaz de Final Cut Pro se ajustan entre sí, aunque se trate de ventanas independientes.

Menús, teclas de acceso directo y uso del ratón

Las funciones de edición de Final Cut Pro pueden seleccionarse de tres formas distintas: desde el menú, mediante teclas de acceso directo o mediante el ratón. La mayoría de las funciones disponen de acceso directo a través del teclado y, a aquéllas que no las tienen, puede asignársele fácilmente mediante una combinación de teclas personalizada. Más adelante veremos cómo hacerlo.

En la barra de menús de Final Cut Pro vienen organizadas las diferentes funciones de edición por categorías, tales como View (Ver) Modify (Modificar) y Effects (Efectos). Dentro de cada menú se agrupan funciones que comparten un mismo tema.

1. Seleccione el menú File (Edición) de la barra de menús de la interfaz.

Las funciones New (Nuevo) y Open (Abrir) están agrupadas, al igual que Save (Guardar).

Import (Importar), etc. Como ocurre con todos los menús de Apple, la opción sólo puede seleccionarse si aparece en negrita, no en gris.

2. Desde el menú Window seleccione Arrange (Organizar).

Se abrirá un submenú.

3. Sitúe el cursor sobre Standard pero no suelte el botón del ratón.

Las teclas de acceso directo se indican a la derecha de cada función de los menús

y submenús. Las funciones semejantes suelen compartir las mismas teclas.

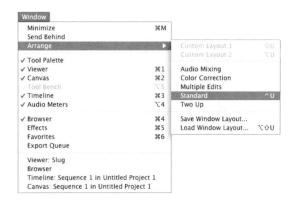

Como puede observar, todas las combinaciones de teclas de acceso directo de este submenú contienen la letra U, junto con uno o más modificadores. Existen cuatro modificadores: Mayús, Control, Opción y Comando (la tecla de Apple).

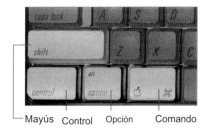

4. Cierre la ventana Menu, haciendo clic en cualquier otra parte de la interfaz.

5. En la paleta de herramientas, desplace el cursor sobre el icono que representa una lupa.

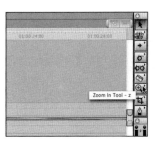

Al pasar el cursor por encima de botones, herramientas y otras zonas de la interfaz, aparecen etiquetas de ayuda.

 Nota: Se pueden desactivar las etiquetas de ayuda desde la ventana **User Preferences** (Preferencias del usuario) que se abre al pulsar las teclas **Opción-Q** y que se describirá más adelante.

6. Desplace ahora el cursor sobre la primera herramienta de la paleta de herramientas.

La herramienta de selección es la que se va a utilizar con más frecuencia. Su tecla de acceso directo es la letra **A**.

 Truco: Aunque utilizará una gran variedad de herramientas durante el proceso de edición, es recomendable regresar siempre a esta herramienta predeterminada, al terminar con otra herramienta.

7. Desplace el cursor por la línea que divide el audio del vídeo en la línea de tiempo.

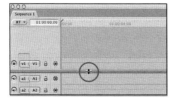

Final Cut Pro tiene un cursor que es sensible a la posición del ratón, de modo que al desplazarlo sobre ciertas partes de la interfaz, éste cambiará para permitirle realizar la función concreta que se encuentra en esa posición. En este caso puede arrastrar la línea que divide el audio del vídeo para obtener más espacio para las pistas de vídeo o de audio en la línea de tiempo.

8. Con la tecla **Control** pulsada, haga clic en la zona gris de la columna **Name** en el buscador.

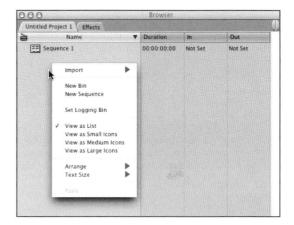

Aparecerá un menú con la lista de opciones para la zona en concreto, denominado menú contextual. Repita esta operación en diferentes zonas de la interfaz de Final Cut Pro, para observar los distintos menús contextuales que aparecen, de los cuales podrá seleccionar o modificar las opciones de edición.

 Truco: Los menús contextuales pueden también seleccionarse haciendo clic con el botón derecho del ratón sobre la zona elegida.

Flujo de trabajo de Final Cut Pro

Antes de empezar a trabajar con un proyecto, nos detendremos en revisar el proceso de edición no lineal y parte de los términos que debe conocer. Final Cut Pro sigue las convenciones normales del proceso de edición no lineal. Este proceso comienza generalmente con la captura del material desde la cinta original, para después convertirlo en archivos de medios digitales. Los archivos de medios son en realidad películas de QuickTime que se ejecutan en el ordenador como cualquier otra película de QuickTime. Por cada porción de rodaje que se captura se crea un archivo, de diferente duración, que se contabiliza en minutos, segundos y fotogramas.

El proceso de edición de Final Cut Pro no es destructivo, es decir, nunca modificamos los archivos de medios sino que trabajamos con clips que representan dichos archivos. Por ejemplo, podemos modificar el nivel de sonido o añadir un efecto a un clip desde Final Cut Pro, de forma que el archivo de medios se reproduzca con dichos cambios aplicados pero sin haberlo modificado realmente.

Podemos editar puntos de un clip y combinar clips con otros clips editados para crear una secuencia. Al editar una secuencia de tomas, en realidad no estamos modificando el material original, sino especificando las partes que Final Cut Pro va a mostrar y en qué orden.

Gracias a ello, podemos modificar la duración o ubicación de una toma tantas veces como queramos, sin que los clips originales se vean afectados.

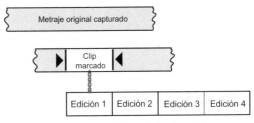
Secuencia de clips editados

Los clips capturados inicialmente pueden guardarse en un disco duro distinto conectado a través de FireWire, o en un CD o DVD. El material del DVD que acompaña a este libro se ha capturado teniendo en cuenta su finalidad, que es la de complementar los capítulos. Más adelante, veremos las diferentes técnicas existentes para capturar material propio y exportarlo.

Trabajar con proyectos

Cada vez que comenzamos a editar material nuevo, se crea un archivo de proyecto que va a contener dicho material. Cada proyecto se compone de diferentes elementos, tales como clips de QuickTime, música, efectos de sonido y gráficos que van a combinarse para crear una versión editada del material original. Todos los elementos que constituyen un proyecto aparecen en la ventana del buscador debajo de la correspondiente ficha del proyecto.

Abrir y cerrar proyectos

Al ejecutar Final Cut Pro, se abrirá automáticamente el último proyecto en el que se ha trabajado o uno nuevo, sin título. En el buscador, aparece una ficha con el nombre del proyecto. En esta sección, vamos a abrir el proyecto que se creó para este capítulo y a cerrar cualquier otro proyecto que esté abierto.

1. Seleccione File>Open (Archivo>Abrir).

2. En la primera columna de la ventana Choose a File (Seleccionar un archivo), haga clic en el icono **Macintosh HD**, en la carpeta FCP5 Book Files de la segunda columna y en la carpeta Lessons de la tercera.

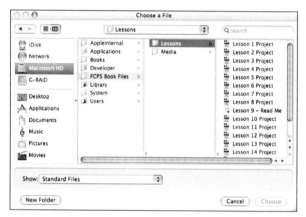

 Nota: Si ha copiado la carpeta FCP5 Book Files a una unidad FireWire, seleccione dicha unidad en la primera columna.

3. Seleccione Lesson 1 Project file y haga clic en **Choose** (Seleccionar).

En la ventana Browser, aparecerá una nueva ficha con el nombre **Lesson 1 Project** junto a la ficha Effects. (Si ya ha trabajado en otro proyecto, puede que también aparezca su ficha.)

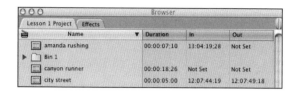

4. Haga clic en la ficha Effects.

Aquí es donde vamos a seleccionar efectos tales como transiciones de vídeo y audio, así como los filtros. Los diferentes tipos de efectos se describirán más adelante.

 Nota: Las fichas sirven para maximizar el espacio disponible en la interfaz de Final Cut Pro y para tener las distintas ventanas organizadas.

5. Si hay algún otro proyecto abierto en lugar del correspondiente al capítulo 1, haga clic en la ficha del mismo para activarlo.

6. Para cerrarlo, seleccione File>Close Project (Archivo>Cerrar proyecto).

Identificar los elementos del proyecto

El proyecto de este capítulo dispone de cuatro tipos distintos de elementos, cada uno de ellos representado por un icono propio, cuyo tamaño varía dependiendo del modo de vista seleccionado. Aunque este tema se discutirá más adelante, en los siguientes ejemplos se muestran dos modos de vista distintos para cada icono. La primera imagen representa la vista del proyecto actual, una vista de lista. La segunda imagen representa un icono o vista de imagen.

Clip

Cada clip del proyecto representa una sección del material original capturado y está vinculado a un archivo digital de medios del disco duro. Este tipo de icono puede representar sólo vídeo o una combinación de audio y vídeo. En su modo de vista List View (de lista) representa un fragmento de película.

Clip de audio

Un clip de audio representa clips o archivos de sonido como pistas de música, efectos de sonido o narraciones. Al igual que ocurre con los clips de vídeo, existe un vínculo entre los clips de audio y los archivos de audio originales almacenados en el disco duro. Los clips de audio no contienen vídeo y su icono representa un altavoz.

Secuencia

Una secuencia es un conjunto de clips de vídeo y de audio que se han editado a la vez. Puede incluir también los efectos y las transiciones que se han aplicado a dichos clips. Al visualizar una secuencia en el lienzo o al trabajar con ella en la línea de tiempo, Final Cut Pro crea un vínculo a los clips del disco duro y reproduce sólo las partes de los clips que se han identificado y marcado. El icono de la secuencia asemeja dos fragmentos de película superpuestos.

Bin

Un bin es una carpeta que se emplea para almacenar y organizar los clips y las secuencias del proyecto. El término inglés *bin* se mantiene desde la época en que tiras cortadas de negativos colgaban de ganchos sobre grandes contenedores de lona que recibían dicho nombre. Estas tiras permanecían allí hasta que los editores las seleccionaban para utilizarlas en alguna secuencia.

Visualizar los elementos del proyecto

Los elementos del proyecto pueden visualizarse en la ventana Browser como iconos de imágenes o como una lista ordenada alfabéticamente. Con la opción View as Icons (Ver como iconos), se obtiene una referencia visual o una imagen en miniatura de cada clip de vídeo, lo que resulta de gran utilidad durante la selección del material que vamos a editar, aunque es más sencillo visualizarlos en forma de lista ordenada alfabéticamente.

1. Para averiguar el modo de vista seleccionado, mantenga pulsada la tecla **Control** y haga clic en la zona gris de la ventana

del buscador; también puede hacer clic con el botón derecho del ratón.

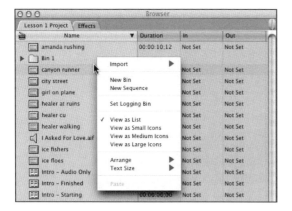

En el menú contextual, aparecen tres variedades del modo vista como icono, ofreciendo tres tamaños diferentes y un modo de vista como listado. La marca de verificación junto a la opción View as List (Ver como listado) indica que ése es el modo de vista activado.

2. Seleccione la opción View as Medium Icons (Ver iconos medianos).

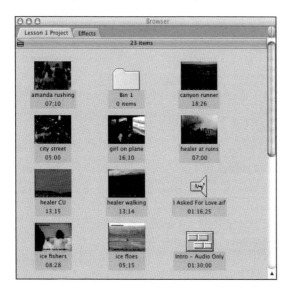

Como resultado, cada clip de vídeo se representa mediante una imagen en miniatura de tamaño medio correspondiente al primer fotograma del clip. Bajo la imagen en miniatura aparece el nombre y la duración del clip. Con este modo de vista, es posible que tengamos que mover la barra azul de desplazamiento para poder ver todos los elementos.

3. Haga clic en el botón de zoom del buscador para ver todos los clips de esta vista. Vuelva a pulsar el botón para recuperar el tamaño de ventana predeterminado.

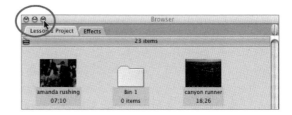

Como sucede con otros botones de zoom de Mac OS X, se amplía el buscador para mostrar el mayor número de elementos posible.

4. Pulse de nuevo la tecla **Control** a la vez que hace clic en la zona gris del buscador pero, esta vez, seleccione la opción Text Size>Medium (Tamaño de texto>Mediano) en el menú contextual.

5. Ahora repita el paso anterior y seleccione View as List.

    En este modo de vista, los elementos pueden clasificarse alfabéticamente, lo que hace más fácil organizar proyectos de gran tamaño.

Nota: Los capítulos del libro se han preparado con la opción **View As List** por este motivo. No obstante, puede seleccionar la opción que prefiera.

Trabajar con bins o carpetas

Del mismo modo que se organizan documentos colocándolos dentro de carpetas, en Final Cut Pro se organizan los clips y elementos de un proyecto guardándolos en bins. Es posible además guardar bins dentro de otros bins, del mismo modo que se guardan carpetas dentro de otras carpetas. La organización del material en bins racionaliza el proceso de edición y facilita la búsqueda y el acceso a los elementos de un proyecto.

Crear y asignar nombres a carpetas

El primer paso para organizar un proyecto consiste en crear nuevas carpetas en las que agrupar los diferentes elementos. Es recomendable crear tres carpetas principales para cada proyecto: una para clips, otra para audio y otra para secuencias. Generalmente, en Final Cut Pro, hay siempre varias maneras de conseguir el mismo resultado. Como práctica para observar la versatilidad de Final Cut Pro, vamos a crear tres carpetas de tres maneras diferentes:

1. Haga clic en la ventana **Browser** para activarla.

2. Seleccione **File>New>Bin** (Archivo> Nuevo>Carpeta).

Aparecerá una nueva carpeta en el buscador con el nombre predeterminado **Bin 2**.

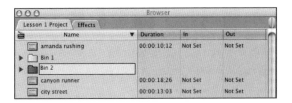

Nota: De manera predeterminada, se asigna un número secuencial a las carpetas, secuencias o proyectos que se crean. Puesto que ya existe un **Bin 1** en este proyecto, la nueva carpeta creada recibe el nombre de **Bin 2**.

3. Como el nombre del clip ya aparece resaltado, sólo resta escribir la palabra **Clips**.

4. Pulse **Intro** o el tabulador para aceptar el nuevo nombre. Para modificarlo, sólo hay que hacer clic en el texto (no en el icono) para que se resalte.

Al pulsar **Intro**, la nueva carpeta se ordena por el correspondiente orden alfabético.

Truco: Si desea modificar un nombre, pero el nombre de la carpeta no aparece resaltado, haga clic una vez para seleccionar la carpeta y vuelva a hacer clic sobre el nombre para resaltarlo. También puede resaltar el nombre de un elemento seleccionado si pulsa **Intro**.

5. Para crear la segunda carpeta, pulse las teclas de acceso directo **Comando-B**.

6. Escriba **Audio** en la zona del nombre.

7. Para crear la tercera, pulse la tecla **Control** y haga clic en la zona gris, debajo de la columna Name, y seleccione New Bin en el menú contextual. También puede hacer clic con el botón derecho del ratón.

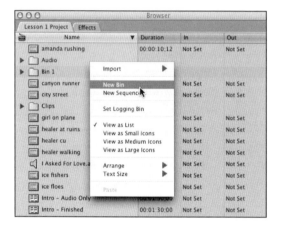

8. Asígnele el nombre **Secuencias**.

9. Para eliminar la carpeta Bin 1, selecciónela y pulse **Suprimir**.

Organizar clips dentro de una carpeta

El siguiente paso consiste en seleccionar los diferentes elementos del proyecto y arrastrarlos dentro de la carpeta correspondiente.

1. Arrastre el clip de audio correspondiente a la narración de la introducción (icono del altavoz) de la carpeta Audio. Cuando esta carpeta se resalte, suelte el botón del ratón. Repita la operación con los clips `intro narration.aif` y `lightness bells.aif`.

 Nota: Siempre que copie algún elemento mediante el método de arrastre, asegúrese de que la punta de la herramienta de selección toca la carpeta de destino, en este caso, el icono o el nombre del bin.

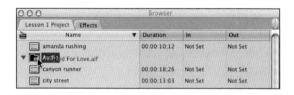

2. Para seleccionar varios elementos contiguos (por ejemplo las tres secuencias) haga clic sobre la primera (**Intro-Audio Only**), pulse **Mayús** y seleccione la tercera (**Intro-Starting**).

3. Arrastre una de las secuencias seleccionadas a la carpeta de secuencias.

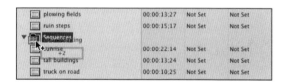

Al arrastrar todas las secuencias al mismo tiempo, aparece el nombre de la que se ha seleccionado para arrastrar, junto con el número de secuencias que se van a desplazar con ella.

4. Cuando la carpeta de secuencias se resalte, libere el ratón.

5. Para seleccionar el grupo de clips restantes, haga clic a la izquierda del primer clip y arrastre en diagonal hasta que el puntero toque todos los clips que desea

seleccionar. Tras ello, arrástrelos hasta la carpeta de clips.

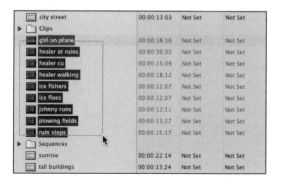

 Nota: El arrastre diagonal para seleccionar clips se denomina creación de un marco.

6. Mantenga pulsada la tecla **Comando** mientras hace clic en los demás clips, para que se añadan a la selección actual y arrástrelos a la carpeta Clips.

 Nota: Puede seleccionar todos los clips no contiguos que desee si mantiene pulsada la tecla **Comando** y hace clic sobre un clip para seleccionarlo o anular su selección.

Ya hemos organizado todos los elementos del proyecto en sus correspondientes carpetas.

7. Para guardar estos cambios, pulse **Comando-S**.

 Truco: La forma de organizar un proyecto es totalmente personal. Si trabaja en un proyecto con terceras personas, asegúrese de definir una estructura organizativa clara.

Ver el contenido de una carpeta

Aunque todos los elementos parecen estar organizados adecuadamente, el problema es que no podemos ver ni acceder a los clips o secuencias. Veamos otras maneras de mostrar los contenidos de la carpeta, para poder acceder al material más fácilmente.

1. Haga clic en el pequeño triángulo invertido que aparece a la izquierda de la carpeta de audio, para mostrar su contenido. Haga lo mismo con la carpeta de secuencias.

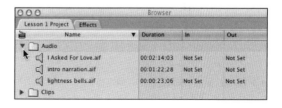

2. Haga clic de nuevo en el triángulo de la carpeta de audio para ocultar su contenido. Repita la operación con la carpeta de secuencias.

3. Haga doble clic en la carpeta de clips.

   Se abre la carpeta en una ventana distinta, que puede desplazar a cualquier parte de la interfaz.

4. Haga clic en la barra de título de la ventana para poder moverla fuera del buscador.

   Dentro del buscador, el icono de la carpeta de clips se convierte en una carpeta abierta, indicando que la carpeta está abierta como una ventana o ficha distinta.

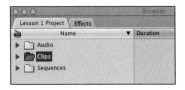

5. Haga clic en el botón de cerrar situado en la esquina superior izquierda de la ventana de la carpeta para cerrarla, o pulse **Comando-W**.

   En la ventana Browser, el icono Bins cambia de nuevo a una carpeta cerrada.

6. Otra manera de acceder al contenido de la carpeta de clips es hacer doble clic en la misma, a la vez que mantiene pulsada la tecla **Opción**.

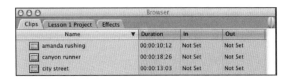

   Con esta operación se abre una nueva ficha junto a la ficha Lesson 1 Project.

 Truco: El hecho de abrir una carpeta como ficha independiente le permite acceder al contenido de una carpeta sin necesidad de abrir una ventana adicional en la interfaz.

7. Para modificar el modo de vista de la carpeta de clips, haga **Control-clic** en la zona gris justo debajo de la primera columna y seleccione View as Medium Icons. Haga clic en la ficha de la carpeta Clips y, tras ello, en la ficha Lesson 1 Project.

   Cada carpeta puede tener un modo distinto de vista.

8. Haga **Control-clic** o pulse el botón derecho del ratón sobre la ficha Clips y seleccione Close tab (Cerrar ficha) en el menú contextual que aparece.

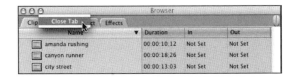

   Con ello, la carpeta de la ficha Lesson 1 Project se cierra.

9. Haga clic de nuevo en el triángulo de la carpeta de clips para ver su contenido.

10. Pulse el botón de Zoom situado en la esquina superior izquierda del buscador.

   Con el modo de vista en forma de listado, pueden aparecer más de 60 columnas de información en la ventana Browser, incluyendo lo que Final Cut Pro conoce sobre el elemento en cuestión (número de pistas de audio, tamaño y frecuencia de los fotogramas, etc.) o información descriptiva que hayamos introducido para facilitar la identificación del elemento, como por ejemplo el tema de la escena o el número de tomas. El contenido de estas columnas se describirá más adelante.

11. Haga clic de nuevo en el botón de Zoom para reestablecer su valor inicial.

 Nota: Si modificamos manualmente el tamaño de una ventana en OS X después de pulsar el botón de zoom, al pulsarlo de nuevo, se regresará al tamaño más reciente y no al original de la ventana.

12. También se puede cambiar el tamaño del buscador de manera dinámica. Para ello, mueva el cursor en el límite entre las ventanas **Browser** y **Viewer** hasta que aparezcan dos barras verticales con flechas. Arrastre el cursor hacia la derecha para expandir el buscador.

Buscador   Visor

A medida que el buscador se expande, disminuyen el visor y el lienzo. Las tres ventanas pueden modificarse de este modo dinámico, arrastrando las flechas horizontal o verticalmente (entre la línea de tiempo y las ventanas superiores).

 Truco: Para regresar al tamaño predeterminado, seleccione **Window>Arrange>Standard** (Ventana>Organizar>Estándar) o pulse **Control-U**.

Trabajar con la línea de tiempo y el lienzo

Antes de iniciar el proceso de edición, reproduciremos una secuencia que ya se encuentra en la línea de tiempo y la veremos en el lienzo para familiarizarnos con ambas ventanas.

Mientras que el buscador contiene todos los elementos del proyecto, la línea de tiempo contiene sólo los elementos concretos que componen una secuencia. En el lienzo (ventana **Canvas**) es donde se visualiza la secuencia que se está reproduciendo en la línea de tiempo, cuyo nombre además aparece en una ficha y en la parte superior de ambas ventanas.

Seleccionar y arrastrar la barra de reproducción

En la línea de tiempo, los clips de vídeo (en azul) y los de audio (en verde) se organizan en pistas horizontales, como representación lineal del tiempo de ejecución, de izquierda a derecha.

En medio de la secuencia existe una fina barra vertical con un triángulo amarillo en su parte superior, denominada barra de reproducción, que indica el fotograma que se está reproduciendo.

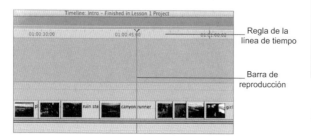

Regla de la línea de tiempo

Barra de reproducción

En el lienzo va a aparecer el fotograma que se encuentra en el lugar exacto donde la barra de reproducción está detenida. Cuando dicha barra está en movimiento, en el lienzo se van ejecutando los fotogramas que recorre dicha barra. Existen varias formas de cambiar su posición:

1. Haga clic en diferentes partes de la línea de tiempo, bien sea en un número concreto o en la regla.

La barra saltará a ese lugar y el fotograma que ahí se encuentra se visualizará en el lienzo.

02:03:27:01

Horas:Minutos:Segundos:Fotogramas.

Nota: Los diferentes números de la regla de la línea de tiempo se corresponden con la ubicación de los clips dentro de la secuencia y se denominan códigos de tiempo. Estos códigos de tiempo constituyen un sistema de etiquetado de vídeo que asigna una cifra de ocho dígitos a cada fotograma de un clip o secuencia y que representa horas, minutos, segundos y número de fotogramas.

2. Arrastre el triángulo amarillo de la barra a través de la regla de la línea de tiempo.

    Este movimiento recibe el nombre de *scrubbing* o arrastre, y consiste en visualizar una secuencia, pero no a su velocidad normal de ejecución.

Nota: Al arrastrar la barra por los clips de la línea de tiempo, notará que siempre se coloca al comienzo de cada clip de la secuencia.

3. Arrastre ahora la barra por el clip **healer cu** y obsérvelo en el lienzo hasta que el personaje mire hacia la cámara.

    Debajo del lienzo se encuentra la zona de arrastre que representa la longitud total de la secuencia y en su interior existe también una pequeña barra de reproducción que está sincronizada con la de la línea de tiempo.

Nota: Los números de código de tiempo de la imagen forman parte del vídeo. Se utilizaron para coordinar la transferencia de película a cinta y editar la secuencia original para la película *A Thousand Roads* del Smithsonian National Museum of the American Indian. Encontrará más información al respecto en un capítulo anterior.

Barra de reproducción del lienzo

Barra de desplazamiento

4. En la línea de tiempo, haga clic en diferentes zonas de la regla y observe cómo se desplazan ambas barras de reproducción.

5. Pruebe a desplazar la barra de reproducción de la zona de arrastre del lienzo para ver otros fotogramas de la secuencia y comprobar cómo, a su vez, se desplaza la barra de reproducción de la línea de tiempo.

6. Desplace la barra de reproducción del lienzo hacia el final de la secuencia y observe los diferentes fotogramas.

En ambos casos, vemos fotogramas de la secuencia editada.

Utilizar teclas de acceso directo y ayudas visuales

En el proceso de edición es muy importante poder desplazar la barra de reproducción a un lugar concreto de la línea de tiempo. Existen atajos para realizar esta tarea y ayudas visuales que identifican determinados fotogramas dentro de una secuencia y que aparecen sobre la zona de la imagen.

1. Con la ventana de la línea de tiempo activada, pulse la tecla **Fin** para colocar la barra de reproducción al final de la secuencia.

 Nota: Si trabaja con un ordenador portátil, es posible que la tecla **Fin** y la de la **Flecha derecha** sean la misma, por lo que será necesario pulsar alguna tecla modificadora para acceder a ella, como la tecla de función situada en la parte inferior izquierda del teclado.

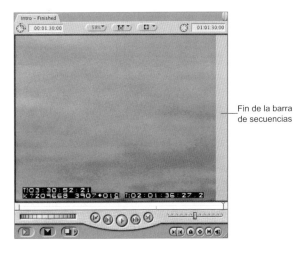

Fin de la barra de secuencias

En la parte derecha del lienzo, aparecerá una barra vertical azul para indicar que el fotograma representado es el último de la secuencia.

2. Arrastre la barra hasta el clip **ruin steps** y pulse la tecla Flecha Abajo para desplazar la barra de reproducción hasta el comienzo del último clip de la línea de tiempo, **canyon runner**

Aparecerá una marca en forma de L en la esquina inferior izquierda para indicar que la barra de reproducción se encuentra en el primer fotograma del clip.

 Truco: Las ayudas visuales aparecen de forma predeterminada pero si no es así seleccione View>Show Overlays (Ver>Mostrar capas) para activarlas. Asegúrese de que el lienzo, es decir, la ventana Canvas, está activa.

3. Pulse la tecla **Flecha Abajo** cuatro veces y busque en el lienzo el indicador en forma de L para el clip **girl on plane**.

4. Pulse la tecla **Flecha Arriba** para desplazar la barra de reproducción al primer fotograma del clip **truck on road**.

 Nota: Al utilizar las teclas de dirección, nos desplazamos siempre al primer fotograma de cada clip.

En la ficha correspondiente al nombre de la secuencia, existe un campo que muestra la posición exacta de la barra de reproducción, por medio de un código de tiempo. La mayoría de las secuencias tienen 01:00:00;00 como punto de inicio de sus códigos de tiempo.

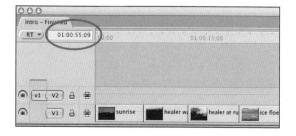

 Nota: El punto y coma existente entre los segundos y los fotogramas indica que para esta secuencia se está utilizando un código de tiempo con salto de cuadro, también conocido como *drop-frame*. Consulte el glosario para más información.

Hay también un campo correspondiente al código de tiempo actual en el lienzo que muestra los mismos dígitos que el anterior.

5. Para desplazar la barra de reproducción a un lugar concreto del código de tiempo, como 01:00:23;10, haga clic en el campo del código de tiempo, escriba esos dígitos y pulse **Intro**. No es necesario escribir los dos puntos ni los puntos y coma.

 Nota: Otra forma consiste en escribir el número en la línea de tiempo o en el lienzo, y pulsar **Intro**.

6. Pulse la tecla **Flecha abajo**.

7. Pulse la tecla **Flecha izquierda** para retroceder un fotograma.

Una L invertida en la esquina inferior derecha del lienzo indicará que nos encontramos en el último fotograma del clip. Observe la nueva cifra en el código de tiempo.

8. Pulse la tecla **Flecha derecha** para avanzar un fotograma hasta el primero del siguiente clip.

El código de tiempo ha cambiado en un fotograma.

9. Pulse **Mayús-Flecha izquierda** o **Mayús-Flecha derecha** para desplazar la barra de reproducción en un segundo (30 fotogramas) en cualquier dirección y observe los cambios en el código de tiempo.

 Nota: En la esquina superior izquierda del lienzo encontramos un campo de duración del código de tiempo, que muestra la duración o longitud de toda la secuencia y que no cambia al desplazar la barra de reproducción.

10. Pulse la tecla **Inicio** para situar la barra de reproducción al comienzo de la secuencia.

Reproducir una secuencia

Existen dos maneras distintas de reproducir una secuencia: mediante botones y controles específicos de la interfaz o mediante teclas de acceso directo. En concreto, las teclas **J**, **K** y **L** son las más indicadas para reproducir una secuencia. Mediante la combinación de las mismas, podemos reproducir una secuencia a distintas velocidades, hacia delante o hacia atrás, y verla fotograma a fotograma.

1. Pulse la barra espaciadora para comenzar a reproducir una secuencia.

    La barra de reproducción de la línea de tiempo se desplazará a través de los clips, a medida que la secuencia se representa en el lienzo.

2. Pulse la barra espaciadora de nuevo para detener la reproducción e **Inicio** para regresar al comienzo de la secuencia.

3. Pulse la tecla **L** para avanzar, **J** para retroceder y **K** para parar.

4. Para doblar la velocidad de reproducción, pulse la tecla **L** dos veces. Púlsela de nuevo para aumentar aún más la velocidad. Si pulsa **J**, la velocidad disminuirá y si pulsa **K** se detendrá la reproducción. Pulse **J** dos veces si quiere que retroceda al doble de la velocidad normal.

 Truco: Es conveniente conseguir un buen dominio de estas tres teclas para poder editar a gran velocidad. Además, también pueden utilizarse en el lienzo y en el visor.

5. Mantenga pulsadas las teclas **K** y **L** para reproducir a cámara lenta. Suelte la tecla **L** para detenerse. Mantenga pulsada la

tecla **K** y, tras ello, pulse una vez la tecla **L** para avanzar un fotograma. Repita la operación con las teclas **K** y **J**.

6. Haga clic en el lienzo y pulse **L** para reproducir la secuencia. Vuelva a pulsar **L** para aumentar la velocidad de reproducción. Pulse **K** para detener la reproducción.

 Nota: También puede utilizar las teclas **Inicio** y **Fin**, y las teclas de dirección en el lienzo.

7. Por debajo de la zona del lienzo, haga clic una vez en el botón de reproducción para reproducir la secuencia. Vuélvalo a pulsar para detenerla. En capítulos posteriores utilizaremos éste y otros controles de desplazamiento.

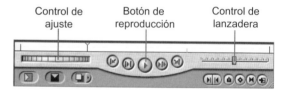

Control de ajuste   Botón de reproducción   Control de lanzadera

8. Desplace el control de ajuste (*jog*) y el control lanzadera (*shuttle*) para reproducir la secuencia hacia atrás, a distinta velocidad.

Tareas del proyecto

Para practicar con la reproducción de secuencias, desplazar la barra de reproducción hasta puntos concretos y utilizar los indicadores visuales, utilizaremos las combinaciones de teclado vistas hasta el momento para desplazar la barra hasta los siguientes puntos exactos de la secuencia:

- Los rascacielos con dos banderas en la parte central derecha del fotograma.

- El sol que aparece sobre el horizonte.

- El símbolo de color verde que se ve en la calle de la ciudad.

- El último fotograma del clip **ice floes**.

- La roca del clip **canyon runner**.

Ampliar pistas de la línea de tiempo

Durante el proceso de edición en ocasiones tendremos que centrarnos en un clip de la línea de tiempo. Existen dos formas de ampliar un clip: horizontal o verticalmente. Al aumentar un clip no se modifica su longitud en la secuencia, sólo cambia su aspecto en la línea de tiempo.

1. En la parte inferior de la línea de tiempo, haga clic en el cuarto botón de la izquierda, que corresponde al control de altura de pista. Seleccione diferentes columnas para ver las opciones disponibles. Pulse **Mayús-T** para alternar entre las distintas opciones.

2. Haga clic en la segunda columna para regresar a esa opción.

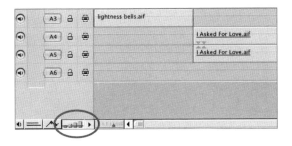

3. Seleccione Sequence>Settings (Secuencia>Ajustes) del menú o pulse **Comando-0** (cero).

   Haga clic en la ficha Timeline Options (Opciones de la línea de tiempo).

4. Haga clic en el menú emergente Thumbnail Display (Estilo de miniatura) y compruebe que está seleccionada la opción Name Plus Thumbnail (Nombre más miniatura).

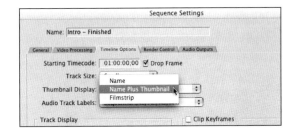

Desde este menú podemos elegir diferentes maneras de representar los clips en la línea de tiempo, con imágenes en miniatura, sólo por el nombre o como una película. Cuando la altura de la pista es la mínima, no se muestran los iconos de clip.

 Nota: En esta ficha también puede introducir un código de tiempo diferente para el inicio de la secuencia.

5. Pulse **OK** para cerrar la ventana.

6. Bajo las pistas de la línea de tiempo se encuentran los controles de zoom que sirven para ajustar la escala de las pistas horizontalmente y la posición de la secuencia dentro de la línea de tiempo.

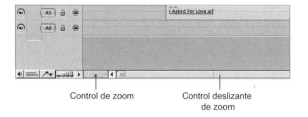

Control de zoom   Control deslizante
de zoom

7. Arrastre el control de zoom hacia la izquierda para ampliar la vista de la secuencia.

Comprobará que los números del código de tiempo también se amplían y repliegan para reflejar el cambio de zoom.

Truco: Otra manera de conseguirlo es mediante las teclas **Opción-+** (para aumentar el tamaño) y **Opción--** (para reducirlo).

8. Desplace el control deslizante de zoom a la izquierda o a la derecha para cambiar la parte de la secuencia que se muestra.

Truco: Si no puede ver la barra de reproducción, haga clic en la fina línea morada situada en la zona del control deslizante de zoom, que representa la situación de dicha barra, para ver así esa parte de la secuencia.

9. En la paleta de herramientas, haga clic en la herramienta Zoom In (con forma de lupa) o pulse **Z** y haga clic en la zona de

pistas de la línea de tiempo para ampliar dicha zona.

Nota: También puede utilizar esta herramienta para ampliar una zona concreta de la secuencia si arrastra un marco sobre la misma.

10. Haga clic en la primera herramienta de la paleta o pulse **A** para recuperar la herramienta de selección predeterminada. Pulse **Mayús-Z** para que toda la secuencia sea visible.

Ocultar y cerrar Final Cut Pro

Final Cut Pro se cierra del mismo modo que cualquier otro programa de OS X: bien desde el menú o mediante las teclas de acceso rápido. También es posible ocultar la interfaz, en caso de que deseemos trabajar en otro programa.

1. Para ocultar la interfaz, seleccione Final Cut Pro>Hide Final Cut Pro (Ocultar) o pulse **Comando-H**.

La interfaz desaparece y deja visible el escritorio o cualquier otro programa que se encuentre abierto.

2. Para reestablecer la interfaz de Final Cut Pro haga clic en el icono del programa situado en la barra de tareas.

Nota: La pequeña flecha negra o triángulo situado junto al icono del programa indica que el programa está abierto, aunque no esté visible.

3. Si ha terminado de trabajar y desea cerrar totalmente el programa, seleccione Final Cut Pro>Quit Final Cut Pro (Salir) o pulse **Comando-Q**. Si no ha terminado de trabajar, deje abierto el programa y continúe con el siguiente capítulo.

Repaso del capítulo

1. Enumere tres formas de abrir Final Cut Pro.

2. Para abrir y cerrar proyectos, ¿en qué menú debe seleccionar la correspondiente opción?

3. ¿Qué cuatro teclas modificadoras se utilizan junto a las teclas de acceso directo para iniciar funciones o comandos?

4. ¿Cómo se accede a un menú contextual?

5. Indique tres formas de crear una carpeta.

6. Además del botón de reproducción del lienzo, ¿qué teclas puede utilizar para reproducir una secuencia?

7. ¿Cuál es el indicador visual del lienzo que le permite saber si la barra de reproducción se encuentra en el primer fotograma o en el último de un clip?

8. ¿Cómo se ajusta la altura de las pistas de audio y de vídeo?

9. ¿Cómo se amplía o se reduce el zoom de una secuencia?

10. ¿Cómo se oculta Final Cut Pro? ¿Cómo puede restaurar el programa? ¿Cómo se apaga?

Respuestas

1. Hacer doble clic sobre la aplicación en la carpeta de aplicaciones, hacer clic en el icono del programa en la barra de tareas o hacer doble clic sobre un archivo de proyecto de Final Cut.

2. El menú File.

3. **Mayús**, **Control**, **Opción** y **Comando**.

4. Haciendo clic con la tecla **Control** pulsada o por medio del botón derecho del ratón.

5. Seleccionar File>New Bin, pulsar **Comando-B** o hacer clic con la tecla **Control** pulsada sobre una zona en gris del buscador.

6. La barra espaciadora y las teclas **J** y **L**.

7. La presencia de una L en la esquina inferior izquierda indica que se trata del primer fotograma de un clip y la presencia de una L en la esquina inferior derecha que es el último fotograma.

8. Hacer clic en el control de altura de pista o pulsar **Mayús-T** repetidamente.

9. Por medio del control de zoom de la línea de tiempo, las herramientas Zoom In o Zoom Out, o las combinaciones de teclado **Opción-+** u **Opción--**. La combinación **Mayús-Z** permite ver la secuencia completa.

10. **Comando-H** permite ocultar la aplicación. Para restaurarla, hay que hacer clic en el icono del programa en la barra de tareas. Para cerrarla, pulsar **Comando-Q**.

Teclas de acceso directo

Organizar elementos del proyecto

Comando-B	Crea un nuevo bin
Control-clic	Abre diferentes menús emergentes

Desplazarse por la interfaz

Control-U	Seleccionar la organización estándar de las ventanas
Control-Opción-W	Muestras las capas
Mayús-T	Alterna las opciones de altura de pista
Z	Selecciona la herramienta Zoom
A	Selecciona la herramienta de selección predeterminada
Comando-H	Oculta la interfaz de Final Cut Pro
Comando-Q	Cierra Final Cut Pro

Desplazar la barra de reproducción y reproducir una secuencia

Inicio	Desplaza la barra de reproducción al comienzo de la secuencia
Fin	Desplaza la barra de reproducción al final de la secuencia

Desplazar la barra de reproducción y reproducir una secuencia

Flecha Arriba	Retrocede al primer fotograma del clip actual o al clip anterior si ya se encuentra en el primer fotograma de un clip en la línea de tiempo
Flecha Abajo	Avanza hasta el primer fotograma del clip siguiente
Flecha Izquierda	Retrocede un fotograma
Flecha Derecha	Avanza un fotograma
L	Reproduce una secuencia hacia adelante en la línea de tiempo o el lienzo
K	Detiene la reproducción de una secuencia en la línea de tiempo o el lienzo
J	Reproduce la secuencia hacia atrás en la línea de tiempo o el lienzo
K-L	Reproduce hacia adelante a cámara lenta
K-J	Reproduce hacia atrás a cámara lenta
K- L (un clic)	Desplaza la barra de reproducción un fotograma a la derecha
K- J (un clic)	Desplaza la barra de reproducción un fotograma a la izquierda

Capítulo 2

Marcado y edición

Explicado de una manera sencilla, el proceso de edición consiste en visualizar clips y decidir las partes y el orden en que van a utilizarse para crear una secuencia. En este capítulo, aprenderemos a visualizar los clips en la ventana del visor y a marcar la parte que deseamos utilizar. Por último, veremos la manera de editar las selecciones marcadas de dos maneras diferentes: mediante Overwrites (por sustitución) e Inserts (por inserción), así como la forma de abrir, cerrar y duplicar secuencias.

El botón Overwrite de la ventana del lienzo.

- **Archivos del capítulo:** Lesson 2 Project

- **Medios:** Carpetas A Thousand Roads> Amanda y Sound Effects

- **Duración:** 90 minutos aproximadamente

- **Objetivos:**

  - Abrir clips fuente en el visor.

  - Reproducir clips en el visor.

  - Marcar puntos de edición en el visor.

  - Ver y eliminar puntos de edición.

  - Crear una nueva secuencia.

  - Edición por sustitución (Overwrite).

- Editar clips de audio.

- Crear una copia de seguridad de una secuencia.

- Edición por inserción (Insert).

Preparar el proyecto

Comenzaremos con la apertura del archivo Lesson 2 Project y la reproducción de una secuencia terminada.

1. Haga clic en el icono del programa de la barra de tareas.

2. Seleccione File>Open (Archivo>Abrir) y busque la carpeta Lessons.

3. Seleccione el archivo **Lesson 2 Project** y pulse **Choose** (Elegir).

   En el buscador, los elementos aparecen organizados en carpetas, como hicimos en el capítulo anterior.

4. Si hay otro proyecto abierto (como muestra la figura), haga **Control-clic** en su ficha y seleccione Close Tab en el menú contextual.

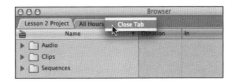

5. Reproduzca la secuencia **Amanda-Finished** en la línea de tiempo.

   Puede pulsar **Mayús-Z** para ver la secuencia a vista completa.

Truco: En este capítulo trabajaremos con audio, por lo que convendría ajustar los niveles de sonido de su equipo.

Esta secuencia forma parte de la película *A Thousand Roads* mencionada antes. Encontrará más información sobre este proyecto en un apartado anterior.

6. Para escuchar la secuencia sin la narración, haga clic en el control de color verde de la pista **A4** para desactivar el sonido temporalmente.

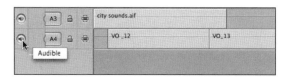

Todas las pistas tienen un control verde Visible (para vídeo) o Audible (para audio) en la zona de controles de pista de la línea de tiempo. Si hace clic sobre el mismo, la pista se oscurece y no se escucha ni se ve al reproducir la secuencia.

7. Vuelva a reproducir la secuencia y escúchela sin la voz del narrador.

En este capítulo modificaremos las escenas 97 y 98. También editaremos uno de los clips de voz. Los demás los añadiremos en un capítulo posterior.

8. Haga clic en el control Audible de la pista **A4** para activar el sonido de dicha pista.

9. En la línea de tiempo, arrastre la barra de reproducción por la zona de la regla hasta ajustarla al marcador de color verde.

Fíjese en el nombre del marcador que aparece en el lienzo.

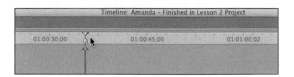

 Truco: Si la barra de reproducción no se ajusta, pulse **N** para activar el ajuste. Lo veremos más detenidamente en un capítulo posterior.

En Final Cut Pro se utilizan los marcadores para localizar o identificar un fotograma concreto de un clip o secuencia. En este caso identificamos el comienzo de la escena 98, la primera que editaremos. En capítulos posteriores crearemos nuestros propios marcadores.

Reproducir clips en el visor

En la ventana del visor o Viewer se reproducen y marcan los clips fuente. Esta ventana tiene cuatro fichas. La predeterminada es la primera Video, donde vemos, escuchamos y marcamos los clips. Al abrir Final Cut Pro por primera vez, la ficha Video muestra un espacio en negro, un marcador de posición. En la ficha de audio trabajaremos con el sonido de los clips. Si el clip carece de sonido, la ficha no aparece. Las fichas Filters (Filtros) y Motion (Movimiento) se emplean para crear efectos. Todas ellas se describirán más adelante; pero antes, veamos las diferentes maneras de abrir y visualizar clips en el visor.

Fichas

Duración del código de tiempo

Código de tiempo actual

Área de la imagen

Zona de arrastre

Control de lanzadera

Controles de desplazamiento

Controles de edición y marcado

Botón de reproducción

Control de ajuste

1. En la ventana del buscador, haga clic en el triángulo que aparece a la izquierda de la carpeta **Clips**.

   Por lo general, en material con guión se incluyen números de escena en el nombre del clip. Las letras que aparecen por detrás del número de escena representan un conjunto de cámaras diferente. Los clips de esta carpeta representan las escenas 97 y 98 originales del guión original. Como no contamos con dicho guión, los nombres de los clips incluyen una nota descriptiva.

2. Haga doble clic en el clip **97F-man cu** para abrirlo en el visor.

El nombre y el proyecto del clip aparecen en la barra de título del visor. Al igual que el lienzo, visor se compone de un área de imagen, una zona de arrastre que contiene una pequeña barra de reproducción, así como de controles lanzadera, de desplazamiento y de ajuste.

3. Para reproducir este clip, haga clic en el botón de reproducción del visor.

   A medida que el clip se reproduce, la barra de reproducción de la zona de arrastre del visor avanza también hacia adelante, como ocurría en el lienzo.

4. Haga doble clic en el clip **98C-wide** para abrirlo en el visor. Esta vez, presione la

barra espaciadora para reproducirlo y detenerlo.

En esta ventana también existe un campo designado para el código de tiempo, pero en este caso se muestra la duración del clip que se está reproduciendo y no la de toda la secuencia, como ocurría en el lienzo.

 Nota: En la imagen apreciará un micrófono por encimad de la cabeza del personaje. El micrófono no se verá en la versión definitiva de la película ya que recortaremos la parte inferior y superior de la imagen, para crear un efecto de visión panorámica.

5. Arrastre el clip **98B-man** desde el buscador hasta el visor y libere el ratón.

Al arrastrar un clip desde el buscador hasta el visor, éste se abre en el visor y sustituye al anterior.

6. Pulse la tecla **L** para reproducir este clip y púlsela de nuevo para doblar la velocidad. Pulse la tecla **K** para detenerlo y la tecla **J** para retroceder. Si pulsa dos veces la letra **J** retrocederá al doble de la velocidad normal.

Las mismas opciones de reproducción con **J**, **K** y **L** utilizadas en el capítulo anterior se pueden emplear para reproducir un clip en el visor.

7. Arrastre el clip **97B-walking slo-mo** hasta el visor. Pulse **Fin** para ir al final del clip e **Inicio** para ir al principio.

 Nota: Si utiliza un portátil, puede pulsar la tecla de función y la **Flecha Arriba** para ir al principio del clip y la tecla de función y la **Flecha Abajo** para ir al final.

Primer fotograma del clip.

Último fotograma del clip.

Las marcas que aparecen al principio y al final del clip forman parte de las ayudas visuales del programa.

8. Haga clic en el clip **98A-amanda** del buscador para seleccionarlo y pulse **Intro** para abrirlo en el visor. Utilice los controles de lanzadera y de ajuste para desplazarse por el clip.

 Nota: La tecla **Intro** del teclado numérico no realiza la misma función que la del teclado alfabético. Si seleccionamos un clip, una carpeta o una secuencia y pulsamos la tecla **Intro** del teclado numérico, en lugar de abrirse, se resaltará el nombre para poder modificarlo.

9. En el buscador, seleccione el clip **97C-back slo-mo** y pulse **Intro** para abrirlo. Pulse repetidamente la tecla **Flecha Derecha** y fíjese en el campo del código de tiempo actual.

El visor también dispone de un código de tiempo actual que indica el lugar exacto del clip que estamos visualizando.

10. Para acceder a un clip que se ha visualizado recientemente en el visor, haga clic en el botón de clips recientes situado en la esquina inferior derecha del visor. Del menú emergente, seleccione el clip **98A-amanda**.

 Nota: La ventana de clips recientes almacena un número predeterminado de diez clips, cuyo valor puede modificarse hasta 20 desde la ventana User Preferences, que puede abrirse mediante las teclas de acceso directo **Opción-Q**.

11. Haga clic en la ficha Stereo (a1a2) del visor para ver la parte de audio del clip **98A-amanda.**

Al abrir un clip con sonido, aparece una ficha Stereo o Mono en el visor, en función de cómo se haya capturado o exportado el clip. Si tiene dos canales de sonido, pueden mostrarse como par estéreo o como dos fichas Mono independientes. En estas fichas, el sonido se muestra en forma de ondas y picos que representan la señal, lo que se denomina forma de onda.

 Forma de onda del audio estéreo

 Nota: Los campos de código de tiempo actual y de duración se siguen viendo al seleccionar la ficha de sonido. En un apartado posterior nos detendremos en las funciones de esta ficha.

12. Vuelva a abrir el clip **97C-back slo-mo** mediante cualquiera de los métodos anteriores.

El clip se ha creado con un efecto de vídeo a cámara lenta y en el visor no aparece ninguna ficha de audio.

Marcar clips

Una vez visualizados los clips, el siguiente paso consiste en identificar la parte que deseamos editar de la secuencia. Una vez seleccionada, debemos marcar los puntos exactos de principio y fin. Esas marcas definirán los puntos de edición del clip. Más adelante vere-

mos cómo editar los clips dentro de una secuencia, pero de momento nos limitaremos a practicar las diferentes formas de marcar un clip antes de modificarlo en la línea de tiempo.

 Nota: Marcaremos clips y crearemos una secuencia similar a la de la línea de tiempo. Siempre puede reproducir la secuencia **Amanda-Finished** como referencia.

Marcar con botones

Una manera de marcar los puntos de edición de un clip es mediante los controles o botones de marcado del visor, que están situados debajo del control lanzadera.

Botón Mark In — └ Botón Mark Out

El botón de marca de entrada define un punto de comienzo y el botón de marca de salida define un punto de fin.

1. Desde el buscador, abra el clip **98A-amanda** en el visor. Fíjese en el campo de duración del código de tiempo.

   El código de tiempo de la izquierda muestra la duración total del clip, cuando no existen puntos de edición. Al marcar un clip, el código de tiempo cambia para reflejar sólo la sección marcada.

2. Reproduzca el clip de nuevo y deténgalo justo cuando vea el rostro de Amanda en el fotograma. Puede ajustar fotogramas de ambos lados para tener en cuenta la acción de fondo.

> **Nota:** Para buscar un punto de edición concreto, puede arrastrar la barra de reproducción, pulsar la tecla **J** o **L**, o pulsar **K**, **J** y **L** de forma conjunta para reproducir a cámara lenta. Para desplazarse un fotograma por vez, puede mantener pulsada la tecla **K** y pulsar las teclas **J** o **L** o las teclas de dirección. Si trabaja con un ratón con rueda, puede desplazar el puntero sobre la zona de la imagen y desplazarse fotograma a fotograma.

3. Pulse el botón de marca de entrada para crear un punto de inicio.

Aparecerá un nuevo punto de entrada en la zona de arrastre, lo que se indica en la esquina superior izquierda de la imagen.

4. Reproduzca el clip hasta que el hombre diga **Thank you, sister**.

5. Pulse el botón de marca de salida para crear un punto de final.

Tanto en la zona de arrastre como en la esquina superior derecha de la imagen, aparece una flecha con el puntero hacia la derecha. El código de tiempo de la izquierda refleja ahora la duración de la zona marcada y la zona de arrastre fuera de esta selección se vuelve gris.

6. Haga clic en el botón de reproducción entre marcas (Play in to Out) para visualizar sólo dicha sección.

En un ejercicio posterior modificaremos esta parte del clip en la secuencia.

7. En el buscador, haga clic en el triángulo situado junto a la carpeta Audio. Abra el clip **VO_16** y reprodúzcalo.

Este clip tiene un único canal de audio, que se muestra como forma de onda en la ficha Mono (a1), como veremos más adelante.

8. Para marcar la longitud completa del clip **VO_16**, haga clic en el icono Mark Clip.

Al marcar la totalidad del clip se incluye un punto de entrada en el primer fotograma y un punto de salida en el último.

Marcar con teclas de acceso directo

Algunos usuarios prefieren trabajar con teclas de acceso directo para realizar las modificaciones, mientras que otros prefieren utilizar los botones de la interfaz. En Final Cut Pro, las combinaciones de teclas de acceso directo suelen comenzar con la primera letra de la función que realice. Por ejemplo, todas las combinaciones relacionadas con la operación de crear un punto de entrada (In Point) utilizan la letra **I**, combinada o no con una tecla modificadora, y todas las combinaciones relacionadas con los puntos de salida (Out point) incluyen la letra **O**.

1. Abra el clip **98B-man** en el visor y reprodúzcalo hasta que escuche al hombre decir **Thank you, sister**.

   Como en el clip anterior escuchamos lo mismo, cortaremos en este ángulo de cámara para la siguiente frase.

2. Pulse la tecla **I** para crear un punto de entrada.

   Observará que el resultado es el mismo que al pulsar el botón de marca de entrada.

 Nota: También se pueden marcar clips a la vez que se están reproduciendo, lo que recibe el nombre de Marcado al vuelo.

---

3. Pruebe a reproducir el clip y a pulsar la tecla **O** sin detenerlo para crear un punto de salida en el momento en que el hombre dice **Nice suit, Armani?**. Fíjese en la

duración del campo de código de tiempo ya que cambiará en el siguiente paso.

4. Para retrasar la barra de reproducción hasta el punto de entrada, pulse **Mayús-I**. Reproduzca desde el punto de entrada y, en esta ocasión, defina un nuevo punto de salida cuando Amanda diga **Yeah**, para que el hombre tenga tiempo de levantar la mirada.

    Al definir un nuevo punto de entrada o salida cuando ya existe otro, la nueva marca sustituye a la anterior y aparece una nueva duración.

5. Haga clic en el botón de reproducción entre marcas para reproducir la nueva parte marcada del clip.

6. En el navegador, vuelva a abrir el clip **98A-amanda**. También puede hacer clic en el menú desplegable de clips recientes y seleccionarlo.

    Una vez marcados los puntos de edición en un clip, estos permanecerán en él hasta que se eliminen.

7. En la carpeta **Audio** del buscador, abra el clip **VO_17** y reprodúzcalo. Lo utilizaremos en su totalidad.

8. Para aplicar el comando de marcado de clips mediante un método abreviado de teclado, pulse la tecla **X**.

    Al igual que al utilizar el botón de marcado de clips, se añade un punto de entrada

al primer fotograma del clip y un punto de salida al último.

9. Seleccione File>Save Project (Archivo> Guardar proyecto) o pulse **Comando-S** para guardar los puntos de edición que acabamos de crear.

> **Truco:** Seleccione Mark>Go To para ver los métodos abreviados de teclado para editar puntos. Puede seleccionar otras opciones de marcado o utilizar este menú para recordar las combinaciones de teclas.

Marcar un solo punto de edición y una duración

Si dedica mucho tiempo a tareas de edición, puede resultarle útil ahorrarse ciertos pasos. Durante el marcado de clips, puede utilizar un solo punto de edición o, en ocasiones, ninguno. En otros casos, al trabajar con efectos de sonido o tomas de vídeo estáticas, puede optar por introducir una duración para definir la longitud de una edición, en lugar de tener que buscar un punto de entrada o salida concreto.

1. Abra y reproduzca el clip **97F-man cu** hasta que el hombre diga "Hey Bro, how're ya doin'?".

2. Cree un punto de entrada al inicio de esta línea y pulse el botón para reproducir sólo la sección marcada.

    Al no existir ningún punto de salida, el clip se reproduce desde el punto de entrada hasta el final.

3. Abra y reproduzca el clip **97C-back slo-mo**.

   Vamos a utilizar este clip desde el principio, por lo que no es necesario crear ningún punto de entrada.

> **Nota:** Este clip, junto con el clip **97B-walking slo-mo**, cuenta con un efecto de cámara lenta. En un capítulo posterior aprenderemos a cambiar la velocidad de un clip.

4. Reproduzca el clip y deténgalo cuando la mujer rubia desaparezca por el lado derecho del fotograma. Defina un punto de salida. Haga clic en el botón de reproducción para ver la parte marcada del clip.

   Al no existir un punto de entrada, el clip comienza a reproducirse desde el comienzo y hasta el punto de salida.

5. Desde la carpeta **Audio** del buscador, abra el clip `city sounds.aif` y reproduzca unos segundos de este efecto de sonido.

   En este clip, no son tan importantes los puntos de entrada o salida como la duración del efecto de sonido.

> **Nota:** Los clips de sonido creados con el formato de archivo de intercambio de audio de Apple utilizan el sufijo `aif`. Sin embargo, muchos clips de audio AIFF no incluyen esta extensión en el nombre.

6. Para crear una duración de cuatro segundos, introduzca **4:00** en el código de tiempo de la izquierda y pulse **Intro**.

   Aparecerá un nuevo punto salida en la zona de arrastre a cuatro segundos del comienzo del clip. Si tuviéramos un punto de entrada en otra parte se crearía una duración a partir del mismo. En este caso, no importa dónde se encuentre la barra de reproducción la indicar la duración.

> **Truco:** También podemos escribir el tiempo sin los dos puntos (400), o con un punto detrás del cuatro, (4.) para reemplazar los ceros.

7. Para cambiar el tiempo a siete segundos, escriba **7.** (el número 7 seguido de un punto) en el campo de código de tiempo y pulse **Intro**.

   El punto de salida se ajusta automáticamente para crear una duración de siete segundos.

Truco: Para deshacer los cambios, pulse **Comando-Z** o seleccione Edit>Undo (Edición>Deshacer). De forma predeterminada, el número de veces que puede deshacer un paso es diez, aunque es posible cambiar este valor en la ventana User Preferences (**Opción-Q**).

Marcar números en el código de tiempo

También podemos crear números de código de tiempo de pantalla y de registro para cada clip y definir puntos de entrada y salida en dichos números. Este proceso se utiliza en muchos programas de entrevistas, donde no hay un guión de tomas. En un visor se reproducen y se registran las cintas originales, para después crear una lista de referencias de código de tiempo a las tomas que haya que incluir en el programa. En este caso, el editor corta un toma mediante la introducción de los números de código de tiempo seleccionados y la marcación de dichos puntos.

1. Abra el clip **97B-walking slo-mo** y desplace la barra de reproducción por la barra de arrastre.

   Aunque el clip carece de diálogos, tiene partes inutilizables porque el hombre que camina por detrás de Amanda se aprecia excesivamente en el fotograma. Hemos anotado la mejor parte.

2. Haga clic en el código de tiempo de la derecha, introduzca **11:06:34:00** y pulse **Intro**.

Verá que la barra de reproducción de la zona de arrastre salta al punto 11 horas, 6 minutos, 34 segundos y 0 fotogramas.

 Nota: Recuerde que no necesita escribir ceros delante del primer dígito, ni dos puntos ya que Final Cut Pro los añade automáticamente. No obstante, en el libro utilizamos dos puntos para facilitar la lectura de los números de código de tiempo.

3. Cree un punto de entrada.

4. En esta ocasión, no haga clic en el campo de código de tiempo actual. Introduzca **11:06:42:08** y pulse **Intro**.

   Con la ventana del visor activa, los números que introduzca aparecerán en el código de tiempo actual (de la derecha).

 Nota: Puede desplazar la barra de reproducción hasta puntos concretos de código de tiempo en el lienzo o la línea de tiempo por medio de esta técnica. Antes de introducir un número, asegúrese de activar la ventana adecuada.

5. Cree un punto de salida y reproduzca sólo la sección marcada del clip.

6. Abra y reproduzca el clip **98C-wide** hasta que Amanda empiece a alejarse. Para localizar el fotograma exacto, introduzca **13:02:10:23** y pulse **Intro**. Defina un punto de entrada en esta posición.

7. Introduzca **13:02:19:19** y pulse **Intro**. Defina un punto de salida en esta posición y reproduzca desde el punto de entrada al punto de salida.

 Truco: Al introducir un número de código de tiempo para un clip ahorrará tiempo mientras marca clips, sobre todo si otros han localizado una posición concreta.

Ver y eliminar marcas

Durante el proceso de edición, en ocasiones será necesario revisar o modificar los puntos de edición. En este ejercicio veremos formas adicionales de ver, acceder y eliminar las marcas por medio de los controles de desplazamiento del visor o las teclas de acceso directo. Estos métodos utilizan las mismas teclas empleadas para marcar puntos de entrada y salida: **I** y **O**. Por el momento, practicaremos con el repaso y la eliminación de marcas de un mismo clip.

1. Abra el clip **97B-walking slo-mo** desde el buscador. Pulse **Mayús-I** para desplazar la barra de reproducción hasta al punto de entrada y **Mayús-O** para llegar al punto de salida.

2. En la zona de controles de desplazamiento del visor, pulse el botón de edición anterior y, tras ello, el de edición siguiente. Púlselos varias veces.

Estos botones desplazan la barra de reproducción hacia delante o hacia atrás hasta un punto de edición y, tras ello, hasta el principio o el final del clip.

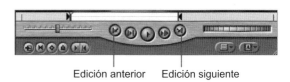

Edición anterior   Edición siguiente

 Nota: La línea vertical de los controles de desplazamiento representa un punto de edición y las flechas, la dirección en la que se desplazará la barra de reproducción hasta encontrar el punto de edición más próximo, hacia adelante o hacia atrás.

3. Con la barra de reproducción al principio del clip, pulse la **Flecha abajo** varias veces y, tras ello, la **Flecha arriba**.

   Cuando hay puntos de edición, las teclas de dirección se detienen en cada uno de ellos, como los botones de edición anterior y siguiente.

 Truco: También puede pulsar **:** (dos puntos) y **'** (apostrofe) para realizar esta operación. Como se encuentran junto a las teclas **J**, **K** y **L**, puede que le resulte más cómodo.

4. Para ver el clip desde la posición de la barra de reproducción hasta el punto de salida, arrastre la barra de reproducción hasta un punto situado entre los puntos de entrada y salida y pulse **Mayús-P**.

En clips de duración marcada es una forma muy útil de revisar el material hasta el punto de salida.

5. Desplace la barra de reproducción hasta el centro del clip y haga clic en el botón Play Around Current Frame (Reproducir en fotograma actual) para reproducir un fragmento anterior y posterior a la posición de la barra de reproducción. También puede utilizar el método abreviado de teclado, la barra invertida (\).

La función anterior no está vinculada a ninguna marca. Se reproduce la posición actual de la barra de reproducción, independientemente de que se encuentre en un clip o una secuencia. Existen otras aplicaciones de esta función. Por ejemplo, puede utilizarla para retroceder la barra de reproducción unos segundos y definir un nuevo punto de entrada.

 Truco: La cantidad de tiempo de reproducción va a depender de lo especificado en la opción **Preview Pre-roll** de la ventana **User Preferences**.

6. Para eliminar el punto de entrada del clip, pulse **Opción-I**. Pulse **Opción-O** para eliminar la marca de salida.

7. Para deshacer los pasos y recuperar las marcas, pulse **Comando-Z** dos veces.

8. Pulse **Opción-X** para eliminar todas las marcas al mismo tiempo. Pulse **Comando-Z** para recuperar las marcas.

9. Pulse **Comando-S** para guardar los cambios.

 Nota: Puede reproducir en bucle un clip o una zona marcada por medio de los comandos **View> Loop Playback** o **Control-L**. Al activar esta opción, el clip se vuelve a reproducir desde el principio cuando llega al final o se reproduce repetidamente desde el punto de entrada al de salida. Esta función se aplica a cualquier actividad del visor, el lienzo o la línea de tiempo.

Trabajar con clips de audio

Como habrá comprobado, los clips de audio se marcan de la misma forma que los de vídeo. Sin embargo, el audio se representa de forma diferente en el visor y utiliza medidores para hacer referencia a los niveles de volumen. El audio es una parte muy importante del proceso de edición y lo analizaremos con detalle a lo largo del libro.

1. En la carpeta **Audio** del buscador, abra el clip **VO_13** y reprodúzcalo.

2. Fíjese en la zona de la forma de onda y busque el control de zoom y el regulador de zoom.

Control de zoom — Regulador de zoom

Estos controles amplían la forma de onda en el visor al igual que permitían ampliar una secuencia en la línea de tiempo.

3. Arrastre el control de zoom hacia la izquierda y observe la barra de reproducción mientras arrastra.

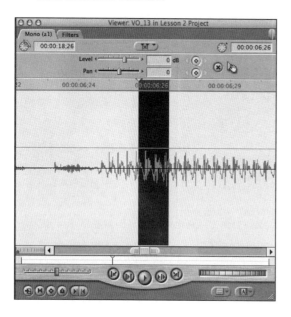

Al ampliar al máximo un clip o una secuencia, se amplía la representación del tiempo. La barra negra que aparece junto a la barra de reproducción indica la anchura de un fotograma.

4. Haga clic en el centro del control de zoom y arrastre el regulador a izquierda y derecha para ver otra zona del clip.

5. Pulse **Mayús-Z** para ver la totalidad del clip de audio.

6. Por encima de la pantalla de la forma de onda encontramos la regla, similar a la de la línea de tiempo. Pulse y arrastre la barra de reproducción de esta zona.

Esta barra de reproducción y la presente en la zona de arrastre se desplazan al unísono al movernos por el sonido.

7. Vuelva a reproducir el clip y fíjese en los medidores de sonido de la interfaz.

Niveles dB

 Truco: En función de su equipo, los medidores de audio pueden aparecer por debajo de la paleta de herramientas o en el lateral. Si no ve la ventana en su interfaz, seleccione **Window>Audio Meters** o pulse **Opción-4**.

Los pequeños números que aparecen entre los dos medidores de sonido representan dB o decibelios, la unidad para medir el sonido. Por lo general conviene conservar la media en -12dB. Sin embargo, en función del nivel del archivo de medios original, puede tener que incrementar o reducir el nivel del clip en el visor.

8. En la carpeta **Audio**, abra el clip `city sounds.aiff`. Reprodúzcalo unos segundos y fíjese en su nivel de volumen en los medidores de audio.

   Este efecto de sonido debe reducirse para mezclarlo por debajo del diálogo y los clips de voz.

9. Arrastre el regulador **Level** (Nivel) hasta que aparezca la cifra **-15** en el campo **Level**. También puede introducir **-15** directamente en dicho campo y pulsar **Intro**.

Al modificar el nivel de audio, la línea de volumen de color rosa se mueve en la pantalla de la forma de onda. Si introduce un número en el campo **Level** no apreciará el cambio hasta que pulse **Intro**.

 Nota: Los valores dB representan un cambio de volumen en función al nivel de sonido original del clip. En capítulos posteriores trabajaremos con otras opciones de sonido.

Preparación previa a la edición

Antes de editar los clips marcados para que pasen a formar parte de una nueva secuencia de la línea del tiempo, es necesario prepararlos. Primero, hay que crear una nueva secuencia en el buscador, asignarle un nombre y abrirla en la línea de tiempo. Después hay que colocar la barra de reproducción en el punto que queramos editar y asegurarnos de que el clip esté en la pista correcta.

1. Haga clic en el triángulo de la carpeta **Sequences** del buscador, para ver su contenido.

2. Haga **Control-clic** en cualquier zona gris del buscador, por debajo de la columna **Name**, para que aparezca el menú contextual y seleccione **New Sequence** (Nueva secuencia).

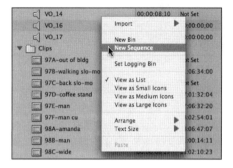

 Nota: También podemos crear una nueva secuencia seleccionando **File>New>Sequence** (Archivo>Nuevo>Secuencia) o pulsando **Comando-N** en el buscador.

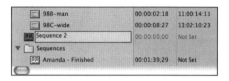

En el buscador aparecerá un nuevo icono con el nombre **Sequence 2** (u otro número). Dicha secuencia tendrá los parámetros predeterminados de este metraje a menos que los haya modificado para adecuarlos a su propio proyecto. Encontrará más información al respecto en un capítulo posterior.

3. Cambie el nombre por **Amanda-Starting** y pulse **Intro**.

4. Para mantener organizados los elementos del buscador, arrastre la nueva secuencia dentro de la carpeta de secuencias.

5. Haga doble clic en el icono para abrir la secuencia en la línea de tiempo.

 Nota: También puede seleccionar la secuencia y pulsar **Intro** para abrirla.

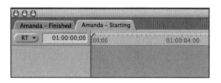

La línea de tiempo contendrá ahora dos fichas de secuencias, correspondientes a las dos secuencias abiertas. Estas dos fichas aparecen también en el lienzo.

6. Desde la carpeta Clips del buscador, abra el clip **98A-amanda** en el visor. reprodúzcalo para ver la parte que marcamos anteriormente.

7. Antes de realizar la primera edición, debemos asegurarnos de que la barra de reproducción está al principio de la secuencia. Para ello, haga clic en la zona de la regla y arrastre la barra de reproducción hasta el inicio de la secuencia o haga clic en la línea de tiempo y pulse la tecla **Inicio**.

La posición de la barra va a determinar la ubicación de la edición en la secuencia y la duración del clip indica la cantidad que se utilizará del clip.

A la izquierda de la línea de tiempo están los controles de pista. Cada pista de la secuencia va a recibir un número determinado (V1, V2, etc., para las pistas de vídeo, y A1, A2, etc., para las de audio). Estos controles se denominan controles de destino.

Al abrir un clip en el visor, en la línea de tiempo aparecen controles de origen correspondientes a las pistas de vídeo y audio del clip.

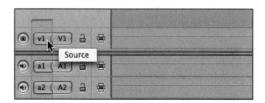

Aunque el orden de las pistas de destino es fijo, puede desplazar y conectar controles de origen o asignarlos a cualquier destino. De esta forma determina la ubicación en la línea de tiempo de las pistas de audio y vídeo del clip original.

8. Fíjese en los controles de origen del clip actual. Abra el clip **97B-walking slo-mo** y fíjese en sus controles de origen.

Al abrir un clip que sólo tenga vídeo, únicamente aparece un control de origen de vídeo en la línea de tiempo.

9. Abra el clip **VO_13** en el visor.

   Este clip sólo tiene una pista de audio, por lo que sólo aparece un control de origen de audio.

10. Haga clic en el menú emergente de clips recientes y seleccione **98A-amanda** para volver a abrirlo. Antes de editar este clip, compruebe que el control fuente v1 está conectado a la pista de destino V1, y que a1 y a2 están conectados a las pistas de destino A1 y A2. En caso contrario, arrastre el control de origen hasta la posición correcta.

 Nota: Si el control de origen no está conectado a una pista de destino, haga clic en cualquiera de los controles para conectarlos.

Realizar ediciones Overwrite o por sustitución

Final Cut Pro permite realizar diferentes tipos de ediciones. En este capítulo, vamos a trabajar con las ediciones por sustitución (Overwrites) y las ediciones por inserción (Inserts). Una edición por sustitución coloca el clip sobre cualquier elemento que haya en la pista de la línea de tiempo. La línea de tiempo puede estar vacía o puede que incluya otro clip. De cualquier forma, el nuevo clip sustituye al elemento existente. Una edición por inserción lo coloca entre otros clips de la pista. Pese a esta diferencia, el procedimiento es similar en ambos casos.

Arrastrar un clip hasta la ventana de edición

Existen varias formas de realizar una edición. En este caso, vamos a emplear la ventana de edición Edit Overlay del lienzo para insertar un clip dentro de la secuencia **Amanda-Starting** de la línea de tiempo.

 Nota: En primer lugar editaremos el diálogo entre Amanda y el hombre de la escena 98. Más adelante añadiremos clips desde la escena 97.

1. En el visor, haga clic y mantenga el puntero pulsado sobre la zona de la imagen del clip **98A-amanda**.

   Aparecerá una imagen en miniatura acoplada al puntero.

2. Arrastre la imagen en miniatura hasta el lienzo sin liberar el ratón.

   En la ventana del lienzo aparece una ventana de edición con una paleta compuesta de siete secciones, cada una para un tipo diferente de edición. La sección roja designada para la edición por sustitución u Overwrite tiene un borde más brillante, indicando que se trata de la opción predeterminada.

El icono de la sección Overwrite tiene una flecha o triángulo con el vértice hacia

abajo, que indica que se va a sustituir o a cubrir cualquier elemento que se encuentre en ese punto de la línea de tiempo.

3. Arrastre la imagen en miniatura **98A-amanda** hasta esta sección de la ventana de edición y suelte el ratón.

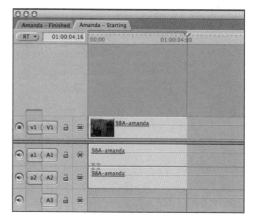

El clip marcado se situará en la línea de tiempo allí donde se encuentre la barra de reproducción, que va a saltar al final del clip, o, más concretamente, al primer fotograma después de que termine el clip. Como el audio tiene pistas estéreo, el clip ocupa dos pista de audio en la línea de tiempo.

4. Abra el clip **98B-man** y reprodúzcalo. Las marcas deben incluir el momento en el que el hombre dice **Nice suit, Amanda**.

   En la línea de tiempo, la barra de reproducción se encuentra en el punto en el que añadiremos esta edición, tras el primer clip de la secuencia. Tendrá que conectar los controles de origen a las correspondientes pistas de destino. Ya podemos realizar otra edición por sustitución.

5. Arrastre este clip marcado hasta la sección Overwrite del lienzo.

Nota: Si está sección aparece resaltada, podemos soltar el clip en cualquier punto de la zona de imagen del lienzo.

6. Vuelva a abrir el clip **98A-amanda**. reprodúzcalo y defina nuevos puntos de entrada y salida cuando ella diga **My traditional outfit**. Puede incluir el gesto de asentimiento del hombre y su reacción. Arrastre el clip hasta la opción Overwrite de la ventana de edición del lienzo.

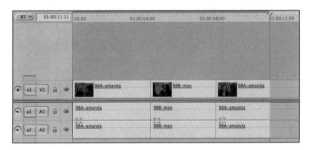

7 Reproduzca este grupo de clips desde el principio de la línea de tiempo.

Recuerde que es un corte provisional. En un capítulo posterior veremos cómo recortar y ajustar estos clips.

8. Pulse **Comando-S** para guardar su trabajo.

Utilizar el botón de edición y las teclas de acceso directo

Para realizar una edición por sustitución, también podemos utilizar el botón de edición del lienzo o las teclas de acceso directo, con lo que conseguimos el mismo resultado que mediante la técnica de arrastre. Vamos a

editar más clips, siempre prestando atención a que la barra de reproducción se encuentre en los puntos adecuados y a que las pistas de origen y destino estén vinculadas.

1. Pulse **Fin** para situar la barra de reproducción al final de los clips actuales de la línea de tiempo, punto en el que editaremos el siguiente clip de vídeo. También puede arrastrar la barra de reproducción hasta dicho punto y dejar que se ajuste al final del clip **98A-amanda**.

2. Abra el clip **98B-man** en el visor y reproduzca la parte marcada. Defina un nuevo punto de entrada y salida para incluir la frase del hombre **Mine, too. Where are you from?**.

3. Para editar este clip, pulse el botón rojo de edición por sustitución del lienzo.

El clip se añade al final de la secuencia, justo donde se encuentra la barra de reproducción, del mismo modo que en el caso anterior.

4. Abra el clip **98A-amanda** y defina puntos de entrada y salida para incluir la fase de Amanda y la primera respuesta del hombre. Haga clic en el botón de sustitución.

5. En la línea de tiempo, arrastre la barra de reproducción hasta el principio del clip.

Tras editar un clip en la línea de tiempo puede que le parezca demasiado extenso. Puede sustituir la parte final del clip o su totalidad al realizar la siguiente edición por sustitución.

6. Retrase la barra de reproducción hasta antes de que hable el hombre.

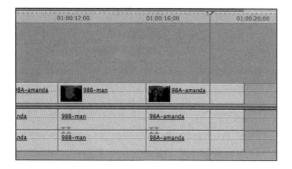

Truco: Si no ha activado el arrastre de audio en el menú **View**, actívelo para poder escuchar el sonido incluso a la inversa cuando arrastre la barra de reproducción.

Realizaremos la siguiente edición desde este punto, para sustituir la parte restante de este clip y borrarlo de la secuencia.

7. Abra el clip **98B-man** y marque la parte que empieza por **We' ne tsi** y termina antes de que Amanda vuelva a hablar. Pulse el botón de edición por sustitución.

El tamaño del clip **98A-amanda** se reduce en la línea de tiempo.

8. Mantenga pulsado el puntero sobre el botón rojo de edición por sustitución en el lienzo.

Al desplazar el cursor por encima del botón rojo de edición verá que aparece una etiqueta de ayuda, mostrando la tecla de acceso directo para esta función, es decir, **F10**.

9. Abra el clip **98A-amanda** y defina un punto de entrada cuando ella empieza a hablar. Defina un punto de salida cuando termina de hablar en su lengua materna. En esta ocasión, pulse **F10** para editar este clip en la secuencia.

Nota: OS X asigna funciones a las teclas **F9**, **F10**, **F11** y **F12** que sustituyen a las funciones de FCP a menos que las cambie en las preferencias del sistema. Encontrará más información al respecto en un capítulo anterior.

10. En la carpeta **Audio**, abra el clip **VO_14**. Arrastre la barra de reproducción hasta el final del clip y defina un punto de salida cuando se detenga la narración.

Añadiremos este clip a la pista **A4** de la línea de tiempo, de forma que debe conectar el control de origen a la misma.

11. En la línea de tiempo, arrastre el control de origen hasta la pista de destino **A4**.

12. Compruebe que la barra de reproducción se encuentra al final del último clip y pulse **F10** para editarlo.

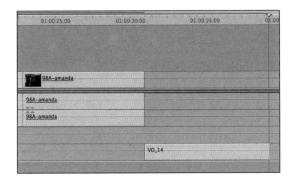

13. Pulse **Inicio** y reproduzca la secuencia. Tras ello, pulse **Comando-S** para guardar su trabajo.

Tareas del proyecto

Continuaremos con las ediciones de sustitución añadiendo los siguientes clips al final de la secuencia **Amanda-Starting** actual. Puede seguir las instrucciones de marcado y configuración de cada clip o consultar la secuencia **Amanda-Finished** como referencia.

> **Truco:** Para reducir los clips en la línea de tiempo y obtener mayor espacio de edición al final de la secuencia, pulse **Opción--** (menos), arrastre el control de zoom o las fichas del regulador de zoom.

- **98B-man:** Defina un punto de entrada en la posición **11:00:38:09** y un punto de salida en la posición **11:00:46:12**. Reduzca el sonido de este clip a -14dB para poder escuchar la voz. Compruebe que los controles de origen están asignados a las pistas de audio A1 y A2. Retrase la barra de reproducción hasta el final del último clip de vídeo.

- **98B-man:** Defina un punto de entrada en la posición **11:01:15:20** y un punto de salida en la posición **11:01:31:06**. Estas dos ediciones del hombre saltarán ligeramente al reproducirlas, aunque más adelante las cubriremos con una toma de Amanda.

- **98A-amanda:** Defina un punto de entrada en la posición **8:08:38:16** y un punto de salida en la posición **8:08:44:10**.

- **98C-wide:** Defina un punto de entrada en la posición **13:02:10:26** y un punto de salida en la posición **13:02:22:04**.

- **VO_16:** Edite el clip en la pista A4 cuando el hombre canta una estrofa de la canción.

- **VO_17:** Edite este clip en línea con el primer fotograma del último clip de la secuencia.

Crear una copia de seguridad

En el siguiente ejercicio añadiremos clips de la escena 97 por delante de los clips de diálogo de la escena 98. Antes de añadir más clips, es conveniente crear una copia de seguridad de la secuencia con los cambios realizados hasta el momento. De este modo, si nos estamos contentos con los nuevos cambios, siempre podemos regresar a la versión anterior y comenzar de nuevo. Al duplicar una secuencia, hacemos una copia exacta del material editado, sin duplicar el material fuente.

1. Haga **Control-clic** en el icono de la secuencia **Amanda-Starting** del buscador.

   Aparecerá un menú contextual con las diferentes opciones.

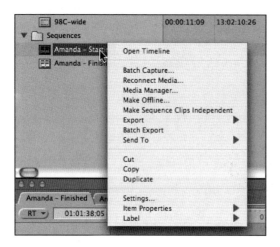

2. Seleccione Duplicate (duplicar).

   La copia de la secuencia aparece debajo de la original en la ventana del buscador, con la palabra **Copy** añadida al nombre original.

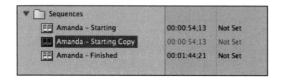

3. Para cambiar el nombre, haga clic en él y escriba **Amanda-Starting backup**. Pulse el tabulador o **Intro** para aceptarlo.

 Truco: Si no tiene pensado realizar cambios importantes y sólo desea crear una copia de seguridad de la versión actual, puede añadir una fecha o número de versión al nombre de la secuencia.

4. Haga doble clic en esta copia para abrirla en la línea de tiempo.

5. Haga clic sobre las fichas de las secuencias **Amanda-Starting** y **Amanda-Starting backup**.

   Como ve, ambas secuencias son idénticas.

6. Para cerrar las secuencia **Amanda-Starting backup**, haga **Control-clic** en su ficha de la línea de tiempo o en el lienzo y seleccione Close Tab (Cerrar ficha). Continuaremos trabajando con la secuencia **Amanda-Starting**.

7. Guarde todos los cambios mediante **Comando-S**.

 Nota: Durante el proceso de edición, podemos tener abiertas varias secuencias al mismo tiempo, siempre que las estemos utilizando. No es necesario sin embargo, mantener abiertas las copias de seguridad creadas.

Añadir clips

El atractivo de la edición no lineal es que no es necesario tomar las decisiones de edición de forma lineal y editar todos los clips unos detrás de otros. Por ejemplo, para editar una entrevista, podríamos editar todas las preguntas del entrevistador y, tras ello, añadir las respuestas de la persona entrevistada.

Al insertar un clip dentro de una secuencia, se modifica la duración de los demás clips para ajustarse a la duración total de la secuencia. Al añadir un clip a la secuencia, su longitud aumenta la misma cantidad que dure el clip añadido.

Para las ediciones por sustitución se emplean los tres mismos métodos que en el proceso de edición normal, teniendo en cuenta la ubicación de la barra de reproducción para determinar dónde se va a insertar el nuevo clip.

1. En el buscador, abra y reproduzca el clip **97A-out of bldg**.

   Vamos a utilizar este clip tal y como está marcado. Como la parte marcada no incluye al grupo musical, sólo editaremos la parte de vídeo del clip.

2. En la línea de tiempo, desplace la barra de reproducción al primer fotograma del clip.

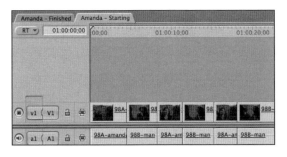

3. Haga clic en el control de origen para desconectarlo de las capas de destino. Repita la operación con el control de origen a2.

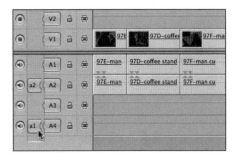

Al desconectar los controles de origen de las pistas de destino, no se utilizará audio original en la edición.

4. Como en la primera edición por sustitución, pulse y arrastre la imagen del visor hasta el lienzo pero no suelte el botón del ratón.

El botón de edición por inserción es amarillo y su icono representa una flecha apuntando hacia la derecha, lo que indica que todos los clips de la secuencia se van a desplazar hacia la derecha para dejar espacio al nuevo clip.

5. Coloque el clip sobre esta sección amarilla y suéltelo cuando se resalte.

En la línea de tiempo, únicamente se añade la parte de vídeo del clip por delante del primer clip de la secuencia. Los demás clips se desplazan hacia abajo para hacer sitio al nuevo clip.

6. Abra el clip **97E-man** y reprodúzcalo.

   Editaremos el audio y el vídeo de este clip según lo marcado en la ubicación actual de la barra de reproducción.

7. Haga clic en los controles de origen **a1** y **a2** para volver a conectarlos a las pistas de destino **A1** y **A2**. Puede que tenga que arrastrar el control **a1** hasta la pista **A1**.

8. Haga clic en el botón amarillo de inserción del lienzo.

El clip se añade en la posición de la barra de reproducción y los demás clips de la secuencia se desplazan hacia abajo, incluyendo el clip de voz de la pista **A4**.

9. Abra el clip **97D-coffee stand**. Edítelo como edición por inserción en la posición actual de la barra de reproducción.

10. Abra el clip **97F-man cu**. Inserte la parte marcada en la secuencia por medio de la tecla **F9**.

11. En caso de que sea necesario, pulse **Mayús-Z** para ver toda la secuencia. Pulse **Inicio** para desplazarse hasta el principio de la misma y reprodúzcala.

Con esto terminamos la parte del diálogo de esta secuencia. Puede realizar los pasos descritos en el siguiente apartado para añadir los clips de efectos de sonido y voz a la secuencia.

Tareas del proyecto

Para completar la secuencia, editaremos los clips restantes aplicando los pasos descritos a continuación o consultando la secuencia **Amanda-Finished**.

1. Abra el clip `city sounds.aiff` de la carpeta **Audio** y cree una duración de 20 segundos. Edite el clip en la pista **A3** al principio de la secuencia como edición por sustitución. No olvide reducir el nivel de audio a -15 antes de editar la secuencia.

2. Abra el clip **VO_12** y defina puntos de entrada y salida alrededor de la narra-

ción. Edite el clip como edición por sustitución en la pista **A4**, a dos segundos del inicio de la secuencia.

3. Abra el clip **VO_13** y defina puntos de entrada y salida alrededor de la narración. Edite el clip como edición por sustitución en la pista **A4**, al final del clip de voz anterior.

4. Abra el clip **98A-Amanda** y marque una duración de tres segundos. Edítelo como edición por sustitución en el punto de edición situado entre los dos clips **98B-man**.

Guardar y salir

Es conveniente guardar cada cambio realizado durante el proceso de edición y al final de la sesión, aunque no hayamos completado la secuencia. Puede que sólo haya realizado pequeños cambios de organización o marcado unos clips. Al guardar un proyecto se asegura de que estas decisiones se incluyen la próxima vez que lo abra.

1. Pulse **Comando-S** para guardar el proyecto en el que esté trabajando.

2. Seleccione File>Close Project si desea cerrar el proyecto.

 Nota: Al cerrar un proyecto o salir de Final Cut Pro, aparece un cuadro de texto preguntando si hemos realizado algún cambio desde la última vez que guardamos el proyecto. Siempre que aparezca esta ventana, haga clic en **Yes**.

Si desea seguir trabajando en el mismo proyecto en siguientes sesiones, puede salir del programa sin cerrar dicho proyecto. De este modo, la próxima vez que lo abra, ese proyecto estará ya abierto.

3. Pulse **Comando-Q** para salir de Final Cut Pro o continúe con el siguiente capítulo.

Repaso del capítulo

1. Indique tres formas de abrir un clip.

2. ¿Cómo se marca un clip?

3. ¿Cómo se define una duración específica desde el punto de entrada o inicio de un clip?

4. ¿Cómo se reajusta un punto de edición por medio de marcas de entrada o salida?

5. Al reproducir un clip de audio, ¿qué se ve en lugar de una imagen de vídeo?

6. ¿Qué métodos abreviados de teclado se pueden utilizar para desplazar la barra de reproducción directamente a un punto de edición? ¿Cuáles se utilizan para eliminar puntos de edición?

7. Indique tres formas de crear una nueva secuencia.

8. Al abrir un clip en el visor, ¿qué aparece en la zona de pistas de la línea de tiempo?

9. Antes de marcar un clip, ¿qué debe hacer para garantizar la correcta ubicación del mismo?

10. Enumere tres formas de editar un clip marcado como edición por sustitución.

11. Enumere tres formas de añadir un clip a una secuencia.

12. ¿Cómo se edita un clip de sonido en una secuencia?

13. ¿Cómo se duplica una secuencia?

Respuestas

1. Hacer doble clic sobre el clip en el buscador, arrastrarlo hasta el visor o seleccionarlo y pulsar **Intro**.

2. Utilizar los botones Mark In y Mark Out del visor o las teclas **I** y **O**.

3. Introducir la correspondiente cantidad en el campo de duración del código de tiempo.

4. Arrastrar una marca de entrada o salida hasta el visor.

5. Se ve una representación del sonido en forma de onda. Todas las funciones de marcado son las mismas.

6. Pulse **Mayús-I** o **Mayús-O** para acceder a un punto de entrada o salida. Pulse **Opción-I** u **Opción-O** para eliminar un punto de entrada o salida. Pulse **Opción-X** para eliminar ambas marcas al mismo tiempo.

7. Seleccione la opción en el menú File, pulse **Comando-N** o haga clic con la tecla **Control** pulsada en el buscador y seleccione New Sequence.

8. Las pistas de origen del clip aparecen como controles de origen en la zona de pistas de la línea de tiempo.

9. Sitúe la barra de reproducción en el punto en el que desee añadir el clip en la secuencia y asigne los controles de origen a la correspondiente pista de destino.

10. Puede arrastrar el clip marcado hasta el lienzo y soltarlo en la sección Overwrite, hacer clic en el botón rojo de sustitución o pulsar **F10**.

11. Puede arrastrar el clip hasta la sección Insert, hacer clic en el botón amarillo de inserción o pulsar **F9**.

12. Haga clic en el correspondiente botón de edición o utilice el método abreviado de teclado adecuado.

13. Haga clic con la tecla **Control** pulsada en el buscador y seleccione Duplicate en el menú contextual.

Teclas de acceso directo

Marcado	
I	Crea un punto de entrada
O	Crea un punto de salida
X	Marca todo el clip
Mayús-I	Mueve la barra de reproducción a la marca de entrada
Mayús-O	Mueve la barra de reproducción a la marca de salida
Opción-I	Elimina un punto de entrada
Opción-O	Elimina un punto de salida

Marcado

Opción-X	Elimina los puntos de entrada y salida al mismo tiempo
Mayús-P	Reproduce el clip desde la posición de la barra de reproducción hasta el punto de salida
Mayús-	Reproduce la secuencia desde la marca de entrada hasta la de salida
****	Reproduce los clips a los lados de la barra de reproducción
Comando-Z	Deshace la última acción

Reproducción y visualización

Mayús-Z	Muestra toda la secuencia en la línea de tiempo
Control-L	Activa la reproducción en bucle

Para los proyectos

Comando-O	Abre un proyecto
Control-clic	Abre un menú contextual
Comando-S	Guarda el estado actual del proyecto

Edición

F10	Crea una edición por sustitución
F9	Crea una edición por inserción

Capítulo 3

Editar mediante técnicas
de arrastrar y soltar

La flexibilidad de Final Cut Pro permite a los editores aplicar su propio estilo de edición. Se pueden emplear los botones de edición de la interfaz, las teclas de acceso directo **F9** y **F10** para crear ediciones por sustitución o por inscrición, respectivamente, o arrastrar un clip hasta la ventana de edición del lienzo. Existe otro estilo de edición aún más sencillo y versátil que consiste en arrastrar un clip directamente a la línea de tiempo para editarlo. Una vez allí, podemos seleccionarlo, moverlo, copiarlo o pegarlo. Puede hacer todo lo que necesita para modificar el clip o la secuencia en cuestión por medio del método de edición en la línea de tiempo. Algunos editores cortan sus secuencias únicamente empleando esta técnica.

- **Archivos del capítulo:** Lesson 3 Project

- **Medios:** Carpetas Canoe Club

- **Duración:** 60 minutos aproximadamente

- **Objetivos:**

  - Seleccionar y mover clips en la línea de tiempo.

  - Copiar y pegar clips.

  - Seleccionar varios clips a la vez.

  - Trabajar con el control Snapping.

  - Sustituir clips directamente en la línea de tiempo.

  - Insertar clips directamente en la línea de tiempo.

  - Arrastrar clips de audio hasta la línea de tiempo.

  - Cambiar un clip en la línea de tiempo.

  - Copiar y pegar atributos.

Preparar el proyecto

Lo primero que vamos a hacer en este capítulo es abrir el programa mediante el icono de la barra de tareas, así como el proyecto correspondiente. Después, vamos a crear una nueva secuencia con la que practicar el proceso de edición.

1. Abra Final Cut Pro.

2. Cierre todos los proyectos que estén abiertos por medio de la opción Close Tab (Cerrar ficha) del menú contextual.

   Las ventanas del lienzo y de la línea de tiempo se cierran si no hay ninguna secuencia que mostrar, por lo que en el buscador sólo aparece la ficha de efectos.

3. Seleccione File>Open (Archivo>Abrir) o pulse **Comando-O**, y abra el archivo Lesson 3 Project desde FCP5 Book Files>Lessons.

   Este proyecto tiene tres carpetas principales: Canoe Club Audio, Canoe Club Video y Sequences.

 Nota: Si guardamos un proyecto con las secuencias cerradas, no aparecen ni la ventana del lienzo ni la línea de tiempo al abrirlo de nuevo ya que la única finalidad de estas ventanas es la de mostrar secuencias abiertas.

4. Repase los contenidos de cada carpeta. En la carpeta Sequences, haga doble clic sobre la secuencia **Canoe Club-Finished** para abrirla. Puede que tenga que desplazarse hacia abajo para ver el contenido.

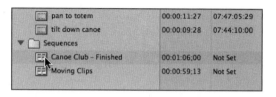

Las ventanas de lienzo y de la línea de tiempo se abrirán para mostrar dicha secuencia.

5. Reproduzca esta secuencia para hacerse una idea de lo que vamos a crear en este capítulo.

Esta secuencia dispone de cinco pistas de audio: las pistas A1 y A2 se corresponden a un efecto de sonido, grabado en un sistema diferente al de la toma original. Este clip se ha duplicado varias veces para continuar el efecto de sonido en los demás clips de vídeo. La pista A3 contiene clips de narración en mono (un solo canal). Las pistas A4 y A5 tienen pistas de música en estéreo.

6. En la carpeta Sequences, haga doble clic sobre la secuencia **Moving Clips** para abrirla. Tras ello, haga clic en las fichas de secuencia de la línea de tiempo.

La secuencia **Moving Clips** contiene seis clips que forman parte de la secuencia **Canoe Club-Finished** anterior. Los tres primeros clips se encuentran en el mismo punto de cada secuencia. Los tres restantes se han desplazado en la línea de tiempo y se han alejado de la posición original. Trabajaremos con dichos clips para aprender los fundamentos de la selección y el desplazamiento de clips en la línea de tiempo. Además, esta secuencia sólo tiene cuatro pistas de audio. En un apartado posterior incluiremos una pista adicional.

7. Reproduzca los tres primeros clips.

El clip **rowing sound** no aparece al principio de la secuencia porque la canoa se encuentra un tanto alejada. Está alineada con el final del vídeo. El clip de narración o voz, **VO_01**, no tiene restricciones de posición. Lo podemos incluir al principio, al final o en el centro del clip de vídeo.

Manipular clips en la línea de tiempo

Un aspecto de la edición mediante técnicas de arrastrar y soltar incluye arrastrar clips en la línea de tiempo. Es una operación muy útil para modificar la ubicación de un clip, como por ejemplo cambiar un efecto de sonido o una narración para coincidir con un punto concreto del vídeo.

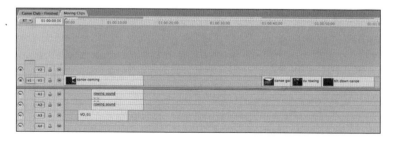

Podemos modificar la posición de un clip en la secuencia o mover todos los clips a una o más pistas, además de copiar y pegar uno o varios clips a otro punto de la secuencia o incluso a otra secuencia distinta. Antes de trabajar con varios clips a la vez, comencemos con uno solo.

 Nota: Cuanta más práctica adquiera en manipular clips en la línea de tiempo, más fácil y rápido le resultará arrastrar clips directamente a la línea de tiempo mientras edita.

Seleccionar y deseleccionar un clip

Es muy importante que aprenda correctamente a seleccionar clips en la línea de tiempo. Durante el proceso de edición, los clips se seleccionan para moverlos, eliminarlos, añadirles efectos, ver sus propiedades o modificarlos. El proceso de selección de clips en la línea de tiempo coincide con los principios generales de selección de Apple. Si hacemos clic sobre un clip, éste queda seleccionado, y al hacer clic fuera de él, queda deseleccionado. La clave consiste en hacer clic en el punto exacto del clip para obtener la función deseada.

1. En la línea de tiempo, haga clic en la ficha de la secuencia Moving Clips y seleccione el clip **canoe coming**. Para ello, haga clic una vez en el centro del mismo.

El clip se vuelve marrón para indicar que está seleccionado.

2. Para deseleccionarlo, haga clic en la zona vacía que hay sobre él.

3. Vuelva a seleccionar el clip **canoe coming** y, tras ello, seleccione el clip **VO_01**.

Al seleccionar un clip diferente, se anula la selección de cualquier otro clip seleccionado.

4. Coloque el cursor al final del clip. Verá que el puntero se convierte en una flecha vertical de cambio de tamaño. Haga clic para seleccionar el punto de salida.

5. En el clip **VO_01**, desplace el cursor hasta el punto de entrada. Cuando aparezca la flecha de cambio de tamaño, haga clic para seleccionar dicho punto.

La selección del punto de entrada o salida de un clip es muy útil para recortar y ajustar clips en capítulos posteriores.

6. En la pista **A1**, haga clic en el centro del clip **rowing sound**.

Al hacer clic en una pista del clip de audio estéreo, ambas pistas quedan seleccionadas.

> **Nota:** El puntero del ratón es la herramienta de selección prede-terminada de Final Cut Pro.

7. Para eliminar el clip, pulse la tecla **Supr**.

Al eliminar un clip, desaparece de la secuencia pero no del archivo de medios o del clip original en el buscador.

8. Pulse **Comando-Z** para deshacer los cambios.

9. Para deseleccionar el clip, podemos em-plear las teclas de acceso directo **Mayús-Comando-A**.

Arrastrar y mover un clip

Los clips pueden arrastrarse hacia todas las direcciones, dentro de la línea de tiempo.

Al arrastrarlos hacia la izquierda o hacia la derecha, cambiamos su posición dentro de la secuencia. Al arrastrarlos hacia arriba o hacia abajo, lo situamos en una pista diferente. También podemos mover un clip, introdu-

ciendo valores directamente en la línea de tiempo o con teclas de acceso directo.

1. Haga clic de nuevo en el clip **canoe coming** de la línea de tiempo, para selec-cionarlo. Coloque el cursor en diferentes partes del clip, pero sin arrastrarlo.

Notará que el cursor se convierte en una herramienta de movimiento. Mientras que la flecha de cambio de tamaño indica la posibilidad de cambiar el tamaño, este nuevo cursor indica la posibilidad de desplazar un elemento. No se trata de una herramienta presente en la paleta de herramientas del programa.

2. Arrastre el clip hacia la derecha, pero sin soltar aún.

Aparecerá un pequeño cuadro de dura-ción con el signo + y un número, que indica el tiempo que hemos desplazado el clip desde su posición original. Además, el puntero cambia a una flecha con el vértice hacia abajo. Las dos pequeñas ventanas del lienzo se describen más adelante.

3. Libere el botón del ratón. Ahora arrastre el clip hacia la izquierda y después hacia la derecha.

Los signos más y menos indicarán la distancia que hemos desplazado el clip con respecto a su posición actual. Si movemos el clip de nuevo, la referencia se tomará desde la última posición.

4. Arrastre el clip hacia arriba, a la pista V2 y suéltelo. Arrástrelo por encima de la pista V2, donde aparecería la pista V3 y suéltelo.

Al arrastrar el clip hasta una zona de pistas vacía, automáticamente se crea una nueva pista.

5. Pulse **Comando-Z** para recuperar la posición anterior del clip y eliminar la nueva pista.

   También podemos mover un clip vertical y horizontalmente al mismo tiempo.

6. Arrastre el clip hasta la pista V1, en un movimiento horizontal hacia la izquierda.

7. Con el clip seleccionado, introduzca **300** (3 segundos), en la zona de pistas de la línea de tiempo.

Nota: Aunque resulte extraño, Final Cut Pro anticipa lo que deseamos hacer y coloca el número en el lugar adecuado.

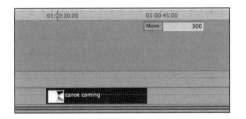

En el centro de la línea de tiempo, aparece un cuadro con el número que hemos escrito.

8. Pulse **Intro** para introducir el valor y desplazar el clip.

9. Para mover el clip cuatro segundos hacia la izquierda, introduzca **-4.** (menos cuatro seguido de un punto) y pulse **Intro** escribimos el signo menos delante del número.

   Al igual que en el campo de duración del código de tiempo, un punto representa dos ceros.

10. Arrastre el clip **VO_01** hasta que su punto de entrada se alinee o ajuste al inicio del clip **canoe coming**.

    Al ajustar un clip al punto de entrada o salida de otro clip, aparecen flechas marrones de ajuste, al igual que sucede al ajustar la barra de reproducción a la misma posición.

Nota: El ajuste es una función similar a un imán que permite alinear clips entre sí o con respecto a la posición de la barra de reproducción. Lo veremos con más detalle en un apartado posterior.

---

11. Arrastre el clip **rowing sound** y ajuste su punto de salida con el punto de salida del clip **canoe coming**. Reproduzca estos tres clips para comprobar la posición de la voz.

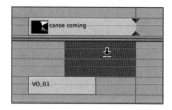

Al seleccionar una pista de un par estéreo en el ejercicio anterior, ambas pistas quedaron seleccionadas. Al arrastrar o mover un pista de un par estéreo, ambas se mueven al unísono. Fíjese en las flechas verdes, que indican la presencia de un par estéreo en el clip **rowing sound**.

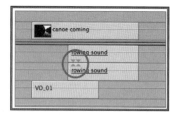

Seleccionar y mover varios clips a la vez

Al igual que puede necesitar seleccionar un clip durante el proceso de edición, puede que tenga que seleccionar un grupo de clips. Por ejemplo, puede que cuente con una serie de clips de voz, como sucede en la pista **A3** de la secuencia **Canoe Club-Finished** y decida desplazarlos en la línea de tiempo para que comiencen en un punto posterior. Existen varios métodos para seleccionar un grupo de clips. Algunos coinciden con los descritos en un capítulo anterior, utilizados para seleccionar clips y guardarlos en carpetas. En este ejercicio, vamos a practicar con las diferentes maneras de seleccionar y mover varios clips al mismo tiempo.

 Truco: Puede que tenga que ajustar el control o el regulador de zoom para crear espacio adicional entre los clips.

1. Seleccione todos los clips mediante Edit> Select All (Edición>Seleccionar todo) o pulse **Comando-A**.

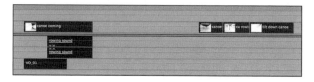

2. Con todos los clips seleccionados, haga clic en uno de ellos y arrástrelo hacia la derecha. Suéltelo unos cinco segundos más adelante.

A medida que los desplaza, los clips oscuros representan la nueva ubicación de los clips. La distancia en que los desplace aparecerá en el cuadro de duración.

 Truco: Al arrastrar clips en la línea de tiempo, asegúrese de que mantiene el puntero en la misma pista en la que haya empezado a arrastrar. En caso contrario, los clips seguirán al puntero a otra pista diferente.

3. Con todos los clips aún seleccionados, introduzca **-5.** (menos cinco seguido de un punto) en cualquier parte de la línea de tiempo y pulse **Intro**.

   Con ello, desplazaremos el grupo de clips cinco segundos hacia la izquierda.

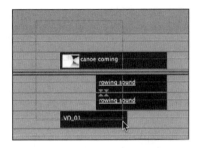

4. Podemos deseleccionar los clips de tres maneras distintas:

   - Seleccione Edit>Deselect All (Edición>Deseleccionar todo).

   - Pulse **Mayús-Comando-A**.

   - Haga clic en una zona vacía de la línea de tiempo.

 Truco: Para crear una marquesina en la línea de tiempo, haga clic por encima del primer clip y arrastre el cursor hacia abajo hasta que incluya el clip siguiente. Cuando haya completado la selección, libere el ratón.

5. Para seleccionar un grupo de clips podemos emplear diferentes procedimientos. Practique con todos ellos antes de continuar.

   - Haga clic en el primer clip de la pista V1 y pulse **Mayús-clic** en el último.

     Verá que todos los clips situados entre ellos se seleccionan, aunque haya un espacio que los separe.

   - Haga clic en el primer clip de la pista V1 y pulse **Comando-clic** en el último.

     Sólo se seleccionan esos dos clips.

   - Dibuje una marquesina alrededor de los tres primeros clips.

     Al arrastrar, un cuadro con puntos delimita la zona seleccionada. Todos los clips que toquemos con el puntero quedarán seleccionados. No los deseleccione.

6. Haga clic en cualquiera de los clips seleccionados, arrastre hasta el inicio de la secuencia y deselecciónelos.

7. Seleccione y arrastre el segundo y tercer clip de la pista V1 hacia la izquierda hasta ajustarlos al final del primer clip.

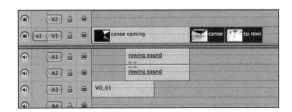

8. Arrastre el cuarto clip hacia el final del tercero pero no libere aún el ratón.

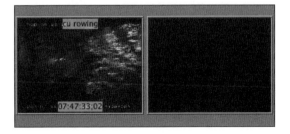

Verá que aparecen dos ventanas de edición en el lienzo. En la de la izquierda se muestra el fotograma anterior al que estamos desplazando, junto con su nombre y el código de tiempo fuente. En la ventana de la derecha aparece el fotograma siguiente al desplazado. En este caso, aparece en negro porque no hay ningún fotograma.

 Truco: Si accidentalmente soltamos un clip sobre otro, el primero sustituirá al segundo. Para deshacer esta acción pulse **Comando-Z**.

9. Siga arrastrando el cuarto clip hacia la izquierda, hasta los otros clips, sin liberar el ratón.

A medida que arrastramos un clip sobre otros en la línea de tiempo, las ventanas de edición del lienzo muestran los fotogramas anterior y posterior al desplazado. En este caso, podemos utilizar estos fotogramas para hacer coincidir los remos.

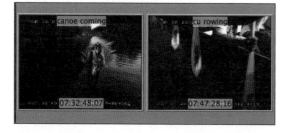

10. Ahora desplace el clip para ajustarlo al final del último clip (**cu rowing**) y suéltelo. Deseleccione el clip y haga clic en las fichas de la secuencia para comparar las secuencias.

Los clips de vídeo deberían aparecer en el orden original.

Copiar y pegar clips

En el ejercicio anterior escuchamos el clip **rowing sound** bajo el primer clip de vídeo. Los demás clips de vídeo también se pueden beneficiar de este mismo sonido. Para continuar con el efecto de sonido, podemos editar el clip varias veces en la secuencia. También podemos copiar y pegar el clip varias veces en la secuencia.

Las tareas de copiar y pegar en la línea de tiempo de Final Cut Pro son similares a las de cualquier procesador de texto. Primero debemos seleccionar el clip. Tras ello, lo copiamos. El siguiente paso consiste en desplazar la barra de reproducción al lugar donde queremos pegar el clip. Las teclas de acceso directo son las habituales para estas tareas: **Comando-C** para copiar y **Comando-V** para pegar.

1. Haga clic en la ficha de la secuencia **Canoe Club-Finished** y cuente el número de clips **rowing sound** de las pistas A1 y A2.

   Hay seis clips **rowing sound** en esta secuencia. Para crear seis clips en la secuencia **Moving Clips**, copiaremos el primero y lo pegaremos cinco veces.

2. Haga clic en la ficha de la secuencia Moving Clips.

3. Seleccione el clip **rowing sound** y ejecute Edit>Copy, (Edición>Copiar), o pulse **Comando-C**.

4. Coloque la barra de reproducción al final del primer clip **rowing sound** por medio de las Flechas Arriba y Abajo.

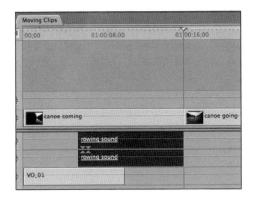

5. Seleccione Edit>Paste (Edición>Pegar) o pulse **Comando-V**.

   Una copia del clip **rowing sound** aparece en la posición de la barra de reproducción, que se mueve al final del nuevo clip.

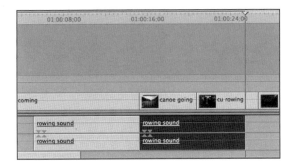

6. Con la barra al final segundo clip **rowing sound**, vuelva a pulsar **Comando-V** y pulse de nuevo tres veces más, hasta tener un total de seis clips. Deseleccione los clips y reproduzca la secuencia.

Nota: Podemos pegar un clip tantas veces como queramos ya que permanece en el portapapeles del ordenador, hasta que copiemos otro elemento.

7. Guarde su proyecto por medio de **Comando-S**.

Preparar la edición mediante arrastrar y soltar

Hemos visto el primer paso de cómo manipular los clips que ya existen en la línea de tiempo. Lo siguiente es aprender a editarlos mediante técnicas de arrastre hasta la línea de tiempo. Este método se complementa con el enfoque de arrastrar y soltar que ya hemos empleado para manipular los clips actuales.

Pero antes de comenzar a editar directamente en la línea de tiempo, veamos algunas de las funciones automáticas del proceso de edición.

Ubicar el cursor

El lugar que ocupa el cursor dentro de una pista va a determinar el tipo de edición que vamos a realizar, bien por sustitución o por inserción. La ubicación correcta del cursor es la clave de las tareas de edición en la línea de tiempo.

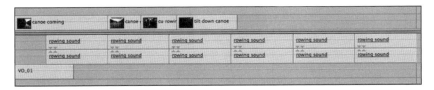

Si se fija en una zona vacía de la pista de audio o vídeo de la línea de tiempo, verá una pequeña línea gris que discurre por el tercio superior de la pista. Al arrastrar y soltar clips en la línea de tiempo nos fijaremos en dicha línea.

1. Desplace el puntero por la linea de color gris.

   Aunque de momento no ocurre nada, ése es el punto donde se van a realizar las ediciones.

 Truco: Para este ejercicio, es conveniente que aumente la altura de la pista para poder ver mejor la línea.

2. Desde el buscador, abra el clip **daryl cu** en el visor. Utilizaremos la marcación actual del clip. Pulse **Mayús-** o haga clic en el botón Play In To Out para ver la parte marcada del clip.

 Nota: Todos los clips **Canoe Club** se han marcado para que cada uno comience con el mismo movimiento de remo. De esta forma se mantiene la sincronización del sonido de los remos en los clips de vídeo.

3. Haga clic en la zona de imagen del visor y arrastre la miniatura del clip **daryl cu**

hasta el centro de la pista V2 vacía en la línea de tiempo sin soltar el ratón.

 Nota: Si suelta el botón del ratón, pulse **Comando-Z** para deshacer la acción y repita el paso anterior.

4. Fíjese en el puntero y arrástrelo hasta la línea de la pista V1 como antes.

   Cuando el puntero se coloca debajo de dicha línea gris, se convierte en una flecha con el vértice hacia abajo, lo que representa una edición por sustitución. Aparece también un cuadro ensombrecido que representa la duración del clip.

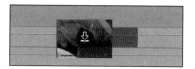

   Cuando el puntero se coloca por encima de la línea gris, se convierte en una flecha con el vértice hacia la derecha, que representa una edición por inserción. El cuadro que aparece en está ocasión está vacío.

 Nota: En ambos casos la imagen en miniatura no se modifica.

5. Con el botón del ratón pulsado, vuelva a arrastrar el clip hasta el visor y suelte el ratón.

Truco: Siempre podemos arrastrar el clip de nuevo al visor si hemos decidido no utilizarlo en la secuencia.

Ajustar a la barra de reproducción

Cuando realizamos ediciones por sustitución e inserción en el capítulo anterior, desplazábamos la barra de reproducción al lugar de la línea de tiempo donde queríamos incluir el nuevo clip. Esto no es necesario a la hora de arrastrar un clip dentro de la línea de tiempo, puesto que es posible colocar un nuevo clip en cualquier lugar, sin importar la posición de la barra de reproducción.

Sin embargo, cuando movemos un clip sobre el lugar donde se encuentra la barra de reproducción, este clip se situará en ese lugar de manera automática, siempre que tengamos activado el control Snapping o de ajuste. Con esta función nos aseguramos de que el clip vaya exactamente donde queremos colocarlo. Este control se encuentra en la esquina superior derecha de la barra de botones de la línea de tiempo y puede activarse o desactivarse durante el proceso de edición.

1. En la línea de tiempo, haga clic en el control **Snapping** varias veces.

Ajuste activado   Ajuste desactivado

Cuando este control está activo, el icono se pone de color verde y parece cóncavo, mientras que si está desactivado, es de color gris y plano.

2. Compruebe que el control **Snapping** está activado.

3. Para situar la barra de reproducción, arrástrela hasta el inicio del quinto clip **rowing sound**.

4. Arrastre el clip **daryl cu** del visor a la línea de tiempo y colóquelo en la pista **V2** para incluirlo como una edición por sustitución, pero no libere aún el ratón.

Truco: Intente ajustar el cuadro de clip sombreado a la pista y no a la imagen en miniatura del clip.

Nota: Cada ventana dispone de su propia barra de botones que puede personalizar con diferentes funciones, herramientas o comandos. Las dos funciones predeterminadas que aparecen en la ventana de la línea de tiempo son el control **Snapping** (Ajustar) y el control **Linked Selection** (Selección vinculada). Más adelante veremos cómo personalizar esta y otras barras.

La parte cuadrada oscura que aparece debajo de la vista en miniatura se adhiere a la barra de reproducción, mientras que en la zona de regla de la línea de tiempo aparecen triángulos marrones justo debajo de la barra amarilla. Además la barra de reproducción del área de las pistas se hace más gruesa.

 Nota: Como en anteriores ejercicios de edición, al arrastrar un clip desde el visor sólo se arrastra la parte marcada hasta la línea de tiempo.

5. Devuelva el clip al visor y libere el ratón.

   Al devolver el clip al visor podemos revisar la edición antes de soltarlo en la línea de tiempo.

6. Desactive el control **Snapping** haciendo clic sobre él.

7. Arrastre ahora el clip **daryl cu** del visor a la pista **V2** de la línea de tiempo y páselo por encima de la barra de reproducción sin soltarlo

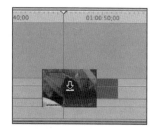

Esta vez el clip pasa sobre la barra de reproducción sin resultados. Con esta función desactivada, es difícil conseguir que el clip se sitúe justo en la posición de la barra de reproducción.

 Truco: El ajuste de clips a la barra de reproducción resulta perfecto para desplazarlos hasta un punto concreto.

8. Mientras arrastra el clip, pulse **N** para activar la función de nuevo.

   Como ve, es posible activar y desactivar la función de ajuste incluso mientras mueve un clip.

9. Arrastre el clip hasta el visor y suelte el botón del ratón.

Arrastrar clips hasta la línea de tiempo

Completaremos el vídeo de esta secuencia con algunas ediciones adicionales. Para ello, vamos a editar dos clips como ediciones por sustitución y otros dos más como ediciones por inserción. Los editaremos mediante la técnica de arrastrar y soltar.

 Nota: Para realizar los pasos descritos a continuación, active la función de ajuste.

1. Arrastre el clip **daryl cu** desde el visor hasta la pista **V1** y ajústelo al final del clip **tilt down canoe**. Compruebe que puede ver la flecha de edición por sustitución y suelte el clip.

La barra de reproducción se desplaza hasta el final del nuevo clip, como sucedía al realizar ediciones por sustitución en un capítulo anterior.

 Truco: Si soltamos el clip en la línea de tiempo antes de colocarlo en el lugar deseado, podemos reubicarlo de nuevo, como ya hicimos anteriormente. Si lo suelta sobre un clip existente, pulse **Comando-Z** para deshacer la operación e intentarlo de nuevo.

2. Abra el clip **pan to totem** desde el buscador y reproduzca la parte marcada. Utilizaremos este clip con su marcación actual.

Si se fija en el tiempo de código visual y en los números de fotograma clave de la película, verá que son valores inversos. Para que estos dos clips coincidan en dirección, tendremos que invertir el clip

pan to totem en la dirección contraria. Además, la zona negra situada en la parte superior de la imagen es una sombra de la cámara. Como la versión final de esta toma tendrá formato de pantalla ancha, la zona negra no se verá. Aprenderemos a invertir clips y a añadir mates en un capítulo posterior.

3. Arrastre el clip desde el visor a la línea de tiempo como edición por sustitución y ajústelo al final del **clip daryl cu**. Recuerde que no es importante la posición de la barra para esta edición.

Imagine que desea añadir más clips de vídeo para cubrir los efectos de sonido de A1 y A2. Tras revisar el clip **pan to totem**, decide que sea el último clip de la secuencia. En este caso, tendremos que incluir los clips adicionales por delante del clip **pan to totem**.

Al realizar ediciones por inserción, independientemente del método utilizado, todos los clips desde el punto de inserción en adelante se desplazan la misma cantidad que la longitud del nuevo clip. En un capítulo anterior, desplazamos todos los clips hacia delante para conseguir espacio para el nuevo clip. En este caso, sólo queremos desplazar los clips de vídeo, no los de audio. En primer lugar intentaremos la edición sin bloquear las pistas para ver qué sucede. Tras ello, bloquearemos las pistas de audio para que no se vean afectadas por la edición de inserción.

 Truco: Para obtener una ubicación precisa, conviene activar el ajuste al insertar clips entre otros clips ya existentes.

4. Abra el clip **canoe from left** y reproduzca la parte marcada. Arrástrelo hasta la línea de tiempo y ajústelo con el punto de edición al principio del clip **pan to totem**. Coloque el cursor por encima de la línea de la pista V1 hasta que aparezca la flecha y libérelo.

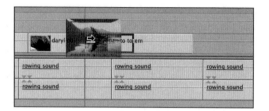

Los clips siguientes de todas las pistas de vídeo y audio se desplazan hacia la derecha, el número de segundos que dura el clip. No era el resultado deseado.

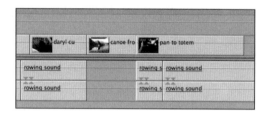

5. Pulse **Comando-Z** para deshacer el último paso, en este caso, la edición por inserción.

Otro de los controles de pista es el que permite bloquear una pista. De esta forma, la pista no se ve afectada por las funciones de edición, como la realizada en el paso 4.

6. En la línea de tiempo, haga clic en los controles de bloqueo de pista de las pistas **A1** y **A2**.

Aparecen líneas diagonales en dichas pistas, para indicar que están bloqueadas y no se pueden modificar.

> **Truco:** También puede pulsar **Mayús-F5** para alternar el bloqueo de todas las pistas de audio.

7. Repita el paso 4 y reproduzca esta parte de la secuencia.

El clip se sitúa tras el clip **daryl cu** y únicamente se desplaza el clip de vídeo **pan to totem**, la misma cantidad que el nuevo clip. La barra de reproducción también cambia de posición. En este punto añadiremos la siguiente edición.

8. Abra y reproduzca el clip **daryl slo-mo**.

La velocidad de este clip se ha reducido a la mitad. En un capítulo posterior aprenderemos a modificar la velocidad de un clip.

 Nota: Este metraje se filmó originalmente en película de super 35 mm y se transfirió a cinta. Seguramente aprecie ciertos elementos en el clip, como fotogramas duplicados.

9. Arrastre el clip **daryl slo-mo** hasta la pista **V1** y sitúelo por detrás del clip **canoe from left**.

 Nota: También puede incluir un clip en el medio de otro. Por ejemplo, puede decidir dividir la acción de un clip extenso añadiendo una imagen diferente para algunos segundos de la parte central. El clip se divide en dos partes y la segunda se desplaza la misma cantidad que dure el nuevo clip añadido.

10. Reproduzca la secuencia desde el principio.

En capítulos posteriores aprenderemos a recortar y ajustar clips que ya se encuentren en la línea de tiempo.

 Truco: No olvide pulsar las teclas **Mayús-Z** para ver la secuencia en modo completo. Mediante **Opción-+** u **Opción--** podrá aumentar o disminuir la línea de tiempo.

Arrastrar audio a la línea de tiempo

Cuando editamos directamente en la línea de tiempo, estamos arrastrando una imagen desde el visor, pero cuando abrimos un clip de audio, no hay ninguna representación gráfica en el visor, por lo que nos valemos de un icono en forma de mano para desplazar el clip.

1. Como ya no es necesario proteger las pistas **A1** y **A2**, puede hacer clic en los controles de bloqueo para desbloquearlas o pulsar **Mayús-F5**.

2. Desde la carpeta Canoe Club Audio, abra el clip **VO_02** y reprodúzcalo. Defina un punto de salida en el momento en que el narrador deja de hablar.

3. Vuelva a reproducir el clip y fíjese en el nivel de audio de los medidores. El nivel de este clip es un tanto bajo. Auméntelo hasta 6 dB. Para ello, introduzca el valor en el campo Level o arrastre el regulador de nivel.

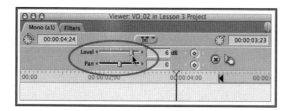

4. Para arrastrar este clip a la línea de tiempo, arrastre el icono de mano hasta la
pista **A3**. Suéltelo en la pista como edición por sustitución, por debajo del clip
cu rowing.

Si utilizáramos el botón de edición, la
zona de edición o un método abreviado
de teclado para editar el clip, tendríamos
que cambiar el destino de este clip de voz
a la pista **A3**. Sin embargo, al arrastrar
ediciones a la línea de tiempo, basta con
arrastrar hasta una pista concreta.

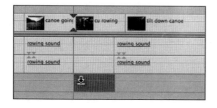

5. Reproduzca esta parte de la secuencia.

6. Desde la carpeta **Audio** del buscador, abra
el clip **VO_03** y reprodúzcalo. Utilizaremos el clip completo y aumentaremos el
volumen a 6 dB.

7. Arrastre el clip hasta la pista **A3** por
debajo del clip de vídeo **daryl cu**. Reproduzca esta parte de la secuencia.

> **Truco:** Para añadir un clip a la
> línea de tiempo sin que se ajuste a
> otro punto de edición o a la barra
> de reproducción, pulse **N** para
> desactivar el ajuste y añada el clip.
> Una vez ubicado, vuelva a pulsar
> **N** para activar el ajuste.

8. Desde la carpeta **Audio** del buscador, abra
el clip **battlesong** en el visor y reprodúzcalo hasta escuchar los cantos. Lo utilizaremos con su marcación actual.

Aunque la percusión es lo suficientemente suave como para no tapar la
narración, el volumen es un tanto excesi-
vo y molesto.

9. Arrastre el regulador de nivel hacia la
izquierda hasta -15 dB o introduzca **-15
dB** en el campo **Level**. Reproduzca la
parte de los cánticos.

10. En esta ocasión, arrastre el icono del clip
desde el buscador a la línea de tiempo.
Sitúe la primera pista de la pista **A4** al
inicio de la secuencia y suelte el clip
como edición por sustitución.

Podemos arrastrar clips directamente desde el buscador hasta la línea de tiempo y, al igual que sucede con otros métodos de edición, sólo se editará la parte marcada. En este caso, el nombre del clip aparece junto al puntero. Además, al soltar el clip, se añade automáticamente la pista **A5** para acomodar las pistas de música estéreo.

Truco: No olvide guardar (**Comando-S**) con frecuencia durante la sesión de edición.

Cambiar un clip en la línea de tiempo

Una vez editado un clip en la línea de tiempo, se convierte en parte de la secuencia y recibe el nombre de clip de secuencia. En ocasiones tendrá que modificar aspectos concretos de un clip de secuencia, una vez editado. Por ejemplo, en el apartado anterior, modificamos el nivel de sonido de los clips de narración antes de editarlos en la secuencia. También cambiamos el volumen de la pista de música. Sin embargo, al escucharlas en la línea de tiempo, puede que descubra que hace falta aumentar el volumen o suavizar el efecto de sonido o la música. Veamos cómo cambiar un clip de secuencia.

1. Vuelva a reproducir la secuencia y escuche la pista de música **battlesong**. Se reproduce suavemente entre los clips de voz, puede que en exceso.

2. Para cambiar este clip de secuencia, haga doble clic sobre el mismo en la línea de tiempo.

   Al hacer doble clic sobre un clip de secuencia, se abre en el visor. Existen dos indicadores de que no se trata del clip original del buscador, sino un clip de la secuencia. Fíjese en la barra de título del visor.

   Al abrir un clip original desde el buscador, su nombre aparece en el visor junto al del proyecto. En este caso, el nombre del clip aparece junto al nombre de la secuencia a la que pertenece.

   Fíjese ahora en la barra de arrastre. Las dos filas de puntos que aparecen en la barra indican que se trata de un clip de secuencia y no del clip original del buscador.

   Las marcas o cambios efectuados en el clip antes de editarlo son los mismos. En este caso, el nivel de sonido es de -15 dB, lo que definimos antes de la edición.

3. Aumente el volumen del clip hasta -10 dB. Haga clic en la línea de tiempo para activarla y reproduzca la secuencia para comprobar el cambio de volumen.

4. Haga doble clic en el primer clip **rowing sound** para ver su nivel de sonido.

   Este clip ya se encontraba en la secuencia al abrir el proyecto. Cuando lo copiamos y pegamos, todas las copias incluían el mismo nivel de sonido.

5. Aumente el volumen del clip de secuencia **rowing sound** en el visor hasta -15 dB. Reprodúzcalo en la línea de tiempo para apreciar los cambios.

Al igual que anteriormente copiamos y pegamos el clip **rowing sound** para crear un sonido de fondo continuo, también podemos copiar y pegar un atributo de un clip a otro.

6. Seleccione el primer clip **rowing sound** de la secuencia y pulse **Comando-C** para copiarlo.

   De esta forma se copia todo el clip, el contenido de audio e incluso los niveles de sonido.

7. Para pegar únicamente el atributo de nivel de sonido de este clip en el siguiente clip **rowing sound**, haga clic con la tecla **Control** pulsada sobre el segundo clip **rowing sound**. En el menú contextual, seleccione Paste Attributes (Pegar atributos).

Se abrirá la ventana Paste Attributes, en la que puede seleccionar los atributos disponibles en el clip copiado que puede pegar en otro clip.

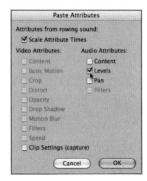

8. Haga clic en la casilla de verificación Levels y, tras ello, pulse **OK**.

9. Haga doble clic en el segundo clip **rowing sound** para ver el nivel de audio, que es de -15 dB, como en el primer clip **rowing sound**.

10. Para pegar este mismo nivel en los restantes clips **rowing sound**, haga clic en el tercero y vuelva a hacer clic con la tecla **Mayús** pulsada en el sexto o último.

Nota: Es un buen ejemplo para cuando tenga que seleccionar varios clips en la línea de tiempo.

11. Haga clic con la tecla **Control** pulsada sobre uno de los clips seleccionados y seleccione Paste Attributes en el menú contextual.

12. En el cuadro de diálogo Paste Attributes, marque la casilla Levels y pulse **OK**.

13. Haga doble clic en cualquiera de los clips rowing sound para ver el nuevo nivel de sonido.

Tareas del proyecto

En la secuencia **Moving Clips**, cambie de posición los clips de sonido de la pista A3 arrastrándolos a izquierda o derecha. Puede que prefiera el primer clip de voz en una posición posterior o que empiece antes.

Truco: Recuerde que puede pulsar **N** para desactivar el ajuste sino desea que el clip se ajuste al punto de edición de otro clip.

Guardar y salir

No olvide guardar los proyectos cada vez que realice algún cambio y antes de cerrarlos o salir de Final Cut Pro.

1. Guarde el proyecto pulsando **Comando-S**.

2. Si ya ha terminado de trabajar con Final Cut Pro, cierre el programa mediante **Comando-Q**; de lo contrario, continúe con el siguiente capítulo.

Repaso del capítulo

1. Para seleccionar un clip en la línea de tiempo, debe pulsar una vez sobre el mismo. Indique dos formas de deseleccionarlo.

2. ¿Cómo se cambia la ubicación de un clip en la línea de tiempo?

3. ¿Qué métodos abreviados de teclado se utilizan para copiar y pegar un clip en la línea de tiempo?

4. ¿Qué dos formas existen para activar y desactivar el ajuste?

5. Al arrastrar clips directamente a la línea de tiempo, el cursor cambia al situar el clip en función del tipo de edición que realice. Al realizar una edición por sustitución, ¿en qué tipo de flecha se convierte el puntero? ¿Y en el caso de una edición por inserción?

6. Al editar un clip de vídeo directamente en la línea de tiempo, se arrastra desde la zona de imagen del clip. ¿Cómo se edita directamente en la línea de tiempo utilizando una edición de sólo audio?

Respuestas

1. Hacer clic sobre un espacio vacío por encima de la pista o pulsar **Mayús-Comando-A**.

2. Debe arrastrar el clip o seleccionarlo e introducir una cantidad de desplazamiento.

3. **Comando-C** copia un clip seleccionado y **Comando-V** lo pega.

4. Pulsar **N** o hacer clic en el botón de ajuste de la línea de tiempo.

5. La flecha invertida se corresponde a una edición por sustitución. La flecha que apunta a la derecha se corresponde a una edición por inserción.

6. En la ficha Audio debe arrastrar el icono de mano hasta la pista en cuestión y soltar el clip como edición por sustitución o inserción.

Teclas de acceso directo

Comando-A	Selecciona todos los clips de la secuencia
Mayús-Comando-A	Deselecciona un clip
Comando-C	Copia
Comando-V	Pega
N	Activa y desactiva la función de ajuste
Mayús-F5	Activa y desactiva el bloqueo de todas las pistas de audio

Capítulo 4

Marcar en la línea de tiempo

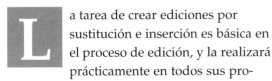L a tarea de crear ediciones por sustitución e inserción es básica en el proceso de edición, y la realizará prácticamente en todos sus proyectos. Sin embargo, existen otras formas de realizar una edición además de marcar un clip en el visor. Cómo y dónde marque una edición depende de su material y del enfoque de edición empleado. Por ejemplo, puede marcar partes de una pista de narración o de voz, o incluso música, directamente en la línea de tiempo, para determinar la longitud y la ubicación del nuevo material.

En este capítulo analizaremos el marcado en la línea de tiempo y otras formas de realizar cambios en la secuencia, como por ejemplo la eliminación de clips y huecos, la inclusión de efectos de sonido, la edición desde el buscador y la vinculación de clips de vídeo y sonido independientes.

Como en todos los proyectos, las funciones de edición cumplen un objetivo. Al experimentar con las distintas opciones de edición, piense en cómo las aplicaría a sus propios proyectos.

- **Archivos del capítulo:** Lesson 4 Project

- **Medios:** Carpetas A Thousand Roads> Amanda, Canoe Club, Intro y Sound Effects

- **Duración:** 60 minutos aproximadamente

- **Objetivos:**

    - Definir puntos de edición en la línea de tiempo.

    - Seleccionar pistas en la línea de tiempo.

- Editar desde el buscador.

- Borrar clips y huecos de una secuencia.

- Editar una pista de narración.

- Importar clips a un proyecto.

- Editar efectos de sonido en clips de vídeo.

- Vincular clips independientes.

- Añadir cortes.

Preparar el proyecto

Para prepararnos para este capítulo, tenemos que abrir el programa y el proyecto correspondiente, y reproducir una de las secuencias terminadas.

1. En la Barra de tareas, haga clic en el icono de Final Cut Pro.

2. Seleccione File>Open (Archivo>Abrir) o pulse **Comando-O**.

3. Seleccione el archivo **Lesson 4 Project** desde FCP5 Book Files>Lessons del disco duro.

4. Si hay algún proyecto abierto, haga **Control-clic** en el nombre de su ficha en el buscador y seleccione Close Tab (Cerrar ficha) en el menú contextual.

 Nota: Final Cut Pro nos permite trabajar con varios proyectos abiertos a la vez, aunque es conveniente cerrar los que no estemos utilizando para simplificar la interfaz.

5. En la línea de tiempo, haga clic en la ficha de la secuencia Canoe Club y, tras ello, en la ficha Intro-Finished para comparar las dos secuencias.

Los elementos del proyecto están vinculados al mismo conjunto de medios originales del disco duro utilizado en capítulos anteriores. Únicamente se han duplicado los vínculos, no los propios medios.

6. En la línea de tiempo, haga clic con la tecla **Control** pulsada sobre la ficha de la secuencia Intro-Finished y seleccione Close Tab en el menú contextual.

En un apartado posterior trabajaremos con esta secuencia.

Marcar en la línea de tiempo

Para marcar en la línea de tiempo se aplican los mismos principios generales que para marcar en el visor. Debe ubicar la barra de reproducción en el punto en el que desee definir un punto de edición y, tras ello, utilizar las teclas I y O para definir puntos de entrada o salida. También puede utilizar los botones del lienzo para definir marcas en la línea de tiempo.

Botón Mark In   Botón Mark Out

1. En la línea de tiempo, desplace la barra de reproducción hasta ajustarla al inicio del clip **canoe from left**. Verá el primer fotograma en la esquina inferior izquierda del lienzo. Pulse I para definir un punto de entrada.

    En la zona de regla de la línea de tiempo aparecerá un punto de entrada, así como en la barra de arrastre del lienzo y en la zona de imagen. En la línea de tiempo, todos los clips situados por detrás del punto de entrada quedan resaltados para indicar que forman parte de la zona seleccionada.

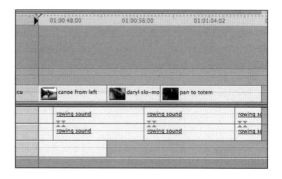

2. Desplace la barra de reproducción hasta el último fotograma del clip. En el lienzo, haga clic en el botón Mark Out para definir un punto de salida.

 Truco: Con el ajuste activado, la barra de reproducción se ajusta al primer fotograma del siguiente clip. Fíjese en la esquina inferior derecha del lienzo (aparecerá una L invertida), que indica la posición del último fotograma. En caso de que sea necesario, haga clic en la **Flecha izquierda** una vez para retroceder un fotograma hasta el último del clip.

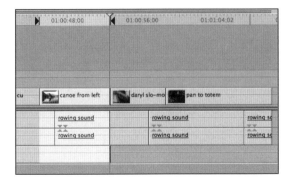

De esta forma, únicamente queda resaltado el material situado entre la parte marcada. Esta diferencia de color nos permite apreciar qué parte de la secuencia y qué clips concretos se verán afectados al continuar el proceso de edición.

3. Antes de eliminar las marcas, lo que haremos a continuación, fíjese en la duración del clip marcado en el campo de duración del lienzo. El valor es **7:18**.

4. Pulse **Opción-X** para eliminar los puntos de edición de la línea de tiempo.

   Al eliminar los puntos de entrada y salida de la línea de tiempo, en el campo de duración del código de tiempo vuelve a aparecer la longitud de toda la secuencia.

Otra forma muy útil de marcar en la línea de tiempo consiste en utilizar la función Mark Clip, que marca puntos de entrada y salida para un clip concreto. De esta forma podemos identificar la duración y ubicación exactas de un clip en la línea de tiempo. El botón Mark Clip también aparece en el lienzo. Su tecla de acceso directo es la **X**.

Botón Mark Clip

5. Sitúe la barra de reproducción en el centro del clip **canoe from left** y pulse **X** o haga clic en el botón Mark Clip del lienzo. Fíjese en el campo de duración del código de tiempo del lienzo.

   La duración de este clip coincide con el del paso anterior. Al utilizar la función Mark Clip se marca todo el clip en un mismo paso sin tener que modificar la posición de la barra de reproducción.

6. Pulse **Mayús-I** y **Mayús-O** para acceder a los puntos de entrada y salida del clip.

Estas combinaciones de teclado funcionan del mismo modo que en el visor. Las marcas de entrada y salida también aparecen en la barra de arrastre del lienzo y en la zona de la imagen.

7. Desplace la barra de reproducción hasta varios clips de la secuencia y pulse **X** o haga clic en el botón Mark Clip del lienzo para determinar su duración.

Al pulsar **X** para marcar un clip diferente, dichas marcas sustituyen a las anteriores. Si desea eliminar todas las marcas de la línea de tiempo, puede pulsar **Opción-X**.

 Truco: Para determinar la longitud de un grupo de clips en la secuencia, defina un punto de entrada en el primer fotograma del primer clip del grupo y defina un punto de salida en el último fotograma del último clip del grupo.

Seleccionar pistas en la línea de tiempo

En el ejercicio anterior colocamos la barra de reproducción sobre un clip de vídeo y pulsamos **X** para determinar su duración. Imagine que desea saber cuánto dura el clip de narración **VO_01**. Para buscar un punto concreto, necesita una referencia vertical y horizontal. La barra de reproducción nos ofrece la referencia vertical en la línea de tiempo y podemos utilizar un control de selección de pistas para identificar la pista concreta o referencia horizontal.

1. Desplace la barra de reproducción por el centro del clip **canoe coming** y pulse **X**.

   En este caso, la barra de reproducción se encuentra sobre un clip de vídeo y tres de audio. El campo de duración del código de tiempo del lienzo muestra la duración del clip de vídeo en la pista V1. La pista V1 es la de mayor prioridad en lo que respecta a selección de pistas. Como buscamos la longitud del clip en A3, debemos deseleccionar las demás pistas y apuntar a la pista A3.

2. En la zona de control de pistas de la línea de tiempo, haga clic en el control de selección automática de V1.

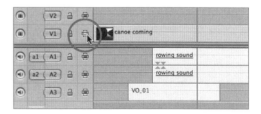

El clip de vídeo con la selección marcada queda deseleccionado y la zona resaltada incluye solamente los clips de audio.

3. Compruebe que la barra de reproducción se encuentra sobre el primer clip **rowing sound** y pulse **X** para marcarlo.

   Con la pista V1 deseleccionada y sin clips en la pista V2, Final Cut Pro se centra en la primera pista de audio, A1, y muestra su duración en el campo de código de tiempo del lienzo.

4. Desactive los controles de selección automática de las pistas A1 y A2.

   En la línea de tiempo, el clip **rowing sound** ya no aparece seleccionado.

5. Pulse **X**.

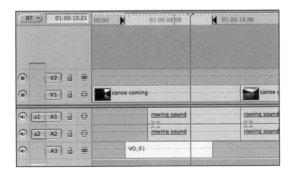

   Ahora el clip **VO_01** aparece marcado y se muestra su duración. La prioridad de selección de pistas siempre empieza con V1 y continua hasta las demás pistas de vídeo para pasar a continuación a A1 y las restantes pistas de audio.

6. Active el control de selección automática de todas las pistas de vídeo y audio, y pulse **Opción-X** para eliminar todas las marcas de la secuencia.

Truco: Para activar o desactivar todas las pistas de vídeo o audio menos una, haga clic con la tecla **Control** pulsada sobre el control de selección automática de dicha pista.

Eliminar clips y huecos

Puede que haya creado una secuencia perfecta pero si tiene un minuto de más tendrá que solucionarlo. La eliminación de material de su secuencia es otro motivo para marcar un clip o una zona en la línea de tiempo. Puede marcar y eliminar un clip completo, una parte de un clip o parte de toda la secuencia, que puede incluir varios clips. Puede eliminar un clip y dejar un hueco de la misma longitud del clip posterior. También puede eliminar el clip y el hueco al mismo tiempo, para reducir la secuencia. Antes de empezar, fíjese en el código de tiempo del lienzo para determinar la longitud actual de la secuencia.

La duración de esta secuencia es **1:10:00** (un minuto y diez segundos). Imagine que el productor desea reducirla a un minuto. Tendrá que cortar diez segundos de la secuencia eliminado uno o varios clips, o recortando varios segundos de distintos clips. Antes de realizar los cambios, le aconsejamos que cree una copia de seguridad de la secuencia.

1. En el navegador, haga clic con la tecla **Control** pulsada sobre la secuencia **Canoe**

Club y seleccione Duplicate en el menú contextual. Asigne el nombre **Canoe Club Short** a la nueva secuencia y haga doble clic sobre la misma para abrirla en la línea de tiempo.

2. Desplace la barra de reproducción al inicio de la secuencia y defina un punto de entrada.

Comenzaremos eliminando la parte del clip canoe coming sin audio.

3. Sitúe la barra de reproducción en el fotograma anterior al comienzo del clip **VO_01** y pulse **O** para definir un punto de salida.

 Nota: Recuerde que al arrastrar la barra de reproducción con el ajuste activado, se ajusta al primer fotograma del clip **VO_01**. Tras ello tendrá que retroceder un fotograma. Utilice las ventanas de edición del lienzo como referencia.

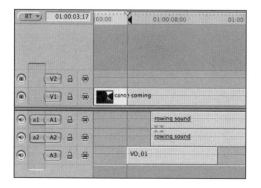

En el campo de duración del código de tiempo del lienzo, aparece el valor **3:18**. En la esquina inferior derecha de la zona de imagen del lienzo, aparece la ventana de edición del último fotograma, en este

caso, el último de la zona del hueco antes del clip **VO_01**.

 Nota: Cuando la barra de reproducción se encuentra sobre el primer o último fotograma de un clip en la línea de tiempo, dicha ventana de edición aparece en la zona de imagen del lienzo aunque no esté relacionada con la imagen actual.

4. Para eliminar esta parte del clip canoe coming, pulse la tecla **Supr**.

Truco: Si tiene un clip seleccionado en la línea de tiempo y pulsa **Supr**, el clip seleccionado sustituye las marcas de entrada y salida. Puede deseleccionar todos los clips si pulsa **Comando-Mayús-A**.

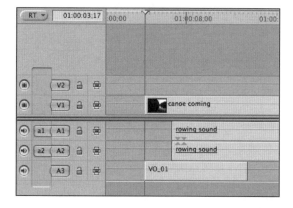

Al eliminar una parte del clip también se elimina todo el material comprendido entre las marcas de entrada y salida de la línea de tiempo y se crea un hueco. Puede resultarle útil para editar otro material en esta posición. Sin embargo, no ha conseguido reducir la secuencia.

> **Nota:** Si se abre un cuadro de diálogo en el que se impide la operación, compruebe que ha activado los controles de selección automática de todas las pistas. Si ha pulsado la tecla equivocada, puede utilizar **Comando-Z** para deshacer sus acciones.

5. Reproduzca desde el inicio de la secuencia hasta el hueco.

   Siempre que se produce un hueco en una secuencia, Final Cut Pro continua la reproducción como si se tratara de un clip vacío. Los huecos no son clips pero podemos seleccionarlos y eliminarlos como si lo fueran.

6. Haga clic en el hueco anterior al primer clip de vídeo y pulse **Supr**. También puede seleccionar Sequence>Lift.

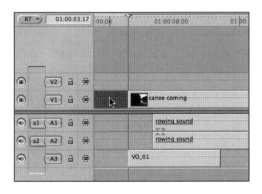

Al seleccionar y eliminar un hueco, éste se elimina de la secuencia. También podemos eliminar el material y el hueco en un mismo paso.

7. Pulse **Comando-Z** dos veces para recuperar la parte eliminada del clip y las marcas de la línea de tiempo. Tras ello, seleccione Sequence>Ripple Delete o pulse **Mayús-Supr**.

   Se elimina el clip junto con el hueco, y todos los clips posteriores se desplazan hasta su posición, provocando un efecto de ola en la línea de tiempo. Compruebe el campo de duración del código de tiempo del lienzo para ver la nueva duración.

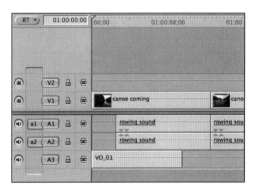

8. Desplace la barra de reproducción sobre el clip **canoe going** y pulse **X** para marcar la longitud de este clip.

   La duración de este clip es de **6:12**, la cantidad que debemos cortar para reducir la secuencia hasta un minuto.

9. Para eliminar el clip de vídeo y el efecto de sonido, pulse **Mayús-Supr**.

   Todos los clips seleccionados entre los puntos de entrada y salida se eliminan, junto al espacio que ocupaban. La duración cambia a **59:28** (59 segundos y 28 fotogramas), muy próxima a la duración de un minuto prevista.

 Nota: Los controles de selección automática determinan qué pistas se incluyen en determinadas operaciones de la línea de tiempo. Si el control de selección automática de **V1** estuviera desactivado, sólo se eliminaría el sonido en el paso 9, no el vídeo.

Tareas del proyecto

Para continuar practicando con el marcado y la eliminación en la línea de tiempo, pulse **Comando-Z** para deshacer la ultima eliminación. Tras ello, marque y elimine partes de la secuencia como desee, para reducirla a un minuto. Cuando termine, cierre la secuencia haciendo clic con la tecla **Control** pulsada sobre la ficha de la secuencia **Canoe Club Short** y seleccionando Close Tab en el menú contextual. Cierre la secuencia **Canoe Club** del mismo modo.

Editar en una pista de audio

Otro de los motivos para marcar en la línea de tiempo es para editar nuevo material sobre clips existentes. Por ejemplo, si tiene que cortar imágenes en una pista de audio, de música o narración, tendrá que marcar partes concretas de la pista de sonido para saber dónde debe ir el clip de vídeo. Siempre que tenga que marcar en la línea de tiempo y utilizar un nuevo clip original en el visor, tendrá que recurrir a la edición de tres puntos.

La edición de tres puntos es el término utilizado para editar un clip en la línea de tiempo mediante cualquier combinación de tres puntos de edición para determinar la duración, ubicación y contenido del clip. Al realizar ediciones en la línea de tiempo en otros capítulos, identificamos la duración y el contenido de la edición estableciendo puntos de entrada y salida en el visor, e identificamos la ubicación de la edición desplazando la barra de reproducción hasta un punto concreto de la línea de tiempo. Estos tres puntos (el de entrada, el de salida y la posición de la barra de reproducción) determinan la duración, ubicación y contenido de la edición, lo que se conoce como edición de tres puntos. Sin embargo, también podemos utilizar puntos de entrada y salida de la línea de tiempo para determinar la duración y la ubicación de una nueva edición.

Marcar una pista de narración

Al editar una narración, el guión gráfico tiene prioridad. En lugar de abrir un clip original en el visor y definir puntos de edición en el clip de vídeo, primero debemos saber qué dice el narrador para seleccionar el clip y el contenido correctos. En este ejercicio marcaremos la pista de narración en la línea de tiempo para determinar la duración y ubicación de cada nuevo clip de vídeo. Tras ello, abriremos un clip original en el visor y lo marcaremos para determinar el contenido o qué parte del mismo utilizaremos en la edición.

1. En la línea de tiempo, cierre todas las secuencias abiertas. Desde el buscador, abra las secuencias **Intro-Finished** e **Intro-Starting**.

2. Para conservar una copia de la secuencia **Intro-Starting** con la que trabajar, duplí-

quela en el buscador con el nombre **Intro-Starting backup**.

3. En la línea de tiempo, haga clic entre las fichas de las dos secuencias para compararlas y, tras ello, reproduzca la secuencia **Intro-Finished**.

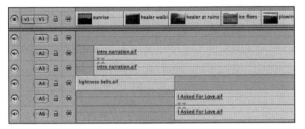

En un capítulo anterior trabajamos con una versión de la secuencia **Intro-Finished**. Ésta tiene un clip de narración estéreo en las pistas **A2** y **A3**. Tiene un efecto de sonido en la pista **A4** y una pista de música estéreo en **A5** y **A6**. La secuencia **Intro-Starting** sólo tiene clips de audio. Añadiremos los clips de vídeo a la secuencia para después añadir efectos de sonido a la pista **A1**.

4. Haga clic en la ficha de la secuencia **Intro-Starting** para activarla.

5. Desplace la barra de reproducción hasta el inicio de la secuencia y pulse **I** para definir un punto de entrada. Reproduzca la secuencia y deténgase después de que el narrador diga **"...wake up and shine"**. Pulse la tecla **O** para definir un punto de salida.

La duración desde el punto de entrada al de salida se muestra en el campo de código de tiempo del lienzo, duración que necesitamos para el primer clip de vídeo.

6. En el buscador, muestre los contenidos de la carpeta Intro Clips y abra el clip **sunrise**.

Como ya hemos definido la duración y la ubicación de este clip en la línea de tiempo, sólo necesitamos un punto de entrada para determinar dónde empezar a utilizar el contenido original.

7. Defina un punto de entrada en el clip **sunrise** entre el inicio del clip y la posición del sol sobre el horizonte montañoso.

Nota: Puede que un punto de entrada al inicio de la secuencia resulte difícil de apreciar. Al alejar la barra de reproducción del punto de entrada, es más sencillo ver el borde de la marca. También puede ver los puntos de edición en el lienzo.

8. En la línea de tiempo, asegúrese de que el control de origen v1 está conectado al control de destino V1.

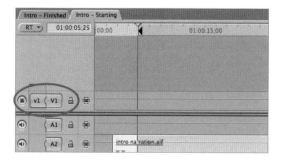

 Nota: En este caso, no es necesario ubicar la barra de reproducción ya que las marcas de la línea de tiempo tienen prioridad sobre la ubicación de la barra de reproducción.

9. Edite este clip como edición por sustitución, con cualquiera de los métodos descritos anteriormente.

En la línea de tiempo, el clip se edita en la pista V1. Los puntos de edición se han eliminado y la barra de reproducción se alinea con respecto al primer fotograma tras el clip, donde editaremos el siguiente clip de vídeo.

10. En la posición actual de la barra de reproducción, defina un punto de entrada para acomodar el siguiente clip. Reproduzca desde el principio de la secuencia y defina un punto de salida después de que el narrador diga **Breathe it all in**.

 Truco: También puede definir puntos de entrada y salida sobre la marcha mientras reproduce la secuencia, como hicimos en el visor.

11. En el buscador, abra el clip **healer walking** y defina un punto de entrada cuando el curandero comienza a andar. Edite el clip como edición por sustitución y reprodúzcalo en la secuencia.

Método Backtime o de cuenta atrás

Cuando dispone de un punto de salida en la línea de tiempo, puede aprovechar otro enfoque de la edición de tres puntos denominado *backtiming*, que se emplea cuando la ubicación del último fotograma de un clip de origen es más importante que la del primero. En este caso, debemos crear puntos de entrada y salida en la línea de tiempo para determinar la ubicación y duración de la edición, y un punto de salida en el visor en lo que va a ser el último fotograma del clip.

1. Ajuste la barra de reproducción al primer fotograma de vídeo vacío tras el clip **healer walking**. Defina un punto de entrada como inicio del siguiente clip. Reproduzca la secuencia y defina un punto de salida antes de que el narrador diga **We have met along the way**.

Truco: Puede utilizar las teclas **J** y **L** para reproducir hacia delante o hacia atrás para localizar el punto de edición.

2. En el buscador, abra el clip **healer at ruins** y arrastre hacia el final del clip. Defina un punto de salida cuando el curandero se agache.

El punto de salida de este clip de origen es más importante que el de entrada.

Nota: Este tipo de edición se denomina de tiempo atrás ya que Final Cut Pro empieza desde el final del clip y mide la duración hacia atrás para determinar dónde empieza el clip.

3. Edite el clip como edición por sustitución y reproduzca el clip.

El punto de salida se ha alineado con respecto al punto de salida de la línea de tiempo. El punto de entrada original se ha

determinado contando hacia atrás, es decir, completando la distancia hasta el punto de entrada de la línea de tiempo.

4. Pulse las teclas **Flecha arriba** o **Flecha abajo** para desplazar la barra de reproducción hasta el primer fotograma vacío de la pista de vídeo y defina un punto de entrada. Reproduzca desde dicho punto y defina un punto de salida después de que el narrador diga **hunting on the ice floes of Alaska**.

Truco: Al igual que vimos formas de onda de sonido en el visor, también podemos verlas en clips de secuencia de la línea de tiempo. Puede resultarle útil para centrarse en referencias de audio concretas. Para ver las formas de onda de audio en la línea de tiempo, pulse **Opción-Comando-W**. Lo utilizaremos más adelante.

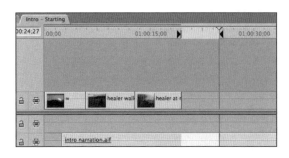

5. En el buscador, abra el clip **ice floes** y reproduzca la parte central. Defina un punto de salida tras el segundo salto del vehículo, en la posición **5:16:22:00**.

En este caso, como en el clip original anterior, la acción en la que se detiene el clip es más importante que donde empieza.

6. Edite este clip como edición por sustitución y reprodúzcalo.

   Como en el caso anterior, el punto de salida del clip de origen está alineado con respecto al punto de salida de la línea de tiempo y el resto del clip original ha retrocedido hasta dicha posición.

Utilizar una duración de origen

Una tercera forma de utilizar ediciones de tres puntos consiste en definir un punto de entrada y salida en el visor y, tras ello, definir un punto de entrada en la línea de tiempo. En este caso, damos prioridad a la duración del clip de origen.

1. Utilice las teclas del cursor para desplazar la barra de reproducción hasta el primer fotograma vacío de la pista de vídeo y defina un punto de entrada.

   Sin un punto de salida en la línea de tiempo, la duración de la edición adopta de forma predeterminada la duración del visor.

2. En el buscador, abra el clip **plowing fields** y reprodúzcalo. Defina un punto de entrada cuando el nombre aparezca completamente en el fotograma. Defina un punto de salida cuando se sitúe en frente del animal en el centro de la imagen.

3. Edite el clip como edición por sustitución y reprodúzcalo.

Aunque el clip cubre esta parte de la narración, puede que sea demasiado extenso. Lo podemos corregir si sustituimos el final del clip en la siguiente edición.

4. Reproduzca el clip en la secuencia y detenga la barra de reproducción antes de que el narrador diga **Trekking through the streets of Manhattan**. Defina un punto de entrada.

Truco: La edición es un proceso subjetivo. Al editar en audio, defina los puntos de edición en función de que lo le parezca adecuado como editor.

5. En el buscador, abra el clip **city street** y reprodúzcalo. Defina un punto de entrada cuando el hombre de la camisa blanca baja el brazo y un punto de salida cuando la imagen se vuelve borrosa.

6. Edite este clip como edición por sustitución y reprodúzcalo.

El clip de origen marcado se edita en la línea de tiempo en el punto de entrada. Al escuchar la narración, el clip parece durar demasiado.

7. Vuelva a reproducir el clip en la línea de tiempo y defina un nuevo punto de entrada cuando comience a cantar la voz de la pista de música. Tendrá que subir el volumen para escucharlo con claridad.

8. En el buscador, abra el clip **ruin steps** y reprodúzcalo. Defina un punto de entrada antes de que comience el movimiento y un punto de salida cuando termina. Edite el clip como edición por sustitución y reprodúzcalo en la secuencia.

Nota: También puede definir un punto de entrada en la línea de tiempo e introducir la duración en el campo de código de tiempo del lienzo para determinar el punto de salida.

Tareas del proyecto

Continuaremos con la edición de puntos de entrada y salida en la línea de tiempo, y la edición de los siguientes clips para completar la secuencia. Utilice su sentido del tiempo y de la narración como referencia para definir las marcas de cada clip. También puede consultar la secuencia **Intro-Finished** para ver cómo se ha editado. Los dos clips con asteriscos de la siguiente lista se pueden contar hacia atrás para dar prioridad al punto de salida.

Truco: Recuerde que puede definir un punto de entrada en la línea de tiempo y sustituir el final de un clip si piensa que mejorará la duración. También puede pulsar **Comando-Z** para deshacer una edición. Lo veremos en los siguientes capítulos.

- **canyon runner:** "The first peoples of this great land. We Indians, we're always going home, no matter how far from the birthing grounds we've traveled."

- **amanda rushing:** "We always go back..."

- **johnny runs:** "By foot..."

- **truck on road:** "By road..."

- **girl on plane:** "By plane or by spirit, we migrate by heart."

- **walking in fields:** "So as you walk out into the fields to plant or gather..."

- **(*) tall buildings:** "Into steel and glass towers to trade..."

- **ice fishers:** "To the ocean or woods to hunt..."

- **(**) healer cu:** "Remember, we're all on this journey together, down a thousand roads."

Importar clips a un proyecto

Una vez editados los clips de vídeo en la pista **V1**, puede centrarse en otras formas de mejorar la secuencia. Una forma de hacerlo consiste en añadir un efecto de sonido a cada clip para aumentar la profundidad de la pista de audio. La carpeta **FCP5>Book Files>Media** contiene diversos efectos de sonido pero no se han incluido en el proyecto. Tendrá que importarlos para poder utilizarlos en la edición. Puede importar un solo archivo o toda una carpeta al mismo tiempo.

Existen tres formas de importar un archivo:

- Seleccionar File>Import>Files.

- Pulsar **Comando-I**.

(*) Cuente este clip hacia atrás hasta el punto en que las dos banderas norteamericanas aparecen en el centro de la imagen.

(**) Cuente este clip hacia atrás hasta el punto en que el curandero sale del fotograma.

- Hacer clic con la tecla **Control** pulsada en el buscador y seleccionar Import>Files en el menú contextual.

1. Haga clic con la tecla **Control** pulsada en el buscador y seleccione Import>Files en el menú contextual.

2. En la ventana Choose a File (Seleccionar un archivo), desplácese hasta la carpeta FCP5 Book Files>Media>A Thousand Roads>Sound Effects y seleccione el archivo bird sounds.aif.

   En la columna situada a la derecha del clip de efecto de sonido aparece un icono que, en función de cómo se haya creado el clip, puede ser un icono de QuickTime o una claqueta de Final Cut Pro. Fíjese en la información sobre el clip que aparece por debajo de la claqueta. El tipo de archivo es de medios de Final Cut Pro. En un capítulo posterior veremos las distintas opciones de exportación.

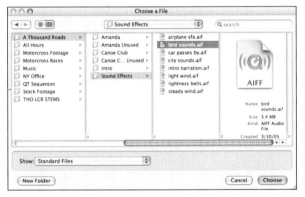

3. Pulse **Choose**.

   El nuevo clip bird sounds.aif aparece en el buscador.

4. Para importar varios clips, haga **Control-clic** en el buscador y seleccione Import>Files en el menú contextual.

5. En la carpeta denominada Media>A Thousand Roads>Sound Effects, seleccione light wind.aif y, tras ello, haga clic con la tecla **Control** pulsada sobre car passes by.aif. Pulse **Choose**

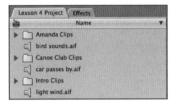

Los nuevos clips aparecen en orden alfabético en el buscador.

 Truco: Puede seleccionar o deseleccionar un archivo por medio de la combinación **Comando-clic**. También puede seleccionar un grupo de archivos contiguos si hace clic sobre el primero y, tras ello, con la tecla **Mayús** pulsada, sobre el último archivo del grupo.

6. En esta ocasión, haga **Control-clic** en el buscador y seleccione Import>Folder (Importar>Carpeta). En la ventana Folder, desplácese hasta la carpeta Media>A Thousand Roads y seleccione la carpeta Sound Effects.

   Al seleccionar esta opción, los archivos individuales quedan desactivados y no se podrán seleccionar.

7. Pulse **Choose**.

La carpeta Sound Effects se importa al proyecto como carpeta.

8. Haga clic en el triángulo situado junto a la carpeta para mostrar sus contenidos.

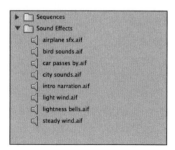

9. Para eliminar los clips repetidos importados en pasos anteriores, haga clic con la tecla **Control** pulsada sobre cada uno y pulse **Supr**.

Al eliminar clips de un proyecto, no se eliminan los correspondientes medios del disco duro, sino el vínculo concreto entre el proyecto y los vínculos. En este caso, disponemos de todos los efectos de sonido en la carpeta Sound Effects, los vínculos utilizados para editar estos medios.

Truco: También puede utilizar la técnica de arrastrar y soltar para importar clips a un proyecto de Final Cut Pro. Para ello, disponga las ventanas para que pueda ver el buscador y un explorador de archivos en su escritorio. Desplácese hasta la ubicación del clip o carpeta en cuestión, arrástrelo hasta el buscador y suéltelo.

Editar efectos de sonido en clips de vídeo

En este ejercicio añadiremos efectos de sonido a la pista A1 para cubrir la longitud de los clips de vídeo de V1. Para empezar, marcaremos la duración del clip de vídeo, como hicimos antes y, tras ello, editaremos un efecto de sonido en dicho punto. Es otro ejemplo de marcado en la línea de tiempo pero utilizando los clips existentes como referencia.

Nota: Puede seguir trabajando con la secuencia **Intro-Starting** o duplicar la secuencia **Intro-Finished** en el buscador, que representa todo el trabajo realizado en el capítulo hasta el momento.

1. En la línea de tiempo, compruebe que están seleccionados los controles de selección automática de todas las pistas. Desplace la barra de reproducción sobre el primer clip de vídeo y pulse **X** para marcar su duración.

2. En el buscador, abra el clip denominado `bird sounds.aif` de la carpeta Sound Effects y defina un punto de entrada al inicio del clip.

Truco: No olvide comprobar el volumen de cada efecto de sonido y ajustarlo para mezclarlo con las pistas de narración y música. Aprenderemos a ajustar los niveles de audio y a mezclar en capítulos posteriores.

3. En la línea de tiempo, compruebe que el control de origen **a1** está conectado al control de destino **A1**.

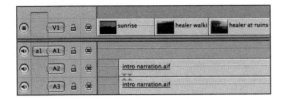

4. Edite este clip como edición por sustitución y reprodúzcalo en la línea de tiempo.

5. Situé la barra de reproducción sobre el segundo clip de vídeo, **healer walking**, y pulse **X** para marcar su duración.

6. Desde la carpeta **Sound Effects**, abra el clip `light wind.aif` y defina un punto de entrada al inicio del mismo.

7. Edite este clip en la línea de tiempo como edición por sustitución.

8. Desplace la barra de reproducción hasta el clip **truck on road** y pulse **X** para marcarlo.

    En la parte final del clip, el camión gira en una curva. Si el sonido coincidiera con la acción resultaría más creíble.

9. Abra el clip `car passes by.aif` y busque el punto de máximo volumen del coche. Utilice la altura de la forma de onda como guía. Puede que tenga que emplear el regulador de zoom o pulsar **Mayús-Z** para ver esta zona.

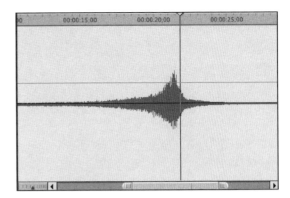

En este caso, al definir un punto de salida cuando pasa el coche, el efecto de sonido coincide mejor con el vídeo que si definiéramos un punto de entrada.

10. Para alinear el final del efecto de sonido con el final del clip en la línea de tiempo, defina un punto de salida después del sonido del coche. Edite el clip como edición por sustitución y reprodúzcalo.

    El sonido del coche se alinea con la imagen de la línea de tiempo. Puede utilizar **Comando-Z** para deshacer el clip si desea mejorar la duración.

Tareas del proyecto

Continúe añadiendo efectos de sonido para que coincidan con los clips de vídeo de la línea de tiempo. No olvide configurar los niveles de audio de los efectos de sonido en el visor antes de editarlos para que no tapen las pistas de narración y de música. Si desea una referencia a la secuencia terminada, puede consultar la secuencia **Intro with SFX** de la carpeta **Sequences**.

Truco: Para modificar el nivel de audio de un clip de efecto de sonido ya editado, haga doble clic sobre el clip en la línea de tiempo para abrirlo en el visor. Al cambiar el volumen, cambiará el clip de secuencia de la línea de tiempo, no el clip original en el buscador.

Vincular clips

Una vez añadido un efecto de sonido a cada clip de vídeo, podemos vincular dichos clips entre sí. Al capturar originalmente los clips con el audio y el vídeo, se vincularon de forma automática. No obstante, también podemos unir clips no vinculados para modificar tanto el vídeo como el audio al mismo tiempo. Al vincular las pistas de vídeo y audio de un clip, podemos desplazarlo o ajustar su longitud desde una sola pista, para también ajustar todas las pistas del clip vinculado. En un capítulo posterior aprenderemos a ajustar la longitud de un clip. Por el momento, vincularemos los clips de vídeo con los clips de audio de la pista A1.

 Nota: Para realizar este ejercicio, puede pulsar **Opción-+** para ampliar el zoom en los clips que vamos a vincular.

1. En la línea de tiempo, fíjese en el segundo clip de vídeo de la pista V1, **healer walking**.

El nombre del clip no está subrayado. Si lo estuviera, indicaría que el clip está vinculado a audio presente en la secuencia.

2. Haga clic en el clip de vídeo **healer walking**.

Al seleccionar el clip, sólo queda seleccionado el vídeo ya que todavía no cuenta con audio.

3. Haga clic con la tecla **Control** pulsada sobre el efecto de sonido `light wind.aif` situado por debajo del clip de vídeo **healer walking** para seleccionarlos.

4. Seleccione Modify>Link o pulse **Comando-L** para vincular los clips.

Al hacerlo, la línea de vínculo aparece bajo el nombre del clip de vídeo, para indicar que está vinculado a audio de la secuencia.

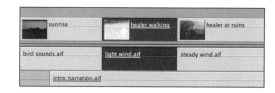

5. Deseleccione el clip y, tras ello, vuelva a hacer clic en la parte de vídeo.

Ambos clips quedan seleccionados ya que están vinculados.

6. Utilice los métodos anteriores para seleccionar y vincular los clips de V1 y A1.

 Nota: Aunque puede vincular varios clips de audio entre sí, sólo puede haber un clip de vídeo como parte de un clip vinculado.

Añadir cortes

Al editar material, puede que sólo desee utilizar parte de lo que alguien dice y, tras ello, avanzar hasta otra frase de otro personaje. Este salto de una parte de un clip a otra parte diferente del mismo material se denomina *jump cut* o salto. Estos cortes resultan molestos para el espectador y se suelen cubrir mediante la edición de una nueva toma sobre el punto de edición. Las tomas de sustitución se denominan *cutaways* o edición de recortes y se pueden seleccionar de otra parte del clip o de material diferente, denominado *B-roll* ya que no es el metraje principal.

El primer paso para cubrir un salto consiste en marcar la posición en la línea de tiempo en la que desee aplicar la edición de recorte. Tras ello, debe seleccionar la secuencia que utilizar para el recorte y definir un punto de entrada. En la secuencia Amanda editada en un capítulo anterior, editamos dos tomas (del hombre) entre sí para crear la banda sonora correcta. Para cubrir este salto, editaremos un recorte de Amanda escuchando al hombre.

1. En la carpeta de secuencias del buscador, haga doble clic en la secuencia **Amanda Cutaways** para abrirla.

2. En la línea de tiempo, arrastre la barra de reproducción hasta el segundo marcador verde.

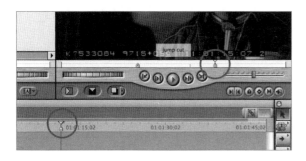

Este marcador identifica el punto de edición que salta de una imagen del hombre a otra similar. En la zona de imagen del lienzo, fíjese en que se muestra el nombre del marcador. En la barra de arrastre, el marcador aparece de color amarillo al situar la barra de reproducción sobre el mismo.

3. Reproduzca este punto de edición.

La pista de audio es correcta pero tendremos que mejorar el vídeo añadiendo una edición por recorte para cubrir el salto.

4. Defina un punto de entrada en la línea de tiempo antes del punto de edición que salta y un punto de salida por detrás.

De esta forma identificamos la zona que cubriremos con una toma de Amanda.

5. Abra el clip **98A-amanda** y busque una reacción facial que utilizar como recorte. Defina un punto de entrada.

6. Para editar únicamente el vídeo, asegúrese de que los controles de origen de a1 y a2 no están conectados a las pistas de audio de destino.

7. Edite el recorte como edición por sustitución y reprodúzcala.

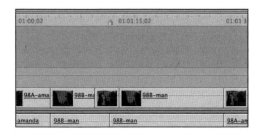

De esta forma, la posición de los dos clips **98B-man** no distrae la atención ya que recortamos a una toma de Amanda entre las anteriores. También puede utilizar un recorte para dividir una acción extensa de un clip.

8. Reproduzca la nueva edición en el siguiente clip en el que el hombre canta. Defina un punto de entrada en la posición **1:01:18:08**.

9. En el clip **98A-amanda** del visor, busque el punto en que Amanda tararea la canción y defina un punto de entrada. Defina un punto de salida cuando deje de tatarear.

10. Edite el clip como edición de sustitución sólo de vídeo y reproduzca el nuevo clip.

 Nota: En capítulos posteriores aprenderemos a ajustar la posición de los recortes.

Tareas del proyecto

Para continuar practicando lo visto hasta ahora, abra la secuencia **Intro-Starting Backup** y marque la narración en la línea de tiempo. Estas marcas serán para la longitud y la ubicación del clip de vídeo. Tras ello, marque los clips de vídeo de origen para conteni-

do. Utilice clips de las tres carpetas para editar una versión diferente de la secuencia.

No olvide guardar el proyecto antes de cerrarlo o salir de Final Cut Pro.

Repaso del capítulo

1. ¿Qué teclas se utilizan para definir puntos de entrada y salida en la línea de tiempo?

2. ¿Qué combinación de teclado permite marcar la duración de un clip en la línea de tiempo?

3. ¿Qué determina el control de selección automática de la zona de pistas de la línea de tiempo?

4. ¿Qué prioridad de pista tienen los controles de selección automática?

5. Al marcar una zona de la línea de tiempo y pulsar **Supr**, ¿se crea un hueco? ¿Qué nombre recibe este tipo de eliminación?

6. ¿Qué sucede en la zona marcada de la línea de tiempo al utilizar **Mayús-Supr**?

7. ¿En qué menú se encuentran las funciones Lift y Ripple Delete?

8. Cuando la barra de reproducción pasa por un hueco de la línea de tiempo, ¿qué vemos en el lienzo?

9. ¿Qué marca se necesita en el visor para contar hacia atrás un clip de origen en una zona marcada de la línea de tiempo?

10. Indique dos formas de cambiar el volumen de un clip.

11. Indique tres formas de acceder al comando Import Files.

12. ¿Cómo se vincula un clip de vídeo a un clip de audio diferente?

Respuestas

1. Pulse **I** para definir un punto de entrada y **O** para definir uno de salida.

2. Puede pulsar **X** para marcar la duración de un clip en la línea de tiempo.

3. Si el control de selección automática está activado en una pista, los clips comprendidos entre los puntos de edición de la misma se resaltan y se incluyen en la selección.

4. La prioridad es de V1 a V99 y de A1 a A99.

5. Al pulsar **Supr** únicamente aparece un hueco donde se edite el material. Esta técnica recibe el nombre de *lift* o extracción

6. Al pulsar **Mayús-Supr** se elimina tanto el clip como el hueco de la zona marcada. Esta técnica recibe el nombre de *ripple delete* o eliminación por modulación.

7. Estas funciones se encuentran en el menú Sequence.

8. Al reproducir por huecos entre clips en la línea de tiempo, tienen aspecto de clips en negro.

9. Se necesita el punto de salida de un clip de origen en el visor para contar hacia atrás en los puntos de edición de la línea de tiempo.

10. Podemos cambiar el volumen de un clip en el visor antes de editarlo en la línea de tiempo o hacer doble clic sobre el mismo para abrirlo en el visor y cambiar el volumen.

11. Podemos importar un clip por medio de los comandos File>Import>Files, la combinación de teclado **Comando-I** o haciendo clic con la tecla **Control** pulsada en el buscador y seleccionando Import>Files en el menú contextual. La importación de carpetas carece de método abreviado de teclado.

12. Debe seleccionar los clips en la línea de tiempo y ejecutar Modify>Link o pulsar **Comando-L**.

Teclas de acceso directo

Suprimir	Extrae un elemento o sección de la línea de tiempo y deja un hueco
Mayús-Suprimir	Borra o elimina un elemento o sección de la línea de tiempo y desplaza los clips siguientes para cubrir el espacio
X	Marca la longitud de un clip
Comando-L	Vincula las pistas de vídeo y audio de los clips de la línea de tiempo

Capítulo 5

Recortar puntos de edición

I ndependientemente de cómo edite los clips de una secuencia, seguramente tenga que retocarlos. El proceso de retoque se basa en el concepto de recorte. Existen varias formas de recortar en Final Cut Pro. Puede arrastrar un punto de edición en la línea de tiempo, utilizar una herramienta Cuchilla (Razor Blade) para recortar una parte de un clip o utilizar la herramienta Ripple para recortar un punto de edición. Incluso puede recortar clips en el visor. El recorte de clips suele cambiar la longitud de una secuencia, que puede resultar más extensa o más reducida. En este capítulo practicaremos las distintas formas de recortar clips.

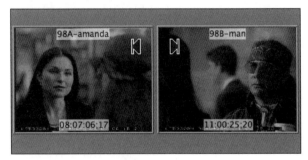

Recorte en dos ventanas del lienzo.

- **Archivos del capítulo:** Lesson 5 Project

- **Medios:** Carpetas A Thousand Roads> Amanda, Motocross>Team Story

- **Duración:** 60 minutos aproximadamente

- **Objetivos:**

  - Introducción al recorte.

  - Recortar un punto de edición por arrastre.

  - Recortar clips en la pista V2.

- Recortar una pista de un clip vinculado.

- Recortar con la herramienta Ripple.

- Recortar clips en el visor.

- Recortar con la herramienta Razor Blade.

- Extender un punto de edición.

Preparar el proyecto

Para empezar este capítulo, ejecute Final Cut Pro y abra el proyecto para este capítulo.

1. Inicie Final Cut Pro y seleccione File> Open o pulse **Comando-O**. Seleccione el archivo **Lesson 5 Project** de la carpeta Lessons de su disco duro.

2. Cierre cualquier otro proyecto que pueda estar abierto de capítulos anteriores haciendo **Control-clic** en las fichas con sus respectivos nombres y seleccionando Close Tab (Cerrar Ficha) del menú contextual.

3. En la línea de tiempo, abra la secuencia **Amanda-Starting**.

   Es otra versión de la escena de Amanda en la calle que editamos en un capítulo anterior. En este caso, los puntos de edición están muy dispersos y es necesario recortarlos. Para aplicar distintos métodos de recorte, duplicaremos la secuencia y trabajaremos con el duplicado.

4. En la carpeta de secuencias del buscador, haga clic con la tecla **Control** pulsada

sobre la secuencia **Amanda-Starting** y seleccione Duplicate en el menú contextual. Asigne el nombre **Dragging** a la nueva secuencia y haga doble clic para abrirla en la línea de tiempo. El arrastre de puntos de edición será el primer método que utilizaremos para recortar clips.

Recortar

El recorte de un punto de edición es una manera de cambiar el lugar en el que deseamos que empiece o se detenga un clip, después de ubicarlo en la línea de tiempo. Al recortar un punto de edición se alarga o se reduce el clip ya sea al inicio o al final. El alargamiento o la reducción de un clip en la línea de tiempo pueden cambiar la duración de toda la secuencia.

Observe el punto de entrada al inicio del clip:

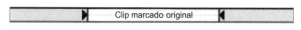

- Recórtelo hacia la izquierda y el clip empezará en un fotograma anterior. El clip será más largo.

- Recórtelo hacia la derecha y el clip empezará en un fotograma posterior. El clip será más corto.

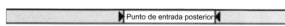

Observe el punto de salida al final del clip:

- Recórtelo hacia la izquierda y el clip terminará en un fotograma anterior. El clip será más corto.

- Recórtelo hacia la derecha y el clip terminará en un fotograma posterior. El clip será más largo.

Recuerde que la cantidad máxima que se puede recortar hacia el exterior (inicio o final) para alargar el clip depende de la disponibilidad de material con que contamos en el archivo de medios original. Aunque sólo podemos ver la porción marcada de la línea de tiempo, se tiene acceso a todos los fotogramas del archivo original, fotogramas que se suelen denominar controles.

Recortar por arrastre

El arrastre de puntos de edición para su recorte es una manera directa y fácil de modificar la duración de los clips en la línea de tiempo. Funciona de forma similar al arrastre de un clip completo, pero cuando se arrastra un punto de edición, el clip en sí sigue inalterado; sólo el punto de entrada o el punto de salida se mueven y se modifica la duración del clip.

Arrastrar puntos de edición

En este ejercicio trabajaremos con la secuencia **Dragging** que duplicamos anteriormente. Arrastremos un punto de edición para recortar el clip. Para reducir este clip, primero lo recortamos hacia el centro desde el inicio y después, para alargarlo, desde el final.

1. En la línea de tiempo, reproduzca la secuencia **Dragging** para ver el corte actual de los clips.

Los clips se han editado superficialmente para crear un corte inicial de la secuencia.

 Nota: Si desea consultar la secuencia original, puede abrir la secuencia **Amanda-Finished** desde el buscador.

2. En la línea de tiempo, reproduzca el último clip de la secuencia, **98C-wide**.

   Al editar este clip, no se había incluido la narración. Ahora que contamos con el clip de narración, apreciamos que el clip es demasiado corto y que tenemos que alargarlo para incluir la narración.

3. Haga clic en el punto de salida actual del clip para seleccionarlo.

El punto de salida queda seleccionado en todas las pistas porque el vídeo y las secciones de audio de este clip están enlazados. Esto se indica mediante la línea que aparece debajo del nombre del clip.

 Nota: Solo se selecciona el borde del clip, no el contenido. Si se selecciona todo el clip lo moveremos en su totalidad, en lugar de recortar su contenido.

4. Mueva el cursor al punto de edición. Cuando el cursor cambie, haga clic en el punto de edición y arrástrelo hacia la derecha sin soltar el ratón. Mientras arrastra, observe la cantidad recortada y la duración del nuevo clip ya que estos valores se actualizan en el cuadro de información.

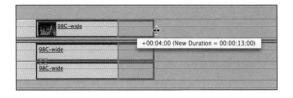

A medida que arrastra, todas las pistas enlazadas se arrastran a la vez.

 Truco: Al recortar, puede ajustar el control de zoom de la línea de tiempo para que los clips se muestren a mayor tamaño.

En el lienzo, aparece una cinta de película en la parte derecha de la imagen, indicando que hemos llegado al último fotograma disponible del clip y que no podemos recortar más en esa dirección.

5. Suelte el ratón. Reproduzca el vídeo y fíjese en el nuevo punto de edición.

   En este caso, al recortar al máximo el punto de salida no obtenemos la mejor edición ya que aparece gente por delante del hombre.

6. Vuelva a reproducir el clip y detenga la barra de reproducción después de que el hombre termine de cantar, justo antes de que la cámara se desplace hacia el final del clip.

7. Arrastre el punto de salida hasta que se ajuste a la barra de reproducción.

 Truco: La ubicación de la barra de reproducción en el punto en que deseamos recortar un punto de edición es una forma de recorte muy eficaz.

Arrastrar puntos de edición entre clips

Cuando existen dos clips contiguos, Final Cut Pro no permite arrastrar el punto de edición de uno de los clips hasta el clip contiguo. Se puede arrastrar hacia fuera del clip contiguo pero no hacia su interior. Al reducir un clip alejándolo de otro clip contiguo, aparece un espacio en la secuencia. Si se conserva este espacio, la duración de la secuencia será la misma que se tenía antes de ajustar el clip. Si se borra el espacio, se modifica la duración de la secuencia. Los espacios se borran de la misma manera que lo hicimos en el capítulo anterior.

1. Reproduzca el punto de edición entre los dos últimos clips de la secuencia.

   Amanda empieza a salir en el clip **98A-amanda**. En el clip **98C-wide**, tendremos que hacer que coincida la acción.

 Nota: Al trabajar en escenas dramáticas, primero se intenta hacer coincidir la acción visual para después ajustar el audio según corresponda. En este caso, escuchamos cómo Amanda repite su despedida en el último clip. En un ejercicio posterior lo recortaremos.

2. En el clip **98C-wide**, sitúe la barra de reproducción después de que Amanda termine de hablar y comience a alejarse. Será el nuevo punto de entrada.

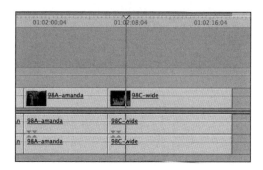

3. Arrastre el punto de entrada del clip **98C-wide** hasta ajustarlo a la barra de reproducción y suelte el ratón.

 Truco: Si el ajuste está desactivado, actívelo con la tecla **N**. Puede alternar el ajuste incluso al arrastrar con el ratón.

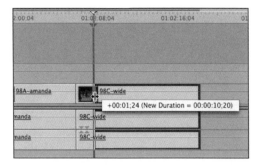

Al arrastrar, aparece un contorno marrón alrededor del clip, indicando su nueva longitud. La nueva duración del clip aparece en el cuadro de información. Al soltar el ratón, aparece un hueco en la secuencia equivalente a la longitud del recorte.

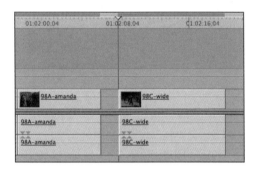

4. Borre el espacio seleccionándolo y pulsando **Supr**.

Cuando se borra el espacio, el siguiente clip se alarga el tiempo de duración que tenía el espacio. Como vimos en un capítulo anterior, esta operación se denomina eliminación modulada porque al borrar el espacio se modula la ubicación del próximo clip.

5. Reproduzca el clip **98A-amanda** en la secuencia desde su inicio. Sitúe la barra de reproducción después de que el hombre deje de cantar fuera de cámara y antes de que Amanda asienta con la cabeza.

6. Arrastre el punto de entrada del clip hasta ajustarlo a la barra de reproducción. Haga clic en el hueco para seleccionarlo y pulse **Supr** para eliminarlo.

7. Intente arrastrar el punto de salida del clip hacia la derecha para hacerlo más largo.

No sucede nada porque no se puede arrastrar un clip dentro de otro clip contiguo para hacerlo más largo sin utilizar una herramienta especial de separación que veremos en un ejercicio posterior.

8. Pulse **Comando-S** para guardar los cambios.

Nota: Este método de eliminación de huecos sólo funciona con huecos sin clips por encima o por debajo en otras pistas.

Arrastrar puntos de edición en V2

Arrastrar un punto de edición es una buena manera de recortar un clip. El único inconveniente es que no se puede alargar un clip cuando éste está al lado de otro. Existe una manera de solucionar este problema. Se debe colocar el clip en la pista **V2** donde, sin clips a los lados, tenemos la libertad de recortarlo en cualquier dirección.

1. Para buscar el siguiente clip que recortar en la secuencia **Dragging**, desplace la barra de reproducción hasta el inicio de la secuencia. Pulse **Mayús-M** para desplazar la barra hasta el marcador verde de la línea de tiempo.

Cuando la barra de reproducción se encuentra en un marcador de secuencia, el nombre del marcador aparece en la zona de imagen del lienzo. En un capítulo posterior aprenderemos a crear marcadores.

2. Pulse **Opción-+** para ampliar el zoom en esta zona y ver los clips a ambos lados del salto. Reprodúzcalos.

Se trata de un salto de Amanda editado para dividir el clip del hombre cantando. Para reducirlo, podemos utilizar la técnica de arrastrar y arrastrar el clip hacia dentro. Sin embargo, para alargarlo, tendremos que incluirlo en la pista **V2** y arrastrar sus puntos de edición hacia dentro.

3. Arrastre el clip de salto **98A-amanda** hasta la pista **V2**. Evite moverlo hacia los lados. Deseleccione el clip tras liberarlo.

Truco: Para evitar desplazar el clip hacia los lados, puede mantener pulsada la tecla **Mayús** mientras desplaza el clip a otra pista. De esta forma se bloquea el movimiento a un movimiento vertical.

4. Arrastre el punto de entrada un segundo hacia la izquierda para alargar el salto. Reproduzca los clips en la secuencia.

Al apilar clips de vídeo unos sobre otros, el clip superior tiene preferencia y es el que se ve. En este caso, el clip **98B-man** se ve desde el inicio del clip hasta la aparición del salto en la pista **V2**. Tras ello, el único vídeo que vemos es el de la pista **V2** hasta que se detiene. Cuando termina el clip **V2**, se verá el vídeo situado por debajo de la pista **V1**.

5. Arrastre el punto de salida del clip de salto **98A-amanda** hasta la pista **V2** para alargarlo ligeramente.

Cuando hay un clip en una pista independiente, tanto el inicio como el final se pueden recortar para aumentar o reducir el clip sin restricciones de otros clips de secuencia.

6. Haga clic en el centro del clip de salto **98A-amanda** y arrástrelo hacia la izquierda hasta ajustar el punto de salida con el punto de entrada del siguiente clip **98B-man**. Vuelva a reproducir esta parte de la secuencia.

Con el salto en una pista independiente, puede desplazar el clip para cambiarlo de posición, recortarlo si arrastra sus puntos de edición o incluso desactivar la visibilidad de la pista para comprobar el aspecto de la pista. Al cambiar de posición el clip V2, asegúrese de que cubre el hueco de V1. Las zonas sin cubrir del hueco se reproducirán como fotogramas en negro.

7. Pulse **Comando-S** para guardar los cambios.

Recortar una pista de un clip enlazado

Al capturar el audio y el vídeo de un clip, Final Cut Pro enlaza las pistas. Puede pulsar un punto de edición, como el de salida del vídeo, para seleccionar todos los puntos de salida de todas las pistas del clip, lo que resulta muy útil para cambiar la misma cantidad de un punto de salida de un clip en todas las pistas. Sin embargo, puede que en ocasiones desee recortar únicamente la pista de vídeo de un clip para que sea más corta o extensa que la de audio o al contrario.

La función que determina si se puede seleccionar o no una o todas las pistas de un clip vinculado es la función de selección vinculada. Como sucede con el ajuste, puede activar y desactivar esta función por medio de su botón en la línea de tiempo. Al desactivar la selección vinculada, puede seleccionar individualmente las pistas de audio o vídeo de un clip, aunque las pistas estén vinculadas. Si está activada, al recortar una pista, todas la que formen parte del clip vinculado también se recortan en la misma cantidad.

1. En la secuencia **Dragging** actual, desplace la barra de reproducción hasta el sexto clip de la secuencia, **98B-man**, y reprodúzcalo.

   Hasta el momento, hemos recortado al mismo tiempo las pistas de audio y vídeo. En este clip, queremos que el vídeo continúe hasta el momento en que el hombre mira a Amanda. Al alargar el vídeo hasta ese punto, escuchamos que Amanda habla fuera de cámara. En este ejercicio, recortaremos las pistas de audio antes de que hable Amanda, pero no el vídeo.

2. En la línea de tiempo, haga clic una vez en una pista de vídeo o audio del clip **98B-man** para seleccionarla.

Todas las pistas del clip quedan seleccionadas, porque hemos activado la función de selección vinculada. Fíjese en la línea de enlace que aparece bajo los nombres de las pistas del clip.

3. Deseleccione el clip. Haga clic en el botón Linked Selection de la barra de botones de la línea de tiempo para desactivarlo. También puede utilizar la combinación **Mayús-L**.

Como sucedía con el ajuste, la selección vinculada está activa cuando el botón es de color verde y se desactiva cuando aparece en color gris.

4. Haga clic en el clip **98B-man** en la línea de tiempo para volver a seleccionarlo.

Con la selección vinculada desactivada, sólo queda seleccionada la pista sobre la que haya pulsado.

 Nota: Al hacer clic en una pista de un par estéreo, se seleccionan ambas pistas de audio.

5. Sitúe la barra de reproducción antes de que Amanda diga **Yeah**.

6. Arrastre el punto de salida a una de las pistas de audio del clip **98A-amanda** para ajustarlo a la barra de reproducción.

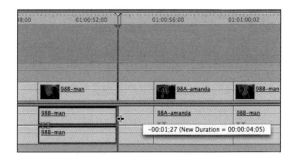

Las pistas de audio se recortan y la de vídeo no se modifica.

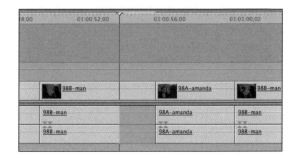

7. Desplace la barra de reproducción hasta el último clip de la secuencia, **98C-wide**, y reprodúzcalo.

En un ejercicio anterior, hicimos coincidir la acción visual de este clip pero como resultado Amanda repetía su saludo de despedida.

8. Sitúe la barra de reproducción después de la despedida de Amanda en el clip **98C-wide**. Arrastre el punto de entrada para ajustarlo a la posición de la barra de reproducción. Reproduzca los dos últimos clips de la secuencia.

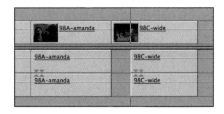

Hemos corregido el audio eliminando la frase del clip. En la fase de mezclado, podremos añadir sonido ambiente para rellenar este hueco.

9. En la línea de tiempo, haga clic en el botón de selección vinculada para volver a activar esta función.

Puede editar con la selección vinculada activada o desactivada. Por el momento, mantendremos esta función activada, su estado predeterminado.

 Truco: Para reemplazar temporalmente la selección vinculada para recortar una pista, pulse **Opción** y arrastre el punto de edición. Arrastre el punto de edición de vídeo o de audio seleccionado.

Tareas del proyecto

Para practicar, puede recortar todos los clips de la secuencia **Dragging** utilizando las técnicas de arrastre. En la mayoría de los casos, recortaremos los sonidos redundantes de los actores fuera de cámara. Si necesita una referencia, abra y revise la secuencia **Amanda-Finished** desde el buscador.

Recortar y modular ediciones

Una forma de hacer ajustes por recorte en la línea de tiempo consiste en arrastrar los puntos de edición. También se puede arrastrar un punto de edición y modular al mismo tiempo las ediciones restantes en la secuencia sin tener que eliminar un espacio o sin tener que utilizar una pista adicional. Esto se consigue mediante la herramienta Ripple. La

herramienta Ripple es la cuarta herramienta de la paleta de herramientas.

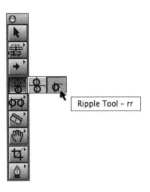

Cuando utilizamos la herramienta Ripple para recortar un punto de edición, podemos arrastrar un punto de entrada o de salida de un clip hasta un clip contiguo. Todos los clips que siguen en la secuencia se alargan o se reducen. También podemos utilizar métodos abreviados de teclado con la herramienta Ripple para recortar y modular cantidades concretas.

Utilizar la herramienta Ripple

Con la herramienta Ripple, al igual que cuando se arrastra un punto de edición, se puede ajustar ya sea el inicio o el final de un clip en una secuencia hacia delante o hacia atrás, para hacer el clip más corto o más largo. Toda modificación que se haga con la herramienta Ripple afecta la duración total de la secuencia.

1. En el buscador, duplique la secuencia **Amanda-Starting**, como hicimos anteriormente. Asígnele el nombre **Ripple Trimming** y haga doble clic sobre la misma para abrirla en la línea de tiempo.

Es la misma secuencia cortada de forma provisional. En esta ocasión, recortaremos los puntos de edición por medio de la herramienta Ripple.

2. En la paleta de herramientas, haga clic y mantenga pulsada la cuarta herramienta. Seleccione la herramienta Ripple. También puede pulsar **RR** para seleccionar esta herramienta.

3. No haga clic ni arrastre, sólo mueva el cursor hacia el centro del clip **97F-man**.

La herramienta Ripple tiene encima una X que indica que se puede utilizar en esta zona. Sólo se puede utilizar esta herramienta en un punto de edición.

4. Mueva la herramienta hacia el punto de salida del clip.

Cuando la herramienta Ripple se acerca al punto de salida, la X desaparece y la cola de la herramienta apunta hacia el interior del clip que vamos a recortar.

5. Mueva la herramienta hasta el punto de entrada del clip y haga clic en el lado interior del mismo.

Al situar la herramienta sobre el punto de entrada, el extremo apunta hacia dentro, hacia el cuerpo del clip que vamos a recortar. Es una pista visual para saber qué clip estamos ajustando. Al seleccionar correctamente el punto de entrada, sólo el punto de entrada de este clip aparece resaltado.

6. Reproduzca el clip y detenga la barra de reproducción antes de que el hombre diga **Hey, bro**. Arrastre este punto de edición hacia la derecha hasta ajustarlo a la posición de la barra de reproducción.

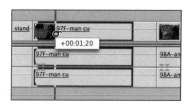

Al arrastrar con la herramienta Ripple, aparece un cuadro de información donde se indica la cantidad recortada. No queda ningún espacio y todos los clips en la secuencia se alargan la duración de la cantidad recortada.

Nota: Tanto el audio como el vídeo de un clip se recortan al mismo tiempo, al igual que cuando se arrastra el punto de edición con la herramienta de selección predeterminada.

7. Reproduzca el clip anterior de la secuencia, **97D-coffee stand**.

Este clip se detiene antes de que Amanda se fije en el hombre. Tendremos que recortar el punto de salida para alargar el clip. Como es necesario añadir una mayor parte del clip a la secuencia, no podremos utilizar la barra de reproducción.

8. Haga clic en el punto de salida del clip **97D-coffee stand**.

El extremo del icono Ripple apunta hacia el interior del clip, no al clip **97F-man cu**.

9. Arrastre el punto de salida unos cuatro segundos hacia la derecha, sin soltar el ratón.

Al arrastrar, el cuadro delimitador del clip en la línea de tiempo se amplia para indicar la nueva longitud del clip.

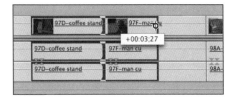

En la zona de imagen del lienzo, vemos una ventana doble. En la ventana izquierda se actualiza el nuevo punto de entrada mientras arrastramos. En la ventana de la derecha, se observa el primer fotograma del clip siguiente.

Nota: Al arrastrar un punto de edición hasta el límite del clip original, aparece una nota en el cuadro de información, para indicar que hemos llegado al límite.

10. Suelte el ratón.

Los demás clips de la secuencia se desplazan hacia abajo en la línea de tiempo, hacia la derecha en la misa longitud del recorte.

11. Retrase la barra de reproducción hasta el clip **97E-man** y reprodúzcalo. Sitúe la barra antes de que el hombre diga **Thank you, bro**.

Aunque la herramienta Ripple está seleccionada, al desplazar la barra de reproducción en la línea de tiempo, aparece el puntero predeterminado.

12. Con la herramienta Ripple, arrastre el punto de salida del clip **97E-man** hacia la derecha hasta ajustarlo a la ubicación de la barra de reproducción.

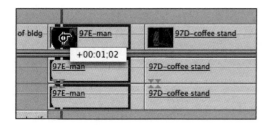

Al arrastrar el punto de edición de un clip para reducirlo con la herramienta Ripple, el cuadro delimitador del clip se reduce para mostrar una longitud representativa del clip. Al soltar el ratón, todos los clips siguientes se desplazan hacia la izquierda en la misma cantidad del recorte.

 Truco: Si no quiere que la herramienta Ripple se adhiera a la barra de reproducción, pulse **N** para desactivar el ajuste automático mientras recorta el clip.

Modular con duraciones y teclas de método abreviado

A veces queremos recortar el clip en una cantidad fija. Se puede indicar la cantidad que se desea recortar en un clip de la misma manera que se indica la duración de un movimiento en la línea de tiempo. También existen teclas de acceso directo que se pueden utilizar para recortar un punto de edición.

1. Reproduzca el primer clip de la secuencia, **97A-out of bldg**.

    Este clip cuenta con relleno al inicio. Recortaremos cinco segundos para que comience cinco segundos más tarde.

2. Utilice la herramienta Ripple para hacer clic en el borde interior del punto de entrada del clip.

3. Introduzca **5.00** o **5.** (menos cinco seguido de un punto).

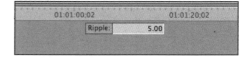

En el centro de la línea de tiempo aparece un cuadro con información sobre la cantidad recortada.

4. Pulse **Intro** para aceptar los valores de dicho recorte.

    El punto de entrada seleccionado se recorta hacia delante en dicha cantidad, sin crear ningún hueco.

5. Para buscar el siguiente clip que recortar, utilizaremos el comando Find. Pulse **Mayús-Z** para ver la secuencia completa. Desplace la barra de reproducción hasta el inicio de la secuencia y pulse Comando-F. En el cuadro de diálogo Find, introduzca **98B-man** en el campo Find. Haga clic en el botón **Find All** (no en el botón **Find**).

En la línea de tiempo, la barra de reproducción salta al primer **98B-man** y resalta todos los clips **98B-man** de la secuencia.

Nota: Cuando se utiliza **Mayús** con una tecla de corchete se aplica un tamaño de recorte de varios fotogramas al recorte. Esta cantidad se puede modificar en la ficha **Editing** de la ventana **User Preferences** (Preferencias del usuario).

6. Desplace la barra de reproducción hasta el tercer clip **98B-man** seleccionado. Deseleccione los clips resaltados y pulse **Opción-+** para ampliar el zoom en la posición de la barra de reproducción. Reproduzca este clip.

   Al final del clip, escuchará que Amanda dice **Ahh**. Lo vuelve a decir a cámara en el siguiente clip para poder recortarlo.

7. Para modular con un método abreviado de teclado, haga clic en el punto de salida de este clip **98B-man** y pulse la tecla [(corchete izquierdo).

   De esta forma, el punto de edición se recorta un fotograma hacia la izquierda y los siguientes clips de la secuencia se adelantan un fotograma. Puede pulsar esta tecla varias veces para recortar más fotogramas. Sin embargo, necesitará más fotogramas para recortar la exclamación de Amanda.

8. Para recortar cantidades más grandes, pulse **Mayús-[** (corchete izquierdo).

   El punto de salida salta un número de fotogramas establecido de forma predeterminada.

9. Si es necesario, pulse varias veces **Mayús-[** para eliminar la exclamación de Amanda. También puede añadir fotogramas si pulsa el corchete derecho (]) o **Mayús-]**.

   Todo cambio que se haga utilizando estas teclas de método abreviado modula los siguientes clips de la secuencia.

Truco: También puede pulsar las teclas < o > para recortar el punto de edición seleccionado un fotograma hacia delante o hacia atrás. Puede utilizar **Mayús** con estas teclas para recortar la cantidad de recorte de varios fotogramas.

10. Pulse **A** para reestablecer la herramienta de selección predeterminada.

Realizar recortes en el visor

Ya hemos utilizado el visor para escoger y marcar los clips antes de editarlos en la línea de tiempo, y hemos abierto un clip de secuencia en capítulos anteriores para modificar el nivel de sonido. También podemos utilizar el visor para recortar clips que ya están en la línea de tiempo. Una de las ventajas de recortar clips de secuencia en el visor es que podemos ver los medios externos a los puntos de edición y no sólo los medios intermedios. Para recortar un clip en el visor, se pueden arrastrar los puntos de edición a la zona de arrastre o se puede aplicar la herramienta Ripple. Empecemos recortando un clip en el visor utilizando la herramienta de selección para arrastrar un punto de edición.

1. En la línea de tiempo, reproduzca el primer clip de la secuencia, **97A-out of bldg**.

   En un ejercicio anterior recortamos el inicio de este clip. Si nos fijamos en el final del clip, podemos ampliar o recortar el punto de salida para incluir material adicional. Sin embargo, este material no está disponible en la línea de tiempo.

2. Con la herramienta de selección predeterminada, haga doble clic en el clip **97A-out of bldg** en la línea de tiempo. También se puede seleccionar el clip y pulsar **Intro** para abrirlo.

El clip se abre en el visor y los puntos de entrada y de salida utilizados en este clip aparecen en la zona de arrastre. Ahora en la zona de arrastre se ven las dos líneas de puntos, como al abrir clips para modificar los niveles de audio. Es la señal visual de que se está trabajando con un clip que ya ha sido editado en una secuencia.

3. En el visor, haga clic en el botón Play In To Out o pulse **Mayús-** (barra invertida) para reproducir desde el punto de entrada actual hasta el de salida. Para ver qué material se encuentra más allá del punto de salida, continúe la reproducción.

4. Mueva el cursor sobre el punto de salida de la zona de arrastre hasta que cambie a la flecha de cambio de tamaño.

5. Arrastre el punto de salida de este clip hacia la izquierda para reducirlo.

   En la línea de tiempo, el clip es más breve pero aparece un hueco. De esta forma obtenemos el mismo resultado que al arrastrar puntos de edición en un apartado anterior.

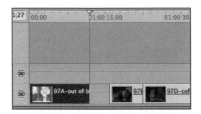

6. En la barra de arrastre del visor, arrastre el punto de salida de este clip hasta su posición original, hasta que vea el mensaje Media Limit On V1.

Si no puede arrastrar un clip con la herramienta actual, aparecerá una nota indicando que se mezclará con otro clip de la misma pista. El cambio realizado en el visor también actualiza el punto de salida en la línea de tiempo.

7. Sitúe la barra de reproducción en el visor por detrás del punto de salida actual, justo cuando Amanda sale del fotograma.

8. Seleccione la herramienta Ripple de la paleta de herramientas o pulse **RR**.

9. Mueva el cursor a la zona de arrastre del visor y luego hacia el punto de salida.

El cursor cambia a la herramienta Ripple cuando se encuentra sobre un punto de edición.

10. Arrastre el punto de salida hacia la derecha para ajustarlo a la posición de la barra de reproducción.

Al arrastrar, todos los clips restantes de la línea de tiempo se alargan o reducen para cubrir la duración del recorte, como sucedía al utilizar la herramienta Ripple en ejercicios anteriores.

11. Pulse **Comando-S** para guardar su proyecto.

Tareas del proyecto

Para practicar, puede recortar los clips de la secuencia **Ripple Trimming** con ayuda de la herramienta Ripple. Haga coincidir las ediciones realizadas en la secuencia **Dragging** o intente cortar una versión diferente de la misma. Como referencia, abra y consulte la secuencia **Amanda-Finished** desde el buscador como referencia. También puede abrir y trabajar con la secuencia **Intro w_sfx**. En un capítulo anterior vinculamos los clips de vídeo a los efectos de sonido para poder recortarlos.

Utilizar la herramienta Razor Blade

Otra forma de recortar un clip es simplemente cortando la porción del clip en la línea de tiempo que no se quiere utilizar. Esto se puede hacer con la herramienta Razor Blade o Cuchilla. Esta herramienta corta literalmente todas las pistas asociadas a un clip y forma un clip diferente con esa porción. También se puede seleccionar y borrar la sección que no se desea mantener. De esta forma podemos moldear clips en una secuencia y eliminar partes que carezcan de calidad profesional.

1. En el buscador, abra la secuencia **Razor Blade** y reproduzca los dos clips de la misma.

 Nota: Se trata de Jeff Montgomery, el director de Boost Yamaha Motocross Racing Team. Este clip formas parte de un documental sobre motociclismo, como mencionamos en un capítulo anterior.

Utilizaremos una versión editada de estos clips en un capítulo posterior. Por el momento, eliminaremos partes sobrantes de los mismos.

2. Reproduzca el inicio del clip **JM stakes rise** y sitúe la barra de reproducción después de que Jeff diga **"...interesting to say the least."**.

No necesitamos el resto del clip que aparece por detrás de la barra de reproducción.

3. Seleccione la cuchilla de la paleta de herramientas o haga clic en la tecla **B**.

Razor Blade Tool - b

4. Con el cursor dentro del área de la línea de tiempo, mueva la cuchilla hacia la barra de reproducción hasta que se adhiera automáticamente.

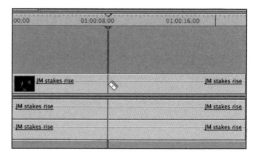

Cuando la herramienta se ajusta a la barra de reproducción, ésta aparece con un color más claro sobre las pistas que vamos a cortar. En este caso, la cuchilla cortará las tres pistas.

5. Con la herramienta Razor Blade, haga clic en la barra de reproducción en cualquiera de las pistas de este clip.

 Nota: Cuando las pistas de un clip están unidas se puede hacer clic en cualquiera de las pistas con la cuchilla.

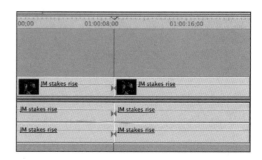

Se crea un nuevo punto de edición en el lugar donde se hizo clic con la cuchilla y ahora el clip original está dividido en dos clips diferentes. Aparecen unos indicadores rojos en cada una de las pistas para indicar que este material actualmente se reproduce de forma continuada desde el primer clip al siguiente.

6. Pulse **A** para regresar a la herramienta de selección predeterminada y seleccione la segunda mitad del clip.

7. Para eliminar este clip no deseado y el hueco, pulse **Mayús-Supr**.

   Los indicadores mencionados antes desaparecen ya que el material deja de ser continuo de un clip al siguiente.

Extender un punto de edición

Otra forma de recortar un clip consiste en extender un punto de edición concreto hasta una nueva posición ya sea hacia delante o hacia atrás. La ampliación de edición siempre implica el uso de la barra de reproducción y la herramienta de selección predeterminada. El punto de edición seleccionado se ajusta a la ubicación de la barra de reproducción en la secuencia. Al igual que sucede con otras opciones de recorte, al ampliar una edición se puede alargar o reducir un clip.

1. Pulse **A** para seleccionar la herramienta de selección predeterminada.

2. En la secuencia actual, reproduzca la segunda mitad del clip **JM what you see**. Sitúe la barra de reproducción después de que diga **"...who and what they are."**.

   Reduciremos este clip desplazando el punto de salida hasta la posición de la barra de reproducción.

3. Seleccione el punto de salida del segundo clip **JM what you see**.

   Como puede observar, se han seleccionado ambos lados del punto de edición.

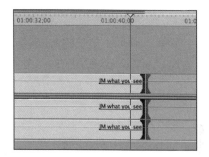

4. Pulse **E** o seleccione Sequence>Extend Edit (Secuencia>Extender edición).

   El punto de salida se ha desplazado hacia atrás con respecto a la barra de reproducción.

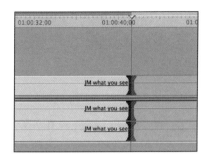

5. Para extender un punto de edición y alargar un clip, abra la secuencia **Extend Edit** desde el buscador y reproduzca parte de la misma.

   Hemos añadido música a estos clips de Amanda y los últimos clips no finalizan de forma conjunta. Lo cambiaremos por medio de la función Extend (Ampliar).

6. Desplace la barra de reproducción al final del último clip de narración en la pista A4. Seleccione el punto de salida del clip **98C-wide**.

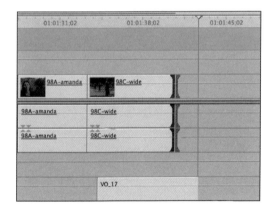

7. Pulse **E** para alargar este clip hasta la posición de la barra de reproducción, al final del clip de narración.

   De esta forma se alarga el clip para coincidir con la narración. Sin embargo, también será necesario alargar el clip de

música. Estos dos clips se pueden modificar al mismo tiempo.

8. Pulse **Comando-Z** para deshacer el último paso. Con el punto de salida del clip **98C-wide** seleccionado, haga clic con la tecla **Control** pulsada sobre el punto de salida de la pista de música en las pistas A5 y A6.

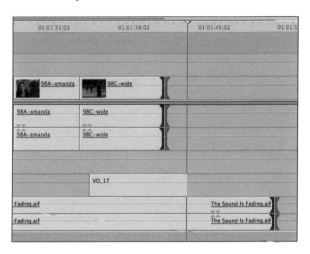

9. Pulse **E** para extender ambos clips hasta la posición de la barra de reproducción.

>
> **Truco:** La ampliación de puntos de edición es una forma perfecta de nivelar clips al final de una secuencia, ya que podemos ampliar los puntos de edición de más de un clip en distintas pistas al mismo tiempo y en diferentes direcciones.

Repaso del capítulo

1. ¿Qué herramientas puede utilizar para arrastrar un punto de edición en la línea de tiempo?

2. ¿Cómo se arrastra un clip verticalmente en la línea de tiempo sin desplazarlo horizontalmente?

3. ¿Qué ventaja supone editar en la pista V2?

4. ¿Para qué sirve desactivar la selección vinculada en la línea de tiempo?

5. ¿Qué hace la herramienta Ripple si la utilizamos para recortar?

6. ¿Qué teclas de acceso directo puede utilizar para modular el punto de edición de un clip en varios fotogramas?

7. ¿Qué ventaja ofrece recortar un clip en el visor?

8. ¿Qué pistas corta la herramienta Razor Blade al hacer clic sobre un clip?

9. ¿Qué método abreviado de teclado debe utilizar para extender una edición?

Respuestas

1. Utilice la herramienta de selección predeterminada y la herramienta Ripple.

2. Mantenga pulsada la tecla **Mayús** mientras arrastra.

3. Nos permite alargar un clip sin pasar a los clips situados a ambos lados.

4. Nos permite seleccionar y recortar una pista de un clip vinculado.

5. Modula la cantidad de recorte entre las pistas sin bloquear de la secuencia.

6. Utilice las teclas de corchete ([y]) y las teclas < y >.

7. Puede ver el material situado fuera de la zona marcada.

8. Corta todas las pistas de un clip vinculado si la selección vinculada está activa.

9. La tecla **E** permite ampliar una edición.

Teclas de acceso directo

Mayús-L	Activa y desactiva la selección vinculada
E	Extiende una edición
RR	Selecciona la herramienta Ripple
B	Selecciona la herramienta Razor Blade (Cuchilla)
BB	Selecciona la herramienta Razor Blade All (Cortar todo)

Capítulo 6

Ajustar puntos de edición

El proceso de recorte implica ajustar la secuencia a los requisitos temporales. Hay varias maneras de ajustar clips en la línea de tiempo sin modificar la duración del clip o de la secuencia. Una vez se ha establecido la duración de la secuencia, se pueden utilizar distintas herramientas de Final Cut Pro, como Slip, Roll y Slide, para refinar el contenido de cada clip.

Clip deslizado en el visor y en el lienzo.

- **Archivos del capítulo:** Lesson 6 Project

- **Medios:** Carpetas A Thousand Roads> Amanda, Canoe Club e Intro

- **Duración:** 60 minutos aproximadamente

- **Objetivos:**

    - Recortar dos puntos de edición simultáneamente.

    - Ajustar por deslizamiento puntos de entrada y de salida.

    - Ajustar por rodamiento los puntos de edición.

    - Desplazar la ubicación del clip.

- Cambiar la posición de un clip.

- Extender puntos de edición.

- Trabajar en la ventana Trim Edit.

Preparar el proyecto

Para comenzar este capítulo, inicie Final Cut Pro y abra el correspondiente proyecto.

1. Seleccione File>Open o pulse **Comando-O** y seleccione el archivo **Lesson 6 Project** de la carpeta de capítulos del disco duro.

2. Cierre todos los proyectos de capítulos anteriores que puedan estar abiertos. Pulse **Control-clic** en las fichas con sus respectivos nombres en el buscador y seleccione Close Tab en el menú contextual.

Ahora hay tres secuencias abiertas en la línea de tiempo, muy similares a las que construimos en capítulos anteriores. En cada caso, al ajustar los puntos de edición obtendremos una secuencia mejor delimitada.

Ajustar dos puntos de edición

Existen tres maneras de recortar o ajustar dos puntos de edición al mismo tiempo sin modificar la longitud de la secuencia: por rodamiento (*rolling*), deslizamiento (*slipping*) o desplazamiento (*sliding*). Con ninguno de estos métodos se modifica la duración de la secuencia ya que se recortan ambos puntos de edición simultáneamente y en cantidades iguales. Para cada uno de estos métodos de recorte se utiliza una herramienta de la paleta de herramientas.

Nota: El término punto de edición puede referirse a un solo punto de entrada o de salida de un clip o a la unión de dos clips contiguos.

Edición por rodamiento

Cuando se recorta por rodamiento un punto de edición, se ajusta simultáneamente el punto de salida del clip y el punto de entrada del siguiente clip, bien hacia la izquierda o hacia la derecha. Si lo ajustamos hacia la izquierda, el primer clip será más corto y el segundo más largo. Si lo ajustamos hacia la derecha, el primer clip será más largo y el clip adyacente será más corto. El ajuste de los puntos de edición por rodamiento hacia la izquierda o hacia la derecha no cambia la duración total de la secuencia porque cuando cambia uno de los puntos de edición, el punto de edición adyacente compensa el cambio.

Punto de edición seleccionado.

Ajuste por rodamiento hacia la izquierda.

Ajuste por rodamiento hacia la derecha.

Edición por deslizamiento

Cuando se realiza una edición por deslizamiento se ajustan ambos puntos de edición en un solo clip. Se pueden ajustar los contenidos de un clip hacia la izquierda o hacia la derecha de sus marcas. La duración de los clips y de las secuencias seguirá siendo la misma, pero se verá una selección diferente del contenido del clip.

Contenido inicial del clip.

Contenido del clip después de ajustarlo por deslizamiento.

Edición por desplazamiento

Con este tipo de edición se ajustan dos puntos de edición pero involucrando tres clips. Se puede desplazar el clip del medio hasta el de la izquierda. Esto hace que el clip de la izquierda sea más corto, aunque el punto de entrada del tercer clip se ajusta para compensar y el tercer clip se hace más largo. Ocurre justo lo contrario si se ajusta el clip del medio por desplazamiento hacia la derecha. El contenido del clip del medio no se modifica aunque su posición cambie un poco hacia la derecha o hacia la izquierda en la línea de tiempo.

Posición inicial del clip.

Ajuste por desplazamiento hacia la izquierda.

Ajuste por desplazamiento hacia la derecha.

Ajustar puntos de edición por rodamiento

La herramienta Roll ajusta simultáneamente ambos lados de un punto de edición. Con esta herramienta se ajusta el punto de salida de un clip en la misma proporción que se ajusta el punto de entrada del siguiente clip. Esto hace posible el desplazamiento del punto de edición hacia atrás o hacia delante sin cambiar la duración total de la secuencia. El rodamiento de puntos de edición tiene aplicaciones muy prácticas. Por ejemplo, si se va a cortar una secuencia de dos personas hablando, se puede ajustar por rodamiento el punto de edición del vídeo de los clips hacia la derecha o hacia la izquierda para que el diálogo sea más natural. También podemos ajustar por rodamiento puntos de edición de vídeo para modificar su duración con respecto a una pista de narración.

 Truco: En los ejemplos, puede ampliar el zoom en la línea de tiempo para ver los nombres de los clips con mayor claridad.

1. En la línea de tiempo, seleccione la secuencia **Intro Rolling** y reproduzca los dos clips, **johnny runs** y **truck on the road**.

La duración de los clips con respecto a la pista de narración de la secuencia es un tanto desfasada. El clip **truck on the road** debería empezar antes, cuando el narrador dice **By road**. No obstante, la longitud de la secuencia es correcta.

2. Desplace la barra de reproducción antes de que el narrador diga **By road**. Compruebe que ha activado el ajuste con la barra de reproducción.

3. Seleccione la herramienta Roll en la paleta de herramientas o pulse **R**.

La herramienta Roll está en la misma sección que la herramienta Ripple. El icono de la herramienta Roll representa dos ruedecillas porque ajusta dos lados de un punto de edición.

4. Haga clic en el punto de edición situado entre los clips **johnny runs** y **truck on the road**.

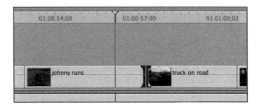

Ambos lados del punto de edición quedan seleccionados.

5. Arrastre el punto de edición izquierdo hasta ajustarlo a la barra de reproducción y fíjese en lo siguiente antes de soltar el ratón:

- En la línea de tiempo, los clips aparecen dentro de un cuadro marrón. Esto indica que estos dos clips van a verse afectados por este ajuste. Los bordes exteriores de estos cuadros no cambiarán, sólo el punto de edición central.

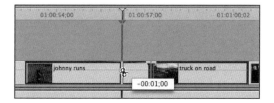

- La cantidad o duración del ajuste por rodamiento aparece en el cuadro de información.

- En el lienzo, el fotograma de la izquierda muestra el punto de salida del clip que está terminando junto con una marca de salida en el extremo superior derecho del fotograma. El fotograma de la derecha muestra el punto de entrada del clip que está empezando junto con una señal de entrada en el extremo superior izquierdo. El nombre del clip y la ubicación del código de tiempo fuente también aparecen en los fotogramas del lienzo.

 Nota: Si tiene pulsada la tecla **Bloq Mayús**, la ventana doble no aparece en el lienzo.

6. Suelte el ratón y reproduzca la edición.

La duración del vídeo con respecto a la narración ha mejorado y la longitud de la secuencia es la misma.

 Nota: Puede volver a esta secuencia más adelante para continuar practicando con la edición por rodamiento.

7. En la línea de tiempo, seleccione la secuencia **Canoe Club Rolling**. Reproduzca el punto de edición comprendido entre los clips **tilt down canoe** y **daryl cu**.

En esta secuencia, los clips comienzan con un movimiento del remo. Es una forma de mantener la sincronización con los demás clips de vídeo y efectos de sonido de remos. Imagine que desea asignar al clip **daryl cu** un golpe adicional al inicio del clip sin modificar la longitud de la secuencia y sin variar la sincronización entre los clips.

8. Con la herramienta Roll seleccionada, arrastre el punto de edición comprendido

entre los clips **tilt down canoe** y **daryl cu** hacia la izquierda. En el lienzo, fíjese en los nuevos puntos de edición mientras arrastra y suelte el ratón cuando obtenga los fotogramas deseados. Reproduzca el nuevo punto de edición.

 Truco: En este caso, puede pulsar **N** para desactivar el ajuste y disponer de mayor control sobre la operación de rodamiento.

Estos dos clips siguen sincronizados con la acción de remar ya que la cantidad añadida al inicio del clip **daryl cu** se tomó del final del clip **tilt down canoe**.

9. Haga clic en la ficha de la secuencia **Amanda Rolling** en la línea de tiempo y reproduzca el tercer clip **98B-man**.

 Truco: Siempre puede pulsar **Comando-F** para buscar un clip en la línea de tiempo. Asegúrese de que la barra de reproducción se encuentra al inicio de la secuencia antes de iniciar la búsqueda.

Este clip incluye a un hombre que habla, por lo que no ajustaremos la parte de audio. Sin embargo, la edición parecerá más suave si permanecemos más tiempo en el vídeo de Amanda y cambiamos ligeramente al vídeo del hombre.

10. Desplace la barra de reproducción hasta que el hombre diga **We' ne tsi**. Para ajustar la parte de vídeo de estos clips vinculados, desactive la selección vinculada por medio de **Mayús-L** o haciendo clic en el botón de la línea de tiempo.

11. Con la herramienta Roll, arrastre el punto de edición hacia la derecha hasta ajustarlo con la barra de reproducción. Reproduzca el nuevo punto de edición.

Al ajustar por rodamiento este punto de edición, se suaviza la transición entre los dos clips de vídeo al tiempo que se mantiene la consistencia del audio.

 Nota: Si un clip no tiene fotogramas adicionales para utilizar en el ajuste, aparecerá el símbolo de una cinta de película en uno de los fotogramas del lienzo, lo que significa que no se puede ajustar más mediante este método.

Otras opciones de rodamiento

También podemos introducir la cantidad de un ajuste por rodamiento en la línea de tiempo o utilizar teclas de acceso directo de la misma manera que con la herramienta Ripple. Además se puede utilizar la función Extend Edit para extender el punto de salida seleccionado de un clip y el punto de entrada del clip adyacente hasta la ubicación de la barra de reproducción.

1. En la secuencia **Amanda Rolling**, reproduzca los dos clips siguientes, en los que Amanda y el hombre hablan en su lengua materna.

   Podemos mejorar el punto de edición entre estos dos clips si permanecemos más tiempo en el clip de Amanda antes de pasar al hombre. Sin embargo, como en el ejemplo anterior, no cambiaremos la parte de audio de estos clips, sino solamente el vídeo.

2. Con la herramienta Roll, seleccione el punto de edición del vídeo entre el clip **98A-amanda** y el clip **98B-man**.

3. En la línea de tiempo, introduzca **1.00** para ajustar por rodamiento este punto de edición un segundo hacia la derecha.

4. Pulse **Intro** y reproduzca la edición.

Como con cualquier nueva edición, la barra de reproducción salta hasta el punto de edición después de hacer el ajuste.

 Nota: Si el material extra del clip no es lo suficientemente extenso como para cubrir la duración introducida, se ajustará por rodamiento tantos fotogramas como le sea posible en esa dirección.

5. Para definir mejor este punto de edición seleccionado, pulse las teclas de corchete izquierdo o derecho para editar por rodamiento un fotograma a la izquierda o a la derecha respectivamente. Para hacerlo en la cantidad de rodamiento total, pulse **Mayús-[** o **Mayús-]**.

 Truco: Si pulsa la tecla **Mayús** con la herramienta Roll activada, el cursor cambiará temporalmente a la herramienta Ripple. Esto nos brinda la posibilidad de hacer cambios en ambos puntos de edición al mismo tiempo (herramienta Roll) o en un solo punto de edición (herramienta Ripple).

6. Reproduzca el último clip **98A-amanda** de la secuencia.

   Para ajustar por rodamiento el comienzo de este clip en el clip anterior y que comience antes, podemos utilizar la función de extensión. Una vez más, esto extenderá el punto de salida del clip que termina y el punto de entrada del clip que comienza proporcionalmente en la misma dirección. Esto es en esencia lo que hace la herramienta Roll, aunque también se puede realizar esta operación con la herramienta de selección predeterminada.

7. Pulse **A** para volver a la herramienta de selección predeterminada.

8. Mueva la barra de reproducción hacia el final del clip **98B-man** anterior y seleccione el punto de edición entre éste y el clip **98A-amanda**. Utilice esta vez la tecla de acceso directo **E**, para extender los dos puntos de edición seleccionados hasta la ubicación de la barra de reproducción.

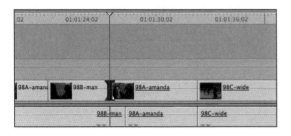

Como la barra de reproducción se encuentra en la posición en la que queremos añadir el nuevo punto de edición, al pulsar **E** se extiende el punto de edición seleccionado hasta dicha posición.

 Truco: Puede utilizar las teclas del corchete o éstas junto a la tecla **Mayús** para extender puntos de edición seleccionados con la herramienta de selección predeterminada.

9. Reproduzca la nueva edición y pulse **Comando-S** para guardar el trabajo.

Tareas del proyecto

Para practicar con los ajustes por rodamiento, siga trabajando en estas secuencias. No olvide activar o desactivar la selección vinculada en función de si desea o no ajustar tanto el vídeo como el audio de un clip vinculado al mismo tiempo.

Ajustar el contenido del clip por deslizamiento

Cuando se ajusta un clip por deslizamiento, los puntos de entrada y de salida se mueven la misma distancia a medida que se selecciona un contenido ligeramente diferente para ese clip. La opción de ajuste por deslizamiento es una buena opción para los casos en los que el clip está ubicado correctamente en la secuencia y tiene la duración correcta, pero su contenido no es el ideal. Sólo podemos ajustar un clip por deslizamiento cuando tenemos material original adicional o espacios extra a ambos lados de los puntos de edición actuales. Si se utiliza la duración completa del clip para realizar la edición, no habrá fotogramas adicionales para mover o ajustar el clip por deslizamiento.

Utilizar la herramienta Slip

Cuando se aplica la herramienta Slip a un clip en la línea de tiempo, se arrastra hacia la derecha para ver material del clip anterior y hacia la izquierda para ver material del siguiente clip. La herramienta Slip es la quinta en la paleta de herramientas.

1. En la línea de tiempo, cierre todas las secuencias **Rolling** abiertas y abra la secuencia **Intro Slipping** desde el buscador.

Es la primera versión de la secuencia **Intro** sin efectos de sonido. La ubicación y la duración de cada clip son las correctas. Sin embargo, la selección del contenido del clip en esta secuencia no es la mejor.

2. Mueva la barra de reproducción hasta el clip **tall buildings**, el tercero desde el final de la secuencia. Pulse **Opción-+** para ampliar este clip y reprodúzcalo. Recordará de ejercicios anteriores que en un momento del clip aparecen dos banderas estadounidenses.

3. Haga clic en la herramienta Slip de la paleta de herramientas o pulse **S**.

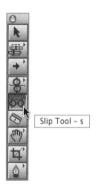

4. Con la herramienta Slip, haga clic y mantenga pulsado el clip **tall buildings** en la línea de tiempo.

Aparece un recuadro marrón detrás del cuadro del clip de vídeo y otro más allá de éste. Este recuadro indica gráficamente cuánto material original hay disponible para utilizar en cualquiera de los lados mientras se hacen los ajustes por deslizamiento.

5. Con la herramienta Slip, arrastre hacia la izquierda hasta que vea aparecer las dos banderas en el centro del fotograma derecho del lienzo. No suelte el ratón.

 Truco: Pulse **N** para desactivar el comando de ajuste y tener así más control.

Los dos fotogramas con imágenes en el lienzo actualizan visualmente sus nuevos puntos de entrada y de salida.

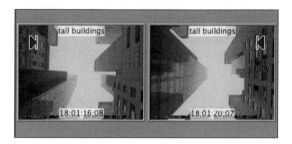

En la línea de tiempo aparece un cuadro de información en el que se muestra la cantidad de ajuste aplicado al clip.

6. Suelte el ratón y reproduzca el nuevo contenido del clip.

7. Pulse **Mayús-Z** para reducir el tamaño y reproduzca el primer clip, **sunrise**. Con la herramienta Slip, haga clic y arrastre el clip tanto como le sea posible hacia la derecha.

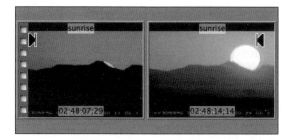

En el lienzo, aparece una cinta de película en el fotograma a la izquierda para indicar que actualmente está en el primer fotograma del clip. No se puede mover más hacia la derecha. Si se desplaza completamente hacia la izquierda, podrá ver la cinta de película en el fotograma derecho.

8. Ajuste por deslizamiento el clip **sunrise** como desee.

Otras opciones de ajuste por deslizamiento

Otra forma de ajustar un clip por deslizamiento consiste en indicar el número de fotogramas o de segundos que deseamos ajustar, de la misma manera que lo hicimos con la herramienta Roll en el ejercicio anterior. Para ajustar un clip por deslizamiento utilizando números o teclas de acceso directo, primero se debe seleccionar el clip en la línea de tiempo. Además, una vez añadido el clip a la secuencia, podemos hacer doble clic sobre el mismo y realizar ajustes por deslizamiento en el visor.

1. En la línea de tiempo, reproduzca el clip **ruin steps**.

   Este clip debería empezar unos segundos más tarde cuando la cámara empieza a

temblar. Para ajustarlo por deslizamiento introduciendo una cantidad concreta, primero tendremos que seleccionarlo.

2. Intente seleccionar el clip con la herramienta Slip.

   La herramienta Slip y otras herramientas de ajuste se utilizan para funciones de edición específicas y no permiten seleccionar un clip. Puede pulsar **A** para reestablecer la herramienta de selección predeterminada, seleccionar el clip y, tras ello, retomar la herramienta Slip. Pero existe un método más sencillo.

3. Para seleccionar el clip, mantenga pulsada la tecla **Mayús**. Cuando el puntero se convierta en la herramienta de selección predeterminada, seleccione el clip **ruin steps** y suelte la tecla **Mayús** para recuperar la herramienta Slip.

Truco: También puede utilizar la herramienta **Mayús** para recuperar temporalmente la herramienta de selección predeterminada mientras trabaja con otras herramientas, como Ripple o Roll.

4. Introduzca –2. (menos 5 seguido de un punto) en la línea de tiempo y pulse **Intro**.

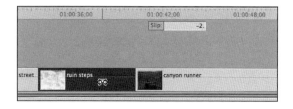

Truco: Al contrario de lo que sucede con otros usos de los signos más y menos para ajustar un clip de secuencia, al ajustar por deslizamiento un clip mediante cifras, la dirección puede invertirse. La utilización de una cantidad negativa equivale a arrastrar el clip hacia la izquierda con la herramienta Slip y, por tanto, seleccionar contenido posterior del clip. La utilización de una cantidad positiva equivale a arrastrar hacia la derecha y seleccionar contenido anterior.

5. Reproduzca el contenido del clip.

6. Pulse **A** para recuperar la herramienta de selección predeterminada y haga doble clic sobre el clip **ice floes**. En el visor, desplace el puntero sobre uno de los puntos de edición en la barra de arrastre.

Las dos filas de puntos aparecen en la barra de arrastre para indicar que este clip ya está en la secuencia. El cursor cambia a la flecha de cambio de tamaño al situarlo sobre un punto de edición.

7. En la barra de arrastre del visor, haga clic y mantenga pulsados cualquiera de los dos puntos de edición; el de entrada o el de salida.

El primer fotograma del clip aparece en el visor y el último fotograma aparece en el lienzo.

8. Ahora desplácese hacia la izquierda hasta que vea aparecer el trineo en la parte izquierda del fotograma. Suelte el ratón cuando vea los nuevos puntos de edición adecuados.

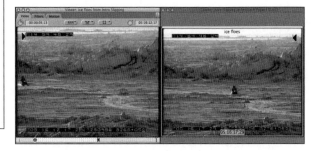

Al arrastrar, ambos puntos de edición se mueven al mismo tiempo.

 Nota: Al ajustar por deslizamiento en el visor, nos desplazamos hacia la izquierda para retroceder en la línea de tiempo y hacia la derecha para avanzar. Para trabajar con la herramienta Slip en la línea de tiempo se hace lo contrario. También podemos utilizar la herramienta Slip para ajustar por deslizamiento los puntos de edición de un clip en el visor.

Tareas del proyecto

Continúe practicando los distintos métodos de ajuste por deslizamiento con los clips de la secuencia **Intro Slipping**. Recuerde que este tipo de ajuste no modifica la duración de los clips. No olvide fijarse en la ventana del lienzo para capturar una acción concreta del clip.

Ajustar y modificar la ubicación de los clips

El tercer método para ajustar dos puntos de edición consiste en desplazar un clip que situado entre otros dos. Al desplazar el clip del medio se mantienen su contenido y su duración pero se ajusta su ubicación entre los otros dos clips. De esta manera, se altera la duración de los dos clips circundantes pero no de toda la secuencia. Para el desplazamiento se utiliza la herramienta Slide. También podemos desplazar un clip o una copia del mismo a una posición completamente diferente en la secuencia. Para hacer esto no necesitamos ninguna herramienta, sólo una tecla de modificación.

Utilizar la herramienta Slide

La herramienta Slide se utiliza cuando queremos reubicar un clip ligeramente hacia la derecha o hacia la izquierda. Ni la duración ni el contenido del clip que se está moviendo se ven afectados aunque el punto de salida del clip anterior y el punto de entrada del siguiente sí cambian. En este caso, desplazar un clip es como ajustar un punto de edición por rodamiento, sólo que ahora hay otro clip entre los puntos de edición que se están ajustando. La herramienta Slide está en la misma sección que la herramienta Slip en la paleta de herramientas.

1. Para realizar este ejercicio, active la selección vinculada.

2. En el buscador, abra la secuencia **Amanda Sliding** y reproduzca los tres primeros clips.

   Si desea cambiar la posición del clip central, **98E-man**, desplácelo hacia la izquierda o la derecha. En este caso, lo desplazaremos a la izquierda para que empiece antes, justo cuando el narrador dice "**... steep fall markets.**".

3. Para seleccionar la herramienta Slide en la paleta de herramientas, mantenga pulsada la herramienta Slip hasta que el icono de Slide aparezca, luego selecciónelo o pulse **SS**.

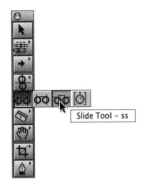

4. Con la herramienta Slide, mantenga pulsado el clip **97E-man**.

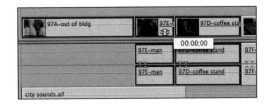

   Los recuadros marrones aparecen en torno a los tres clips involucrados en este ajuste.

5. Pulse **N** para desactivar el ajuste y arrastre el clip **97E-man** hacia la izquierda. No

suelte el ratón hasta que compruebe el clip en la secuencia y la ventana doble de la zona de imagen del lienzo.

Al desplazar el clip del medio, los lados de los dos clips exteriores no se mueven. Sólo se mueven los lados interiores que están en contacto con el clip del medio para mostrar la forma en que los clips compensan el ajuste.

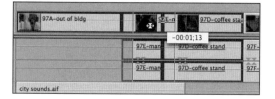

En el lienzo, los dos fotogramas muestran el punto de salida del primer clip y el nuevo punto de entrada del tercero. Puede observar estos clips mientras los arrastra para determinar la posición óptima de cada uno.

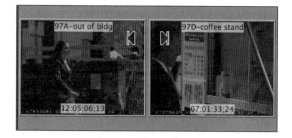

6. Suelte el ratón y vuelva a reproducir los tres clips.

 Nota: La duración de la secuencia no ha cambiado.

7. Pulse **Mayús-M** para desplazar la barra de reproducción hasta el marcador. Pulse

Opción-+ para ampliar el zoom en esta parte de la secuencia y reproduzca la zona de este salto sobre Amanda.

Podríamos suavizar este salto si lo adelantamos ligeramente, al clip anterior, justo antes de que el hombre vuelva a hablar al final del clip.

8. Con la herramienta Slide, arrastre el salto **98A-amanda** hacia la izquierda. Fíjese en el fotograma izquierdo del lienzo para ver dónde empieza a hablar el hombre. Sitúe el clip **98A-amanda** en dicho punto y el otro clip por delante. Tras ello, suelte el ratón.

9. Reproduzca el salto en su nueva posición. Si tiene que volver a ajustarlo, desplácelo a la izquierda o la derecha.

 Truco: También puede pulsar **Mayús** para seleccionar el clip e introducir una cantidad de desplazamiento, o utilizar las teclas de corchete para realizar los ajustes, al igual que con la herramienta Slip.

Arrastrar un clip hasta una nueva ubicación

Además de desplazar un clip a la izquierda o la derecha entre clips circundantes, podemos arrastrar un clip o una copia del mismo a un punto completamente diferente de la línea de tiempo. Ya que no se han agregado nuevos clips a la secuencia y sólo se ha realizado un cambio de posición, la duración total de la secuencia seguirá siendo la misma. Para arrastrar y colocar un clip en una nueva ubicación en la secuencia no es necesario utilizar ninguna herramienta de edición. Con la herramienta de selección predeterminada es suficiente.

1. En el buscador, abra la secuencia **Intro Repo** y reprodúzcala. Tras ello, ajuste la barra de reproducción a uno o varios marcadores y fíjese en los nombres que aparecen en el lienzo. (Pulse **N** si no ha activado el ajuste.)

   Esta secuencia contiene clips de vídeo de gente en movimiento de las carpetas **Intro** y **Canoe Club**. La secuencia comienza con tomas de la ciudad y finaliza con tomas de exteriores. En este ejercicio, cambiaremos el orden de los clips.

   Por cada cuatro compases de música aparece un marcador de color verde. Los clips de vídeo se han editado utilizando dichos marcadores como guía. Aprenderemos a hacerlo en un capítulo posterior.

2. Pulse **A** para seleccionar la herramienta de selección predeterminada.

Nota: Para cambiar correctamente la posición de un clip, debe utilizar combinaciones de teclas precisas en momentos concretos. Siga atentamente los siguientes pasos y suelte el ratón únicamente cuando lo indiquemos.

3. Arrastre el clip **canyon runner** hacia la derecha entre los clips **healer walking** y **johnny runs** pero no suelte el ratón.

   Mientras arrastra, aparece la flecha de sustitución hacia abajo. Si soltara el ratón en este punto, sustituiría el material situado por debajo del nuevo clip y también dejaría un espacio en el punto anterior desde el que movió el primer clip.

   En el lienzo, fíjese en los nombres de los clips en las dos ventanas. Son los fotogramas que aparecerían a ambos lados de este clip si los soltáramos como una edición por sustitución.

4. Arrastre el clip **canyon runner** hasta su destino final, al inicio de la secuencia, pero no suelte el ratón. En esta ocasión, mantenga pulsada la tecla **Opción**.

Al pulsar la tecla **Opción**, el cursor cambia a una flecha, lo que indica que vamos a insertar este clip en este punto.

Aparece una nueva imagen en el fotograma de la derecha que se corresponde al primer fotograma del clip **tall buildings**. Este clip se desplazará hacia abajo para dejar espacio para añadir el clip **canyon runner**. El fotograma de la izquierda aparece en negro, ya que nos encontramos al inicio de la secuencia.

El siguiente paso es importante para poder completar este ajuste con éxito.

5. Primero libere el ratón y después la tecla **Opción**.

Ahora, el clip **canyon runner** es el primero de la secuencia y los clips siguientes se han desplazado hacia abajo para permitir ubicarlo en dicho punto.

6. Arrastre el clip **johnny runs** hacia la izquierda, al final de la secuencia, y ajuste su punto de entrada con el punto de entrada del clip **tall buildings**. Asegúrese que ajustar al punto de edición y no a los marcadores.

Truco: Fíjese en los triángulos de ajuste situados alrededor del punto de edición para asegurarse de que se encuentra en la posición correcta.

7. Mantenga pulsada la tecla **Opción**, suelte el ratón y suelte luego la tecla **Opción**.

8. Reproduzca los primeros clips de la secuencia.

Truco: En un mismo paso puede crear y arrastrar una copia del clip si lo selecciona, mantiene pulsada la tecla **Opción** y arrastra. Si suelta este clip como edición por sustitución o inserción dependerá de si mantiene pulsada la tecla **Opción** al soltarlo.

Tareas del proyecto

Continúe con el cambio de posición de los clips de la secuencia **Intro Repo** e invierta el orden original para que comience con las tomas de exteriores y termine con las de la ciudad. Puede cambiar los clips a una posición anterior o posterior si lo arrastra hacia delante o hacia atrás en la secuencia. También puede arrastrar una copia del clip o eliminarlo de la secuencia. Aunque todos tienen una longitud similar, no comparten la misma duración exacta. Una vez ubicados correctamente, puede utilizar la herramienta Slide para desplazarlos de acuerdo a la música. Puede utilizar los marcadores como guía para ajustar el clip a la posición de los compases musicales.

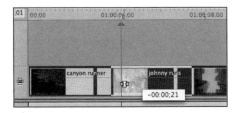

Utilizar la ventana Trim Edit

Final Cut Pro tiene otra herramienta que le ayudará a refinar sus ediciones. Se trata de la ventana Trim Edit (Ventana de edición por recorte). Desde esta ventana podemos aplicar la herramienta Ripple a uno o más clips para modificar la duración y los puntos de edición actuales. También podemos aplicar la herramienta Roll para ajustar la relación de los puntos de edición entre el clip que está terminando y el que está empezando. Recuerde

que la herramienta Ripple modifica la duración de la secuencia.

Trabajar en la ventana Trim Edit

Antes de recortar o ajustar cualquier clip, vamos a explicar las opciones de la ventana Trim Edit.

1. Desde el buscador, abra la secuencia **Amanda Trim Edit**.

    Es la secuencia que utilizamos en un ejercicio anterior para practicar con las técnicas de recorte. En ésta, se han eliminado los clips de narración para que pueda concentrarse en los clips de diálogo.

2. Asegúrese de tener la herramienta de selección predeterminada activada y de activar la selección vinculada.

3. Para abrir la ventana Trim Edit, haga doble clic en el punto de edición entre los dos primeros clips de la línea de tiempo, **97A-out of bldg** y **97E-man**.

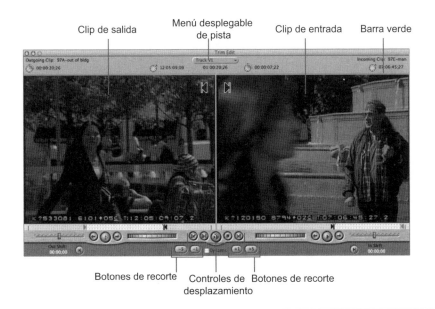

Clip de salida — Menú desplegable de pista — Clip de entrada — Barra verde

Botones de recorte — Controles de desplazamiento — Botones de recorte

Nota: Al hacer clic en la línea de tiempo automáticamente se cierra la ventana **Trim Edit**. Para volver a abrir un punto de edición en esta ventana, basta con hacer doble clic en cualquier punto de edición de la línea de tiempo.

Se abre una ventana grande que cubre las ventanas del visor y del lienzo. El área de la imagen a la izquierda es el punto de salida del clip **97A-out of bldg** que está terminando. La imagen a la derecha es el punto de entrada del clip **97E-man** que está comenzando.

 Nota: La posición de la ventana **Trim Edit** puede modificarse en la interfaz arrastrándola por la barra de título.

En la barra de arrastre del clip que termina se encuentra un punto de salida y en la barra de arrastre del clip que empieza está un punto de entrada. Estos dos puntos de edición pueden ajustarse desde la ventana **Trim Edit**, ya sea por separado con la herramienta Ripple o simultáneamente con la herramienta Roll.

Debajo y entre las dos áreas de imágenes están los controles de transporte y los botones de recorte. El nombre del clip, la duración y el código de tiempo del punto de edición aparecen encima de cada clip en la ventana. La ubicación del punto de edición en la secuencia aparece debajo del nombre de la ventana entre las dos imágenes.

4. Sitúe el cursor en el área del clip de salida de la izquierda.

El cursor cambia a la herramienta Ripple, la cual ajustará solamente la porción de salida de esta edición.

5. Haga clic en la imagen del clip de salida en la ventana **Trim Edit**.

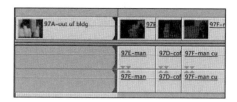

En la línea de tiempo el punto de salida del clip que termina está resaltado. En la ventana **Trim Edit** aparece la barra verde justo sobre esta imagen.

6. Sitúe el cursor en el clip de entrada de la derecha. El cursor cambia, pero no la selección del punto de edición en la línea de tiempo ni la barra verde sobre la imagen. Haga clic en la imagen que empieza para cambiar la selección del punto de edición en la línea de tiempo.

La barra de selección verde aparece ahora sobre el clip que empieza.

Nota: La barra verde es una buena señal visual para saber qué lado de la edición está activado. Ése es el lado que se modificará.

7. Mueva el cursor a la mitad del área entre los dos fotogramas de las imágenes. Aparece una herramienta Roll. Haga clic en este punto y ambos puntos de edición quedan seleccionados en la línea de tiempo y una barra verde aparece sobre las dos imágenes.

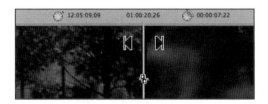

Si se utiliza la herramienta Roll en este punto, se modificarán los puntos de edición de ambos clips en la misma cantidad pero no se modificará la duración de la secuencia.

8. Haga clic en el botón Play Around Edit Loop o pulse la Barra espaciadora para reproducir las imágenes alrededor del punto de edición. El punto de edición se reproduce en el área de imagen derecha mientras que el área de imagen izquierda se oscurece.

La reproducción continúa hasta que pulsamos el botón **Stop** o la Barra espaciadora.

9. Para cambiar la duración que el clip se reproduce antes del punto de edición (*pre-roll*) o después (*post-roll*), pulse **Opción-Q** para abrir la ventana User Preferences. Haga clic en la ficha Editing y cambie a tres segundos los parámetros Preview Pre-roll y Preview Post-roll, y haga clic en **OK**.

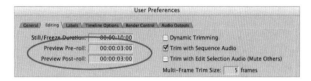

10. En la ventana Trim Edit, sitúe el cursor sobre el clip saliente y pulse **J** para retrasar la barra de reproducción, hacia el punto de entrada. Pulse **L** para reproducir desde esta posición o haga clic en el botón Play del clip saliente.

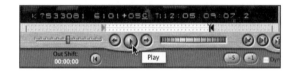

Aunque no podemos modificar el punto de entrada del clip saliente en la ventana Trim Edit, seguirá apareciendo como referencia.

Editar en la ventana Trim Edit

Existen varias maneras de editar utilizando la ventana Trim Edit. Algunos de estos métodos utilizan la herramienta Ripple y Roll, y otros utilizan las teclas **J**, **K** y **L** que ya hemos empleado para reproducir el vídeo hacia delante y hacia atrás.

1. En la ventana Trim Edit, compruebe que la casilla Dynamic, situada bajo las dos imágenes, no está seleccionada.

2. Pulse la barra espaciadora para ver el bucle del punto de edición actual. Vuelva a pulsar para detener la reproducción.

Recortaremos este punto de edición para que el clip saliente se detenga antes de que Amanda baje las escaleras y el clip entrante comience antes de que el hombre diga **"Thank you, bro"**.

3. Para cambiar sólo el clip de salida, haga clic en el área de imagen de la izquierda.

La barra verde aparece justo sobre la imagen.

Nota: También puede pulsar la tecla **U** para alternar el resalte y la selección de ambos lados del punto de edición seleccionado en la línea de tiempo. En la ventana Trim Edit, la barra verde cambia para reflejar el punto de edición activo.

4. Utilice la tecla **J** para reproducir el clip saliente hacia atrás para buscar el punto antes de que Amanda baje los escalones. Pulse la tecla **K** para detener la barra de reproducción en dicha posición y pulse **O** para definir un nuevo punto de salida.

Truco: Utilice las teclas **J** y **L** para desplazar la barra de reproducción hasta localizar la ubicación idónea para el nuevo punto de edición.

En la ventana Trim Edit, el punto de salida se actualiza a la nueva marca. En la línea de tiempo, el clip se recorta al nuevo punto de edición.

5. Haga clic en el lado del clip entrante en la ventana Trim Edit. Utilice la tecla **L** para reproducir el clip hacia delante hasta que el hombre diga **Thank you, bro**. Pulse **K** para detener la barra de reproducción antes de que el hombre hable.

Como en el caso anterior, el punto de entrada de la ventana Trim Edit se actualiza a la nueva marca. En la línea de tiempo, el clip se recorta en el nuevo punto de edición.

6. Pulse la barra espaciadora para ver una vista previa del punto de edición.

7. Para realizar pequeños ajustes mientras reproduce el nuevo punto de edición, haga clic en los botones de recorte situados por debajo de los controles de desplazamiento en la ventana Trim Edit.

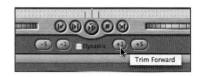

Si hace clic en una cantidad de recorte positiva, desplazará el punto de edición hacia delante. Si hace clic en una cantidad negativa, lo desplazará hacia atrás. Puede ajustar el clip saliente, el entrante o ambos clips al mismo tiempo.

Nota: El botón que muestra el mayor número de fotogramas es **Multi-Frame Trim Size**. Puede establecer un valor comprendido entre 1 y 99 fotogramas en la ficha Editing de la ventana User Preferences (**Opción-Q**).

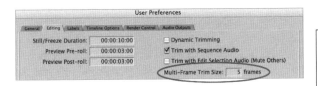

8. Haga doble clic en el punto de edición situado entre el primer clip **98A-amanda** y el clip **98B-man**. Pulse la Barra espaciadora para reproducir esta edición.

   Para precisar el punto de edición, recortaremos el final del clip saliente de Amanda después de que el hombre diga **Thank you, sister**. Recortaremos el inicio del clip entrante hasta que el hombre diga **Nice suit, Armani?** En esta ocasión, marcaremos la casilla Dynamic para poder recortar sobre la marcha.

9. Por debajo de los controles de desplazamiento, marque la casilla Dynamic para activar el recorte dinámico.

   Al activar esta opción, basta con pulsar la tecla **K** para definir un nuevo punto de edición al vuelo.

10. Haga clic en la imagen saliente de la izquierda para activar esta parte del recorte. Pulse la tecla **J** para retrasar la barra de reproducción entre los puntos de edición. Pulse la tecla **L** para reproducir hacia delante. Pulse **K** después de que el hombre diga **Thank you, sister**.

    Al pulsar la tecla **K** se crea un nuevo punto de salida.

 Truco: Para detener un clip sin definir un nuevo punto de edición, pulse la barra espaciadora.

11. Haga clic en la imagen del clip entrante situada a la derecha. Aplique los métodos de los pasos anteriores para precisar el clip de forma que comience cuando el hombre diga **Nice suit, Armani?**

12. Para ajustar los dos puntos de edición al mismo tiempo, haga clic entre las dos imágenes de la ventana Trim Edit y utilice los botones de recorte para ajustar por rodamientos los puntos de entrada y salida al mismo tiempo.

Tareas del proyecto

Continúe con el recorte y el ajuste de los puntos de edición de la secuencia **Amanda Trim Edit**. Abra cada punto de edición en la ventana Trim Edit y realice los correspondientes ajustes. Puede utilizar los siguientes métodos abreviados de teclado para practicar:

- Pulse **V** para seleccionar el punto de edición más cercano a la posición de la barra de reproducción.

- Pulse **Comando-7** para abrir el punto de edición seleccionado en la ventana Trim Edit.

- Al seleccionar un punto de edición en la línea de tiempo, con la ventana Trim Edit abierta, pulse las teclas **Flecha arriba** o **Flecha abajo** para abrir el punto de edición anterior o el siguiente en la ventana Trim Edit.

- Con un punto de edición seleccionado, pulse **U** para alternar entre el punto de salida del clip saliente, el punto de entrada del clip entrante o ambos al mismo tiempo.

- Como en ejercicios anteriores, también puede utilizar las teclas del corchete junto a la tecla **Mayús** en la ventana Trim Edit para cambiar un punto de edición.

Repaso del capítulo

1. ¿Qué dos puntos de edición ajusta la herramienta Roll?

2. ¿Qué dos puntos de edición ajusta la herramienta Slip?

3. ¿Cuántos clips se ven afectados al aplicar la herramienta Slide?

4. La extensión de dos puntos de edición, ¿es similar a los ajustes por rodamiento, deslizamiento o desplazamiento?

5. ¿Qué tecla de modificación debe utilizar para cambiar la posición de un clip en la secuencia sin reemplazar material existente?

6. ¿Para qué sirve arrastrar un clip con la tecla **Opción** pulsada?

7. ¿Cómo se abre la ventana Trim Edit?

Respuestas

1. La herramienta Roll ajusta el punto de salida de un clip y el punto de entrada del clip adyacente.

2. La herramienta Slip ajusta el punto de entrada y el de salida del mismo clip.

3. La herramienta Slide afecta a tres clips.

4. Al extender un punto de edición, éste se cambia del mismo modo que al ajustarlo por rodamiento.

5. La tecla **Opción** se utiliza para cambiar de posición un clip y mover los demás hacia abajo en la secuencia.

6. Al arrastrar con la tecla **Opción** pulsada se crea una copia del clip de secuencia y se cambia la copia a una posición diferente, al tiempo que se mantiene el clip original.

7. Haga doble clic sobre un punto de edición en la línea de tiempo para abrirlo en la ventana Trim Edit.

Teclas de acceso directo

S	Selecciona la herramienta Slip
R	Selecciona la herramienta Roll
SS	Selecciona la herramienta Slide
E	Extiende puntos de edición seleccionados hasta la posición de la barra de reproducción
Arrastras-Opción	Inserta un clip en un lugar diferente de la secuencia
Barra espaciadora	Reproduce en torno al punto de edición en la ventana Trim Edit
Opción-Arrastrar	Arrastra una copia del clip a una nueva posición de la secuencia
Opción-Q	Abre la ventana User Preferences
V	Selecciona el punto de edición más cercano a la barra de reproducción
Comando-7	Abre el punto de edición seleccionado en la ventana Trim Edit
Flecha arriba y **Flecha abajo**	Cambia el punto de edición resaltado por el siguiente punto de edición o el anterior
U	Alterna entre el punto de salida del clip saliente, el punto de entrada del clip entrante y ambos puntos de edición
[(corchete de apertura)	Ajusta el punto de edición seleccionado o apunta hacia la izquierda en incrementos de un fotograma
] (corchete de cierre)	Ajusta el punto de edición seleccionado o apunta hacia la derecha en incrementos de un fotograma
Mayús-[	Ajusta el punto de edición seleccionado o apunta hacia atrás en la longitud de la duración de fotogramas múltiples
Mayús-]	Ajusta el punto de edición seleccionado o apunta hacia delante en la longitud de la duración de fotogramas múltiples

Capítulo 7

Otras opciones de edición

L as ediciones por sustitución e inserción son las piezas básicas del proceso de edición pero existen opciones adicionales que amplían el alcance de lo que hemos aprendido. Entra estas opciones destacamos la creación de clips secundarios a partir de un clip existente, la creación de marcadores y su utilización en el proceso de edición; copiar, pegar y crear guiones gráficos de clips, y trabajar con un tercer tipo de edición, la edición por reemplazo. Además, existe una opción de audio que nos permite mantener la sincronización durante el proceso de edición.

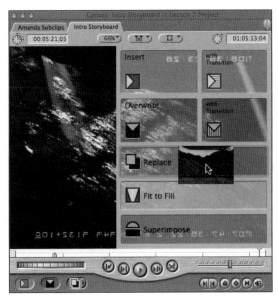

La opción de edición Replace en la ventana del lienzo.

- **Archivos del capítulo:** Lesson 7 Project

- **Medios:** Carpetas A Thousand Roads> Amanda, Canoe Club e Intro

- **Duración:** 60 minutos aproximadamente

- **Objetivos:**

  - Crear clips secundarios.

  - Crear marcadores.

  - Editar con marcadores.

  - Utilizar marcadores para crear clips secundarios.

  - Copiar y organizar clips en el buscador.

  - Sustituir ediciones.

  - Mantener la sincronización de clips vinculados.

Preparar el proyecto

En este capítulo, iniciaremos Final Cut Pro y abriremos el proyecto de este capítulo.

1. En la Barra de tareas, haga clic en el icono de Final Cut Pro para abrir la aplicación. Pulse **Comando-O** y abra el archivo **Lesson 7 Project** de la carpeta Lessons de su disco duro.

   Este proyecto contiene carpetas de clips y secuencias con las que trabajaremos a lo largo del capítulo. En un apartado posterior trabajaremos con la secuencia abierta.

2. En el buscador, haga clic en el triángulo situado junto a la carpeta Sequences para mostrar sus contenidos.

Nota: Si ha modificado el valor **Easy Setup** en Final Cut Pro para modificar otros formatos que no sean DV-NTSC, cámbielo por DV-NTSC antes de realizar el siguiente paso. En un capítulo posterior analizaremos las opciones **Easy Setup**.

3. Para crear una secuencia directamente en la carpeta **Sequences**, haga clic con la tecla **Control** pulsada sobre el icono de la carpeta y seleccione **New Sequence** en el menú contextual. Asígnele el nombre **Amanda Subclips**.

Utilizaremos esta secuencia más adelante.

Crear clips secundarios

Al capturar material original, como haremos en un capítulo posterior, podemos elegir libremente la duración de cada clip. Podemos capturar todo el material en un único clip o podemos detener la copia varias veces para crear clips más cortos. Durante la edición, resulta muy complicado detectar el clip correcto en un clip demasiado extenso, por lo que podemos crear clips secundarios más breves de las secciones que deseemos editar. La creación de un clip secundario comienza con la definición de puntos de entrada y salida en el visor para identificar el material que deseamos utilizar.

1. En el buscador, muestre los contenidos de la carpeta **Canoe Club** y haga doble clic en el clip **pan to totem** para abrirlo en el visor. Arrastre la barra de reproducción por el clip para verlo.

La duración de este clip es 1:16:20. Durante este tiempo, el cámara capturó tomas del bote, del agua rompiendo sobre la embarcación, primeros planos de los remos y barridos de los remadores. Podríamos dividir este clip en clips secundarios para tener acceso directo a estas tomas concretas.

2. Defina un punto de entrada al inicio del clip. Reprodúzcalo y defina un punto de salida cuando la cámara empieza a filmar

el agua, aproximadamente a los cinco o seis segundos.

 Truco: Como los clips secundarios son independientes al editarlos, puede dejar espacio adicional a ambos extremos de la acción para poder realizar los ajustes de edición.

3. Seleccione Modify>Make Subclip (Modificar>Crear clip secundario) o pulse **Comando-U**.

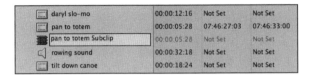

Al activarse la ventana del buscador, el nuevo icono aparece debajo del clip original, en la carpeta Canoe Club. El icono del clip secundario parece como recortado del clip original. Además, recibe el mismo nombre que el clip maestro, aunque el área de nombre aparece resaltada y lista para ser cambiada.

 Truco: Para que esta opción esté disponible, la ventana del visor debe estar activa.

4. Cambie el nombre del clip por **totem against mtns** y pulse **Intro**.

Al pulsar **Intro**, el clip se ordena alfabéticamente entre los demás clips de la carpeta.

5. Haga doble clic sobre el nuevo clip **totem against mtns** para abrirlo en el visor y reprodúzcalo.

Este clip tiene la longitud del material que se encuentra entre el punto de entrada y el de salida que marcamos anteriormente.

6. Abra de nuevo el clip **pan to totem** y marque un punto de entrada, cuando la cámara empiece a desplazarse a la derecha para incluir a los remeros. Defina un punto de salida cuando la cámara amplía el zoom sobre los mismos, a los ocho o diez segundos.

7. Seleccione Modify>Make Subclip o pulse **Comando-U** en el buscador y asígnele el nombre **pan to paddlers**.

8. Para organizar estos clips secundarios, haga clic con la tecla **Control** pulsada sobre la carpeta Canoe Club y seleccione New Bin en el menú contextual. Asigne el nombre **Pan to Totem Subclips** a la nueva carpeta y arrastre hasta la misma el clip original **pan to totem** y los clips secundarios **totem against mtns** y **pan to paddlers**. Tras ello, muestre los contenidos de la carpeta.

Canoe Club			
battlesong	00:04:37;02	Not Set	Not Set
canoe coming	00:00:32:18	Not Set	Not Set
canoe from left	00:01:08:20	Not Set	Not Set
canoe going	00:00:33:24	Not Set	Not Set
cu rowing	00:01:16:20	Not Set	Not Set
daryl cu	00:00:11:27	Not Set	Not Set
daryl slo-mo	00:00:12:16	Not Set	Not Set
Pan to Totem Subclips			
pan to paddlers	00:00:09:29	Not Set	Not Set
pan to totem	00:00:11:17	07:47:32:06	07:47:43:22
totem against mtns	00:00:05:28	Not Set	Not Set

Al igual que anteriormente creamos una nueva secuencia en la carpeta Sequences, podemos crear una nueva carpeta dentro de una carpeta concreta. Esta nueva carpeta está alineada con los clips **Canoe Club** y los clips dentro de los nuevos clips secundarios aparecen convenientemente sangrados. Todos los nuevos clips secundarios que creemos a partir del clip maestro **pan to totem** se incluirán en esta carpeta.

 Truco: Tras editar un clip secundario en una secuencia, no podrá alargarlo. No obstante, podrá eliminar las restricciones si selecciona el clip de secuencia y ejecuta Modify>Remove Subclip Limits. De esta forma se recupera la longitud del clip original pero se conserva el nombre del clip secundario.

Tareas del proyecto

Puede continuar practicando la creación de clips secundarios. Para ello, busque las siguientes secciones del clip maestro **pan to totem**, márquelas y cree los correspondientes clips secundarios:

- El agua golpeando sobre el bote.

- El sol reflejado sobre el bote.

- Remos en el agua.

 Nota: El solapamiento de un clip secundario sobre otro es correcto, ya que se trata de clips individuales.

Trabajar con marcadores

En capítulos anteriores, utilizamos marcadores para localizar un punto concreto de una secuencia, como por ejemplo el inicio de la escena 98, donde se encontraba el salto de Amanda y donde aparecía la música. Podemos emplear marcadores para identificar un punto de una secuencia o de un clip. Durante la edición, también podemos utilizar marcadores como puntos de ajuste.

Crear y nombrar marcadores

Al crear un marcador, éste se añade a la posición de la barra de reproducción, independientemente de que se encuentre sobre un determinado fotograma o en movimiento.

En este ejercicio, crearemos marcadores como compases de una pista de música. Más adelante los utilizaremos para identificar el punto en el que añadir clips de vídeo. Existen diferentes modos de añadir un marcador, una vez se ha colocado la barra de reproducción en el lugar deseado:

- Pulsar la tecla **M**.

- Seleccionar Mark>Markers>Add (Marca>Marcadores>Añadir).

- Hacer clic en el botón **Add Marker** (Añadir marcador) del visor o del lienzo.

- Pulsar la tecla de acento grave.

Nota: Esta tecla se utiliza también para eliminar marcadores, como se explicará más adelante.

1. En la línea de tiempo, reproduzca la secuencia **Intro-Markers**.

   Es una secuencia similar a la secuencia **Intro Repo** utilizada en un capítulo anterior. Las pistas de audio tienen una altura diferente a las de vídeo. En un capítulo posterior aprenderemos a personalizar pistas. Por otra parte, aunque el nombre de la pista de música en la secuencia es diferente al de un capítulo anterior, sigue vinculada al mismo archivo de música.

2. Arrastre la barra de reproducción hasta ajustarla al primer marcador de la secuencia, **beat 1**. Reproduzca desde este punto al segundo marcador, **beat 2**.

   El riff del bajo se repite cada cuatro compases (aproximadamente 3:22), la distancia entre los dos marcadores. Si disponemos de un marcador en la línea de tiempo en el punto en que se producen estos compases, nos será más sencillo editar los clips de vídeo de la secuencia.

3. Reproduzca desde el segundo marcador y deténgase tras los cuatro siguientes compases, en la posición 1:00:11;18.

4. Para añadir un marcador a la línea de tiempo en este punto, pulse la letra **M**.

Tanto en la zona de arrastre del lienzo, como en la de regla de la línea de tiempo aparece un marcador verde. Recuerde que al situar la barra de reproducción directamente sobre un marcador en el lienzo, aparece un marcador de color amarillo.

5. Para asignar un nombre a este marcador, vuelva a pulsar **M** para abrir la ventana

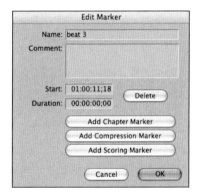

Edit Marker. Introduzca **beat 3** en el campo Name. Fíjese en la ventana Edit Marker antes de pulsar **OK** para cerrarla.

La ventana Edit Marker dispone de opciones para crear un marcador en una posición concreta del código de tiempo, determinar la duración del marcador o incluso eliminarlo. También ofrece la posibilidad de crear diferentes tipos de marcadores, como por ejemplo de música para utilizar con la aplicación Soundtrack Pro de Apple o de compresión o capítulo si piensa utilizar la secuencia de Final Cut Pro en un proyecto de DVD Studio Pro.

 Nota: No es necesario asignar nombres a los marcadores para poder utilizarlos. Sin embargo, le resultará muy útil si trabaja con varios marcadores en una secuencia.

6. Reproduzca la pista de música durante cuatro compases más y detenga la barra de reproducción en ese punto. En esta ocasión, haga clic en el botón Marker del lienzo para definir un marcador. Vuelva a pulsar **M** para abrir la ventana Edit Marker y asígnele el nombre **beat 4**.

7. Reproduzca la música desde el marcador **beat 4** y, en esta ocasión, sin detenerse, pulse **M** cada vez que escuche el compás hasta que la música pare.

 Truco: Para eliminar un marcador, desplace la barra de reproducción hasta el mismo y pulse **Mayús-'** (acento grave). Si desea cambiar la posición de un marcador ya creado, desplace la barra de reproducción hacia delante hasta una nueva posición y pulse **Mayús-'**.

8. Pulse **Opción-M** para retrasar la barra de reproducción hasta el marcador de la secuencia anterior. Pulse **Opción-M** repetidamente hasta llegar al primer marcador.

9. Pulse **Mayús-M** para desplazarse hasta el segundo marcador.

 Truco: Al igual que utiliza las teclas del cursor para retroceder o avanzar a un clip, puede utilizar la tecla **Mayús** con las teclas del cursor para retroceder o avanzar hasta un marcador.

10. En la zona de la regla, haga clic con la tecla **Control** pulsada sobre el segundo marcador.

Todos los marcadores de la secuencia aparecen en la parte inferior del menú contextual.

11. Seleccione **beat 4** en el menú contextual y suelte el botón del ratón.

La barra de reproducción salta hasta el marcador **beat 4** de la línea de tiempo.

Otra forma de desplazarse entre marcadores consiste en seleccionar Mark> Next>Marker y Mark>Previous>Marker (Marca>Próximo>Marcador y Marca> Anterior>Marcador).

12. Desplace la barra de reproducción a todos los marcadores con un nombre predeterminada y cámbielos por un número secuencial (por ejemplo **Marker 5** por **beat 5**, y así sucesivamente).

 Truco: Para eliminar todos los marcadores de la línea de tiempo, pulse **Control-'**. Puede acceder a éstos y a otros comandos relacionados con marcadores si selecciona Mark>Markers.

Añadir marcadores a clips

También es posible añadir un marcador directamente a un clip en el visor o en la línea de tiempo con el clip seleccionado. Al añadirlos a un clip, el marcador siempre señala el mismo punto de referencia, independientemente de la posición del clip en la secuencia.

1. En la línea de tiempo, reproduzca el clip **canyon runner**.

   Aunque en este clip el corredor tiene un tamaño reducido, podemos ver que al final salta sobre una roca. Si añadimos un marcador en este punto del clip, podremos utilizarlo más adelante para sincronizar esta acción con un compás musical.

2. Coloque la barra de reproducción en el fotograma en el que el corredor deja de saltar y seleccione el clip.

 Nota: Si al pulsar **M** el clip no está seleccionado, el marcador aparecerá como marcador de secuencia. Pulse **Comando-Z** para deshacer este paso.

3. Pulse **M** para crear un marcador en el clip **canyon runner**.

4. Pulse **M** para abrir la ventana Edit Marker e introduzca **runner jumps** como nombre del marcador.

   Al seleccionar el clip, el marcador aparece en el mismo y no en la línea de tiempo.

5. Arrastre el clip hacia la derecha y ajuste su punto de salida al final de la secuencia. Tras ello, deseleccione el clip.

Los marcadores de clip conservan su posición en la secuencia. El marcador de clip es de color rosa, no verde.

6. Desde la carpeta Pan to Totem Subclips del buscador, abra el clip secundario **pan to paddlers**, que creamos anteriormente.

7. En el visor, sitúe la barra de reproducción en el punto en que los palistas inician el segundo movimiento. Pulse **M** para añadir un marcador. Vuelva a pulsar **M** para abrir la ventana Edit Marker y asigne el nombre **2nd stroke** al marcador.

Tanto el marcador del lienzo como el del visor aparecen en amarillo ya que la barra de reproducción se encuentra en la misma posición. Si desplazamos la barra, el marcador del visor se vuelve rosa.

Nota: Puede aplicar los mismos métodos abreviados de tecla utilizados con marcadores de secuencia para eliminar o desplazarse hasta un marcador de clip en el visor. Para ello, primero debe seleccionar el clip correspondiente.

8. En el buscador, haga clic en el triángulo situado junto al clip secundario **pan to paddlers**.

Al añadir un marcador a un clip (o clip secundario) en el visor, se adjunta a dicho clip y aparece como entrada del buscador.

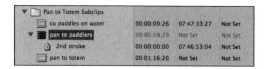

Nota: Puede cambiar el nombre de un marcador o eliminarlo desde el buscador como si se tratara de un clip o una secuencia.

Editar con marcadores

Los marcadores son verdaderas herramientas de edición. Podemos definir puntos de edición en marcadores e incluso alinear un marcador de clip con un marcador de secuencia. En los pasos descritos a continuación, definiremos puntos de edición y alinearemos el corredor con respecto a un compás de la pista de música.

Truco: Compruebe que la función de ajuste está activada para ajustar los marcadores como puntos de referencia.

1. En la línea de tiempo, arrastre la barra de reproducción hasta el marcador **beat 4**. Pulse **I** para definir un punto de entrada. Pulse **Mayús-M** para desplazar la barra de reproducción hasta el marcador **beat 5** y pulse **O** para definir un punto de salida.

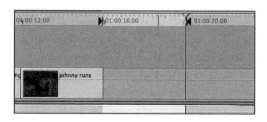

2. Con el clip **pan to paddlers** en el visor, arrastre la barra de reproducción para incluir el primer movimiento de los palistas. Pulse **I** para definir un punto de entrada. Haga clic en el botón Overwrite para editar el clip en la línea de tiempo y reprodúzcalo.

El clip ocupa la distancia comprendida entre los dos marcadores de música. El marcador que añadimos en un ejercicio anterior sigue vinculado al clip **pan to paddlers**, aunque puede resultar difícil apreciarlo si está demasiado próximo a la imagen en miniatura.

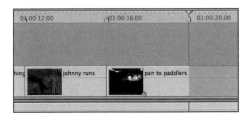

Repita los pasos anteriores para realizar la siguiente edición y utilice el clip secundario **totem against mtns**.

3. Para utilizar un marcador como punto de sincronización, haga clic y mantenga pulsado el cursor sobre el marcador del clip **canyon runner** pero no mueva el clip todavía.

Al arrastrar un clip desde un marcador se convierte en el punto de sincronización activo al ajustarlo a otros marcadores de la línea de tiempo.

4. Arrastre este clip desde su marcador hasta el último marcador de la secuencia, que debe ser **beat 7**, y suéltelo cuando ambos marcadores se ajusten totalmente entre sí.

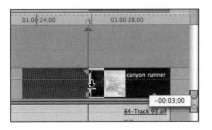

Si el ajuste está activado, aparece una línea de ajuste que conecta ambos marcadores.

5. Reproduzca esta parte de la secuencia para ver la alineación entre el corredor y el compás de la música.

6. Para completar la secuencia, arrastre el punto de entrada del clip **canyon runner** para rellenar el hueco situado por delante del mismo y arrastre su punto de salida hasta el final de la música. Reproduzca la secuencia terminada.

Truco: Puede utilizar marcadores para deslizar un clip si selecciona la herramienta Slip y arrastra el marcador de clip a izquierda o derecha para ajustarlo a un marcador de secuencia. También puede utilizarlos como puntos de referencia al ajustar un clip por rodamiento o desplazamiento.

Crear clips secundarios mediante marcadores

Los clips secundarios se crean a partir de puntos de entrada y salida marcados en un clip de origen, pero también podemos crearlos a partir de marcadores, ya que éstos identifican una posición determinada dentro del clip. En este ejercicio, añadiremos marcadores a los clips de diálogo de Amanda y crearemos clips secundarios a partir de éstos.

1. Desde el buscador, oculte los contenidos de la carpeta **Canoe Club** y abra la carpeta **Amanda**. Abra el clip **98A-amanda** en el visor y reprodúzcalo.

En capítulos anteriores marcamos este clip en distintos puntos para editar la escena. En este caso, definiremos marcadores cuando Amanda hable y los utilizaremos para crear clips secundarios. Como este material se ajusta a un guión que no tenemos, numeraremos los marcadores para que resulten más claros.

2. Reproduzca el clip desde el principio y deténgase cuando vea a Amanda aparecer en pantalla. Añada un marcador con el nombre 1-**approaches man**.

Truco: Al añadir un marcador como referencia para crear un clip secundario, deje cierto espacio por delante de la acción o el sonido que desee utilizar en la edición.

3. Reproduzca el clip desde este marcador y detenga la barra de reproducción antes de que Amanda responda a la pregunta del hombre. Asigne el nombre **2-armani suit** a este marcador.

4. Añada un tercer marcador antes de que Amanda diga de dónde proviene. Asígnele el nombre **3-where you from**.

5. Añada otro marcador antes de que Amanda hable en su idioma materno y asígnele el nombre **4-native tongue**.

En la barra de arrastre el visor aparecerán cuatro marcadores. Cada uno representa un punto de partida de una sección del clip.

6. En el buscador, haga clic sobre el triángulo situado junto al clip maestro **98A-amanda** para ver los marcadores vinculados.

7. Para organizar los clips secundarios que vamos a crear, haga clic con la tecla **Control** pulsada sobre la carpeta **Amanda** y seleccione **New Bin** en el menú contextual. Asigne el nombre **Scene 98 Subclips** a esta carpeta. Arrastre el clip **98A-amanda** a la misma y compruebe sus contenidos.

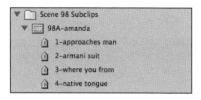

De esta forma, al crear clips secundarios a partir de este clip, aparecerán en esta carpeta como hicimos al organizar los clips secundarios en un apartado anterior.

8. Para crear un clip secundario del primer al segundo marcador, seleccione el marcador 1-approaches man del buscador y ejecute los comandos Modify>Make Subclip (Modificar>Crear clip secundario).

En la carpeta Scene 98 Subclips, se crea un nuevo clip secundario con el nombre del marcador seguido por el nombre del clip maestro, como referencia.

 Truco: Para ver el nombre completo del nuevo clip secundario, desplace el puntero entre las columnas Name y Duration. Cuando aparezca la flecha de cambio de tamaño, arrastre hacia la derecha.

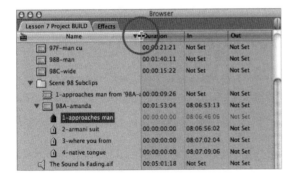

9. Para reducir el nombre del clip secundario, haga clic en la zona del nombre y elimine la parte que aparece tras la palabra **man**. Haga doble clic sobre el nuevo clip secundario para abrirlo en el visor y reprodúzcalo.

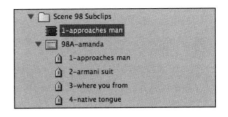

La longitud de este clip secundario transcurre desde el primer marcador al segundo. Si establece la duración del marcador en la ventana Edit Marker, el clip secundario se crearía desde el marcador y con una longitud equivalente a la duración del mismo. Si no hay marcadores tras el que ha seleccionado, el clip secundario se crea desde dicho marcador hasta el final del clip.

10. Seleccione los demás marcadores de la carpeta Scene 98 Subclips y ejecute Modify>Make Subclip. Tras ello, reduzca los nombres restantes del clip secundario **98A-amanda**.

Al crear clips secundarios a partir de marcadores, puede seleccionar un grupo de marcadores y convertirlos en clips secundarios en una misma operación.

 Truco: Puede arrastrar un icono de marcador al visor y abrirlo como clip secundario. También puede hacer doble clic sobre un icono de marcador en el buscador para abrirlo en el visor. En realidad, al editar con marcadores, se trata de clips secundarios.

Tareas del proyecto

Abra el clip **98B-man** y añada cuatro marcador en puntos anteriores a las frases del hombre, como hemos hecho con el clip **98A-amanda**. Convierta los marcadores en clips secundarios como en el paso 10 del ejercicio anterior. Puede utilizar la secuencia **Amanda Subclips** si desea editar únicamente los clips secundarios de estos dos clips maestros.

Copiar clips en el buscador

Antes de pasar al siguiente tipo de edición, nos detendremos en la preparación del proyecto. En los pasos descritos a continuación, duplicaremos una secuencia, eliminaremos marcadores, trabajaremos con clips en vista de icono, copiaremos una carpeta de clips y eliminaremos puntos de edición de un grupo de clips. También organizaremos clips en una carpeta por medio de la vista de icono y modificaremos el fotograma representativo de un clip.

Al disponer de un conjunto de clips duplicados podemos organizar los mismos clips de distintas formas. Por ejemplo, en este ejercicio, duplicaremos el conjunto de clips **Intro** marcados y eliminaremos los puntos de edición de los duplicados. Recuerde que al copiar clips en el buscador no se duplican los archivos de medios, sino sólo los vínculos a dichos archivos.

1. En el buscador, duplique la secuencia **Intro-Markers** y cambie el nombre por **Replace Edit**. Haga doble clic sobre la misma para abrirla en la línea de tiempo. Cierre las demás secuencias abiertas.

En el siguiente ejercicio aprenderemos a reemplazar ediciones en la línea de tiempo y no necesitaremos los marcadores.

2. Compruebe que no hay clips seleccionados en la línea de tiempo y pulse **Mayús-'** (acento grave) para eliminar todos los marcadores.

3. En el buscador, haga doble clic en la carpeta Intro Clips-Marked para abrirla como ventana independiente.

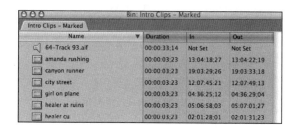

En la columna Duration, verá que todos los clips de vídeo tienen la misma duración. Estas duraciones coinciden con los compases musicales de la secuencia. En el siguiente ejercicio, trabajaremos con clips sin marcar. Sin embargo, puede utilizar los puntos de edición de estos clips posteriormente si lo desea.

4. Cierre la carpeta Intro Clips-Marked. En el buscador, con la carpeta seleccionada, pulse **Comando-C** para copiarla. Pulse **Comando-V** para pegarla en el proyecto.

En el buscador se creará una carpeta duplicada. Puede copiar cualquier clip, secuencia o carpeta de un proyecto y pegarla en el mismo o en otro diferente.

Final Cut Pro mantendrá los vínculos a los medios originales.

5. Asigne el nombre **Intro Clips-NOT Marked** a la carpeta inferior. Haga doble clic sobre la misma para abrirla en una ventana independiente.

 Nota: Puede realizar los siguientes pasos en el buscador sin necesidad de abrir la carpeta. Al abrirla en una ventana independiente podemos centrarnos en estos clips.

Como se trata de un conjunto de clips duplicados, podemos eliminar los puntos de entrada y salida de los mismos sin alterar los clips de la carpeta Intro Clips-Marked.

6. Haga clic con la tecla **Control** pulsada sobre el código de tiempo del primer clip de vídeo situado bajo la columna In. En el menú contextual, seleccione Clear In.

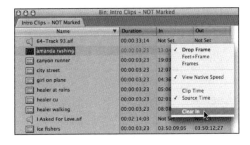

Se eliminará el punto de entrada de este clip y, bajo la columna In, aparecerá la entrada Not Set. Por lo general, los puntos de entrada y salida se eliminan en el visor pero también podemos hacerlo en una carpeta abierta o en una columna del buscador. Sin embargo, en carpetas o en el buscador podemos eliminar puntos de edición de un grupo de clips.

7. Para eliminar todos los puntos de entrada de todos los clips de una carpeta, seleccione el clip mediante **Comando-A**. Haga clic con la tecla **Control** pulsada sobre cualquier número del código de tiempo de la columna In y seleccione Clear In en el menú contextual.

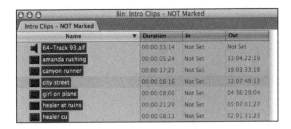

La entrada Not Set aparecerá en la columna In de todos los clips seleccionados, y las duraciones de los mismos variarán según corresponda.

8. Para eliminar todos los puntos de salida de los clips, haga clic con la tecla **Control** pulsada sobre un número del código de tiempo de la columna Out y seleccione Clear Out en el menú contextual.

La entrada Not Set aparece en la columna Out de todos los clips seleccionados y las duraciones recuperan la longitud original del clip.

 Nota: En un capítulo posterior veremos cómo organizar y personalizar las columnas del buscador.

9. Arrastre la esquina inferior derecha de esta columna hacia la derecha para ampliarla. Haga clic con la tecla **Control** pulsada sobre la columna Name y seleccione View As Medium Icons (Ver como iconos medianos) en el menú contextual.

En la vista de iconos, puede arrastrar un clip o grupo de clips para disponerlos como desee.

10. Agrupe los iconos de clip en función de su contenido, como por ejemplo por clips de ciudad, de naturaleza, del curandero, de Alaska, etc.

Los iconos de clip de la carpeta muestran el primer fotograma capturado de cada clip. Se denomina fotograma póster, como el póster de una película. Es una representación visual de la toma. En algunos casos, el fotograma póster no representa el contenido del clip. Puede seleccionar cualquier fotograma del clip para utilizarlo como fotograma póster.

11. Haga doble clic en el clip **healer cu** para abrirlo en el visor. Sitúe la barra de reproducción para ver al curandero en el centro del fotograma. Seleccione Mark>Set Poster Frame o pulse **Control-P**.

De esta forma el fotograma póster del clip healer cu permite identificar con más facilidad el contenido de este clip.

12. En la ventana del buscador, haga doble clic con la tecla **Opción** pulsada sobre la carpeta Intro Clips-NOT Marked para cerrar su ventana y abrirla como ficha del proyecto. Haga clic con la tecla **Control** pulsada sobre la zona gris y seleccione Arrange>By Name en el menú contextual.

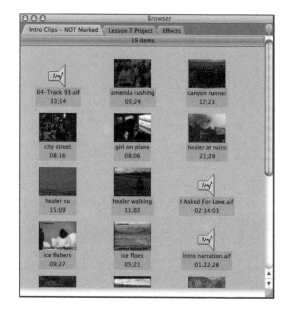

Utilizaremos esta vista de los clips en el siguiente ejercicio. Para ver los demás clips de la carpeta, puede utilizar la barra de desplazamiento o un ratón con rueda.

 Truco: Puede cambiar las vistas de las carpetas en cualquier momento en función de sus preferencias.

Reemplazar ediciones

En un capítulo anterior reorganizamos los clips arrastrándolos a nuevas posiciones en la secuencia. Si desea utilizar un clip diferente en la secuencia, además del actual, puede reemplazarlo. La función Replace de Final Cut Pro es una opción de la zona de edición del lienzo y también se incluye en el botón de edición. Al aplicarla, se añade un nuevo clip a la secuencia con la misma longitud y posición que el clip anterior. Un aspecto importante que tener en cuenta al utilizar esta función es la posición de la barra de reproducción tanto en el clip original del visor como en el clip de secuencia de la línea de tiempo.

1. En la línea de tiempo, desplace la barra de reproducción al primer fotograma del cuarto clip, **johnny runs**.

   Al contrario de lo que sucede con otros tipos de ediciones en los que marcábamos puntos de entrada y salida en la secuencia, en este caso no los necesitamos para identificar la duración del clip. Lo haremos con la barra de reproducción y la función de edición por reemplazo. Como

el clip tiene una longitud concreta, sólo se verá afectada esa parte de la secuencia.

2. Desde la ficha Intro Clips-NOT Marked del buscador, abra el clip **girl on plane** y reprodúzcalo. Desplácese hasta el punto en el que la chica mira por encima del hombro. Sitúe la barra de reproducción antes de que vuelva la cabeza.

   Utilizaremos este clip desde la posición de la barra de reproducción. Imagine que la barra de reproducciones un punto de entrada para la edición. Con ediciones por reemplazo, basta con utilizar la barra, no los puntos de edición.

3. Arrastre el clip original desde el visor hasta el lienzo, hasta la sección Replace. Suelte el ratón y reproduzca la edición.

La parte de vídeo del clip de secuencia en la línea de tiempo se cambia por contenido original que comienza en la posición de la barra de reproducción en el visor.

4. Para sustituir el clip **tall buildings**, sitúe la barra de reproducción en el primer fotograma del clip.

5. Desde la carpeta Intro Clips-NOT Marked, abra el clip **ruin steps** y sitúe la barra de reproducción cuando la cámara empieza a vibrar. En esta ocasión, haga clic en el botón Replace de color azul. Reproduzca el clip en la secuencia.

 Truco: Si no está conforme con la edición realizada, pulse **Comando-Z** para deshacerla, reajuste la posición de la barra de reproducción y repita la operación.

También puede utilizar las dos posiciones de la barra de reproducción para hacer retroceder un clip.

6. En el buscador, abra el clip **healer cu**. Desplace la barra de reproducción hacia el final del clip, donde el curandero sale del fotograma.

   Es el fotograma con el que deseamos finalizar el clip en la secuencia. Como la función Replace funciona con posiciones sincronizadas de la barra de reproducción, tendremos que situarla al final del clip de destino.

7. En la línea de tiempo, retrase la barra de reproducción al último fotograma del clip **totem against mtn**. Fíjese en el indicador del último fotograma situado en la esqui-

na inferior derecha del lienzo. Haga clic en el botón de edición por reemplazo o pulse **F11**.

En este caso, en lugar de reemplazar desde el primer fotograma en adelante, el clip de secuencia se reemplaza desde el último fotograma hacia atrás desde la posición de la barra de reproducción para completar la duración existente del clip. También podemos utilizar esta función para sincronizar una acción con un compás musical.

8. En la línea de tiempo, desplace la barra de reproducción hasta la posición **1:00:26:10**.

   Es el último compás en el que el corredor salta. Seleccionaremos un punto de acción en un clip de origen y utilizaremos la edición por reemplazo para sincronizarlo.

9. En el buscador, abra el clip **ice floes** y sitúe la barra de reproducción cuando la moto de nieve da el primer salto. Pulse **F11** y reproduzca el clip en la línea de tiempo.

   Aunque no sea una acción dramática, comprobará que el salto en el clip de origen está alineado con el compás musical de la secuencia.

10. Pulse **Comando-S** para guardar los cambios.

Nota: Si intenta reemplazar el clip de secuencia por otro más breve o situar la barra de reproducción en el visor demasiado próxima al principio o al final del clip, aparecerá un mensaje indicando que no hay suficiente contenido para realizar la edición.

Editar guiones gráficos

Los guiones gráficos se utilizan para explicar el desarrollo de una historia con imágenes o dibujos. Por ejemplo, para explicar el aspecto que tendrá una escena tras cortarla, el artista bosqueja tomas de cámara y las coloca como fotogramas concretos. De esta forma el director puede imaginarse con mayor claridad qué aspecto tendrá la película y podrá determinar posibles problemas que puedan surgir.

En los ejercicios anteriores, organizamos clips en la ventana de la carpeta. Podemos editarlos en la línea de tiempo muy fácilmente. Sin embargo, la posición de las imágenes en la carpeta determinará cómo se alinearán en última instancia en la secuencia de la línea de tiempo. Final Cut Pro comienza con el primer clip de la esquina superior izquierda de la carpeta y sigue en la misma línea. Tras ello pasa a la siguiente fila y así sucesivamente. Siga estas directrices para crear su propia edición de guión gráfico.

1. Haga clic con la tecla **Control** pulsada sobre la carpeta Sequences del buscador y seleccione New Sequence en el menú contextual. Asigne el nombre **Storyboard**

Edit a la secuencia y haga doble clic sobre la misma para abrirla.

2. En el buscador, haga doble clic sobre la carpeta Intro Clips-Marked. Haga clic con la tecla **Control** pulsada sobre la zona gris situada sobre la columna del nombre y seleccione View As Medium Icons en el menú contextual.

3. Amplíe la ventana para poder ver todos los clips. En caso de que sea necesario, haga clic con la tecla **Control** pulsada sobre la zona en gris y seleccione Arrange>By Name (Organizar>Por nombre) en el menú contextual.

4. Disponga los clips de vídeo en filas en función de cómo desee verlos en la secuencia. Asegúrese de que las filas discurren de izquierda a derecha. Los clips situados más arriba, aunque se encuentren en la misma fila, aparecerán primero al editar el grupo en la línea de tiempo. El orden de mayor a menor sustituye al orden de izquierda a derecha.

5. En la carpeta Intro Clips-Marked, seleccione todos los clips de vídeo.

Nota: También puede pulsar **Comando-A** para seleccionar todos los clips de la carpeta y, tras ello, hacer clic con la tecla **Control** pulsada en cada uno de los clips de audio para deseleccionarlos.

6. Arrastre uno de los iconos de clip seleccionados hasta la línea de tiempo y ajústelo al inicio de la secuencia. Cuando vea la flecha de sustitución, suelte el ratón.

Nota: En función del tamaño de la línea de tiempo, puede que no vea todos los clips. En caso contrario, continúe con la edición y, tras ello, pulse **Mayús-Z** para ver la secuencia completa.

Todos los clips se sitúan en la línea de tiempo del mismo modo que en la carpeta Storyboard. Sólo se editarán las partes marcadas.

7. Para completar la secuencia, arrastre el clip de música y, tras ello, el clip de narración hasta la secuencia y situelos como desee.

Mantener la sincronización de clips vinculados

Una de las opciones de edición más útiles consiste en mantener la sincronización entre las pistas de vídeo y audio de un clip. Hasta el momento, no hemos encontrado casos en los que el audio y el vídeo de un clip estuvieran desincronizados. Pero puede suceder.

Al trabajar con la selección vinculada activada, las partes de vídeo y audio de un clip se pueden mover, recortar o deslizar de forma conjunta. Si la desactiva o bloquea una de las pistas del clip, al realizar un ajuste de edición en una pista puede alterar la sincronización con el resto.

1. En el buscador, abra la secuencia **Sync Clip** y reprodúzcala.

    Este clip tiene audio y vídeo vinculado. El clip **98A-amanda** se ha capturado con sonido sincronizado.

2. Haga clic en el botón de selección vinculada para desactivarla o pulse **Mayús-L**. Arrastre el clip de vídeo **98A-amanda** hacia la izquierda unos dos segundos y reprodúzcalo.

Al desactivar la selección vinculada, si cambiamos la posición de una pista del clip, aparecen indicadores rojos de desincronización en cada pista vinculada, para indicar la cantidad de desfase. Siempre puede pulsar **Comando-Z** para deshacer la operación, activar la selección vinculada y desplazar todo el clip de una vez. Sin embargo, existen opciones adicionales:

- Mantener el audio desincronizado.

- Cambiar la posición del audio en la línea de tiempo para sincronizarlo con el vídeo.

- Deslizar el audio para que la parte superpuesta al clip de vídeo recupere su sincronización original.

- Mover o deslizar el vídeo hacia al audio.

3. Haga clic con la tecla **Control** pulsada sobre el indicador rojo de la pista **A1** y seleccione Move Into Sync (Sincronizar) en el menú contextual. Asegúrese de pulsar el indicador, no el clip.

Las pistas de audio se desplazan en la línea de tiempo para sincronizarse bajo el clip de vídeo.

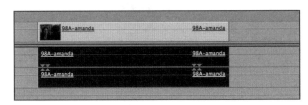

 Nota: Puede mover la parte de audio o de vídeo de un clip que no esté sincronizado.

4. Para ver otras opciones de sincronización, pulse **Comando-Z** para recuperar el

estado sin sincronización de las pistas. En esta ocasión, haga clic con la tecla **Control** pulsada sobre los indicadores de las pistas de audio y seleccione Slip Into Sync en el menú contextual. Reproduzca el clip.

Las pistas conservan sus posiciones actuales pero las de audio se han deslizado para que coincidan con el vídeo.

 Truco: Si desea sincronizar un efecto de sonido con una acción de vídeo, desactive la selección vinculada y deslice o sitúe los clips como desee. Seleccione Modify>Mark in Sync para restablecer la sincronización. Desaparecerán los indicadores de falta de sincronización.

Repaso del capítulo

1. ¿Cómo se crea un clip secundario?

2. ¿Dónde se asignan nombres a los marcadores?

3. ¿Dónde puede añadir un marcador?

4. ¿El ajuste afecta a los marcadores?

5. ¿Cómo se crea un clip secundario a partir de un marcador?

6. ¿Cómo se copia y pega un clip o carpeta en el buscador?

7. ¿Qué tecla de modificación se utiliza para crear un nuevo fotograma póster?

8. ¿Para qué sirve la función **Replace**?

9. ¿Cómo deben organizarse los clips en una carpeta antes de realizar una edición de guión gráfico?

10. ¿Qué dos métodos permiten sincronizar pistas de audio y vídeo?

Respuestas

1. Defina puntos de entrada y salida en el clip, y seleccione Modify>Make Subclip.

2. Puede asignar nombres a marcadores en la ventana Edit Marker.

3. Los marcadores se añaden en la regla de la línea de tiempo o a un clip seleccionado en la misma. También puede añadirlos a clips del visor.

4. Sí. Al activar el ajuste, puede ajustar la barra de reproducción a marcadores y ajustar un marcador de clip a un marcador de secuencia o a otro marcador de clip.

5. Seleccione el marcador situado bajo el clip en el buscador y ejecute los comandos Modify>Make Subclip.

6. Selecciónelo y pulse **Comando-C** para copiarlo. Pulse **Comando-V** para pegarlo en el proyecto actual.

7. La tecla **Control** se utiliza para crear un nuevo fotograma póster (**Control-P**).

8. Reemplaza un clip de secuencia por un clip de origen mediante la alineación de las dos posiciones de la barra de reproducción.

9. En filas, con cada clip en una posición inferior al anterior.

10. Deslizar o mover la pista de vídeo o la de audio.

Teclas de acceso directo

Comando-U	Crea un clip secundario
M	Añade un marcador
Mayús-M	Se desplaza hacia adelante de un marcador a otro
Mayús-Flecha Abajo	Se desplaza hacia adelante de un marcador a otro
Opción-M	Se desplaza hacia atrás de un marcador a otro
Mayús-Flecha Arriba	Se desplaza hacia atrás de un marcador a otro
Comando-'	Elimina el marcador seleccionado de un clip o una secuencia
Control-'	Elimina todos los marcadores de un clip o secuencia
Mayús-'	Mueve el marcador hasta la posición de la barra de reproducción
Control-P	Restablece el fotograma póster de un clip

Capítulo 8

Personalizar un proyecto

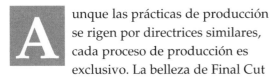

Aunque las prácticas de producción se rigen por directrices similares, cada proceso de producción es exclusivo. La belleza de Final Cut Pro es que podemos utilizar vídeo digital (DV) en un proyecto, alta definición (HD) en otro y vídeo de alta definición (HDV) en un tercero. Un proyecto puede utilizar claquetas para identificar el contenido de los clips mientras que otro puede incluir notas añadidas desde el buscador.

Independientemente del tipo de metraje que utilice en un proyecto o de cómo haya etiquetado el material original, todo proyecto requiere la adecuada configuración de Final Cut Pro para que el programa admita el formato de origen y todo proyecto se beneficia de cierta estructura organizativa desde el buscador.

En este capítulo, aprenderemos a utilizar las columnas del buscador para organizar los clips y el material de distintas formas. También veremos cómo configurar la interfaz de Final Cut Pro personalizando y guardando el teclado, las ventanas, la línea de tiempo y el diseño de las pistas. Por último, seleccionaremos las correspondientes preferencias y ajustes del programa para conseguir un medio de trabajo totalmente compatible con nuestras necesidades.

- **Archivos del capítulo:** Lesson 8 Project y Sample Project

- **Medios:** Carpetas A Thousand Roads> Amanda e Intro

- **Duración:** 45 minutos aproximadamente

- **Objetivos:**

  - Personalizar columnas del buscador.

  - Buscar elementos en el buscador.

  - Trabajar con clips maestros.

  - Organizar elementos del proyecto.

  - Personalizar y guardar el diseño de las ventanas.

  - Cambiar el teclado.

  - Crear botones de acceso directo.

  - Seleccionar ajustes preestablecidos de Easy Setup.

  - Seleccionar preferencias del usuario.

  - Ver propiedades de clips y modificar la configuración de las secuencias.

Preparar el proyecto

Para este proyecto guardaremos diseños personalizados y modificaremos las preferencias de usuario. Antes de iniciar Final Cut Pro, veamos dónde guardar estos archivos.

1. Abra la ventana Finder del escritorio y desplácese hasta `Macintosh HD> Usuarios>[nombre de usuario]> Librería>Preferences>Final Cut Pro User Data`.

    Aquí se guardan todos los diseños personalizados de Final Cut Pro, preferencias e incluso complementos del usuario actual. Si se ha configurado otro usuario en el mismo equipo, las preferencias y diseños de éste aparecerán cuando inicie sesión y abra el programa,

2. Inicie Final Cut Pro y seleccione File> Open (Archivo>Abrir) o pulse **Comando-O**, y abra el archivo **Lesson 8 Project** de la carpeta Lessons.

3. Cierre cualquier otro proyecto que pueda estar abierto de capítulos anteriores mediante la opción Close Tab (Cerrar ficha) del menú contextual que aparece al hacer **Control-clic** en su etiqueta.

En este proyecto no hay secuencias abiertas, por lo que la línea de tiempo y el lienzo no aparecen al cerrar otros proyectos.

Personalizar las columnas del buscador

Final Cut Pro sabe todo lo que necesita saber sobre los clips y demás elementos de un proyecto. Conoce la longitud, el código de tiempo inicial y final, el número de pistas de audio o si son de vídeo, la duración y demás. Esta información se muestra en las 65 columnas disponibles en el modo de vista View as List (Ver como listado). Aunque no es necesario ver estas columnas continuamente durante el proceso de edición, puede consultarlas cuando necesite revisar o añadir información adicional sobre un clip.

Ver y ordenar las columnas del buscador

Los clips del buscador se organizan alfabéticamente ya que la columna Name (Nombre) es el modo de clasificación predeterminado.

Si tiene que identificar los clips en función de criterios concretos, como sus números de escena, puede volver a ordenar los clips si hace clic en el título de la correspondiente columna.

1. Muestre los contenidos de todas las carpetas del buscador, pero sin cambiar el tamaño de la ventana.

2. Pulse el botón de zoom situado en la esquina superior izquierda de la ventana del buscador para ampliar la ventana y ver los contenidos de las carpetas abiertas.

Al pulsar este botón, el tamaño de la ventana aumenta para mostrar todo su contenido. En la columna Name, todos los clips y secuencias están organizados alfabéticamente por nombre dentro de la carpeta, así como todas las carpetas.

 Truco: Otra forma de abrir y cerrar carpetas y de desplazarse por los elementos del navegador consiste en utilizar las teclas del cursor. Si hay una carpeta resaltada, las teclas **Flecha arriba** y **Flecha abajo** pasan el resalta a la siguiente. La **Flecha derecha** muestra los contenidos de la carpeta resaltada. Si la pulsa de nuevo, accederá a dichos contenidos y si pulsa la **Flecha izquierda**, saldrá de la carpeta.

---

3. Arrastre la barra azul situada en la parte inferior de la ventana hacia la derecha para ver todas las columnas. Tras ello, arrastre la barra de desplazamiento izquierda hasta que pueda ver la columna Name.

Si seleccionamos esta columna, la barra de título aparece más clara que la de las demás columnas, indicando que se trata de la columna de orden principal. Junto al título aparece una flecha que indica que los nombres están organizados de manera ascendente, es decir de la A a la Z.

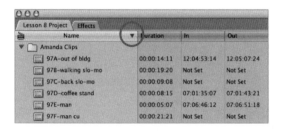

4. Para cambiar la ordenación a modo descendente, es decir de la Z a la A, haga clic en el título de la columna Name.

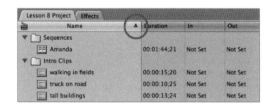

La flecha de la columna Name apunta hacia arriba y todos los elementos de la ventana, incluyendo las carpetas, cambiarán de orden, de acuerdo con el nuevo modo de ordenación.

5. Haga clic en el título de la columna Duration (Duración) para organizar los clips según su duración. Haga clic de nuevo para invertir el orden.

De forma predeterminada, los clips se organizan siempre de menor a mayor.

6. Arrastre la barra de desplazamiento azul hacia la derecha hasta que vea la columna Reel (Bobina). Haga clic en este encabezado para ordenar los clips por número de bobina.

7. Arrastre la barra de desplazamiento azul hacia la izquierda y haga clic en el título de la columna Name.

Truco: Para ampliar una columna, arrastre su límite derecho hacia la derecha.

Mover, mostrar y ocultar columnas

Puede que durante el proceso de edición tenga que consultar muchas columnas del buscador pero, en otros casos, necesitará acceder rápidamente a información concreta, como por ejemplo a los números de escena o de toma de un clip. Aunque la columna Name es fija, se puede cambiar la posición de todas las demás. Además, existen dos diseños que podemos aplicar a las columnas: el estándar y el de registro. También podemos crear nuestro propio diseño, decidiendo las columnas que deseamos mostrar u ocultar, y simplificar así la apariencia del buscador.

1. Arrastre la columna Duration hacia la derecha, hasta situarla a continuación de la columna Out.

Cuando arrastramos una columna, aparece un pequeño cuadro delimitador que la representa. Las columnas circundantes cambian de posición para dejar sitio a la columna desplazada.

2. Arrastre la columna **Good** a la izquierda de la columna **Duration** y, tras ello, arrastre la columna **Log Note** por detrás de la columna **Good**.

Out	Duration	Good	Log Note	Media Start	Media End
12:05:07:24	00:00:14:11			12:04:32:20	12:05:22:00
Not Set	00:00:19:20			11:06:30:07	11:06:49:26
Not Set	00:00:09:08			11:07:41:02	11:07:50:09
07:01:43:21	00:00:08:15			07:01:32:04	07:01:45:25
07:06:51:18	00:00:05:07			07:06:32:20	07:06:54:06

Estas columnas están vacías por el momento, pero en el siguiente ejercicio añadiremos información sobre los clips a las mismas.

3. Haga **Control-clic** en el título de la columna **Good** y fíjese en las distintas opciones de columna que aparecen en el menú contextual.

Puede ocultar una columna, guardar o cargar un diseño de columnas, o seleccionar un diseño preestablecido. También se incluyen distintos títulos de columna que puede mostrar o añadir al diseño actual del buscador.

4. Seleccione **Show Length** (Mostrar longitud) en el menú contextual.

La columna **Length** aparece a la izquierda de la columna **Good**.

5. En la columna **Name**, seleccione el clip **97C-coffee stand** y fíjese en las columnas **In**, **Out**, **Duration** y **Length**.

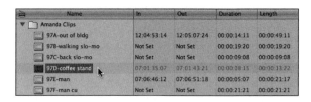

Name	In	Out	Duration	Length
▼ 🗀 Amanda Clips				
🎬 97A-out of bldg	12:04:53:14	12:05:07:24	00:00:14:11	00:00:49:11
🎬 97B-walking slo-mo	Not Set	Not Set	00:00:19:20	00:00:19:20
🎬 97C-back slo-mo	Not Set	Not Set	00:00:09:08	00:00:09:08
🎬 97D-coffee stand	07:01:35:07	07:01:43:21	00:00:08:15	00:00:13:22
🎬 97E-man	07:06:46:12	07:06:51:18	00:00:05:07	00:00:21:17
🎬 97F-man cu	Not Set	Not Set	00:00:21:21	00:00:21:21

Si el clip cuenta con puntos de entrada y salida, la duración marcada aparece en la columna **Duration**. La columna **Length** siempre muestra la longitud total de los medios.

6. Haga **Control-clic** en la columna **In** y seleccione **Show Thumbnail** (Mostrar representación en miniatura) en el menú contextual. Busque los clips de la carpeta **Intro Clips**.

Al lado de cada clip aparece una imagen en miniatura que hace referencia al contenido del mismo.

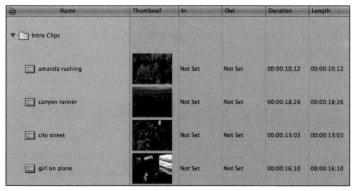

Name	Thumbnail	In	Out	Duration	Length
▼ 🗀 Intro Clips					
🎬 amanda rushing		Not Set	Not Set	00:00:10:12	00:00:10:12
🎬 canyon runner		Not Set	Not Set	00:00:18:26	00:00:18:26
🎬 city street		Not Set	Not Set	00:00:13:03	00:00:13:03
🎬 girl on plane		Not Set	Not Set	00:00:16:10	00:00:16:10

7. Busque el clip **healer cu**, haga clic en su imagen y arrastre el cursor hacia la derecha o hacia la izquierda para desplazarse por el clip. Para cambiar el fotograma póster de un clip en esta columna, arrastre hasta un nuevo fotograma, mantenga pulsada la tecla de **Control**, libere el ratón y luego suelte la tecla.

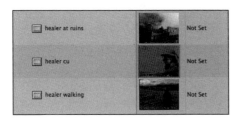

8. Haga clic con la tecla **Control** pulsada sobre la columna Show Thumbnail y seleccione Logging Columns en el menú contextual para mostrar un diseño diferente.

   Este diseño coloca las columnas que muestran información registrada (Scene, Shot/Take y Reel) junto a la columna Name para que resulte más sencillo acceder a las mismas.

9. Para recuperar el diseño anterior, haga clic con la tecla **Control** pulsada sobre cualquier columna y seleccione Standard Columns (Columnas estándar) en el menú contextual.

   Los cambios realizados en un diseño no afectan al resto.

10. Para guardar este diseño de columnas, haga clic con la tecla **Control** pulsada sobre cualquier columna y seleccione Save Column Layout en el menú con-

textual. En la ventana Save, introduzca **thumbnails** como nombre y pulse **Save**.

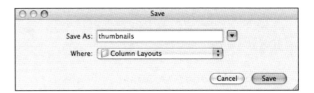

Nota: Los cambios realizados en el buscador o en las columnas de carpetas de un proyecto se conservan hasta que los vuelva a modificar o cargue un diseño previamente guardado. Si crea un nuevo proyecto, mostrará el diseño de columnas estándar predeterminado.

El destino automático del diseño guardado es la carpeta Column Layouts de la carpeta Final Cut Pro User Data, como mencionamos antes. Si desea cambiar su diseño a otro equipo, copie el correspondiente archivo y añádalo en la misma ubicación del otro equipo.

Truco: Para recuperar un diseño guardado, haga clic con la tecla **Control** pulsada sobre cualquier columna y seleccione el correspondiente diseño en el menú contextual.

11. Para ocultar una columna, haga **Control-clic** en el título y seleccione Hide Column (Ocultar columna) en el menú contextual. Oculte las columnas Thumbnail y Length.

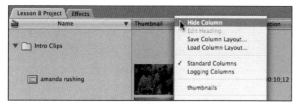 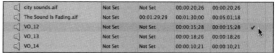

Las dos columnas se eliminan del diseño actual del buscador pero puede volverlas a seleccionar desde el menú contextual si hace clic con la tecla **Control** pulsada sobre cualquier columna. En la imagen anterior, el diseño guardado aparece como opción que se puede recuperar.

Añadir información a las columnas

Como puede apreciar, las columnas del buscador pueden incluir información muy útil para buscar un clip o un grupo de clips por medio de criterios concretos. Sin embargo, algunas de las columnas de **Lesson 8 Project** aparecen vacías. Al capturar los clips de la cinta, no se había añadido dicha información. No obstante, la mayor parte de estos datos se pueden incluir tras capturar el clip. En proyectos más extensos, poder buscar clips previamente comprobados o con notas de registro concretas resulta de gran utilidad para localizar clips específicos. A continuación añadiremos información sobre los clips de este proyecto.

1. Busque el clip **VO_012** de la carpeta Amanda Clips en la columna Name y desplace el cursor hasta la columna Good de este clip. Al hacer clic, verá que aparece una marca de verificación, para identificar este clip de narración como correcto.

Al desplazar el cursor sobre un clip o línea de información, aparece un ligero resalte oscuro en el buscador. Lo puede utilizar como guía para manipular el clip correcto.

2. Haga clic en la columna Good de los siguientes clips: **97A-out of bldg**, **97F-man cu** y **97C-wide**.

3. Haga clic sobre el título de la columna Good para ordenar y mostrar los clips que tienen la marca de verificación. Vuelva a hacer clic para invertir el orden y que los clips aparezcan en la parte superior de la columna.

Todos los clips catalogados como "buenos" aparecen juntos.

4. Haga clic en la columna Name para volver a ordenar por nombre. Seleccione el clip **healer at ruins** y haga clic en la columna Log Note (Nota de registro).

Aparece un cuadro de texto con un cursor intermitente.

5. En el cuadro de texto Log Note, introduzca **Peru** y pulse **Intro**.

 Nota: Las viñetas de esta película
se filmaron en diferentes localiza-
ciones. El material del curandero
se filmó en Perú.

6. Seleccione el clip **girl on plane** e introduzca **Alaska** en el cuadro de texto Log
Note.

7. Vaya hasta la línea del clip **healer cu**.
Esta vez, haga **Control-clic** en la zona
correspondiente a la columna Log Note y
seleccione Peru en el menú de opciones
introducidas anteriormente. Añada Peru
como nota de registro para el clip **healer
walking**. En este caso, no es necesario
seleccionar previamente el clip antes de
acceder a las opciones de nota de registro.

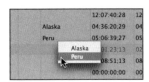

Tras añadir una nota, resulta muy sencillo eliminarla.

8. Haga doble clic en la nota de registro de
girl on plane y pulse **Supr**.

Otra forma de identificar un clip consiste
en utilizar el conjunto de etiquetas de
Final Cut Pro, que asignar un color al clip
en la línea de tiempo y en el buscador.
Existen dos formas de seleccionar una
etiqueta: en la columna Label y haciendo
clic con la tecla **Control** pulsada sobre el
icono de un clip en la columna Name.

9. Busque la etiqueta Label y haga **Control-
clic** sobre la palabra **None** de cualquiera
de los clips de la carpeta Amanda Clips.
Tras ello, haga clic con la tecla **Control**
pulsada sobre el clip **97A-out of bldg**
situado bajo la columna Name. Seleccione Label>Best Take (Etiqueta>Mejor
toma) en el menú contextual.

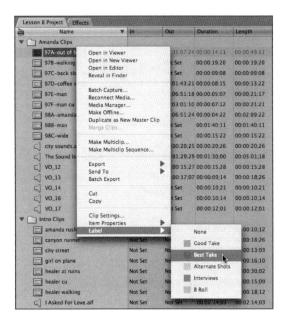

La última opción le permite ver los colores asignados a cada categoría de etiqueta. Al seleccionar Best Take, el clip seleccionado se vuelve de color rojo.

 Nota: También puede seleccionar
un grupo de clips y elegir una
etiqueta para todo el grupo.

10. Abra la secuencia **Amanda**.

En la línea de tiempo, el clip **97A-out of
bldg** aparece de color rojo para indicar
que se ha etiquetado como mejor toma.

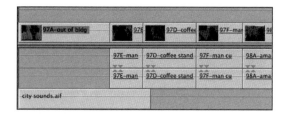

El etiquetado de clips resulta muy útil para organizar el material por tipo o poder identificarlo de forma rápida en la línea de tiempo.

 Truco: Para eliminar una etiqueta, haga clic con la tecla **Control** pulsada sobre el correspondiente clip o grupo de clips y seleccione **Label> None** (Etiqueta>Ninguna) en el menú. Mantendremos las etiquetas para el siguiente ejercicio.

Buscar elementos en el buscador

En un capítulo anterior utilizamos la función Find en la línea de tiempo para localizar un clip por nombre. También podemos utilizarla para buscar clips basados en criterios concretos de las columnas del buscador. Junto con un esquema lógico de nomenclatura y etiquetado, podemos recuperar un clip instantáneamente.

1. Haga clic en el triángulo situado junto a las carpetas para ocultar sus contenidos.

   No es un paso obligatorio para buscar elementos, pero resulta muy útil para demostrar el funcionamiento de la función Find.

2. Haga clic sobre un espacio vacío del buscador para deseleccionar todos los elementos y seleccione Edit>Find (Editar> Encontrar) o pulse **Comando-F**.

En la ventana Find que se abre, podemos indicar el nombre del clip y el del proyecto donde queremos buscarlo.

3. En el menú desplegable Search, seleccione Project: Lesson 8 Project y en el campo con el cursor intermitente, introduzca **city street**. Pulse el botón **Find Next** (Buscar siguiente) o pulse **Intro** para buscar el clip.

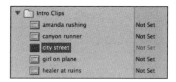

Tras pulsar el botón, se muestran los clips de la carpeta Intro Clips y queda seleccionado el correspondiente clip.

4. Imagine que desconoce el nombre del clip para recuerda haber añadido una nota de registro para saber dónde se ha filmado, en este caso en Perú. Pulse **Comando-F** para abrir la ventana Find e introduzca **Peru** en el campo de búsqueda situado en la parte inferior derecha.

5. En la parte inferior izquierda, haga clic en el menú emergente y busque en la lista de columnas hasta encontrar la columna Log Note.

6. Haga clic en el botón **Find All** para buscar todos los clips que incluyan Peru en sus notas de registro.

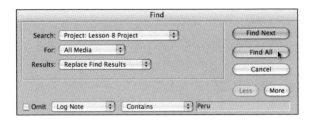

Al pulsar **Find All**, se abre la ventana Find Results, con los clips que coinciden con los criterios especificados, en este caso una nota de registro que incluye la palabra **Peru**.

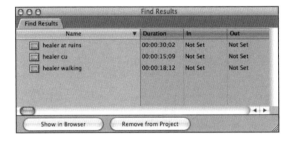

7. Mueva la ventana Find Results para poder ver los demás clips del buscador. Pulse **Comando-A** para seleccionar todos los clips de la ventana.

Al seleccionar los clips en esta ventana, también se seleccionan en el buscador. Puede determinar qué clip es el que busca en la ventana Find Results y seleccionarlo, o fijarse detenidamente en los clips seleccionados en el buscador. También puede realizar cambios, como por ejemplo escoger otra etiqueta, en los clips seleccionados.

8. Cierre la ventana Find Results.

Trabajar con clips maestros

En Final Cut Pro, la primera vez que se captura un clip o se importa a un proyecto, se le considera un clip maestro. Si copiamos un clip en un proyecto, para labores de organización, se convierte en secundario del clip maestro. La función principal de un clip maestro es la de supervisar el nombre del clip. Si cambiamos de nombre un clip maestro, todos los demás usos del mismo, por ejemplo una copia incluida en una carpeta diferente o un clip de secuencia editado en la línea de tiempo, cambian de nombre de acuerdo al nuevo. Final Cut Pro utiliza esta convención de nomenclatura de clips maestros para poder realizar el seguimiento de los clips en caso de que pierdan su vinculación a los archivos de medios originales.

1. Vuelva a mostrar los contenidos de la carpeta Amanda Clips. Arrastre la barra de desplazamiento azul del buscador hacia la derecha hasta que vea la columna Master Clip.

Comment A	Comment B	Master Clip	Offline	Last Modified
		✓		Today, 10:20 AM
		✓		Today, 10:20 AM
		✓		Today, 10:20 AM
		✓		Wed, Apr 20, 2005, 9:13 AM
		✓		Wed, Apr 13, 2005, 11:50 AM

La marca de verificación de la columna indica que se trata de un clip maestro, el primer uso de dicho clip en el proyecto.

2. En la columna Name, seleccione el primer clip de la carpeta Amanda Clips, **97A-out of bldg**. Pulse **Comando-C** para copiarlo y pulse **Comando-V** para pegarlo en el proyecto. Fíjese en la columna Master Clip.

   El clip copiado es el segundo uso del clip **97A-out of bldg** en este proyecto y, por lo tanto, no se considera un clip maestro.

3. Desplácese hacia la izquierda para recuperar el diseño de columnas predeterminado. Compruebe que puede ver los clips de la secuencia **Amanda** abierta en la línea de tiempo. Amplíe la línea de tiempo para ver el nombre completo de los clips.

   Los clips de esta secuencia se han editado con los clips maestros del proyecto **98A-amanda** y **98B-man**.

4. En el buscador, busque el clip **98A-amanda** y cambie su nombre por amada, sin la información del número de escena.

En la línea de tiempo, todos los clips de secuencia editados del clip maestro **98A-amanda** original han cambiado su nombre por **amanda**.

 Nota: Al crear un clip secundario, se convierte en clip maestro ya que es el primer uso del nuevo clip en el proyecto. Si cambia el nombre del clip maestro utilizado para crear el clip secundario, el nombre del clip secundario no se modifica.

También puede utilizar clips maestros para localizar el fotograma original de un clip original utilizado en un clip de secuencia o viceversa. Es lo que se denomina fotograma coincidente. Por ejemplo, puede que necesite saber si se ha utilizado en la secuencia un fotograma concreto de un clip maestro. Puede abrir el clip maestro en el visor y hacer que Final Cut Pro busque su homólogo en la secuencia.

5. En el buscador, abra el clip **amanda** y desplace la barra de reproducción hasta la posición **8:07:10:07**. Reproduzca para escuchar el breve diálogo de Amanda en su lengua nativa y, tras ello, retroceda la barra de reproducción hasta el número del código de tiempo.

   Para determinar si está sección del clip maestro se ha utilizado o no en la secuencia, puede buscar el fotograma que coincida.

6. Seleccione View >Match Frame>Master Clip (Ver>Fotograma correspondiente> Clip maestro), o pulse la tecla **F**.

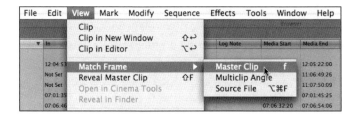

Esta función desplaza la barra de reproducción hasta el fotograma exacto que coincide con el fotograma del clip maestro en el visor.

7. Haga clic en el visor y pulse **Mayús-Flecha izquierda** para retroceder dos segundos la barra de reproducción. Pulse **F** para buscar un fotograma de la secuencia que coincida con el fotograma de este clip maestro.

Escuchará un pitido, que indica que no existe ningún fotograma de la secuencia que coincida con el del clip maestro. De esta forma sabrá que no lo ha utilizado en la secuencia.

Truco: Para buscar un fotograma concreto desde la línea de tiempo, los controles de selección automática determinan en qué pista buscar. Para buscar una coincidencia en todas las pistas menos **V1**, desactive estos controles en todas las pistas menos en la que desee realizar la búsqueda.

También puede utilizar esta técnica para buscar un clip maestro en el buscador que coincida con un determinado fotograma.

8. Desplace la barra de reproducción al primer fotograma del clip anterior de la

secuencia, **98B-man**. Para localizar el fotograma de clip maestro que coincida con este fotograma de secuencia, pulse **F**. Para localizar el clip maestro en el buscador, seleccione **View>Reveal Master Clip** (Ver>Revelar clip maestro) o pulse **Mayús-F**.

En el buscador, el clip maestro aparece resaltado. Si la carpeta está cerrada, se abrirá y mostrará el clip maestro.

9. Seleccione el menú **Modify** y fíjese en la opción relacionada con los clips maestros.

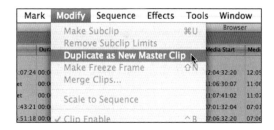

El menú **Modify** incluye una opción para duplicar un clip maestro. De esta forma podemos trabajar con los mismos medios pero utilizar nombres distintos en cada clip. Sin embargo, cada clip estará vinculado al archivo de medios original, cuyo nombre no cambia. Si selecciona un clip en la línea de tiempo y ejecuta **Modify**, puede seleccionar una opción para que el clip de secuencia sea independiente, de forma que no siga las convenciones de nomenclatura del clip maestro.

Nota: Aunque puede cambiar el nombre de un clip en el buscador, no conviene hacerlo tras utilizar el clip en un proyecto. Final Cut Pro puede tener dificultades para volverlo a vincular.

10. En el buscador, seleccione el nuevo clip **amanda** y pulse **Supr**.

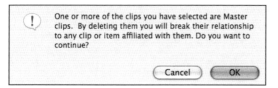

One or more of the clips you have selected are Master clips. By deleting them you will break their relationship to any clip or item affiliated with them. Do you want to continue?

Cancel   OK

Si intenta eliminar un clip maestro de un proyecto y el clip se ha utilizado en la secuencia, aparecerá una advertencia para recordar que se eliminará la relación con cualquier clip asociado a dicho clip maestro.

 Truco: Si elimina un clip maestro, los clips asociados al mismo en el proyecto se convierten en clips maestros o independientes. Sin embargo, perderá la posibilidad de hacer coincidir fotogramas con el clip eliminado. No obstante, puede seleccionar un clip en la secuencia y ejecutar View>Match Frame>Source File para cargar el archivo original directamente en el visor.

11. Pulse **Cancel** para conservar el clip maestro en el proyecto.

 Nota: La eliminación de la relación con un clip maestro puede afectar a la reconexión de clips si transfiere medios de un equipo o unidad FireWire a otro. Cuando existen clips relacionados con un clip maestro, sólo tendrá que volver a conectar los clips maestros. Todos los clips secundarios quedarán automáticamente conectados.

Organizar los elementos de un proyecto

La planificación de un proyecto y la creación de un sistema de organización concreto puede ahorrarle horas de trabajo durante el proceso de edición. La forma de organizar un proyecto varía en función de su tamaño, de si trabaja con otros editores y ayudantes, si el proyecto se basa en un sistema mayor y, evidentemente, de preferencias personales. Hasta el momento hemos trabajado con metraje de la película *A Thousand Roads*, del National Museum of the American Indian. Como ejemplo de organización de un proyecto, veremos cómo lo organizó el editor de la película, Harry Miller III.

1. Pulse **Comando-O** para abrir la ventana Choose A File (Seleccionar un archivo). En la carpeta Lessons, seleccione Sample Project y haga clic en **Choose** para abrirlo. Este proyecto cuenta con numerosos clips, por lo que puede tardar en abrirse.

 Nota: Si se abre la ventana Reconnect, pulse **Continue**.

Este proyecto incluye distintas carpetas que organizan los elementos en función del tipo, como por ejemplo escenas dramáticas, metraje, narración, música, efectos de sonido y demás.

2. Haga clic en el triángulo situado junto a las carpetas Edit y Backup para mostrar sus contenidos.

Estas carpetas contienen las secuencias del proyecto. El nombre de cada secuencia incluye una fecha. Sólo la secuencia con la fecha más reciente aparece en la carpeta Edit y se utilizará como secuencia actual. La carpeta Backup incluye todas las versiones anteriores de las secuencias.

3. Oculte los contenidos de las carpetas Edit y Backup. Tras ello, abra la carpeta Scenes.

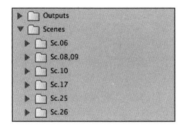

La mayoría de las escenas tienen carpetas independientes con clips utilizados en las mismas. Los números de escena de un solo dígito incluyen ceros delanteros. Sin un cero inicial, como en la carpeta Sc.06, la carpeta aparecería por detrás de la carpeta Sc.55.

4. Muestre los contenidos de la carpeta Sc.06.

La convención de nomenclatura de estos clips emplea el modelo de material dra-

mático o narrativo, e incluye en el nombre números de escena y de toma.

Nota: Todos los clips del proyecto incluyen una línea roja transversal, para indicar que no están vinculados a archivos de medios. No veremos los clips ni las secuencias de este proyecto; solamente examinaremos su estructura organizativa.

5. Desplácese hasta la carpeta Sc.36.

Esta carpeta tiene una etiqueta de color para facilitar su identificación, al igual que la carpeta que etiquetamos en un apartado anterior.

6. Cierre todas las carpetas abiertas y fíjese en la parte inferior de la lista para ver las carpetas cuyos nombres comienzan con un guión bajo.

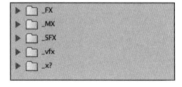

Si desea que una carpeta aparezca en la parte superior de la columna Name, introduzca un espacio por delante de la primera letra del nombre. Si desea que aparezca en la parte inferior, como en este caso, utilice un guión bajo por delante de la primera letra.

7. Para cerrar el proyecto, haga clic con la tecla **Control** pulsada sobre la ficha Sample Project y seleccione Close Tab en el menú contextual.

Personalizar la interfaz

Ya sea para mezclar sonido, añadir transiciones o corregir el color de los clips, puede modificar la interfaz de Final Cut Pro para adecuarla a aspectos concretos de su proyecto y, posteriormente, volver a cambiarla si cambia de tarea. Todas las partes de la interfaz se pueden cambiar. Y, al igual que las columnas del buscador, los cambios personalizados se pueden guardar y utilizar en otros proyectos o cargar en otro equipo es una herramienta de edición que puede personalizarse para cubrir las necesidades del editor. El tiempo empleado en personalizar el diseño de las diferentes ventanas del programa repercutirá positivamente en el resultado, facilitando el trabajo y haciéndolo más eficaz.

Cambiar la disposición de las ventanas de la interfaz

Final Cut Pro facilita el cambio de posición de las ventanas de la interfaz. Puede que prefiera trabajar con el buscador en la parte derecha de la ventana y no en la posición izquierda predeterminada. Si tiene muchas pistas en la línea de tiempo, puede aumentar la altura para poder ver más pistas. También puede trabajar con un diseño de ventanas predefinido.

1. Seleccione Window>Arrange>Color Correction (Ventana>Organizar> Corrección de color).

Este diseño cambia la disposición de las ventanas para que aparezcan pantallas de vídeo en la ventana **Tool Bench** (Mesa de trabajo). Puede utilizarla para corregir el color de los clips o para controlar los valores de luminancia o de croma del vídeo.

2. Seleccione **Window>Arrange>Audio Mixing.**

    Aparecerá el mezclador de audio, que puede utilizar para mezclar pistas de sonido.

3. Seleccione **Window>Arrange>Standard** (Ventana>Organizar>Estándar) o pulse **Control-U** para volver a la configuración predeterminada.

4. Cambie las tres ventanas superiores. Coloque el visor a la izquierda, el lienzo en el centro y el buscador a la derecha. Arrastre la ventana desde la barra de título situada en la parte superior.

    Al arrastrar una ventana, se ajusta al punto de destino.

5. Mueva el cursor entre el buscador y el visor hasta que se convierta en la herramienta de cambio de tamaño y arrastre hacia la derecha.

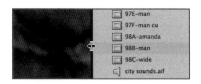

El tamaño del buscador se reduce para dejar más espacio al lienzo.

6. Mueva el cursor entre la línea de tiempo y el lienzo o cualquier otra ventana situada en la parte superior. Cuando cambie, arrástrelo hacia arriba. Desplace el cursor hasta el vértice en que se unen el visor, el lienzo y la línea de tiempo. Arrastre en diagonal.

En función de dónde sitúe el puntero sobre la interfaz, podrá arrastrar a la izquierda, derecha, hacia arriba o hacia abajo, o en diagonal.

7. Para añadir una herramienta a su diseño, seleccione **Tools>Video Scopes**. Sitúe los controles de vídeo sobre el visor, a la izquierda. En el siguiente ejercicio guardaremos esta configuración.

Guardar y recuperar configuraciones personalizadas

Si prefiere su propia configuración a los diseños de ventanas predeterminados de Final Cut Pro, puede guardarlos y recuperarlos en cualquier momento sin tener que crearlos manualmente. También puede empezar con un diseño predefinido, modificarlo y guardarlo. Los diseños de ventanas se aplican a todos los proyectos abiertos.

1. Con la tecla **Opción** pulsada, seleccione **Window>Arrange>Set Custom Layout 1** (Ventana>Organizar>Configurar diseño personalizado 1). Libere primero el ratón y luego la tecla.

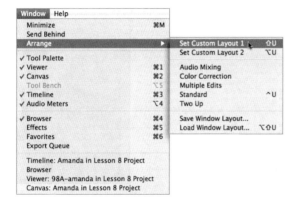

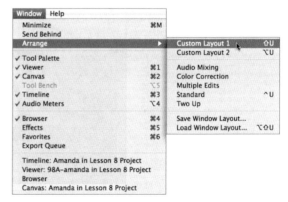

2. Para crear otra disposición de las ventanas, desplácese hasta la izquierda y haga clic en el botón de zoom del buscador para ver la vista ampliada de columnas.

Nota: Puede guardar este diseño en caso de que necesite una vista más amplia de las columnas del buscador.

3. Mantenga pulsada la tecla **Opción** y seleccione Window>Arrange>Set Custom Layout 2. Libere primero el ratón y luego la tecla.

Nota: También puede utilizar Window>Arrange>Save Window Layout para guardar diseños adicionales en la carpeta de datos del usuario de Final Cut Pro.

4. Para recuperar el primer diseño, seleccione Window>Arrange>Custom Layout 1 o pulse **Mayús-U**.

5. Para recuperar el segundo, seleccione Window>Arrange>Custom Layout 2 o pulse **Opción-U**.

Truco: Puede que la ventana del buscador sea tan grande que algunas partes queden ocultas bajo otras ventanas de la interfaz. Haga clic sobre las partes visibles para que se vea la totalidad de la ventana. Otra manera de ver toda la ventana es al hacerla activa, pulsando **Comando-4**.

6. Seleccione Window>Arrange>Standard, o pulse **Control-U**, para recuperar el diseño estándar.

Personalizar y guardar pistas de la línea de tiempo

Las pistas de la línea de tiempo también se pueden personalizar para adecuarlas a las necesidades de un proyecto. Por ejemplo, puede minimizar o reducir la altura de las pistas de audio mientras trabaja con pistas de vídeo o al contrario.

1. Mueva el cursor sobre la línea entre las pistas **A1** y **A2** situadas en la zona izquierda de la línea de tiempo. Haga clic y arrastre hacia arriba

La pista **A1** se reduce mientras el tamaño de las demás permanece invariable.

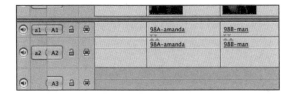

2. Mantenga pulsada la tecla **Opción**, mientras cambia el tamaño de una de las pistas de audio, para que el cambio afecte a todas las demás. Reduzca al máximo la altura de la pista **A2**.

Todas las pistas de audio tendrán la misma altura.

Truco: Para personalizar las pistas de vídeo y audio para que tengan la misma altura, mantenga pulsada la tecla **Mayús** mientras las cambia de tamaño.

3. Para guardar esta configuración, haga clic en el menú emergente Track Layout.

Aparece un menú contextual con diversas opciones de diseño de pistas.

4. Seleccione Save Track Layout (Guardar diseño de pista) para que aparezca la ventana Save. Introduzca el nombre **small audio** y pulse **Save** (Guardar).

5. Utilice los controles de altura de pista para recuperar la altura predeterminada y pulse de nuevo sobre el menú emergente Track Layout.

Aparece un nuevo diseño de pista, llamado **small audio**. Para restaurarlo, basta con seleccionarlo.

Final Cut Pro puede almacenar hasta 40 diseños de pista distintos. Para seleccionar un diseño distinto que no aparezca en el menú contextual, pulse de nuevo sobre el menú emergente Track Layout y seleccione Restore Track Layout. Aparece una ventana con una lista de todos los diseños almacenados desde la que podemos elegir el diseño que queramos.

Personalizar teclas de acceso directo y botones

Como todas las herramientas de calidad, Final Cut Pro se puede personalizar para ajustarlo a necesidades concretas. Puede optar por utilizar las teclas de reproducción **J**, **K** y **L** de la parte derecha del teclado o trasladar dichas funciones a la parte izquierda. Puede que prefiera pulsar un botón para seleccionar una función o utilizar un método abreviado de teclado. Una vez familiarizado con las funciones básicas de FCP, puede intentar crear el diseño más eficaz de su teclado y los botones para realizar las tareas de edición más fácilmente.

Modificar el diseño del teclado

El uso de métodos abreviados de teclado nos permite acceder a cualquier función de Final Cut Pro mediante una combinación de teclas. En ocasiones, estas combinaciones pueden requerir el uso de una o varias teclas de modificación.

1. Seleccione Tools>Keyboard Layout> Customize (Herramientas>Diseño del teclado>Personalizar) para abrir el mapa de configuración del teclado.

Las fichas que aparecen en la parte superior de la ventana permiten seleccionar un modificador (**Mayús**, **Comando**, Control u **Opción**) y programar las combinaciones de teclas para crear accesos directos personalizados.

2. Haga clic sobre el candado que aparece en la parte inferior izquierda de la ventana para poder cambiar la configuración actual.

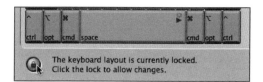

3. En la lista de comandos situada en la parte derecha de la ventana, arrastre la barra de desplazamiento para ver todas las opciones.

   Los nueve primeros conjuntos contienen todos los comandos de los menús de Final Cut Pro y las siguientes están organizadas según diferentes funciones de edición.

4. En la parte superior de la lista, haga clic sobre el triángulo que aparece junto a File Menu (Menú Archivo) para ver su contenido.

   Si alguna función dispone ya de teclas de acceso directo, aparecerán a la derecha. Existen algunos comandos que cuenta con dichas teclas, como Close Project e Import Folder. A continuación crearemos una tecla de acceso directo para el comando Import Folder.

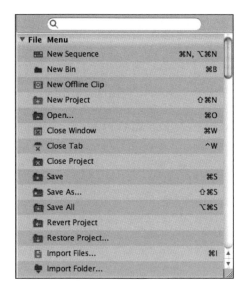

5. Haga clic en la ficha shift-cmd (**Mayús-Comando**).

   Como **Comando-I** es el método abreviado de teclado para importar archivos, podemos asignar la combinación **Mayús-Comando-I** al comando Import Folder.

6. Arrastre el nombre o el icono de Import Folder desde la lista hasta la tecla **I**.

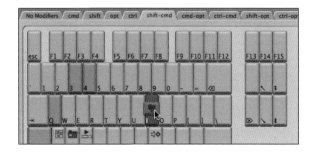

   La nueva tecla de acceso directo aparece en el teclado y en la lista de funciones, a la derecha de Import Folder.

7. En la ventana Keyboard Layout, haga clic en el botón **Close** para cerrar la ventana.

Truco: Para cargar el diseño predeterminado, seleccione Tools>Keyboard Layout>Default Layout.

Añadir botones de acceso directo

Aunque los botones de la interfaz que ve en el visor y en el lienzo no se pueden modificar, puede añadir botones de acceso directo a una barra de botones del buscador, visor, lienzo o línea de tiempo. El diseño predeterminado de la línea de tiempo cuenta con dos botones y las demás ventanas sólo tienen fichas de botón sin botones entre medias. Si utiliza el ratón a menudo, el hecho de disponer de botones para funciones concretas puede acelerar significativamente el proceso de edición. Puede seleccionar botones desde la ventana de diseño del teclado o desde la lista de botones. Ambas funcionan del mismo modo.

1. Para abrir la lista de botones, seleccione Tools>Button List.

   Es la misma lista que aparece en la ventana Keyboard Layout. En realidad, puede utilizar dicha ventana para realizar los pasos descritos a continuación.

2. Haga clic en la zona de búsqueda situada en la parte superior de la lista de comandos para que aparezcan los elementos de los que se compone.

Nota: Para volver a la lista de funciones y comandos de menú, haga clic en la X situada a la derecha del campo de búsqueda.

3. Introduzca la palabra **audio** para buscar todos los comandos de audio de Final Cut Pro. Haga clic en la X para borrar el campo de búsqueda o borre los caracteres e introduzca **transition**. Vuelva a borrar el campo e introduzca **import** para buscar los comandos de importación.

Cada vez que introduzca una palabra se mostrará una lista de comandos diferentes. Cada comando cuenta con un icono visual exclusivo que representa la función que desempeña.

 Truco: Tras introducir una palabra en el campo de búsqueda, no pulse **Intro**. Final Cut Pro lee las pulsaciones del teclado y busca elementos que las contengan.

4. Pulse y arrastre el icono Import Files al buscador, entre las fichas de botones, y suelte el ratón.

El botón **Import Files** se añade a la barra de botones del buscador.

5. Repita el paso anterior con el comando Import Folder.

El buscador mostrará un botón **Import Files** y otro botón **Import Folder**.

6. Mantenga pulsado el ratón sobre uno de los botones para acceder a la información en pantalla que lo identifica.

7. Individualmente, arrastre los botones **Audio Mixer**, **Add Audio Transition** y **Lock All Audio Tracks** a la barra de botones de la línea de tiempo.

De esta forma se añade un grupo de botones relacionados con el audio. Para distinguirlos de otros botones que no sean de audio, puede asignarles un color.

8. Haga **Control-clic** sobre el botón **Audio Mixer** y seleccione Color>Blue (Color>Azul) en el menú contextual. Aplique el mismo color a los demás botones.

 Truco: Para separar los botones de audio de los botones predeterminados de la línea de tiempo, haga clic con la tecla **Control** pulsada sobre el botón **Audio Mixer** y seleccione Add Spacer en el menú contextual.

9. Para cargar una barra de botones predefinida, seleccione Tools>Button Bars>Audio Editing y fíjese en los nuevos botones de audio de la barra de botones de la línea de tiempo. Seleccione Tools>Button Bars>Media Logging y fíjese en los nuevos botones de medios de la barra de botones del buscador.

10. Para eliminar los botones de la barra de botones de una ventana, como por ejemplo el buscador, haga clic con la tecla **Control** pulsada sobre la barra y seleccione Remove>All en el menú contextual. Para recuperar una barra de botones predeterminada, haga clic con la tecla **Control** pulsada sobre la barra de botones de la línea de tiempo y seleccione Remove>All/Restore Default en el menú contextual.

 Nota: El menú contextual de la barra de botones incluye otras opciones, como la posibilidad de guardar barras de botones personalizadas. Si desea utilizar estas barras de botones personalizadas en otros equipos, tendrá que guardar el diseño como hicimos en ejercicios anteriores.

Seleccionar un ajuste de Easy Setup

La personalización de la interfaz de Final Cut Pro es una decisión personal pero la selección de ajustes de audio y vídeo no lo es. Es muy importante que los ajustes de secuencia de FCP coincidan con los del metraje que vaya a editar. De esta forma obtendrá los mejores resultados durante el proceso de edición. Independientemente de que el proyecto sea NTSC o PAL, FCP puede trabajar con distintos formatos de medios en ambos estándares y también se puede conectar a hardware de terceros que amplíe dichas opciones.

FCP facilita la selección de los ajustes correctos de audio y vídeo por medio de una lista de ajustes predeterminados en la ventana Easy Setup (Configuración sencilla). Estos ajustes se organizan como valores predefinidos e incluyen ajustes de captura, de secuencia, de control de dispositivos y de salida. Al seleccionar un valor de Easy Setup, dichos ajustes se cargan simultáneamente. Recuerde que los valores de Easy Setup cambian la configuración de todas las secuencias y no están vinculados a un proyecto concreto. Un mismo proyecto puede incluir secuencias con distintos parámetros.

 Truco: Seleccione el ajuste adecuado de Easy Setup antes de iniciar un nuevo proyecto. De esta forma se asegura de que las secuencias creadas en nuevos proyectos tengan la configuración correcta.

1. Seleccione Final Cut Pro>Easy Setup o pulse **Control-Q**.

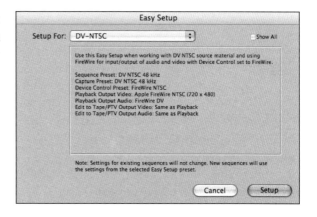

2. El menú emergente Setup For (Configuración para) muestra el ajuste actual o acti-

vo. Por debajo se incluye un resumen de los valores que componen dicho ajuste.

3. Haga clic en el menú emergente Setup For.

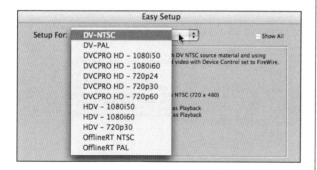

Los valores de esta lista ya se han creado en FCP para facilitar la configuración inicial al abrir el programa. Representan muchos de los ajustes estándar, como por ejemplo DV, HDV, Offline RT y demás, tanto en PAL como en NTSC.

4. Para ver opciones adicionales, incluyendo ajustes de Cinema Tools para películas o proyectos HD, MPEG-IMX así como opciones de Anamorphic para distintos formatos.

 Nota: Si ha cargado valores adicionales de una empresa de terceros, como por ejemplo AJA o Blackmagic, para poder capturar o editar otros formatos, dichos valores también aparecerá en el menú emergente Setup For.

5. Anule la selección de la casilla de verificación Show All y seleccione DV-NTSC en el menú emergente Setup For. Haga clic en el botón **Setup** para confirmar este ajuste.

Es el ajuste utilizado en la mayoría de los medios del libro. En un capítulo posterior trabajaremos con metraje PAL.

 Truco: Si tiene que crear un nuevo valor Easy Setup, seleccione File>Audio/Video Settings y haga clic en el botón **Create Easy Setup**. Introduzca un nuevo nombre y siga los pasos necesarios para crear la correspondiente configuración. Consulte el manual de usuario de Final Cut Pro 5 si necesita más información sobre este proceso.

Seleccionar preferencias del usuario

Una vez seleccionados los ajustes adecuados para el proyecto, puede detenerse en las preferencias del usuario, una colección de opciones que determinan cómo trabajar con Final Cut Pro. Dichas opciones abarcan funciones de edición como la duración, el nivel de operaciones de deshacer, opciones de la línea de tiempo como el número de pistas que aparecerán al crear una nueva secuencia, etc. Los parámetros de preferencias del usuario se aplican a todos los proyectos abiertos.

 Nota: En el manual de usuario de Final Cut Pro 5 encontrará una definición precisa de cada preferencia o valor del programa.

1. Seleccione Final Cut Pro>User Preferences o pulse **Opción-Q**.

La ventana **User Preferences** tiene seis fichas que detallan preferencias específicas. En la ficha **General** podemos seleccionar los ajustes de edición y captura. Muchas de las opciones que contiene se analizarán a lo largo del libro. Dos de las opciones que aún no se han explicado son:

- **Autosaving** (Guardado automático)**:** Final Cut Pro guarda automáticamente una copia de seguridad del proyecto en el que estemos trabajando. Podemos elegir la frecuencia con la que se va a grabar, las versiones que se van a crear, así como el número máximo de veces que se va a guardar un proyecto. Cuando se alcanza esa cifra, Final Cut Pro manda la versión más antigua a la papelera antes de guardar la versión más reciente.

- **Auto Render** (Procesamiento automático)**:** Con la opción **Auto Render** activada, Final Cut Pro procesa de manera automática la secuencia de la línea de tiempo, así como todas las que se encuentren abiertas, si permanecen inactivas un determinado periodo de tiempo.

2. Haga clic en la ficha **Editing** (Edición).

   Como vimos antes, aquí podemos modificar las preferencias de determinadas funciones de edición, como por ejemplo el tamaño del recorte de varios fotogramas y de vista previa.

3. Abra la ficha **Labels** (Etiquetas).

   Desde esta ficha vamos a cambiar el nombre de las etiquetas de color que aplicamos a los clips y carpetas de un proyecto. El color, sin embargo, no puede modificarse.

4. Abra la ficha **Timeline Options** (Opciones de la línea de tiempo).

   Desde aquí elegiremos todos los ajustes de las nuevas secuencias. Podemos determinar un número de pistas predeterminado para que las nuevas secuencias tengan dicha configuración. Los cambios que aquí apliquemos, no afectarán a las secuencias ya existentes en la línea de tiempo.

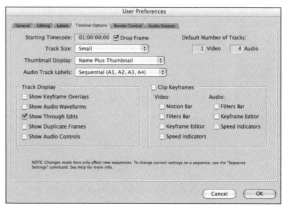

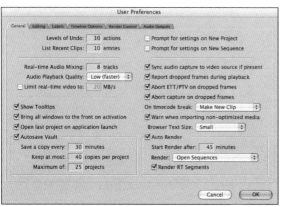

Truco: Para cambiar los ajustes de la línea de tiempo en una secuencia ya existente, seleccione **Sequence>Settings** (Secuencia>Ajustes) y realice las modificaciones deseadas.

5. Abra la ficha **Render Control** (Control de procesamiento).

   Desde esta ficha podemos activar o desactivar los efectos más costosos para el procesador.

6. Abra la ficha **Audio Outputs** (Producción de audio).

   Desde aquí podemos crear una configuración personalizada para la producción de audio. Todos los ajustes de esta ficha son de gran utilidad a la hora de grabar varias pistas de audio en una cinta. Por ejemplo, si el sistema lo admite, podemos crear una configuración que produzca 24 pistas distintas de audio al mismo tiempo.

7. Pulse el botón **Cancel** para salir de la ventana sin modificar ninguna preferencia.

Nota: Para recuperar las preferencias originales de Final Cut Pro, salga de la aplicación, y busque el archivo de preferencias de Final Cut Pro en la carpeta **Final Cut Pro User Data**. Arrastre el archivo hasta la papelera y vuelva a reiniciar FCP.

Ver las propiedades de un clip

Durante el proceso de edición, en ocasiones necesitará conocer ciertos detalles sobre el clip capturado. Puede que necesite conocer el tamaño del archivo de medios, su ubicación en el disco duro o la proporción de aspecto en píxeles. Parte de esta información aparece en las columnas del buscador, para todos los clips. Otro punto de referencia es la ventana Item Properties.

1. En el buscador, seleccione el clip **98B-man** y ejecute Edit>Item Properties> Format (Edición>Propiedades del elemento>Formato).

   Se abre la ventana Item Properties mostrando información detallada sobre cada aspecto del clip. Observe que bajo la ficha Format el tamaño del fotograma o Frame Size es de 720x480 y que el compresor empleado es DV/DVCPRO - NTSC. Éstos son algunos de los ajustes específicos para vídeo DV-NTSC. Si estuviésemos utilizando una tarjeta de captura con vídeo de definición estándar, el tamaño del fotograma y el compresor empleado serían diferentes.

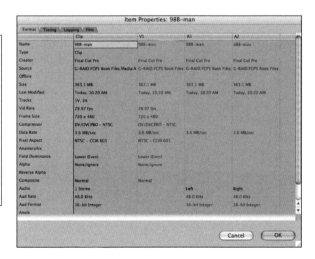

La ficha Format muestra diferentes ajustes de un clip, tales como el tamaño del fotograma, el compresor y la frecuencia de datos. La ficha Timing contiene información sobre el código de tiempo y la duración del clip. La ficha Logging contiene información sobre la organización del proyecto, como la escena o toma a la que pertenece el clip. La ficha Film contiene información sobre la película, si éste es el formato original.

2. Pulse **Cancel** para cerrar la ventana sin modificar nada.

 Nota: También puede hacer clic con la tecla **Control** pulsada sobre un clip de la línea de tiempo para acceder a la ventana Item Properties de un clip de secuencia. Además, puede seleccionar el clip y utilizar cualquiera de los métodos mencionados en el paso 1.

Modificar ajustes de secuencias

Las opciones de la línea de tiempo seleccionadas en la ventana User Preferences determinan cuántas secuencias nuevas se mostrarán en la línea de tiempo. No obstante, si desea modificar estos ajustes o preferencias para una secuencia ya existente, tendrá que recurrir a la ventana Sequence Settings.

1. Haga clic en la línea de tiempo para activarla y seleccione Sequence>Settings (Secuencia>Ajustes) o pulse **Comando-0**.

 Truco: También puede hacer **Control-clic** sobre una secuencia en el buscador y seleccionar Settings en el menú contextual.

Esta ventana cuenta con cinco fichas. Las tres últimas también aparecen en la ventana User Preferences, donde los parámetros se aplican a todas las nuevas secuencias. En este caso se aplican a una secuencia existente y seleccionada.

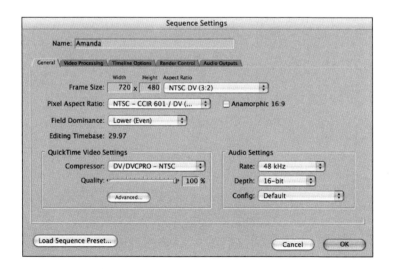

Fíjese en los valores de la ficha General. Se corresponden a los parámetros Easy Setup de tamaño de fotograma, proporción de aspecto, velocidad de muestreo de audio y demás. Estos parámetros de secuencia deben coincidir con los parámetros del clip.

 Nota: No se puede modificar el valor base de edición (fotogramas por segundo) de una secuencia después de editar clips en la misma.

2. Haga clic en la ficha Video Processing.

   Puede modificar la forma en que Final Cut Pro procesa el vídeo en esta secuencia concreta. Si el material es DV, puede utilizar los valores predeterminados Render In 8-bit YUV y Process Maximum White As White.

3. Haga clic en la ficha Timeline Options. Cambie los valores Track Size y Thumbnail Display.

Aquí puede cambiar el código de tiempo inicial de una secuencia, ver miniaturas en las pistas de vídeo y realizar otros cambios de pantalla, cambios que afectarán únicamente a la secuencia activa o seleccionada. No afectarán a las nuevas secuencias que cree. Estos parámetros se controlan en la ficha Timeline Options de la ventana User Preferences.

 Nota: Si edita un clip con un grupo de ajustes en una secuencia con un grupo de ajustes diferentes, aparecerá una barra naranja o roja sobre el clip en la línea de tiempo. Esto significa que los ajustes de la secuencia deben modificarse para coincidir con los del clip. Puede utilizar las ventanas Item Properties y Sequence Settings para comparar los ajustes.

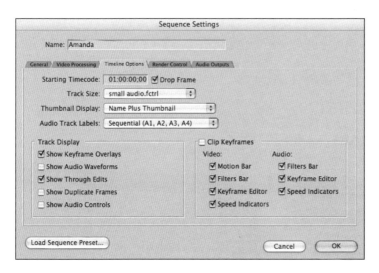

Repaso del capítulo

1. ¿Cómo se ordena por otra columna que no sea la columna **Name**?

2. ¿Cómo se muestra una columna que actualmente no aparece en el buscador?

3. ¿Se pueden cambiar dinámicamente de tamaño las ventanas de la interfaz? ¿Cómo?

4. ¿Cómo se busca un clip en el buscador con criterios concretos?

5. ¿Qué determina si un clip es un clip maestro en Final Cut Pro?

6. ¿Dónde se guardan todos los diseños predeterminados?

7. ¿Para qué sirve seleccionar un valor de Easy Setup? ¿Cuándo debería seleccionar un ajuste predefinido de Easy Setup?

8. ¿En qué menú puede seleccionar preferencias del usuario?

9. ¿Cómo puede consultar información detallada sobre un clip o elemento?

10. ¿Cómo puede modificar una secuencia existente?

Respuestas

1. Haga clic en el encabezado de una columna.

2. Haga clic con la tecla **Control** pulsada sobre el encabezado de una columna

y muestre (u oculte) desde el menú contextual.

3. Sí. Puede cambiar de tamaño dinámicamente si arrastra la línea que separa las ventanas.

4. Pulse **Comando-F** para abrir la ventana Find y seleccione los criterios de búsqueda concretos.

5. Un clip es maestro si representa el primer uso de dicho clip en el proyecto.

6. Se guardan en `Macintosh HD>Usua-rios>[nombre de usuario]>Li-brería>Preferences>Final Cut Pro User Data`.

7. Al seleccionar un ajuste predefinido de Easy Setup, la configuración del metraje coincide con la de las nuevas secuencias. Siempre debe seleccionar el ajuste adecuado antes de crear un nuevo proyecto.

8. Seleccione User Preferences en el menú de Final Cut Pro.

9. Seleccione el clip y pulse **Comando-9** para abrir la ventana Item Properties. También puede hacer clic con la tecla **Control** pulsada sobre el clip y seleccionar Item Properties en el menú contextual.

10. Active la secuencia en la línea de tiempo o en el buscador y pulse **Comando-0** para abrir la ventana Sequence Settings. También puede seleccionar Sequence Settings en el menú Sequence.

Teclas de acceso directo

Comando-F	Selecciona la ventana Find
Opción-Q	Abre las preferencias del usuario
Mayús-Q	Abre los ajustes del sistema
Control-Q	Abre la ventana Easy Setup
Comando-9	Abra la ventana Items Properties
Comando-0	Abra la ventana Sequence Settings

Capítulo 9

Capturar material

Debido a la continua evolución de la tecnología de vídeo, los editores pueden trabajar con distintos formatos de vídeo. Algunos de estos formatos, como DV, HDV y DVCPRO HD, se pueden capturar a través de un conector FireWire, mientras que los formatos de definición estándar (SD) o de alta definición (HD), como DigiBeta o Beta SP, requieren el uso de una tarjeta capturadora de terceros. Evidentemente, la película es otra alternativa pero es necesario transferirla a vídeo antes de poder capturarla en Final Cut Pro.

Independientemente del formato de vídeo que seleccione, la captura material metraje siempre es el primer paso para preparar el proceso de edición. Como en el capítulo anterior, algunas decisiones de captura deben adecuarse a las particularidades del formato de grabación, mientras que otras se pueden basar en preferencias personales.

La ventana Log and Capture.

- **Archivos del capítulo:** Lesson 9 Project

- **Medios:** Ninguno

- **Duración:** 60 minutos aproximadamente

- **Objetivos:**

    - Conectar fuentes para la captura.

    - Previsualizar y marcar material de origen.

    - Registrar clips.

    - Seleccionar ajustes de un clip.

    - Seleccionar ajustes de captura.

    - Opciones de captura.

    - Definir preferencias de captura.

Preparar el proyecto

Para empezar, inicie Final Cut Pro y cree un nuevo proyecto para la captura. También tendrá que modificar Easy Setup por el formato de cinta original que utilice.

1. Abra Final Cut Pro desde su icono en la barra de tareas.

    Si dejó algún proyecto abierto en la sesión anterior, el programa se abrirá por ese proyecto.

2. Seleccione Final Cut Pro>Easy Setup y elija la correspondiente opción en el menú emergente Setup For. Esta opción tendrá las mismas especificaciones que su material de origen.

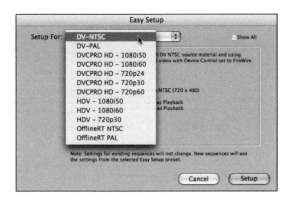

3. Cierre cualquier proyecto que esté abierto.

    Recuerde que si no hay ninguna secuencia abierta, tanto el lienzo como la línea de tiempo aparecerán cerrados.

4. Seleccione File>New Project (Archivo> Nuevo proyecto) para crear un proyecto nuevo.

    En el buscador aparece la ficha Untitled Project, junto con una secuencia predeterminada, Sequence 1. Esta secuencia contiene los parámetros del valor Easy Setup seleccionado.

5. Para cambiar el nombre de este proyecto, seleccione File>Save Project As (Archivo>Guardar proyecto como) y escriba **Lesson 9 Project**. Desplácese hasta la carpeta Lessons de su disco duro y pulse **Save** para guardar el proyecto.

Se añade automáticamente el sufijo `.fcp` al proyecto en el campo **Save As** y queda resaltada la parte del nombre. Basta con introducir el nombre del nuevo proyecto. Si no quiere que la extensión `.fcp` aparezca como parte del nombre, marque la casilla de verificación **Hide Extension**, situada en la esquina inferior izquierda de la ventana.

 Nota: Éste es sólo el archivo del proyecto, no el lugar donde vamos a guardar los medios. Más adelante definiremos ese destino.

Conectar dispositivos de captura

Lo primero que tenemos que hacer para capturar material es conectar el dispositivo de captura al ordenador mediante un cable FireWire. Final Cut Pro puede capturar y controlar distintas cámaras y equipos NTSC o PAL utilizando para ello un cable FireWire. También puede capturar otros formatos de vídeo por medio de una tarjeta de captura de terceros o un conversor de analógico a digital con salida FireWire.

FireWire 400, también denominado IEEE-1394a, tiene dos tipos de conectores. El conector más pequeño tiene cuatro pin y se conecta a la cámara o al equipo. El más grande, con seis pin, se conecta al puerto FireWire del ordenador. Las unidades FireWire suelen utilizar conectores de seis pin. FireWire 400 transfiere datos a 400 Mbps. El nuevo estándar FireWire 800 es una versión de mayor ancho de banda capaz de transferir hasta 800 Mbps.

Este cable utiliza conexiones de nueve pin pero también existen cables de 9-4 pin y de 9-6 pin que puede utilizar con otros dispositivos FireWire.

Conector de 4 pin a DV

Conector de 6 pin para ordenador

Conector de 9 pin para ordenador G5 o dispositivo FireWire 800

También podemos conectar la cámara o soporte a un monitor de vídeo, a un equipo de televisión o incluso a través de un vídeo del mismo modo que si estuviésemos viendo la cinta. Esto, sin embargo, no es imprescindible, ya que podemos visualizar la cinta en la zona de imagen disponible en la función de captura de Final Cut Pro.

Previsualizar y marcar el material original

Una vez conectada la fuente de vídeo, podemos controlar la cámara o el soporte de cinta mediante los controles de la interfaz de Final

Cut Pro. A la vez que vemos el material, podemos marcar las partes que deseamos capturar, de una manera muy similar a como marcamos los clips que vamos a editar. En un apartado posterior veremos otras formas del proceso de captura.

Abrir y cambiar el tamaño de la ventana de captura

Todo el proceso de captura se lleva a cabo en la ventana Log and Capture (Registro y captura) de Final Cut Pro. Esta ventana se compone de dos partes principales: la zona de visualización situada a la izquierda, donde vemos y marcamos el material original, y la zona de registro, donde incluimos información sobre los clips y elegimos el modo de captura.

1. Seleccione File>Log and Capture o pulse **Comando-8**.

Nota: Si tiene pensado capturar en formato HDV, la ventana Log and Capture tendrá un aspecto diferente.

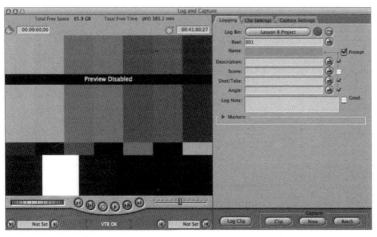

Zona de visualización   Zona de registro

Truco: Si aparece el siguiente mensaje, significa que el dispositivo de reproducción no está correctamente conectado al puerto FireWire del ordenador. Al pulsar **OK**, se abre la ventana **Log And Capture** pero sólo nos permite registrar clips o utilizar un dispositivo no controlable. Si desea capturar desde un dispositivo FireWire, cierre la ventana **Log And Capture**, encienda del dispositivo de captura y vuelva a abrir la ventana.

El tamaño de la zona de visualización de la ventana **Log And Capture** se rige por el tamaño del lienzo, por lo que para cambiar el primero debemos modificar antes el segundo, con la ventana **Log and Capture** cerrada.

2. Pulse el botón de cierre situado en la esquina superior izquierda de la ventana **Log and Capture** para cerrarla.

3. Para aumentar el tamaño de la ventana, seleccione **Window>Arrange>Two Up** (Ventana>Organizar>Dos) para aumentar a la vez el lienzo y el visor.

4. Seleccione **File>Log and Capture** para abrir de nuevo la ventana.

La zona de visualización es ahora mucho mayor.

Reproducir la cinta original

La zona de previsualización de la ventana **Log And Capture** se utiliza para reproducir el material original y para marcar puntos de entrada y de salida. Si el dispositivo de captura está conectado mediante un cable Fire-Wire o la tarjeta de captura mediante un cable de control, tendremos control directo sobre el dispositivo desde la interfaz de Final Cut Pro. De no ser así, tendremos que controlar el dispositivo manualmente.

1. Para ver el material original, introduzca una cinta en la cámara de vídeo o el reproductor.

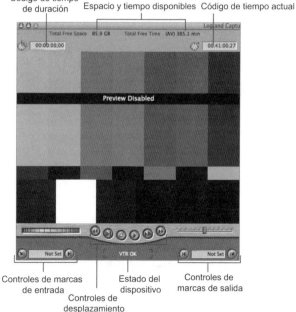

El diseño de la zona de visualización es similar al del visor. Dispone de códigos de tiempo de duración y actual situados sobre la zona de imagen, un grupo de controles de desplazamiento en la parte inferior, y controles lanzadera y de ajuste. Los botones de marcado están a la izquierda y a la derecha, en la parte inferior de la ventana, y entre ellos, se encuentra el estado del dispositivo indicando si tenemos control o no sobre él. En la parte superior de la ventana se indica además la cantidad de espacio en disco y el tiempo disponible.

2. Pulse el botón de reproducción para ver la cinta.

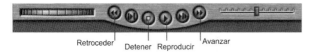

Retroceder   Detener Reproducir   Avanzar

 Nota: Cuando capturamos material mediante un cable FireWire, podemos optar por escuchar el sonido a través de Final Cut Pro, como haremos más adelante, o auriculares o altavoces conectados al dispositivo de captura.

3. Pulse el botón Stop para parar la reproducción.

4. Pulse el botón de nuevo para detener la cinta.

   Al detener la cinta en la cámara o el reproductor, se desprende de los cabezales. Sin embargo, en la zona de vista previa se muestra el último fotograma reproducido.

 Truco: Es más eficaz parar la cinta que detenerla completamente, aunque si la mantenemos en pausa demasiado tiempo podemos dañar la cinta.

5. Presione la barra espaciadora para reproducir la cinta de nuevo. El botón de reproducción se ilumina.

6. Para pausar la reproducción, presione la barra espaciadora de nuevo. Verá que el botón Stop se ilumina.

7. Pulse los botones de retroceso o avance para desplazarse por la cinta rápidamente.

8. Rebobine la cinta por completo para comenzar con el proceso de captura.

Marcar y ver material original

El proceso de marcar material original es muy similar al de marcar clips en el visor, ya que empleamos los mismos controles de marcado y las teclas de acceso directo (**I** y **O**). La principal diferencia es que cuando marcamos un clip en el visor, marcamos exactamente la acción que queremos incluir en la secuencia, mientras que cuando capturamos un clip, debemos incluir unos segundos antes y después de la acción para disponer de suficiente espacio para poder ajustar los clips en la línea de tiempo.

En la parte inferior de la ventana están los botones de marcado así como los controles Go to In Point (para desplazarnos al siguiente punto de entrada), el control Go to Out Point (para desplazarnos al siguiente punto de salida), y los códigos de tiempo correspondientes a dichos puntos. Los controles de desplazamiento aparecen bajo la imagen, al igual que en el visor.

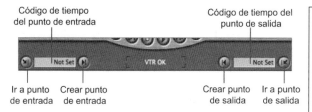

Código de tiempo del punto de entrada

Código de tiempo del punto de salida

Ir a punto de entrada   Crear punto de entrada   Crear punto de salida   Ir a punto de salida

Nota: Puede que no tenga que crear el espacio adicional si la marca original cuenta con espacio suficiente por delante de la acción que desee utilizar en la edición.

1. Reproduzca la cinta hasta la sección que desee capturar.

2. Presione la barra espaciadora o pulse el botón de reproducción para detener la cinta en ese punto.

3. Cree un punto de entrada mediante el botón de marcado o pulsando la tecla **I**.

El código de tiempo de la nueva marca aparece en el campo correspondiente. A diferencia de lo que ocurría en el visor, los puntos de entrada o salida no aparecen en la zona de la imagen, ni tampoco existe una zona de arrastre para desplazarnos de marca a marca.

4. Para añadir tres segundos de margen a la zona marcada, haga clic sobre el código de tiempo del punto de entrada, introduzca **-3.** (menos tres seguido de un punto), y pulse **Intro**.

Una nueva marca aparece tres segundos antes que la anterior, proporcionándonos un tiempo adicional antes de que comience la acción deseada.

5. Pulse la barra espaciadora o el botón de reproducción para avanzar hasta el punto en que finaliza la acción seleccionada. Tras ello, vuelva a pulsar la barra espaciadora para detenerse en dicho punto.

6. Cree un punto de salida mediante el botón de marcado o pulsando la tecla **O**.

7. Para añadir espacio extra después de este punto, introduzca **+3.** (más tres seguido de un punto) en el campo de código de tiempo del clip de salida y pulse **Intro**.

Truco: También podemos crear un punto de salida sobre la marcha mientras la cinta se reproduce, unos segundos después de la zona que deseamos capturar.

8. Para ver la parte marcada en la zona de vista previa, pulse el botón Play In to Out.

9. Pulse el botón Go To In Point o el botón Go to Out Point para acceder al punto de entrada o salida.

Ir a punto de entrada

Ir a punto de salida

El acceso al punto de entrada o salida exacto resulta muy útil para comprobar que estamos capturando la acción necesaria en el clip.

10. Pulse el botón Play Around Current Frame para ver la zona situada alrededor de la barra de reproducción.

Registrar clips

Una vez marcado el clip original, el siguiente paso consiste en registrar la información sobre dicho clip. Si observa la ficha Logging de la ventana Log And Capture, reconocerá algunos de los temas que vimos en las columnas del buscador en capítulos anteriores, como por ejemplo Name, Description, Scene, Angle, Log Note y demás. La información registrada en la fase de captura aparecerá en las columnas del buscador para poder utilizarla como referencia durante el proceso de edición. En esta zona también podemos añadir marcadores durante las tareas de registro. Antes de registrar un clip debe determinar el mejor enfoque posible para organizar los clips registrados en el proyecto.

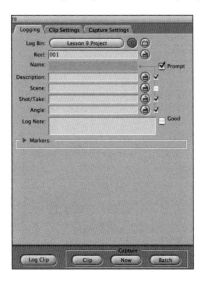

Crear una carpeta de registro

Al capturar un clip, éste se va a almacenar en el disco duro, pero el icono vinculado al mismo se grabará en el proyecto al que pertenezca en el buscador. Si desea desplazarse con rapidez, puede capturar todos los clips en la zona de fichas del proyecto del buscador para organizarlos más adelante. Si desea organizarlos mientras los captura, puede crear una nueva carpeta para cada categoría, como por ejemplo para números de bobina o cinta, o tipo de metraje. Este destino se denomina carpeta de registro. Sólo puede haber una carpeta de registro activa por vez, independientemente de cuántos proyectos abiertos existan.

1. Mueva el buscador para poder ver también la ventana de captura.

   En la ficha Logging de la ventana Log And Capture aparece el nombre del proyecto (Lesson 9 Project) en el campo Log Bin.

   En la parte superior izquierda de la columna de nombres del buscador aparece un icono representando una claqueta de cine, indicando que ese proyecto es la carpeta de registro actual.

   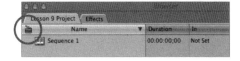

   El siguiente paso consiste en capturar todos los clips, incluyéndolos directamente en el proyecto y organizarlos dentro de carpetas. Pero antes de seguir, observemos la segunda opción, que consiste en capturar material e incluirlo en carpetas nuevas.

2. Haga clic en el botón para crear nuevas carpetas, el último a la derecha del botón de la carpeta de registro.

Se crea una nueva carpeta en el proyecto actual con el nombre predeterminado **Bin 1** y a su izquierda aparece el icono de la claqueta, indicando que en esa carpeta se van a almacenar los nuevos clips del proyecto.

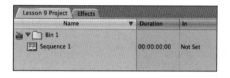

3. En la ficha Logging, haga clic en el botón con el nombre de la nueva carpeta.

La nueva carpeta se abre en una ventana independiente, permitiéndonos ver los clips que vamos a capturar, sin mezclarlos con los clips que ya se encuentran en la secuencia.

4. Pulse el botón de cierre situado en la esquina superior izquierda para cerrar esta ventana.

5. En la ficha Logging, haga clic en el botón Up.

Este botón sube un nivel el destino de la carpeta de registro, en este caso situándolo en el nivel del proyecto.

6. Cambie el nombre de la carpeta en el buscador por **Test Capture**.

El icono de la claqueta de cine aparece ahora junto al proyecto y no junto a esta carpeta. No obstante, podemos asignar la claqueta a la nueva carpeta.

7. Para designar la carpeta Test Capture como la carpeta de registro, selecciónela en el buscador y ejecute los comandos File>Set Logging Bin (Archivo>Definir carpeta de registro).

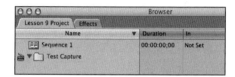

El icono de la claqueta de cine aparecerá a la izquierda de la carpeta Test Capture.

 Nota: Otro procedimiento consiste en hacer **Control-clic** en la carpeta del buscador y seleccionar Set Logging Bin en el menú contextual.

Registrar información sobre un clip

Para poder capturar un clip, Final Cut Pro requiere cierta información, como por ejemplo el número de bobina o el nombre del clip. Podemos emplear un sistema sencillo de numeración o asignar un nombre para organizar las bobinas. El nombre del clip, por su parte, se deriva de los campos de entrada: Description, Scene, Shot/Take y Angle. También podemos añadir información de registro adicional después de capturar el clip, como vimos en un capítulo anterior. Cuando trabaje con varios clips en un proyecto extenso, apreciará al tiempo adicional dedicado a las tareas de registro.

1. Asigne un número o un nombre a la cinta original o conserve el número de bobina predeterminado **001**.

Truco: Lo ideal sería utilizar el mismo nombre de bobina que hemos empleado para etiquetar las cintas, de modo que siempre sabremos la cinta de la que provienen los clips que hemos capturado.

2. Intente seleccionar el campo de nombre.

   Como ve, este campo no permite introducir información, sino que su única función es mostrarla. El nombre es en realidad una combinación de los cuatro campos descriptivos que hay debajo.

3. Introduzca una descripción del clip en el campo Description, como por ejemplo **dog runs to cam**. Utilice siempre nombres descriptivos que ayuden a identificar

los clips entre muchos otros durante el proceso de edición.

4. Compruebe que la casilla de verificación Description situada junto al icono de la claqueta de cine está seleccionada. Pulse el tabulador o la tecla **Intro**.

Al marcar esta casilla, la información introducida como descripción pasa a formar parte del nombre.

5. Si trabaja con un guión, introduzca información sobre la escena, como por ejemplo **98** y pulse el tabulador o la tecla **Intro**.

Truco: Para utilizar los números de escena y toma como nombre, marque ambas casillas y anule la selección de las casillas Description y Angle.

6. Introduzca el número **1** en el campo Shot/Take y **3** en el campo Angle.

7. Active y desactive las casillas de verificación situadas a la derecha de todos los campos y observe los cambios en el nombre.

Podemos añadir al nombre la información de uno o todos estos campos.

8. Pulse el botón con el icono de la claqueta de cine situado junto a la entrada **Angle**.

Cada vez que pulsemos este botón, aumentaremos de uno en uno el número introducido en el campo, incluso aunque no hayamos introducido un número inicial. Para cambiar ese número, seleccione el cuadro de texto del campo e introduzca el número deseado.

9. Active y desactive la casilla de verificación **Prompt**. Déjela marcada.

Si activamos esta casilla, Final Cut Pro va a mostrar la información que hayamos introducido antes de registrar el clip, para comprobarla, cambiarla o aumentarla antes de completar el proceso de registro.

10. Escriba una nota sobre el clip en el campo **Log Note**, como por ejemplo **pretty sunset** y marque la casilla **Good**.

Tras capturar el clip, la nota de registro aparecerá en la columna **Log Note** del buscador, además de una marca de verificación en la columna **Good**.

Añadir marcadores durante el registro

En un capítulo anterior vimos cómo utilizar marcadores para identificar una posición concreta de un clip. También los utilizamos para crear clips secundarios a partir de un clip más extenso. Durante el proceso de registro también podemos añadir marcadores a un clip. Al abrir el clip tras capturarlo, dispondrá de un marcador que identifica ubicaciones concretas en su interior.

Final Cut Pro S

D-343-CLH-206-060-350-10L-134-RXN-STP

Final Cut Pro HD

C-341-jej-170-wfu-341-vkv-170-rsz-pdn

DVD Studio Pro 3

C-342-SQZ-170-EAZ-340-AKZ-170-RMQ-PDY

Motion

C-340-SVF-170-JST-340-TUZ-170-RMQ-PDY

The Far Side®

· 2 0 0 7 ·

MAY

19

Saturday

Armed Forces Day (USA)

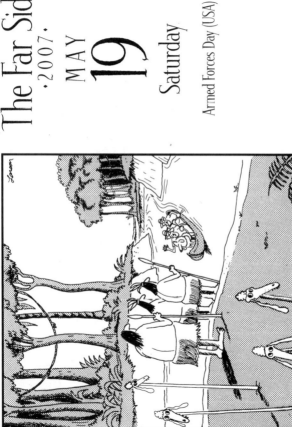

Although nervous, the Dickersons were
well-received by this tribe of unique headhunters.
It was Pooki, regrettably, that was to bear
the brunt of their aggression.

1. Haga clic en el triángulo situado a la izquierda de Markers de la ficha Logging para expandir el panel de información sobre marcadores.

2. Seleccione un punto de entrada en la cinta y reprodúzcala desde ese punto. Pulse el botón indicado para crear un marcador de entrada en el clip que estamos capturando. Detenga la cinta.

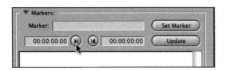

 Nota: Si pulsamos el botón para crear un marcador de salida, le asignaremos una duración determinada al marcador.

3. Asigne un nombre al marcador en el campo Marker.

4. Pulse el botón **Set Marker**.

El código de tiempo que designa la ubicación del marcador aparece en los cuadros

de información. Ya puede añadir un nuevo marcador al clip.

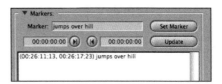

Seleccionar ajustes de clip

Desde la ficha Clip Settings, vamos a elegir el modo de captura del clip y su apariencia, es decir, si vamos a capturar sólo el vídeo, sólo el audio o ambos. También podemos elegir, entre otras cosas, si deseamos capturar el vídeo en pistas mono, en canales separados o como un par estéreo. Además, podemos indicar el número de pistas de audio que capturar, dos u ocho. Algunas de las opciones de la ficha Clip Settings, como el número de pistas de audio que capturar, dependen del tipo de equipo o medio original que utilicemos y de si la captura se realiza a través de FireWire o de una tarjeta.

1. Abra la ficha Clip Settings de la ventana de captura.

El panel se divide en las secciones **Video** y **Audio**. Cada sección incluye una casilla de verificación para activarla. Si realiza la captura a través de un dispositivo Fire-Wire, los controles de vídeo aparecerán en gris, es decir desactivados. Si, por el contrario, trabaja con una tarjeta de captura, puede utilizar esos controles para ajustar los niveles de vídeo de los clips.

2. Para capturar el audio y el vídeo del clip registrado, compruebe las casillas de verificación de las secciones **Video** y **Audio**. Para capturar uno de los dos, anule la selección de la casilla correspondiente.

 Truco: Los archivos de audio no ocupan tanto como los de vídeo, por lo que si quiere ahorrar espacio en disco y va a capturar material del que va a utilizar sólo el audio, como por ejemplo la narración, capture únicamente el audio para que el tamaño del archivo sea menor. Si sabe que sólo utilizará la parte de vídeo del material original, capture el vídeo para evitar la presencia de pistas de audio vacías.

3. En el grupo **Audio**, haga clic en el botón Toggle Stereo/Mono que conecta los dos iconos en forma de altavoz. Vuelva a pulsarlo para capturar dos canales de audio como par estéreo o como canales mono independientes.

Si no selecciona esta opción, como sucede en la imagen anterior, las pistas de audio no estarán vinculadas y el sonido se captura en canales independientes. La captura de audio como pistas mono resulta muy útil si utilizamos una entrada de micro independiente durante la grabación, lo contrario que un micrófono de cámara estéreo. Al capturar el audio como canales mono podemos controlar las pistas durante la edición.

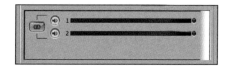

Al seleccionar la opción de estéreo, se establece un vínculo entre las dos pistas de audio, para indicar que se procesarán como un par estéreo. Esto nos permite tratar ambas pistas de audio como un único clip en la línea de tiempo, ya que aparezcan en una única ficha de audio en el visor. Esto resulta de gran utilidad ya que en un par estéreo, los cambios que realicemos en una de las pistas se van a ver reflejados en la otra pista.

 Nota: Durante el proceso de edición, puede conectar o desconectar las pistas de audio en la línea de tiempo.

4. Anule la selección de la opción estéreo y haga clic en el control de sonido del canal 2.

Al anular la selección de la opción estéreo, puede elegir entre capturar dos canales momo o un solo canal para el sonido.

 Nota: Si utiliza una tarjeta de captura que admite la captura de varias pistas, puede seleccionar el número de pistas en el menú emergente **Input Channels**. El número de pistas que elija aparecerá en la zona de pistas de audio, donde también puede activar o desactivar las opciones mono o estéreo.

5. Para escuchar el audio mientras realiza la captura, marque la casilla de verificación Preview.

Al marcar esta casilla, podrá escuchar el sonido de la cinta original al tiempo que marca los clips, y también al capturarlos.

6. Si al comienzo de la cinta aparecen unas barras de colores, haga clic en el botón **Video Scopes** para poder verlas.

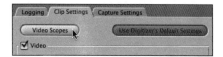

Aparecerá un monitor de formas de onda y un vectorscopio en los que poder ver los niveles del material capturado. El monitor de la izquierda mide el brillo (luminancia y niveles de negro) del vídeo entrante, mientras que el vectorscopio, situado a la derecha, mide el color (saturación y tonos).

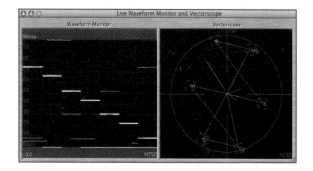

 Nota: Recuerde que aunque podemos ver las barras de color al principio de la cinta DV, de momento no podemos modificarlas.

7. En la ventana Live Waveform Monitor And Vectorscope, haga clic en el botón de cierre o pulse **Comando-W**.

Seleccionar ajustes de captura

Antes de capturar un clip es necesario seleccionar el modo en que vamos a controlar el dispositivo de reproducción, qué opción de

Easy Setup utilizaremos para capturar el metraje, así como el lugar en que vamos a almacenarlo en el disco duro o en la unidad FireWire.

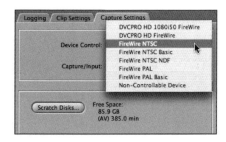

>
>
> **Nota:** HDV es un nuevo formato que graba la imagen y el sonido como archivos MPEG independientes. Durante la captura, Final Cut Pro convierte los archivos MPEG en una película de Quick-Time con las pistas de audio y vídeo combinadas. Si selecciona la opción HDV, la ventana de captura será un tanto distinta. Todas las opciones de registro y captura que aparecen son las mismas que las de la ventana predeterminada.

Si el dispositivo de captura empleado no puede controlarse a través de FireWire, seleccione la opción adecuada o **Non-Controllable Device** (Dispositivo no controlable). Si utiliza una tarjeta de captura de terceros, como AJA Io o Kona, o Blackmagic DeckLink, también contará con dichas opciones.

3. Abra el menú **Capture/Input**.

   Desde este menú vamos a seleccionar el modo de captura del material. La opción actual refleja la configuración Easy Setup que haya seleccionado antes. Puede capturar en distintos formatos NTSC o PAL, con varias opciones para DV, DVCPRO HD y HDV.

1. Abra la ficha **Capture Settings** de la ventana de captura.

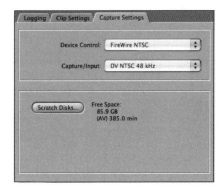

2. Haga clic en el menú desplegable **Device Control** (Control de dispositivo) y seleccione **FireWire NTSC**, **FireWire PAL** o la opción que desee.

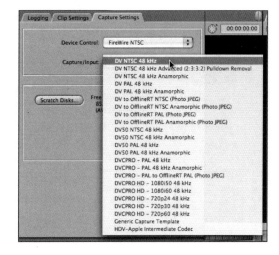

También puede capturar a una resolución menor, como por ejemplo DV To

OfflineRT NTSC o PAL (Photo JPEG). La opción Offline RT resulta más indicada para proyectos extensos. Puede editar todo el proyecto con archivos de menor resolución. Una vez completada la edición, puede volver a capturar el material utilizado en la secuencia a una mayor resolución. Encontrará más información al respecto en el manual de Final Cut Pro.

4. Para seleccionar el lugar de almacenamiento del material capturado, pulse el botón **Scratch Disks** (Discos de memoria).

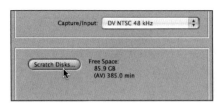

Se abrirá una ventana desde la que podemos determinar la ruta hasta el disco o unidad de destino. En ella, se especifica el disco seleccionado, junto con el espacio disponible en dicha unidad. Podemos elegir una unidad distinta para audio y vídeo, y para archivos de procesamiento, que vamos a crear más adelante. De momento vamos a copiar todo el material en el mismo disco.

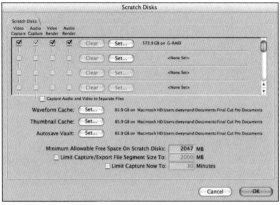

Nota: Podemos guardar otros tipos de archivos, como de forma de ondas, imágenes en miniatura o de guardado automático en otros discos distintos.

5. Para cambiar el disco seleccionado, pulse **Set**.

En el buscador de archivos que aparece, buscaremos el destino que queramos.

6. Desplácese hasta la unidad donde desea guardar el material, haga clic en **Choose** y, tras ello, pulse **OK** en la ventana Scratch Disks.

7. Seleccione Final Cut Pro>System Settings (Final Cut Pro>Ajustes del sistema) o pulse **Mayús-Q**.

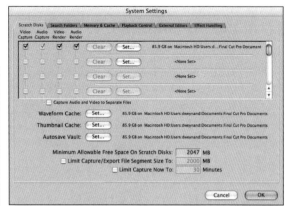

La primera ficha de la ventana es la misma que aparece si pulsamos el botón **Scratch Disks** de la ficha de ajustes de captura. Si la unidad destino ya aparece en la ventana System Settings, no hace falta seleccionarla en la ficha Capture Settings.

8. Seleccione Final Cut Pro>Audio/Video Settings (Final Cut Pro>Ajustes de vídeo y audio) o pulse **Comando-Opción-Q**.

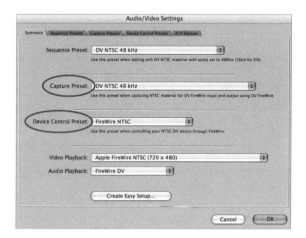

Desde esta ficha también podemos seleccionar el modo de control del dispositivo. La misma selección va a aparecer en la zona de Device Control de la ficha Capture Settings.

Opciones de captura

Podemos afrontar el proceso de captura de distintas formas. En algunos casos, puede que necesite introducir información detallada sobre un clip y después capturarlo antes de pasar al siguiente. En otras situaciones, puede que desee registrar información sobre todos los clips individualmente y, tras ello, capturarlos como grupo. También puede trabajar con material que no disponga de código de tiempo y no pueda registrar información. Puede optar por capturar una cinta completa y dejar que Final Cut Pro cree automáticamente los clips en función de los puntos en que se detenga o inicie la cinta.

 Nota: Si va a capturar un proyecto originalmente en película, puede que necesite el programa Cinema Tools de Apple para conocer la relación entre el código de los fotogramas originales y el del vídeo que va a capturar. En la guía de Cinema Tools encontrará más información al respecto.

La parte inferior de la ficha Logging incluye tres botones de captura (**Clip**, **Now** y **Batch**) y el botón de registro **Log Clip**. Estos botones van a aparecer independientemente de la ficha de la ventana Log and Capture que esté abierta. Todas las opciones de captura van a convertir el material capturado en archivos de medios, aunque mediante procedimientos distintos. El botón **Log Clip** (Registrar clip) crea una lista de clips que se van a capturar a la vez mediante captura por lotes (**Batch Capture**). Aunque todas las opciones de captura crean archivos de medios, cada uno realiza el proceso de forma diferente.

Capturar un clip

Una vez que hemos creado puntos de entrada y de salida en el material original, ya hemos identificado un clip concreto. La opción **Capture Clip** capturará sólo esa parte marcada del material original, junto a la información de registro y los marcadores.

Nota: Esta opción no está disponible para capturas HDV. Tendrá que utilizar la opción siguiente, Capture Now.

1. Marque un nuevo clip o utilice alguno de los que hemos marcado anteriormente.

2. Introduzca o añada la información de registro.

3. Pulse el botón **Clip** de la zona de captura, situado en la parte inferior de la ficha Logging.

Si la casilla de verificación Prompt de la zona de nombre estaba activada, se abrirá el cuadro de diálogo Log Clip.

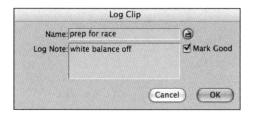

Truco: Si no desea que el programa le solicite la información de registro cada vez que pulse el botón **Capture Clip**, anule la selección de la casilla Prompt en la ficha Logging.

4. Si es necesario, cambie la información de registro del clip y pulse **OK**.

Cuando comienza el proceso de captura, aparece una ventana que muestra el material que estamos capturando. La imagen que vemos no refleja la calidad real del material capturado, por lo que no debemos preocuparnos si aparece borrosa.

Nota: Si desea detener el proceso de captura, pulse la tecla **Esc**.

La opción Capture Now

Otra forma de capturar material es mediante la opción Capture Now (Capturar ahora). Nos permite introducir información de registro pero no puntos de entrada y salida, ni marcadores. Puede utilizar esta opción para capturar cualquier formato, o para capturar material grabado en formato HDV. También la puede emplear si no dispone de control FireWire sobre un dispositivo, como por ejemplo una cámara analógica, que debe reproducir a través de un convertidor digital.

1. Introduzca el nombre del nuevo clip y el número de bobina en el campo de registro.

Truco: No olvide asignar un nombre al clip antes de iniciar el proceso de captura. En caso contrario, Final Cut Pro le asignara un nombre predeterminado y, si lo cambia, puede tener dificultades para vincularlo al archivo de medios.

2. Rebobine la cinta hasta 10 segundos antes de que comience la acción que deseamos capturar.

3. Reproduzca la cinta desde ese punto.

4. Pulse el botón **Now**.

 Truco: Es el método de captura menos exacto, por lo que es conveniente proporcionar suficiente espacio antes y después de la acción.

5. Pulse **Esc** para detener la captura.

 Truco: Si captura material HDV, puede que la sincronización entre el audio y el vídeo no sea la correcta, aunque sólo durante el proceso de captura. La captura se realizará sincronizada.

6. Para limitar automáticamente el tiempo de captura, abra la ficha **Capture Settings** y pulse el botón **Scratch Disks**.

En la parte inferior de esta ficha se incluye una opción para limitar el proceso de captura a una cantidad de tiempo concreta. Si la activa, la cantidad predeterminada es de 30 minutos. Para activar esta opción, haga clic en la casilla de verificación e introduzca una cantidad de tiempo de captura. Pulse **OK**.

 Nota: Al utilizar la opción **Capture Now**, es muy común capturar gran cantidad de material sin darnos cuenta del tamaño del archivo que estamos creando. Recuerde que cinco minutos de material DV o HDV ocupa alrededor de 1 GB de espacio en disco.

Otra opción de gran utilidad cuando empleamos el tipo de captura **Capture Clip** o **Capture Now** es **DV Start/Stop Detect**. Esta función nos permite añadir un marcador en el punto en que se haya detenido o reanudado la grabación original, por ejemplo al detener y reanudar el botón Record de una cámara. Además, nos permite capturar un clip extenso y crear clips secundarios del mismo tras capturarlo.

7. Para aplicar la opción **DV Start/Stop Detect**, siga los siguientes pasos:

- Capture el clip y ábralo en el visor.

- Seleccione **Mark>DV Start/Stop Detect** (Marca>Detección de inicio y parada de DV).

  Los marcadores van a aparecer en aquellos lugares en los que se detuvo y se reinició la grabación.

- Desde el buscador, seleccione un marcador y ejecute los comandos **Modify>Make Subclip** (Modificar>

Crear clip secundario). Se crea un nuevo clip secundario desde el marcador seleccionado hasta el siguiente.

 Truco: También podemos seleccionar todos los marcadores de un clip y arrastrarlos hasta una nueva carpeta, lo que creará automáticamente nuevos clips secundarios en función de las duraciones comprendidas entre los marcadores.

Las opciones Batch Capture y Log Clip

La opción de captura por lotes (**Batch Capture**) se utiliza junto con la función de registro de clips (**Log Clip**) para facilitar el proceso de marcado y captura de material. En lugar de marcar y capturar los clips de uno en uno, estas funciones nos permiten marcar y registrar los clips que queramos y capturarlos después todos a la vez.

El primer paso consiste en registrar cada clip de manera individual, incluyendo los nombres de bobina y las notas descriptivas. Todos los clips registrados se guardan en la carpeta de registro, como si se trataran de clips normales, con la única diferencia de que aparecen tachados por una línea roja, indicando que son material offline, es decir, que la información del clip está presente pero no así su contenido, que no se ha capturado aún. Una vez registrados todos los clips, podemos capturarlos todos a la vez mediante el botón **Batch Capture**. Con ayuda de la información de registro de cada clip, esta función los

busca y crea el archivo de medios QuickTime correspondiente, necesario para el proceso de edición.

1. Marque una nueva sección de material e introduzca la información de registro en la ficha Logging, sin pulsar aún el botón **Capture**.

2. En su lugar, pulse el botón **Log Clip** o la tecla **F2**.

Si la casilla Prompt estaba activada se abrirá la ventana Log Clip con la información de registro correspondiente. Pulse **OK**.

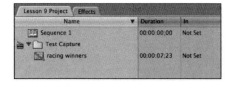

En la ventana del buscador aparecerá un nuevo clip con una línea roja que lo atraviesa diagonalmente.

3. Marque otra sección de material e introduzca nueva información de registro.

4. Pulse de nuevo el botón **Log Clip** o la tecla **F2**.

    Repita este procedimiento hasta conseguir una lista de clips registrados. Todos ellos van a estar atravesados por una línea roja en el buscador, lo que indica que aún no se ha capturado el archivo QuickTime correspondiente.

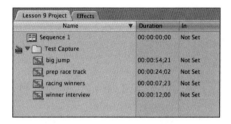

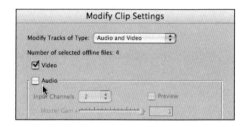

5. Para cambiar la selección de pista de un clip registrado antes de capturarlo, selecciónelo en el buscador y ejecute Modify> Clip Settings. Realice los cambios adecuados y pulse OK.

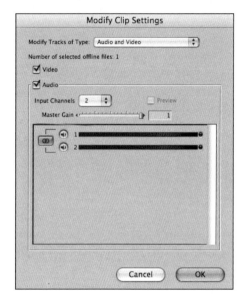

Desde el cuadro de diálogo Modify Clip Settings puede modificar los parámetros de uno o varios clips antes de la captura. Por ejemplo, si ha registrado un clip o grupo de clips como audio o vídeo pero desea capturarlos sólo como vídeo, puede anular la selección de la casilla Audio para realizar el cambio. También puede alternar entre canales mono y pares estéreo.

Truco: También puede seleccionar un grupo de clips offline, ejecutar Modify>Clip Settings y realizar los cambios en el grupo seleccionado.

6. En la carpeta de registro, seleccione los clips registrados que desee capturar. Puede seleccionar uno o todos.

Nota: Si los clips están en una ventana diferente, selecciónelos todos mediante **Comando-A** o ejecutando Edit>Select All (Edición>Seleccionar todos).

7. Pulse el botón **Batch** de la ventana Log and Capture.

Se abrirá la ventana de ajustes Batch Capture desde donde vamos a seleccionar los clips que vamos a capturar y el modo de hacerlo.

Esta ventana tiene cuatro secciones principales:

- **Capture:** Abra el menú desplegable para seleccionar los clips que desea capturar. Puede elegir entre All Items in Logging Bin (Todos los elementos de la carpeta de registro), Offline Items In Logging Bin (Elementos offline de la carpeta de registro) o Selected Items In Logging Bin (Elementos seleccionados de la carpeta de registro).

- **Options: Use Logged Clip Settings:** Marque esta casilla de verificación para capturar los clips utilizando los ajustes definidos al registrar los clips.

- **Options: Add Handles:** Marque esta casilla de verificación para añadir espacio por delante y por detrás de los clips registrados.

 Nota: Si ya ha añadido espacio adicional durante el proceso de marcado del clip, no es necesario activar esta casilla. Si prefiere marcar sólo la acción deseada y registrar después el clip, esta opción le permitirá añadir espacio extra automáticamente (de dos o tres segundos) al principio y al final de la sección marcada.

- **Capture Preset:** Desde este menú desplegable podemos seleccionar unos ajustes de captura distintos que aplicar a los clips registrados.

Debajo de esta sección hay información basada en los ajustes de captura que hemos seleccionado.

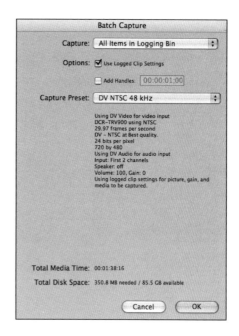

8. Elija los ajustes que desee y pulse **OK**.

Se abrirá la ventana Insert Reel (Insertar bobina) indicando que estamos listos para realizar la captura.

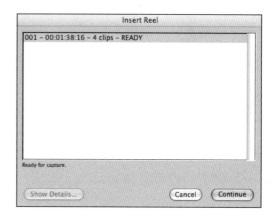

9. Pulse **Continue**.

La cinta se rebobina y captura todos los clips en la carpeta de registro, en función de la opción de captura que haya seleccionado. El material que capture irá apareciendo en una pantalla especial.

Cuando se hayan capturado todos los clips de una cinta, se abre una nueva ventana Insert Reel.

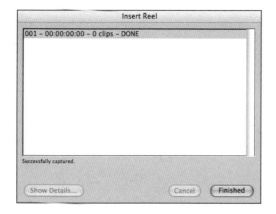

10. Una vez capturados todos los clips, pulse **Finished**.

 Nota: Si la lista contiene clips registrados de distintas cintas, Final Cut Pro indicará el momento en que tengamos que introducir una bobina nueva.

Tras completar la captura por lotes, todos los clips del buscador tendrán ya material real conectado a su icono, por lo que desaparecerá la línea roja.

Configurar las preferencias de captura

La ficha General de la ventana User Preferences contiene opciones relacionadas con la captura. Algunas preferencias del usuario afectan a la captura de vídeo. Algunas nos permitirán solucionar problemas que pudieran ocasionarse durante el proceso de captura, mientras que otras lo facilitan. Veamos cada una de estas opciones pasa conocer el funcionamiento de cada una.

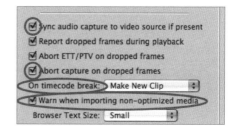

- **Sync audio capture to video source if present:** Esta opción asegura la sincronización entre vídeo y audio capturado desde una plataforma de audio Genlock.

- **Abort capture on dropped frames:** Si Final Cut Pro detecta la pérdida de fotogramas durante la captura, detiene el proceso e indica el material que se ha perdido. Perderá todos los medios capturados hasta el momento.

- **On timecode break:** Si hay un salto en el código de tiempo de la cinta original, podemos optar por que Final Cut Pro inicie un nuevo clip en el momento del salto, que detenga el proceso de captura o que nos avise de que se ha producido un salto en el código de tiempo, después de finalizar la captura.

- **Warn when importing non-optimized media:** Final Cut Pro siempre optimiza los archivos de medios durante la captura. En caso que de no pueda hacerlo, se lo indicará siempre que haya marcado esta opción. A menos que edite con varios flujos de vídeo sin comprimir que exijan el máximo rendimiento de los archivos de medios, puede dejar los archivos como están y proseguir con la edición. Si trabaja con DV de definición estándar capturado en Final Cut Pro, los archivos ya estarán optimizados.

Truco: Pruebe a capturar material con los ajustes predeterminados de la ventana de preferencias del usuario. Si se producen pérdidas de fotogramas o saltos en el código de tiempo, desactive alguna de las opciones y pruebe de nuevo.

Repaso del capítulo

1. Antes de poder capturar material, ¿qué es lo primero que debe hacer?

2. El marcado de clips para captura es similar al marcado de clips durante la edición. ¿Verdadero o falso?

3. Puede introducir distinta información sobre un clip en la ficha Logging. Indique un ejemplo de información de registro que aparezca en las columnas del buscador.

4. Al seleccionar un ajuste de captura preestablecido, ¿con qué otros ajustes debe coincidir?

5. ¿Qué tres modos de captura existen?

6. ¿Qué es un disco de memoria?

7. ¿Qué opción debe utilizar para capturar material HDV?

8. ¿Cómo puede ahorrar tiempo con ayuda del modo **Batch Capture**?

9. ¿Dónde se modifican los parámetros de clips registrados?

10. Sólo puede utilizar el disco duro de su equipo como disco de memoria. ¿Verdadero o falso?

Respuestas

1. Debe conectar el dispositivo original a través de un cable FireWire o una tarjeta de captura de terceros.

2. Verdadero.

3. Nota de registro, toma buena, número de escena, número de toma.

4. Debe coincidir con el material original.

5. Capture Clip, Capture Now y Batch Capture.

6. El destino de los archivos de medios capturados.

7. Capture Now.

8. Con el modo Batch Capture, puede registrar clips concretos y, tras ello, capturarlos de forma conjunta al mismo tiempo.

9. Puede modificar los parámetros de clips registrados en la ventana Clip Settings, a la que se accede desde el menú Modify.

10. Falso. Puede configurar el disco duro de su equipo o una unidad FireWire externa como disco de memoria, donde se guardarán los archivos de medios.

Teclas de acceso directo

Barra espaciadora	Inicia y detiene la reproducción de la cinta
Mayús-Q	Abre la ventana System Settings
Opción-Q	Abre la ventana User Preferences
Comando-Opción-Q	Abre la ventana de ajustes de audio y vídeo
Comando-8	Abre la ventana Log and Capture
Control-C	Realiza capturas por lote
Esc	Detiene el proceso de captura
F2	Registra un clip en el buscador sin capturar medios

Capítulo 10

Aplicar transiciones

C rear y pulir una secuencia es la parte fundamental del proceso de edición. Una vez hayamos tomado todas las decisiones sobre los clips que vamos a utilizar y su orden en la secuencia, podemos centrarnos en otros aspectos, como por ejemplo añadir transiciones para mejorar el resultado final. Las transiciones son elementos muy versátiles que pueden emplearse para suavizar una edición demasiado abrupta, para crear una sensación de paso de tiempo o simplemente para cambiar el modo en que se pasa de un clip a otro, proporcionando cierta variedad al proyecto. En este capítulo vamos a explorar las diferentes maneras de aplicar transiciones a los clips de audio y vídeo de una secuencia.

Star Iris es un tipo de transición de vídeo que se puede aplicar a un punto de edición comprendido entre dos clips.

- **Archivos del capítulo:** Lesson 10 Project

- **Medios:** Carpetas Motocross>Practice Shoot y Racing Footage. Carpeta A Thousand Roads>Intro

- **Duración:** 60 minutos aproximadamente

- **Objetivos:**

    - Comprender las transiciones.

    - Aplicar transiciones de audio y vídeo.

    - Copiar y pegar transiciones.

    - Utilizar el editor de transiciones.

    - Ajustar los puntos de edición de una transición.

    - Guardar las transiciones favoritas.

    - Modificar los parámetros de transición.

    - Ver y representar transiciones.

Preparar el proyecto

Para comenzar el capítulo, inicie Final Cut Pro y abra el proyecto correspondiente al capítulo.

1. Seleccione File>Open o pulse **Comando-O**, y seleccione el archivo Lesson 10 Project.

2. Cierre cualquier otro proyecto que esté abierto.

3. Reproduzca la secuencia **Intro Cuts** en la línea de tiempo.

    Es la secuencia **Intro** que editamos en un capítulo anterior. Cada clip se corta a partir del siguiente. Para la película A *Thousand Roads* definitiva, el editor añadió transiciones entre muchas de las tomas.

4. Reproduzca la secuencia **Dissolves-Finished** en la línea de tiempo.

Es la misma secuencia que **Intro Cuts** pero se han aplicado fundidos de vídeo a los puntos de edición. Las pistas se han personalizado de forma que las pistas V1 y A1 utilizadas en estos capítulos tienen mayor altura y éstas son más reducidas. Añadiremos fundidos de audio entre algunos de los clips de A1.

5. Para guardar una copia de la secuencia **Intro Cuts** original para utilizarla a lo largo del capítulo, duplíquela en el buscador y cambie el nombre por **Intro Cuts Backup**.

Concepto de transición

Una transición es un efecto que se aplica a los puntos de edición entre dos clips de una secuencia. En lugar de crear un corte abrupto entre un clip y otro, un efecto de transición crea un cambio gradual del clip de salida al de entrada.

Final Cut Pro dispone de una gran variedad de transiciones. Uno de los tipos que se emplea con más frecuencia es el fundido de vídeo, que consiste en que la última parte del clip de salida se mezcla gradualmente con el principio del clip de entrada. Mientras el clip de salida se va difuminando, el clip de entrada comienza a mostrarse en pantalla. Este proceso emplea los controladores o espacios extras de uno o ambos clips involucrados en la transición. Los controladores no son otra cosa que material fuente adicional que existe en el archivo de medios. En lo que respecta al sonido, este proceso se denomina fundido de

audio. El final de un clip de audio se difumina mientras el inicio del siguiente comienza a escucharse.

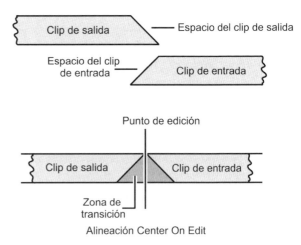

Alineación Center On Edit

Ver las opciones de la transición

En Final Cut Pro, podemos seleccionar un efecto de transición desde el menú **Effects** o desde la ficha **Effects** del buscador. Ambos contienen las mismas opciones organizadas en diferentes carpetas de transición de vídeo y audio.

1. Abra la ficha **Effects** del buscador. Si la ficha aparece como icono, haga clic con la tecla **Control** pulsada sobre la zona gris y seleccione **View As List** en el menú contextual.

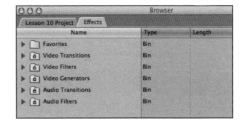

Esta ficha tiene seis carpetas. Tres de ellas contienen efectos de vídeo, dos contienen efectos de audio y la sexta sirve para almacenar nuestras transiciones favoritas. En este capítulo sólo utilizaremos las carpetas Video Transitions y Audio Transitions.

2. Pulse el triángulo de la carpeta Audio Transitions para mostrar su contenido.

Esta carpeta contiene dos fundidos encadenados de audio: 0dB y +3dB. El fundido +3dB aparece subrayado, por ser la transición predeterminada.

3. Haga clic en el triángulo de la carpeta Audio Transitions para ocultar su contenido y abra la carpeta Video Transitions.

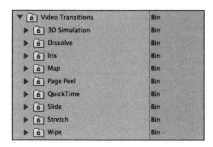

Aparecen nueve carpetas de transiciones de vídeo, cada una con su propio conjunto de estilos y parámetros.

4. Haga clic en el triángulo situado junto a la carpeta Dissolve para mostrar sus contenidos.

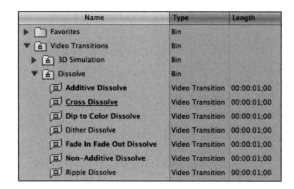

Aparecerán distintas transiciones, incluyendo Cross Dissolve, la predeterminada, motivo por el que aparece subrayada. El código 00:00:01;00 de la columna Length indica que este fundido tiene una duración predeterminada de un segundo. Todas las transiciones de audio y vídeo tienen una duración predeterminada de un segundo. Apreciará también que la mayoría de las transiciones se muestran en negrita, lo que significa que se pueden reproducir en tiempo real (RT) o a la velocidad de reproducción normal después de aplicarlas.

5. Abra el menú Effects.

Cinco de los títulos de la carpeta Effects aparecen aquí, incluyendo Favorites, Video Transitions and Filters y Audio Transitions and Filters.

6. En el menú Effects, seleccione Video Transitions>Dissolve.

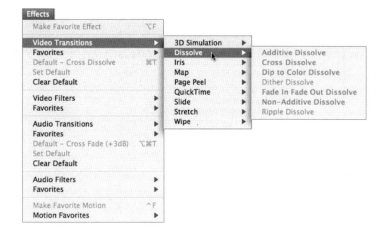

Aparecen las mismas opciones de fundido que en la ficha Effects del buscador.

Aplicar transiciones de vídeo

Las transiciones de vídeo pueden suavizar el flujo de una secuencia o incrementarlo si desea crear efectos estilizados para televisión o publicidad. Todas las transiciones de vídeo se aplican de la misma forma pero algunas especialmente complejas disponen de parámetros adicionales de ajuste. Aprenderemos a aplicar transiciones de vídeo por medio del conocido fundido de la secuencia **Intro Cuts**. En un apartado posterior realizaremos los mismos pasos para añadir otros tipos de transiciones de vídeo.

Aplicar una transición de fundido de vídeo

Algunos fundidos simplemente mezclan una imagen con otra, pero otras de mayor duración generan un interesante efecto, como si las dos imágenes estuvieran superpuestas entre sí.

Truco: A lo largo del capítulo, amplíe el zoom de la línea de tiempo para poder identificar los clips y las secuencias con más facilidad. Si utiliza **Opción-+** podrá ampliar el zoom en la barra de reproducción y con **Mayús-Z** ver la secuencia completa. Al ampliar la vista en la línea de tiempo, puede utilizar la herramienta Mano (**H**) para arrastrar la secuencia a izquierda o derecha.

1. En la secuencia **Intro Cuts** de la línea de tiempo, seleccione el punto de edición entre los clips **ruin steps** y **canyon runner**. Tras ello, haga clic en el punto de edición de vídeo para seleccionarlo.

Nota: También puede utilizar las teclas del cursor para desplazar la barra de reproducción directamente sobre un punto de edición para identificar el destino de la transición.

En esta secuencia, los clips **V1** no están vinculados a los clips de audio **A1**, por lo que sólo se selecciona el punto de edición de vídeo.

2. Seleccione Effects>Video Transitions> Dissolves>Cross Dissolve (Efectos> Transiciones de vídeo>Fundidos>Fundidos encadenados). Reproduzca la nueva transición.

El clip **ruin steps** se difumina mientras empieza a mostrarse el clip **canyon runner**. Como la longitud predeterminada de todas las transiciones es de un segundo, éste es un fundido de un segundo centrado sobre el punto de edición. El espacio adicional de cada clip ocupa 15 fotogramas a ambos lados del punto de edición.

3. Desplace la barra de reproducción hasta el punto de edición. Pulse **Opción--** (menos) varias veces hasta que vea el nombre completo de la transición.

El nombre de la transición aparece en el icono comprendido entre los dos clips. Las partes sombreadas representan el espacio adicional de cada clip.

4. Para aplicar un fundido desde la ficha Effects, compruebe que puede ver el siguiente punto de edición entre los clips **canyon runner** y **amanda rushing**. Desde la carpeta Dissolve de la ficha Effects, arrastre el icono de fundidos encadenados hasta este punto de edición y suéltelo. Reproduzca la transición.

 Nota: Este método de aplicar transiciones no requiere seleccionar el punto de edición ni situar la barra de reproducción sobre el mismo.

El fundido encadenado es la transición de vídeo predeterminada. Puede aplicarla por medio de una opción del menú o un método abreviado de teclado. En ambos casos tendrá que seleccionar el punto de edición y situar la barra de reproducción directamente sobre el mismo para identificarlo.

5. Seleccione el siguiente punto de edición de la secuencia, entre los clips **amanda rushing** y **johnny runs**. Pulse **Comando-T** para añadir la transición de vídeo predeterminada.

Truco: Al añadir transiciones, recuerde una regla básica. Al utilizar el menú **Effects** o un método abreviado de teclado, debe seleccionar, es decir, identificar primero el destino de la transición antes de elegir la opción del menú. Si utiliza la ficha **Effects**, debe arrastrar y soltar la transición directamente sobre el punto de edición en la línea de tiempo.

6. Pulse **Inicio** para desplazar la barra de reproducción hasta el inicio de la secuencia y seleccione Effects>Default-Cross Dissolve para añadir un fundido al clip **sunrise**.

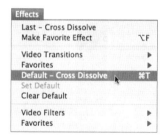

Cuando el clip se encuentra al inicio de la secuencia, al añadir la transición se funde a negro desde el clip. También puede utilizar esta técnica para difuminar un clip al final de la secuencia.

7. Pulse la tecla **Flecha abajo** dos veces para desplazar la barra de reproducción al siguiente punto de edición de vídeo. Pulse **Comando-T** para añadir el fundido encadenado predeterminado. Añada la transición de vídeo a los cinco siguientes

puntos de edición, hasta la transición **canyon runner** que aplicamos antes.

8. Reproduzca el último punto de edición de la secuencia, comprendido entre los clips **ice fishers** y **healer cu**. Amplíe el zoom en esta zona. Pulse **S** para seleccionar la herramienta Slip y haga clic y mantenga pulsado el clip **healer cu**. No lo arrastre lateralmente.

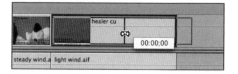

Truco: Para determinar la longitud de los espacios extras de un clip de secuencia, puede hacer clic sobre el mismo con la herramienta Slip. Verá que los controles se amplían a ambos lados del clip como parte del contorno marrón hueco.

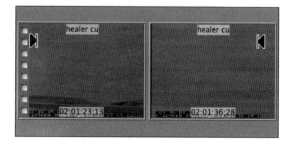

En el lienzo, verá el final del clip en el fotograma de la izquierda, para indicar que es el primer fotograma del clip. Significa que no hay medios al inicio del clip que mezclar con el clip de salida antes del punto de edición. En este caso, puede iniciar la transición en el siguiente punto de edición, en lugar de centrarlo sobre el actual. De esta forma se amplía el clip de salida más allá del punto de edición, con la misma longitud que la transición.

9. Pulse **A** para recuperar la herramienta de selección predeterminada. En la ficha **Effects**, arrastre el icono Cross Dissolve a la derecha del punto de edición comprendido entre los clips **ice fishers** y **healer cu**, sin soltar el ratón.

    Al alinear el icono con el lado derecho del punto de edición, verá la longitud completa del fundido.

Nota: Si intenta centrar el fundido sobre este punto de edición o aplicarlo desde el menú **Effects**, generará una transición de un fotograma.

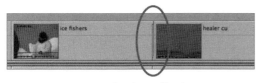

One frame dissolve

Fundido de un fotograma.

10. Suelte la transición en el lado derecho del punto de edición y reprodúzcala.

Es una transición que comienza en la edición, una de las tres alineaciones de transición que puede seleccionar junto con la que termina en la edición y la que se centra sobre la misma. Las transiciones añadidas hasta el momento se han centrado sobre el punto de edición. La transición de final de edición se utiliza cuando un clip de salida carece de material extra más allá del punto de edición.

Truco: Puede aplicar las herramientas Ripple, Roll, Slip y Slide a un punto de edición con transiciones. También puede editar un nuevo clip en la línea de tiempo y añadir una transición predeterminada al mismo tiempo. Para ello, arrastre el clip de origen desde el visor hasta el lienzo, y suéltelo en la sección **Overwrite with Transition**.

Copiar y pegar transiciones

Una vez comprobada la transición, puede que le interese cambiar la duración o utilizarla en otro punto de edición. Puede modificar la duración de una transición de distintas formas, incluso mediante la técnica de arrastrar y soltar. Con este método, puede arrastrar el borde del icono de transición para modificar su duración o arrastrar la transición para cambiarla a otro punto de edición. También puede copiarla y pegarla.

1. Desplace la barra de reproducción hasta el fundido encadenado situado ente los clips **plowing fields** y **city street**. Pulse **Opción-+** (más) para ampliar el zoom y reproduzca la transición.

Como todas las transiciones, este fundido tiene una duración predeterminada de un segundo. Al ampliar su duración se crea un interesante efecto de la gente caminando por el campo.

2. Desplace el puntero sobre cualquier borde del icono Cross Dissolve.

El puntero se convierte en una flecha de cambio de tamaño.

3. Aleje el borde de la transición lo máximo posible del punto de edición pero sin soltar el ratón.

La transición se arrastra hacia afuera sólo si el clip cuenta con material para admitirlo. Si no puede arrastrar más, puede que haya alcanzado el límite de los medios del clip o que haya llegado al siguiente punto de edición o transición de la línea de tiempo. Un cuadro de información el indica qué parte de la transición se ha alargado, así como la nueva duración.

4. Suelte el fundido encadenado con la máxima longitud posible y reproduzca la transición.

Al alargar la duración de este fundido, parece que ambos clips quedan superpuestos.

Truco: Al arrastrar una transición hacia dentro para reducir la duración, desactive temporalmente el ajuste para obtener un mayor control sobre el zoom en dicha zona de la línea de tiempo.

5. En el siguiente punto de edición, entre los clips **city street** y **ruin steps**, arrastre el borde del icono del fundido encadenado hasta la posición **4:16**. Reproduzca esta edición.

Al aumentar la duración del fundido, parece que los transeúntes caminan sobre las escaleras de las ruinas.

Nota: Al arrastrar el icono de la transición, ambos lados del icono de duración hueco cambian en la misma cantidad. Si comienza con un número par, cambiará en incrementos pares mientras arrastra, sumando a cada lado de la transición.

6. Para cambiar la duración del siguiente fundido de la secuencia, entre los clips **ruin steps** y **canyon runner**, haga clic con la tecla **Control** pulsada sobre el icono del fundido, no sobre el punto de edición situado entre los clips.

Aparece un menú contextual con diversas opciones para ajustar la transición. También puede elegir una alineación de transición diferente.

 Truco: Pulse en el lateral del punto de edición para seleccionar el icono de transición. Si hace clic en el centro, seleccionará el propio punto de edición y aparecerá un menú contextual diferente.

7. Seleccione Duration en el menú contextual.

Aparece una pequeña ventana que muestra la duración de la transición, que en este caso es de un segundo. Esta duración aparece resaltada, por lo que, para cambiarla, sólo es necesario indicar la nueva duración, sin necesidad de hacer clic en el cuadro de texto.

8. En el campo Duration, introduzca **20** (referido al número de fotogramas). Pulse **Intro** para introducir el valor y vuelva a pulsar **Intro** u **OK** para cerrar la ventana. Reproduzca la nueva transición.

Esta transición de 20 fotogramas debería funcionar correctamente al aplicarla a los puntos de edición de la secuencia. Una vez creada la transición con la duración adecuada, puede copiarla y pegarla en otros puntos de edición.

 Nota: También puede introducir el número total de fotogramas. Por ejemplo, si la velocidad de fotogramas de la cinta original fuera de 30 por segundo, podría introducir **60** para representar dos segundos. Si la edición se realiza en PAL, puede introducir 50 fotogramas para dos segundos.

9. Haga clic en el icono Cross Dissolve comprendido entre los clips **ruin steps** y **canyon runner** para seleccionar la transición. Pulse **Comando-C** para copiarla. También puede hacer clic con la tecla **Control** pulsada sobre la transición y seleccionar Copy en el menú contextual.

10. Pulse la tecla **Flecha abajo** tres veces para desplazar la barra de reproducción hasta el punto de edición vacío situado entre

los clips **johnny runs** y **truck on road**. Pulse **Comando-V** para pegar el fundido de 20 fotogramas en dicho punto de edición. También puede hacer clic con la tecla **Control** pulsada y seleccionar Paste en el menú contextual.

Truco: Puede desplazar una transición si la arrastra desde un punto de edición a otro. También puede utilizar la técnica de arrastrar con la tecla **Opción** pulsada para arrastrar una copia de una transición desde un punto de edición y soltar la copia sobre otro punto de edición.

11. Para eliminar la transición entre los clips **johnny runs** y **truck on road**, seleccione el icono de la transición y pulse **Supr**.

Siempre puede pulsar **Comando-Z** para deshacer la eliminación y recuperar la transición. Sin una transición aplicada, el punto de edición se convierte en un simple corte.

Nota: También puede hacer clic con la tecla **Control** pulsada para seleccionar varias transiciones y eliminarlas a la vez.

Tareas del proyecto

Puede continuar añadiendo fundidos a la secuencia en puntos donde no existen o modificar la duración o la alineación de las transiciones existentes. Cuando termine, pulse **Comando-S** para guardar los cambios.

Truco: Cualquier transición puede ser una transición predeterminada. Para modificar la predeterminada, haga clic con la tecla **Control** pulsada sobre una transición diferente en la ficha Effects y seleccione Set Default Transition en el menú contextual. Tras ello, utilice **Comando-T** para aplicarla.

Aplicar transiciones de audio

Durante el proceso de edición, el énfasis recae en la parte de vídeo de la secuencia. No obstante, si los clips de audio no son perfectos al pasar de una secuencia a otra, los espectadores lo notarán inmediatamente. Las transiciones de audio se aplican al punto de edición situado entre dos clips adyacentes, al igual que las de vídeo. Si un clip de audio tiene dos pistas que forman un par estéreo, al aplicar un fundido en una, automáticamente se aplica a la siguiente. En este ejercicio convertiremos pistas mono en pistas estéreo antes de añadir las transiciones de audio

1. En el buscador, haga doble clic en la secuencia **Audio Cuts** para abrirla en la línea de tiempo y reprodúzcala.

Nota: Esta secuencia captura momentos entre bastidores de un director y su equipo mientras determinan cómo filmar una carrera de motos. En un apartado posterior trabajaremos con metraje real sobre motociclismo.

Los clips de vídeo de la secuencia permanecerán como cortes sin modificar. Sin embargo, para suavizar los abruptos cambios de audio, añadiremos fundidos a algunos de los puntos de edición.

2. Reproduzca el punto de edición comprendido entre el segundo clip **gib arm & director** y el clip **tow jump over**. Tras ello, sitúe la barra de reproducción en el punto de edición.

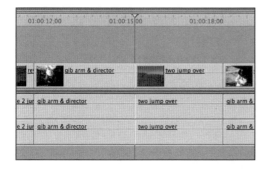

Como vamos a cortar de un nivel de volumen y un tipo de audio a otro, este punto de edición tiene un sonido abrupto.

3. Seleccione Effects>Audio Transitions> Cross Fade (+3db).

Un fundido de 0 dB tiene un ligero descenso el nivel de sonido en la parte central de la transición. El fundido de +3dB genera un fundido sin este descenso, motivo por el que se trata de la opción predeterminada.

Nota: Al trabajar en sus secuencias, experimente con ambas opciones de fundido para obtener el mejor sonido posible.

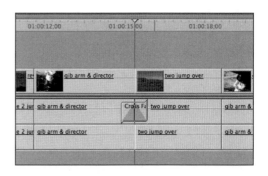

Como los clips **A1** y **A2** se capturaron como pista en mono, el icono de la transición sólo aparece sobre el punto de edición de la pista **A1**. Puede convertir estas pistas mono en pares estéreo y ahorrarse muchos pasos al aplicar fundidos de audio a los clips.

4. Pulse **Comando-Z** para deshacer el paso anterior.

5. Para convertir todas las pistas de audio en pares estéreo, seleccione todos los clips de audio de la secuencia y ejecute los comandos **Modify>Stereo Pair** o pulse **Opción-L**. Deseleccione los clips.

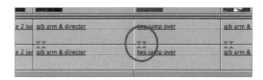

Ahora las pistas de audio de cada clip tienen el icono del par estéreo que las conecta entre sí.

6. Asegúrese de que la barra de reproducción se encuentra sobre el mismo punto de edición y seleccione Effects>Audio Transitions>Cross Fade (+3dB). También puede seleccionar Effects>Default-Cross Fade (+3d). Reproduzca la transición de audio.

El fundido se aplica a ambas pistas de audio al mismo tiempo y el corte se suaviza considerablemente.

7. Pulse **Opción-+** para ampliar la zona de la secuencia y aleje la barra de reproducción del punto de edición.

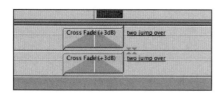

Todos los iconos de transición de audio tienen el mismo aspecto, a excepción del nombre que aparece sobre ellos.

8. Para aplicar un fundido desde la ficha Effects, asegúrese de que puede ver el siguiente punto de edición comprendido entre los clips **two jump over** y **gib arm & director**. Desde la ficha Effects, arrastre el icono Cross Fade (+3dB) hasta el punto de edición y suéltelo. Reproduzca la transición.

9. Para utilizar el método abreviado para aplicar la transición de audio predeterminada, desplace la barra de reproducción hasta el siguiente punto de edición comprendido entre los clips **gib arm & director** y **two bikers**. Pulse **Opción-Comando-T**.

Nota: Puede modificar la duración de una transición de audio o copiarla y pegarla como hicimos con las de vídeo.

Tareas del proyecto

Para practicar con el uso de fundidos de audio, haga clic en la secuencia **Intro Cuts** de la línea de tiempo. Desactive los controles Audible de todas las pistas menos la **A1** para centrarse en los efectos de sonido. Añada un fundido en puntos en que la transición de sonido sea abrupta y ajuste la duración para hacerla coincidir con la longitud de los fundidos de vídeo.

Truco: También puede añadir botones para añadir transiciones de vídeo y audio a la barra de botones de la línea de tiempo. Para utilizar botones, al igual que las opciones de menú y los métodos abreviados de teclado, primero debe seleccionar el punto de edición y situar la barra de reproducción sobre el mismo.

Utilizar el editor de transiciones

Además de utilizar métodos abreviados de teclado y opciones de menú, podemos modificar transiciones de vídeo en el editor de transiciones, que aparece como ficha en la ventana del visor. En la mayoría de los casos, los cambios se realizan por medio de los métodos analizados hasta el momento. No obstante, si aplica transiciones más complejas a sus puntos de edición, como haremos en el siguiente ejercicio, el editor de transiciones es la única herramienta para modificar dichos parámetros.

1. En la secuencia **Intro Cuts** actual, haga clic con la tecla **Control** pulsada en un lateral del icono del fundido situado entre los clips **city street** y **ruin steps**, y seleccione Open 'Cross Dissolve' en el menú contextual. También puede hacer doble clic sobre un lateral del icono.

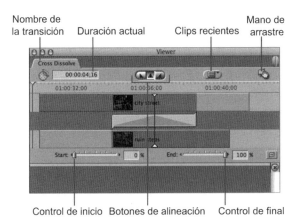

Nombre de la transición   Duración actual   Clips recientes   Mano de arrastre

Control de inicio   Botones de alineación   Control de final

El editor de transiciones se abre en el visor con una representación gráfica de la transición actual. Ya hemos ajustado o seleccionado algunas de las opciones que incluye, como la duración o la alineación pero nos ofrece otras adicionales.

2. Para utilizar el fundido actual en otro punto de edición, arrastre el icono de mano de la esquina superior derecha de la ventana hasta el punto de edición comprendido entre los clips **canyon runner** y **amanda rushing**.

    Al arrastrar la transición desde el editor hasta este punto de edición se sustituye la

transición existente con todos los parámetros que muestre el editor.

3. En el editor de transiciones, haga clic en el botón de alineación End On Edit (situado a la derecha) y, tras ello, en el botón Center On Edit (situado en el centro).

En el editor de transiciones cambia la representación gráfica del fundido, al igual que la transición en el punto de edición de la línea de tiempo.

> **Nota:** Al hacer clic en el botón de alineación Start On Edit se abre un cuadro de diálogo para indicar que no hay material suficiente para alinear la transición actual de esta forma. Pulse **Cancel**.

4. En el editor de transiciones, sitúe el puntero sobre el icono de la transición.

El puntero se convierte en la herramienta Roll, para poder ajustar por rodamiento el punto de edición a ambos lados y mejorar la duración de la edición sin modificar la transición. Fíjese en la zona azul clara del borde exterior de cada clip, zona que representa el espacio adicional del clip.

5. Arrastre el icono de la transición dos segundos hacia la izquierda, donde la cámara aparece estática en la ventana derecha del visor. Suelte el ratón y reproduzca la transición.

En la línea de tiempo, el punto de edición y la transición aparecen antes en la secuencia.

6. Por debajo del gráfico de la transición, en el editor, introduzca **50** en el campo Start y pulse el tabulador. En el campo End, introduzca **50** y vuelva a pulsar el tabulador. Arrastre la barra de reproducción por la transición en la línea de tiempo.

La mayoría de las transiciones crea una mezcla entre clips de 0 a 100 por cien. Si los valores Start y End son del 50 por cien, la mezcla entre los clips no es transitiva sino fija, con lo que se crea una mezcla estática de las dos imágenes en el punto de edición.

7. Desde la ficha Effects del buscador, arrastre el fundido Dip To Color hasta el punto de edición actual, entre los clips **city street** y **ruin steps**. Reproduzca la transición.

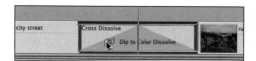

En la línea de tiempo, la nueva transición sustituye a la anterior pero mantiene su duración. El clip saliente realiza un fundido a negro según se acerca al clip entrante.

En el editor de transiciones, como el efecto implica el uso de color, aparecen nuevos parámetros de color con reguladores y campos de entrada que podemos modificar.

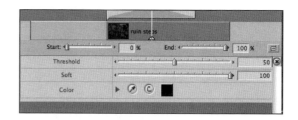

8. Haga clic en la muestra de color negro de la línea Color. En la ventana Colors, si aparece una rueda de color negra, arrastre el control del regulador vertical hacia arriba para ver los colores más brillantes.

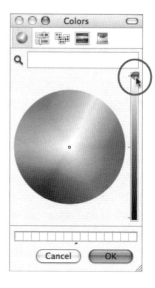

En la parte superior de la ventana Colors encontrará iconos que representan cinco diseños diferentes: rueda de color, reguladores de color, paletas de color, paletas de imágenes y pinceles.

9. Haga clic en cada icono para ver las opciones de color que muestra. Tras ello,

haga clic en la opción **Crayons**. Haga clic en la opción **Snow** y pulse **OK**.

La muestra de color cambia para reflejar la nueva selección.

10. Reproduzca la transición con el cambio de color. Para reducirla, haga clic en el campo de duración del editor de transiciones, introduzca **20** y pulse **Intro**. Vuelva a reproducir la transición.

Una versión reducida del fundido Dip To Color se suele utilizar entre imágenes fijas junto con un efecto de sonido de la cámara. Siempre que cree un efecto de transición que le guste especialmente y desee utilizarlo de nuevo, puede guardarlo como favorito.

11. Antes de guardar esta transición, compruebe que la carpeta Favorites aparece en la ficha Effects del buscador. Haga clic en el triángulo situado junto a la carpeta para abrirla.

A menos que haya añadido sus propios efectos favoritos, la carpeta debería estar vacía.

12. Haga clic en el visor y seleccione Effects> Make Favorites o pulse **Opción-F**.

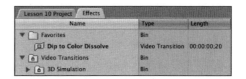

En la carpeta Favorites, aparecerá un nuevo fundido Dip To Color con todos los cambios. Fíjese en la columna Length, que muestra una duración de 20 fotogramas, no la predeterminada de 1:00.

13. Haga clic en el campo del nombre e introduzca **dip to white**.

 Truco: Aunque todas las transiciones tienen una duración predeterminada de un segundo, puede modificarla si hace clic en la columna Length de la ficha Effects e introduce una nueva duración.

Modificar parámetros de transición

Los fundidos permiten suavizar una secuencia pero otras transiciones pueden animarla. Cuanto más compleja sea una transición, más parámetros podremos ajustar en el editor de transiciones. La mayoría de estos efectos se puede reproducir en tiempo real y otros tendrán que representarse, como veremos en el siguiente ejercicio.

 Nota: También puede arrastrar el icono en forma de mano hasta la carpeta **Favorites** y soltar el ratón cuando la carpeta quede resaltada.

Truco: Para poder ver el mayor número posible de efectos en tiempo real, haga clic en el menú desplegable **RT** de la línea de tiempo y seleccione **Unlimited RT**. Vuelva a hacer clic en el menú **RT** y compruebe que la opción **Dynamic** está seleccionada en ambos casos. En un ejercicio posterior nos detendremos en estas opciones.

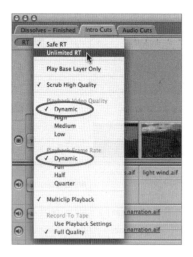

1. Cierre todas las secuencias abiertas en la línea de tiempo. En el buscador, abra las secuencias **Racing-Cuts** y **Racing-Transitions**. Haga clic entre las dos fichas y reproduzca la secuencia **Racing-Transitions**.

Nota: En función del equipo que utilice, puede que algunas transiciones parpadeen al reproducir la secuencia. Podremos representarlas en el siguiente ejercicio.

Esta secuencia utiliza distintas transiciones para crear un fragmento promocional de elevado ritmo que se puede utilizar para anunciar un documental sobre motociclismo. Por encima de cada transición hay un marcador que etiqueta su tipo y la ubicación de la carpeta se indica entre paréntesis.

Truco: Si desea conservar la secuencia **Racing-Cuts** para experimentar con sus propias transiciones, realice una copia de seguridad antes de ejecutar estos pasos.

2. Haga clic en la ficha de la secuencia **Racing-Cuts** y compruebe que la barra de reproducción se encuentra al final de la secuencia.

3. Seleccione **Effects>Video Transitions> Wipe>Checkboard Wipe** (Efectos>Transiciones de vídeo>Cortinilla>Cortinilla en damero). Reproduzca la transición.

Cada nueva casilla revela una parte diferente de la imagen entrante. Puede previsualizar otras transiciones de cortinilla en este punto de edición si las selecciona en el menú Effects>Video Transitions o si las arrastra desde la carpeta de efectos hasta el punto de edición. La nueva transición sustituye a la que hubiera aplicado antes.

4. Desplace la barra de reproducción hasta el marcador star (iris). Seleccione Effects> Video Transitions>Iris>Star Iris. Reproduzca la transición. Tras ello, retroceda la barra de reproducción hasta el centro del punto de edición.

   Esta transición de iris dispone de distintos parámetros que podemos modificar en el editor de transiciones.

 Truco: Al situar la barra de reproducción sobre la transición podemos ver los ajustes en el lienzo. Hágalo en los pasos descritos a continuación antes de realizar los cambios.

5. Haga doble clic en la transición Star Iris de la línea de tiempo para abrirla en el editor de transiciones.

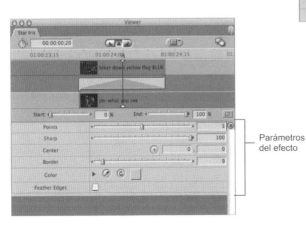

Parámetros del efecto

Bajo la representación gráfica de la transición encontramos parámetros adicionales que podemos controlar o ajustar mediante un regulador o un cuadro de entrada. Algunos parámetros de otros efectos utilizan menús emergentes. La mayoría de los parámetros resultan muy sencillos; sólo tiene que cambiar los parámetros y fijarse en el efecto generado en el lienzo.

 Nota: Si hace clic en el pequeño triángulo situado al final de los reguladores, podrá cambiar el valor numérico del parámetro en incrementos de una unidad.

6. Experimente con los distintos ajustes de la transición mientras observa los resultados en el lienzo. Cuando termine, haga clic en el botón rojo para recuperar los ajustes predeterminados.

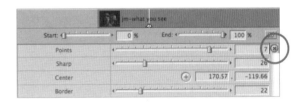

Puede añadir bordes a muchas transiciones, incluyendo los efectos de iris y cortinilla, y seleccionar un color de la muestra de color como hicimos en un ejercicio anterior. También puede seleccionar un color de una imagen para el color del fondo.

7. En el campo Border, introduzca **6** para crear un borde delgado. Para seleccionar

un color de borde de las imágenes de la transición, arrastre la barra de reproducción por delante de la transición para ver el efecto y la bandera dorada. Haga clic en el cuentagotas de selección de color de los parámetros de color y vuelva a hacer clic sobre la zona amarilla de la bandera.

 Truco: Para buscar o previsualizar distintos colores de borde antes de seleccionar uno concreto, seleccione el cuentagotas y pulse y arrastre en la zona de imagen del lienzo sin soltar el ratón. El borde y la muestra de color mostrarán el color seleccionado. Tras ello, suelte el ratón.

La muestra de color cambia por el color seleccionado. Seguidamente, puede ajustarlo y guardarlo para utilizarlo en otros efectos.

8. Para modificar el color, haga clic en el triángulo situado junto al cuentagotas de selección de color. Arrastre los reguladores S (Saturación) y B (Brillo) para crear un color dorado. No arrastre el regulador

H (Tono) para evitar modificar el color original seleccionado de la bandera.

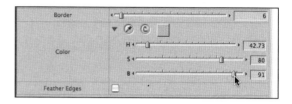

9. Para guardar este color y utilizarlo en otras transiciones, haga clic en la muestra de color. Arrastre el color amarillo desde la barra de color horizontal· de la parte superior (que muestra una lupa a la izquierda) hasta cualquier muestra de color situada en la parte inferior de la ventana y suéltela. Pulse **OK**.

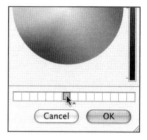

Muchos programas de televisión utilizan un color concreto en bordes, texto, fondos y demás, como parte del estilo del programa. De esta forma puede guardar un color favorito.

 Nota: Se trata de la ventana de colores de OS X, por lo que la muestra guardada se podrá utilizar en otros proyectos y aplicaciones del mismo equipo.

10. Ajuste la barra de reproducción para poder ver la motocicleta por detrás del hombre que habla. Para cambiar el centro

de la estrella, haga clic en el botón de centrado de la línea de parámetros. Desplace el puntero hasta el lienzo y, con el icono en forma de cruz que aparece, haga clic por encima de los números de la motocicleta. Reproduzca la transición.

De esta forma la posición de la estrella se centra sobre la motocicleta. Intente centrarla de nuevo sobre el rostro del piloto.

11. En la línea de tiempo, desplace la barra de reproducción hasta el marcador cross zoom (3D simulation). Desde la carpeta 3D Simulation de la ficha Effects, arrastre la transición hasta este punto de edición y reprodúzcala.

En la línea de tiempo, aparece una línea de color sobre el efecto, como veremos en el siguiente ejercicio.

Previsualizar y representar efectos

En Final Cut Pro podemos ver muchos efectos, incluso varios flujos o capas de efectos, en tiempo real. La forma en que se reproduzcan dependerá del hardware de su equipo y

del formato de vídeo que emplee, así como de otras opciones que seleccione. En ocasiones tendrá que reducir la calidad de la imagen o la velocidad de fotogramas para poder ver los efectos. Puede que también tenga que previsualizar o reproducir la transición. El proceso de representación (*render*) convierte la transición entre dos clips en un clip independiente, que se almacena en la carpeta Render Files del disco de memoria designado y que se reproduce en la secuencia como clip independiente pero invisible, por lo que no aparece en el buscador ni en la línea de tiempo.

Existen parámetros que indican a Final Cut Pro cómo reproducir efectos en cada secuencia, así como una zona de la línea de tiempo que muestra un color distinto para cada efecto, para indicar si necesita ser representado o no.

1. En la secuencia actual, en la esquina superior izquierda de la línea de tiempo por debajo de las fichas de secuencia, haga clic en el menú emergente RT pero no suelte el ratón

Ya hemos trabajado con Unlimited RT, un parámetro que indica a Final Cut Pro que reproduzca el mayor número posible de efectos en tiempo real, aunque tenga que ignorar ciertos parámetro o algún fotograma. La otra opción es Safe RT, que indica a Final Cut Pro que reproduzca un efecto sólo si puede hacerlo sin ignorar fotogramas.

2. Compruebe si en la línea de tiempo aparecen barras amarillas o naranjas. Seleccione Safe RT en el menú emergente RT y suelte el ratón. Tras ello, fíjese en la

transición Cross Zoom aplicada en el ejercicio anterior.

3. Haga clic en el menú RT y compruebe los parámetros de calidad situados bajo Playback Quality y Playback Frame Rate.

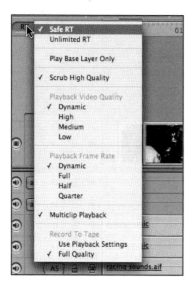

Cuanto menores sean estos valores, más efectos podrá reproducir Final Cut Pro en tiempo real. Si selecciona Dynamic se asegurará de obtener la mayor calidad posible a la mejor velocidad de fotogramas, al tiempo que maximiza el número de fotogramas que se reproducirán en tiempo real.

Cuando más complejos sean los efectos, menor será la calidad, por lo que su equipo podrá reproducirlos en tiempo real. Si el equipo impone menos exigencias, Final Cut Pro utilizará una mayor calidad de vídeo y velocidad de fotogramas.

4. En la secuencia actual, amplíe la vista en la línea de tiempo. Puede utilizar los marcadores como referencia.

La línea de color situada por encima de la transición es una barra de representación que, por ahora, se divide en dos regiones. La zona superior representa el vídeo y la inferior el audio. La barra de representación puede aparecer por encima de la transición o por encima de un clip si se ha aplicado un efecto de filtro.

 Nota: Puede ver líneas de representación por encima de los cuerpos de algunos clips de la secuencia ya que los colores se han ajustado con un efecto de filtro. Aprenderemos a hacerlo en un capítulo posterior.

Zona de estado de procesamiento de vídeo

Zona de estado de procesamiento de audio

En la barra pueden aparecer distintos colores, para indicar el estado o la capacidad del programa para reproducir este efecto en tiempo real según los parámetros RT actuales. El estado de representación de un efecto depende de la velocidad del equipo que utilice y puede ser uno de los siguientes:

- **Rojo:** La transición necesita procesarse para reproducirla en tiempo real.

- **Naranja:** Supera la capacidad de reproducción en tiempo real del equipo pero puede reproducirse si selecciona la opción Unlimited RT, aunque con pérdida de fotogramas.

- **Amarillo:** Las transiciones pueden reproducirse en tiempo real aunque algunos atributos pueden no ser exactos.

- **Verde:** Se reproduce en tiempo real pero sin la máxima calidad.

- **Verde oscuro:** Se puede reproducir en tiempo real y representar sin procesamiento previo.

- **Gris:** Se ha procesado material.

- **Gris oscuro:** No se necesita realizar la representación.

5. Sitúe la barra de reproducción unos segundos antes del efecto y reprodúzcalo.

   El clip de salida se reproduce a velocidad normal hasta que alcanza la transición, momento en el que aparece la entrada Unrendered en el lienzo mientras dure la transición. Con la opción Safe RT, Final Cut Pro no intenta reproducir este efecto en tiempo real. No obstante, existe una forma de previsualizarlo.

6. Vuelva a arrastrar la barra de reproducción por delante de la transición. En esta ocasión, pulse **Opción-P**. También puede utilizar **Opción-** o seleccionar Mark>Play>Every Frame.

El clip se reproduce a velocidad normal hasta que la barra de reproducción llega a la transición, momento en que la velocidad se reduce para procesar la transición y vuelve a aumentar cuando ésta acaba. Cuando Final Cut Pro no puede reproducir todos los efecto, incluso tras seleccionar la opción Unlimited RT, la previsualización resulta muy útil para ver el efecto sin procesarlo.

 Truco: Si utiliza la combinación **Opción-P** habitualmente, puede añadirla a las barras de botones del lienzo o de la línea de tiempo.

7. En esta ocasión, arrastre la barra de reproducción manualmente por la zona de la transición para ver los fotogramas sin procesar de la misma. Utilice las teclas **Flecha arriba** y **Flecha abajo** para desplazarse entre fotogramas.

   Es similar a arrastrar un efecto. Sin embargo, para verlo en tiempo real con Safe RT, tendrá que procesarlo.

8. En la línea de tiempo, haga clic en la transición Cross Zoom.

9. Para procesarla, seleccione Sequence>Render Selection (Secuencia>Procesar selección) sin soltar el ratón.

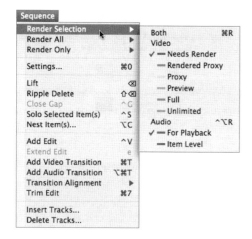

11. En la línea de tiempo, haga clic en el menú emergente **RT** y seleccione **Unlimited RT**.

   Es la mejor opción para experimentar con distintos efectos.

Nota: Para ver o modificar el disco de memoria en el que se guardan los archivos de representación, pulse **Mayús-Q** para abrir la ventana de preferencias del sistema.

En la sección de procesamiento aparecen los distintos colores de estado del procesamiento. Si el color del efecto en la línea de tiempo no está marcado en el menú, el efecto no se procesará.

10. Compruebe que la barra de representación está seleccionada y seleccione Sequence>Render Selection>Video o pulse **Comando-R**.

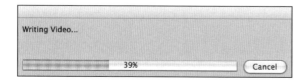

Writing Video...

39%   Cancel

Se abrirá una ventana con una barra de progreso del procesamiento. Cuando termine, aparecerá una línea azul por encima de la transición para indicar que se ha procesado.

Nota: Si la transición ya se ha procesado, tendrá que volverlo a hacer para modificar su duración o cualquier otro aspecto.

Tareas del proyecto

Si desea continuar con la aplicación de transiciones y la modificación de sus parámetros, utilice los marcadores de la secuencia como referencia para la transición que desee aplicar en cada punto. También puede aplicar el color amarillo guardado en la ventana Colors a la última transición de la secuencia. Si desea experimentar, añada cualquier transición que elija a cualquier punto de edición. No olvide guardar sus favoritos.

Repaso del capítulo

1. ¿Desde dónde puede seleccionar un efecto de transición?

2. ¿En qué opción debe centrar el punto de edición seleccionándolo o situando la barra de reproducción sobre el mismo?

3. ¿Qué tres formas existen de modificar la duración de una transición en la línea de tiempo?

4. ¿De qué tres formas puede alinear una transición con respecto a un punto de edición?

5. ¿Cómo se utilizan los comandos **Comando-C** y **Comando-V** en una transición?

6. ¿Cómo se abre el editor de transiciones?

7. Indique la diferencia entre las transiciones de cortinilla y de iris con respecto a los fundidos.

8. ¿Qué parámetro de RT debe seleccionar para previsualizar el mayor número de efectos posible?

9. Indique tres formas de guardar una transición favorita.

10. ¿Cómo se define una nueva transición predeterminada?

Respuestas

1. Seleccione los efectos de transición en la ficha Effects del buscador y en el menú Effects.

2. Antes de aplicar una transición desde el menú Effects, debe seleccionar el punto de edición de destino.

3. Arrastre el borde del icono de la transición: haga clic con la tecla **Control** pulsada sobre el mismo, seleccione Duration en el menú contextual e introduzca una

cantidad en la ventana Duration. Abra el editor de transiciones y cambie el valor en el campo Duration.

4. Utilice Center On Edit, Start On Edit y End On Edit.

5. Seleccione una transición y pulse **Comando-C** para copiarla. Desplace la barra de reproducción hasta el punto de edición de destino y pulse **Comando-V** para pegarla.

6. Haga clic con la tecla **Control** pulsada sobre un lateral del icono de transición y seleccione Open en el menú contextual. También puede hacer doble clic sobre el lateral.

7. Estos tipos de transiciones tienen parámetros adicionales, como anchura y color de borde, que puede modificar en el editor de transiciones.

8. Seleccione Unlimited RT y Dynamic.

9. Desde el editor de transiciones, arrastre el icono en forma de mano hasta la ficha Effects y suéltelo en la carpeta Favorites; seleccione Effects>Make Favorite o pulse **Opción-F**.

10. Haga clic con la tecla **Control** pulsada sobre la transición en la ficha Effects y seleccione Set Default Transition en el menú contextual.

Teclas de acceso directo

Comando-T	Aplica una transición predeterminada
Comando-C	Copia la transición seleccionada
Comando-V	Pega la transición copiada
Opción-Comando-T	Aplica la transición de audio predeterminada
H	Selecciona la herramienta Mano
Opción-P	Muestra una transición (Comando Play Every Frame)
Comando-R	Procesa una transición
Opción-R	Procesa todas las transiciones
Mayús-Q	Abre la ventana de ajustes del sistema
Opción-F	Guarda una transición favorita

Capítulo 11

Mezclar pistas de audio

L a organización y la mezcla de pistas generan una secuencia unificada, de aspecto y sonido coherentes. Aunque la mezcla de pistas de audio suele ser el último paso del proceso de edición, en ocasiones tendrá que realizar importantes ajustes de sonido mientras edita. Puede trabajar con hasta 99 pistas de audio en una secuencia, lo que le permite previsualizar distintas opciones de música u otras pistas de audio antes de realizar la selección de los clips definitivos. También se incluyen controles de audio en la línea de tiempo para administrar o modificar clips de audio, así como dos herramientas para mezclar audio y grabar su propia narración de voz.

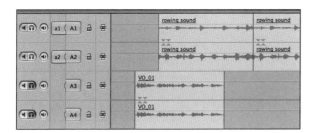

Controles de audio y pantallas de forma de ondas en la línea de tiempo.

- **Archivos del capítulo:** Lesson 11 Project

- **Medios:** Carpetas A Thousand Roads> Canoe Club, Motocross>Racing Footage y Team Story

- **Duración:** Aproximadamente 90 minutos

- **Objetivos:**

  - Organizar y previsualizar pistas de audio.

- Ajustar niveles de audio en la línea de tiempo.

- Utilizar formas de onda para editar audio.

- Añadir ediciones para crear fundidos de audio.

- Crear fundidos de audio con fotogramas clave.

- Utilizar el mezclador de audio.

- Grabar una narración de voz.

- Importar pistas de CD.

Preparar el proyecto

Para comenzar, inicie Final Cut Pro y abra el proyecto correspondiente a este capítulo.

1. Inicie el programa y seleccione File>Open o pulse **Comando-O.** Seleccione el archivo **Lesson 11 Project** de la carpeta de capítulos del disco duro.

2. En la línea de tiempo, haga clic entre las secuencias **Canoe Club-Mono** y **Canoe Club-Finished**. Reproduzca esta última.

Los niveles de volumen de la secuencia **Canoe Club-Finished** se han ajustado y mezclado. En la secuencia **Canoe Club-Mono**, los clips de audio tienen los niveles originales y los clips de narración están en mono. En este capítulo convertiremos los clips mono en pares estéreo y ajustaremos el volumen de las pistas de música y de efectos de sonido para crear una mezcla adecuada a la narración.

3. Haga clic en la ficha de la secuencia **Team Story** y reprodúzcala.

   Esta secuencia combina reflexiones de los integrantes del equipo de motociclismo Yamaha. Para añadir un efecto dramático, se ha modificado la velocidad de los tres primeros clips. Veremos cómo cambiar la velocidad de un clip en un capítulo posterior. En éste, añadiremos música y efectos de sonido a la secuencia, aprenderemos a aislar y previsualizar pistas, y a mezclarlas.

 Nota: En la línea de tiempo, muchos de los clips contienen las iniciales de los miembros del equipo. En concreto, **PA** - Phil Alderton, **DS** - Danny Smith, **BS** - Brock Sellard y **MB** - Mike Brown.

4. Cierre la secuencia **Canoe Club-Finished** y active la secuencia **Canoe Club-Mono** para el siguiente ejercicio. En la carpeta Sequences del buscador, cambie el nombre por **Canoe Club Mix**.

   Al modificar el nombre de una secuencia abierta, aparece en la ficha de la secuencia en la línea de tiempo.

Organizar y previsualizar pistas de audio

El aspecto más importante de la organización de pistas de audio consiste en ubicar clips similares en la misma pista o en pistas cercanas. Por ejemplo, puede incluir todos los diálogos en las pistas A1 y A2, y utilizar A3 y A4 para los efectos de sonido. Si utiliza dos fuentes de música, puede ubicarlas en pistas cercanas para facilitar el acceso a las mismas.

En este ejercicio prepararemos dos secuencias para una mezcla de audio. Convertiremos clips mono en estéreo para enriquecer la pista principal, añadiremos varias pistas al mismo tiempo y las previsualizaremos de distintas formas.

1. Para añadir una nueva pista de audio entre las pistas A3 y A4, haga clic con la tecla **Control** pulsada sobre el control de la pista A3 en la línea de tiempo y seleccione Add Track. No pulse directamente sobre la pista A3 o acceder a un menú contextual diferente.

   La nueva pista A4 se añade directamente por debajo de la pista A3, y las dos pistas inferiores se desplazan hacia abajo, convirtiéndose en las pistas A5 y A6.

2. Para seleccionar todos los clips de la pista A3, pulse **T** para seleccionar la tercera herramienta de la paleta de herramientas.

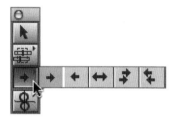

La paleta incluye cinco herramientas de selección de pistas. Cada una selecciona un clip anterior o posterior al punto en que haya pulsado en una o todas las pistas.

3. Haga clic en el primer clip de narración de la pista **A3**, **VO_01**.

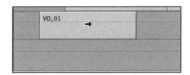

4. Para convertir las pistas mono en estéreo, pulse **Comando-C** para copiar los clips. Para seleccionar el destino, ajuste la barra de reproducción al primer fotograma del clip **VO_01** y haga clic con la tecla **Control** pulsada sobre el control de selección automática de **A4**. Pulse **Comando-V** para pegar los clips.

Los clips copiados se alinean por debajo de los originales.

5. Pulse **A** para recuperar la herramienta de selección predeterminada y seleccione los dos clips **VO_01**. Ejecute Modify>Stereo Pair o pulse **Opción-L**. Repita la operación con los restantes clips de narración.

Truco: Si el clip se ha filmado con dos micrófonos diferentes y desea eliminar la pista más débil, invierta el proceso anterior. Convierta las pistas en mono y elimine la incorrecta. Tras ello, copie y pegue la pista correcta y agrupe las dos en un par estéreo.

6. Haga clic en la ficha de la secuencia **Team Story**. Para añadir varias pistas de audio al mismo tiempo, seleccione Sequence>Insert Tracks.

Se abrirá la ventana Insert Tracks, en la que puede seleccionar un número concreto de pistas de vídeo o audio que añadir.

Truco: Puede acceder a la ventana Delete Tracks por medio de los comandos Sequence>Delete Tracks. Tras ello, podrá eliminar todas las pistas de vídeo o audio sin utilizar al mismo tiempo.

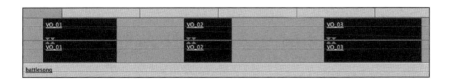

7. En el campo Insert Audio Tracks, introduzca **4** y compruebe que el botón **After Last Track** está seleccionado. Pulse **OK**.

   En la línea de tiempo se añaden cuatro nuevas pistas de audio por detrás de la última pista anterior.

8. Desde la carpeta Team Story Clips del buscador, arrastre el clip de música **dramatic trumpet.aif** hasta las pistas A3 y A4 de la línea de tiempo, y suéltelo al inicio de la secuencia como edición por sustitución. Repita el proceso con el clip **bike sfx.aif** de las pistas A5 y A6.

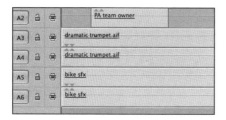

Con los distintos tipos de audio de la secuencia, puede que desee previsualizar únicamente la música con el vídeo, sin escuchar las demás pistas. Existe una forma de escuchar esta pista al tiempo que se silencian las demás, sin utilizar los controles Audible.

 Nota: Si desactiva el control Audible o Visible de una pista, puede perder sus archivos de representación de audio o vídeo.

9. Haga clic en los controles de audio situados en el extremo inferior izquierdo de la ventana de la línea de tiempo.

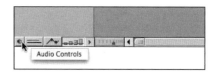

De esta forma se amplía la zona de controles de sonido de la línea de tiempo y se muestran los botones Mute y Solo. Los botones Mute son los iconos en forma de altavoz y los botones Solo, los iconos en forma de auricular.

10. Para escuchar la música con el vídeo, pulse los botones Solo de A3 y A4. Reproduzca la secuencia. Tras ello, haga clic en los botones Solo de las pistas A1 y A2 para añadir el sonido sincronizado a la mezcla.

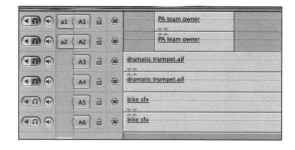

Al pulsar un botón Solo, se aísla dicha pista al tiempo que se silencian las demás. Si pulsa otro botón Solo, se añade la correspondiente pista a la mezcla. Aunque puede pulsar los botones Solo y Mute de una pista, el primero tiene preferencia sobre el segundo.

 Truco: Al contrario de lo que sucede con los controles Audible, puede activar o desactivar los botones Solo y Mute mientras reproduce una secuencia.

11. Desactive los botones Solo de las pistas de música. Fíjese en los medidores de audio mientras reproduce únicamente las pistas A1 y A2.

Para esta toma, se utilizaron dos micrófonos para grabar el sonido. Uno estaba conectado al orador y otro captaba el sonido ambiente. Los niveles de audio de estos clips se sitúan en torno a los -12dB, un nivel correcto para las pistas de audio principales.

Por medio de los botones Solo podemos distinguir qué fuente de audio se encuentra en una pista concreta y ajustarla según corresponda.

12. Pulse el botón Solo de las pistas A1 y A2 mientras reproduce los clips hasta que pueda determinar qué pista es cada una.

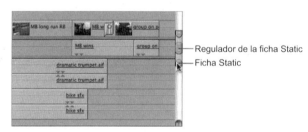

Regulador de la ficha Static
Ficha Static

Nota: Si la secuencia tiene más pistas de las que puede ver simultáneamente, puede crear una zona independiente de pista estáticas en la línea de tiempo para aislar las primeras pistas y, tras ello, desplazarse por el resto. Para crear dicha zona, arrastre la ficha inferior hacia abajo para incluir el número de pistas que desee ver. Para eliminar la zona, arrastre la misma ficha hacia arriba.

Ajustar y editar audio en la línea de tiempo

Tras preparar las pistas y añadir fuentes de sonido adicionales, puede definir el nivel de audio de cada clip según su función en la secuencia. Puede definir un nivel inicial para las pistas de mayor prioridad, las que tengan que escucharse por encima de las demás. A menudo, se trata de las pistas de diálogo. Sin embargo, cuando hay narración, además de diálogo, como ocurre con las secuencias **Amanda**, el diálogo puede ser secundario.

En sonido digital, la señal de audio general de las pistas combinadas no puede superar los 0 dB, o el sonido se acoplará o distorsionará. No es lo mismo con el sonido analógico, que utiliza una escala de decibelios diferente con promedios cercanos a los 0 dB. Para no superar este nivel, tendrá que establecer las pistas de audio principales, como las de diálogo o narración, por debajo, entre -12 dB y -6 dB. Puede establecer el volumen de la música en -15 o -18. Al añadir pistas de sonido adicionales, dispondrá de espacio para aumentar el volumen sin que acople. No obstante, si sucede, tendrá que ajustar la mezcla.

La línea de tiempo cuenta con dos ventanas que le permiten ajustar y editar el sonido: las capas de audio y las formas de onda.

Utilizar capas de audio para definir niveles de sonido

Ya sabemos cómo ajustar los niveles de volumen en el visor introduciendo un valor de dB o arrastrando la línea de volumen de color rosa. También podemos ajustar el volumen directamente en la línea de tiempo. Para ello, es necesario alternar una capa de clip que muestra una línea rosa de nivel de volumen similar a la del visor.

1. Haga clic en la ficha **Canoe Club Mix**. Pulse el control Audio Controls de la secuencia, y active las pistas de narración **A3** y **A4**. Al reproducir los clips, fíjese en los niveles de decibelios de los medidores de audio.

   Aunque los clips de narración son bastante coherentes, se encuentran por debajo de los -12 dB. Como la narración es el sonido principal de la secuencia, tendrá que aumentar el volumen de los clips.

2. Para activar las capas de clips de la secuencia, haga clic en el control Clip Overlays o pulse **Opción-W**.

   En cada clip de audio aparece una línea rosa de nivel de volumen que representa el volumen del clip. Sobre los clips de vídeo aparecen líneas de color negro, que representan el porcentaje de opacidad del vídeo. Las líneas de audio aparecen a un tercio del clip, para que podamos subir el nivel de volumen original. Las líneas de opacidad, en la posición predeterminada, se encuentran en la parte superior de los clips de vídeo al 100 por cien.

Nota: Los controles Audio Controls y Clip Overlay se pueden activar o desactivar en cualquier secuencia abierta en la línea de tiempo. Al guardar el proyecto, la secuencia se vuelve a abrir en el mismo estado.

3. En el clip **VO_01**, desplace el puntero sobre la línea de volumen de las pistas **A1** y **A2**, y arrastre hacia arriba.

   Al arrastrar, ambas líneas se mueven verticalmente ya que las pistas están agrupadas como par estéreo. El cuadro de información muestra la cantidad de dB que se cambia el volumen con respecto al original.

Nota: Recuerde que el nivel de 0 dB de cada clip representa el nivel de audio original capturado. No significa que en los medidores de audio aparecerá como 0 dB.

4. Arrastre la línea de nivel de volumen cuatro dB por encima de 0 y reproduzca el clip. Pruebe con un valor de 8 dB.

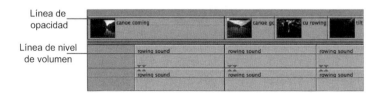

Línea de opacidad

Línea de nivel de volumen

Truco: Al arrastrar, el nivel de volumen cambia en distintos incrementos en función de la altura de la pista. Para ver cada uno de los incrementos, mantenga pulsada la tecla **Comando** mientras arrastra.

El primer paso para definir niveles consiste en determinar un punto de inicio. Al previsualizar el audio de la secuencia, tendrá que volver a ajustar los clips de narración.

5. Reproduzca y ajuste el volumen de los clips **VO_02** y **VO_03** para adecuarlos al primero.

6. Tras ello, haga clic en los controles Solo de las pistas de música **A5** y **A6** para añadirlas a la mezcla. Reproduzca las zonas donde los clips de música y narración se juntan en la secuencia.

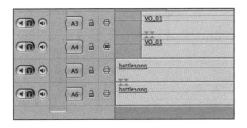

Truco: Cuando termine de escuchar un clip de narración, sin detener la barra de reproducción, haga clic por encima del siguiente clip de narración. La barra de reproducción continuará desde ese punto.

Al máximo volumen, la música tapa la narración. Ajustaremos el volumen de la

música para crear un nivel de mezcla óptimo para la narración.

7. Arrastre la línea de nivel de volumen de una de las pistas estéreo hacia abajo, -12 dB, y reprodúzcala. Ajuste el nivel para que la música se escuche con claridad pero sin tapar la narración.

Nota: Más adelante veremos cómo aumentar y reducir el nivel de volumen desde el clip de música, para conseguir un nivel más amplio cuando el narrador no habla.

8. Para desactivar todos los botones Solo y escuchar todas las pistas, haga clic con la tecla **Opción** pulsada sobre el botón Solo de **A1** y, tras ello, vuelva a pulsar.

Al hacer clic con la tecla **Opción** pulsada sobre un botón Solo deseleccionado primero se seleccionan todos los botones Solo y, tras ello, se vuelven a deseleccionar.

9. Reproduzca la secuencia donde el primer clip de narración, **VO_01**, solapa al primer clip **rowing sound**. Reduzca el volumen hasta el nivel adecuado.

10. Para aplicar el nivel de volumen del primer clip **rowing sound** a los demás, seleccione el primer clip y pulse **Comando-C** para copiarlo. Seleccione los demás clips **rowing sound**.

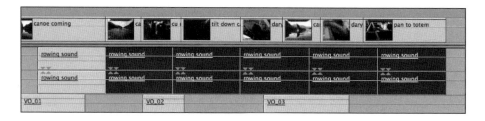

11. Haga clic con la tecla **Control** pulsada sobre uno de los clips seleccionados y seleccione **Paste Attributes** en el menú contextual. En la ventana **Paste Attributes**, bajo **Audio Attributes**, marque la casilla **Levels** y pulse **OK**.

Las líneas de volumen de todos los clips **rowing sound** descienden al mismo nivel que el primer clip de efecto de sonido de la secuencia.

Nota: Si el nivel de sonido del clip de secuencia supera los 0 dB, puede que se haya grabado demasiado alto durante la toma original y puede distorsionar. La modificación del nivel como hemos mencionado antes puede ayudar pero no significa que corrija el problema definitivamente.

Tareas del proyecto

Para practicar con el ajuste de niveles de sonido, haga clic en la ficha de la secuencia **Team Story** y ajuste primero las pistas de los integrantes del equipo y, tras ello, combine la música y los efectos de sonido en la mezcla. Recuerde que en un apartado posterior animaremos el nivel de sonido. Tendrá que buscar el equilibrio adecuado entre las pistas. Apreciará que el clip **bike sfx.aif** sólo tiene

sonido en una pista, lo que solucionaremos en un ejercicio posterior.

Truco: También puede seleccionar **Modify>Levels** para abrir la ventana **Gain Adjust** (Ajustar ganancia), en la que podrá modificar el nivel de los clips seleccionados en cantidades concretas. También puede establecer un nivel de volumen absoluto.

Utilizar formas de onda para editar sonido

Además de la línea de nivel de volumen, la línea de tiempo también incluye la ventana de forma de onda para las pistas de sonido. La representación del audio puede resultar muy útil al ajustar el volumen y editar las pistas de audio. Mientras edita, puede mostrar las líneas de nivel de volumen y las formas de onda conjuntamente en la línea de tiempo. Para centrarnos en dicha pantalla, en este ejercicio desactivaremos las líneas de los clips.

1. Si ha equilibrado los niveles de volumen de la secuencia **Team Story** en el ejercicio anterior, continúe con dicha secuencia. En caso contrario, abra la secuencia **Team Story Mixed** de la carpeta **Sequences** en el buscador.

Es la misma secuencia pero con niveles de audio mezclados.

2. Seleccione Show Audio Waveforms en el menú emergente de la línea de tiempo o pulse **Opción-Comando-W**.

Truco: En ocasiones resulta más sencillo recordar métodos abreviados de teclado similares. **Opción-W** activa las capas de clips, mientras que **Opción-Comando-W** muestra las formas de onda.

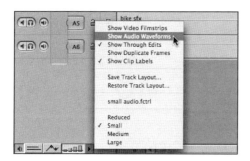

3. Desplace el puntero sobre la línea que divide las pistas **A1** y **A2**. Cuando se convierta en la flecha de cambio de tamaño, pulse **Opción** y arrastre hacia abajo.

   Al ampliar las pistas de audio, también aumentan las formas de onda, para que podamos centrarnos en la forma de las señales sonoras.

4. Fíjese en las pistas **A1** y **A2** para determinar cuál es la inferior y cuál la de micrófono.

5. Fíjese en el clip **bike sfx.aif** de A5 y A6.

Si reprodujo este clip en el ejercicio anterior, sabrá que no incluye audio grabado en uno de los medidores de audio. Al examinar el monitor de forma de onda podemos saber el contenido sonoro de un clip sin necesidad de reproducirlo.

6. Para eliminar la pista vacía del clip estéreo **bike sfx.aif**, seleccione el clip y pulse **Opción-L** para desagrupar el par estéreo. Seleccione la pista inferior y pulse **Supr**.

De esta forma en la línea de tiempo sólo aparecen la pista **bike sfx.aif**.

7. Desplace la barra de reproducción al final del cuarto clip de integrantes del equipo y reproduzca hasta el final de la secuencia. Fíjese en el monitor de forma de onda del clip **MB wins**.

En el monitor parece que hubiera sonidos de aplausos adicionales. Al ampliar el sonido bajo la imagen del clip **MB long run** antes, se añadiría el sonido del público antes de que apareciera en pantalla, aumentado el interés de la secuencia.

8. En la barra de botones de la línea de tiempo, haga clic en el botón de selección vinculada para desactivarla. Arrastre el punto de entrada del clip **MB wins** hacia la izquierda y ajústelo con el punto de salida del clip **MB championship**. Reproduzca desde ese punto.

Aunque la parte ampliada de este clip no está sincronizada con el vídeo, sí lo está con los aplausos del hombre.

Otra utilidad del monitor de forma de onda es para editar pistas de audio en la línea de tiempo.

9. Abra la secuencia **Waveform Editing** desde el buscador. Reproduzca los dos clips sin editar y, tras ello, reproduzca el grupo de clips de audio editados.

La versión editada de estos dos clips se ha utilizado en la secuencia **Racing-Transitions** de un capítulo anterior. Al eliminar las coletillas de los comentarios del director del equipo, obtenemos un fragmento de sonido bien editado y más eficaz.

Truco: Si no aparece el monitor de forma de onda, aumente el tamaño de la pista o el clip para poder verlo.

10. Amplíe la vista sobre el inicio del primer clip, **JM stakes arise**.

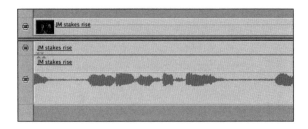

De esta forma podemos ver dónde se producen las pausas en el clip en función de la forma del monitor de forma de onda. Puede marcar las pausas y borrarlas para reducir estos dos clips y mejorar el fragmento de sonido.

11. Reproduzca desde el inicio del clip y defina un punto de entrada después de que el director diga **When the stakes arise** pero antes de que se detenga. Defina un punto de salida antes de que diga **You'll see.**.

Truco: Al ver clips de audio estéreo en el monitor de forma de onda, como en esta secuencia, puede ampliar una pista y reducir la otra.

12. Pulse **Mayús-Supr** para eliminar la pausa y ampliar la parte restante del clip. Reproduzca el nuevo punto de edición para comprobar el sonido.

Nota: También puede utilizar la herramienta Razor Blade en ambos lados de la pausa para crear un clip independiente de la misma y, tras ello, borrar el clip.

Tareas del proyecto

Para continuar con la edición desde el monitor de forma de onda, seleccione los clips **JM stakes rise** y **JM what you see**, y elimine las pausas y las coletillas. Para completar el proceso de edición de audio y precisar el sonido de los clips, utilice la herramienta Ripple (o las teclas de corchete) para recortar fotogramas en los puntos de edición y añadir breves fundidos encadenados a los mismos. Utilice la versión editada de la secuencia y el siguiente guión como referencia:

"When the stakes rise, you will see some situations that are interesting, to say the least."

"You're going to witness a tremendous amount of desire, and passion, and emotion. All of the components that make a competitive athlete who and what they are."

Truco: El monitor de formas de onda de la línea de tiempo consume memoria adicional, al igual que sucede al trabajar con miniaturas de vídeo. Si no necesita centrarse en el audio, desactive el monitor de formas de onda.

Modificar niveles de audio en el tiempo

En ejercicios anteriores definimos los niveles de sonido en clips concretos de las secuencias **Canoe Club Mix** y **Team Story**. A lo largo de la secuencia encontramos pistas de música y efectos de sonido. En ocasiones, puede que desee difuminarlas y permitir que predomine el sonido principal, para que vuelvan a crecer segundos después. Existen dos formas de cambiar o animar los niveles de sonido. Uno de los métodos implica añadir un punto de edición y un fundido encadenado para modificar el nivel de sonido. El otro método implica definir un fotograma clave directamente en la línea de volumen. Un fotograma clave identifica el fotograma del clip en el que modificar una determinada propiedad, como puede ser el nivel de audio, o en un clip de vídeo la opacidad.

1. En la línea de tiempo, haga clic en la secuencia **Canoe Club Mix** y compruebe que las capas de clip están activadas. Compruebe también que puede escuchar las pistas y que ha activado el ajuste.

    En un ejercicio anterior definimos un nivel de mezcla para el clip **battlesong** de A5 y A6. Para aumentar el nivel de volumen de las partes en que no habla el narrador, podemos dividir la pista de música en diferentes clips.

2. Desplace la barra de reproducción hasta ajustarla al punto de entrada del clip de narración **VO_01**. Elija uno de los tres siguientes métodos para añadir un punto de edición y dividir el clip en dicho punto:

- Pulse **B** para seleccionar la herramienta Razor Blade y haga clic en la pista A5. Pulse **A** para recuperar la herramienta de selección predeterminada.

- Desactive los controles de selección automática de todas las pistas de vídeo y audio menos de **A5** y **A6**. Seleccione Sequence>Add Edit.

- Con los controles de selección automática de todas las pistas desactivados, menos de **A5** y **A6**, pulse **Control-V**.

 Truco: Puede utilizar la combinación **Control-V** para añadir ediciones mientras reproduce un clip. Al pulsar **Control-V** aparecen marcadores azules y, cuando se detenga, aparecerán puntos de edición en la posición de los marcadores.

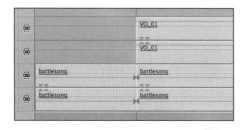

Se añadirá un nuevo punto de edición al clip de música y se crearán dos nuevos clips.

3. Para cambiar el volumen del primer clip **battlesong**, arrastre el nivel de volumen hasta 0 dB. Reproduzca desde el punto de edición para escuchar el cambio de volumen.

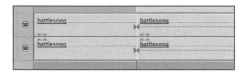

Al pasar de un nivel de audio a otro, se crea una transición abrupta.

4. Para suavizar las transiciones, seleccione el punto de edición o pulse **Opción-Comando-T** para añadir el fundido encadenado de audio predeterminado entre estos dos clips.

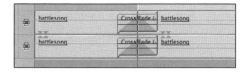

En un capítulo anterior utilizamos un fundido encadenado para suavizar una transición entre dos clips de sonido. En este caso, como los dos clips reproducen una pista de música continua, el fundido pasa de un nivel de audio al siguiente.

5. Añada puntos de edición en el clip **battlesong** utilizando el inicio y el final de cada clip de narración como guía. En el clip sin narración, aumente la línea de nivel de sonido hasta 0 dB. Aplique el fundido encadenado predeterminado a cada punto de edición y reproduzca la secuencia.

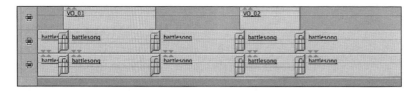

6. Haga clic en la secuencia **Team Story** (o **Team Story Mixed**). Para preparar esta secuencia, active las capas de clip y desactive las formas de onda. Silencie la pista **A5**.

   Para aumentar y reducir el volumen de música de forma diferente, crearemos un fotograma clave para modificar el nivel de audio.

7. Como guía visual, desplace la barra de reproducción hasta el punto de entrada el clip **PA team owner**. Pulse **P** para seleccionar la herramienta Pen (Pluma) y desplace el puntero hasta el clip **dramatic trumpet.aif** y sobre la línea rosa de volumen situada por delante de la barra de reproducción.

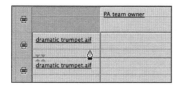

El cursor se ve como una pluma sólo cuando está sobre la línea de capas del clip.

Truco: También puede utilizar la herramienta de selección predeterminada y mantener pulsada la tecla **Opción** para seleccionar temporalmente la herramienta Pen.

8. Haga clic con la pluma sobre la barra de reproducción. Asegúrese de hacer clic sobre la línea de capas del clip.

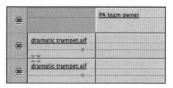

En la línea donde se encuentra la barra de reproducción aparece un rombo de color rosa, un fotograma clave. Aquí empezará a desvanecerse el sonido.

Truco: Para eliminar un fotograma clave, pulse **PP** para seleccionar la herramienta Pen Delete y haga clic en un fotograma clave o haga clic con la tecla **Control** pulsada y seleccione **Clear** en el menú contextual. También puede utilizar la tecla **Opción** con la herramienta de selección predeterminada o la herramienta Pen para eliminar un fotograma clave existente.

9. Mueva la pluma a la derecha de la barra de reproducción y vuelva a hacer clic en la línea de nivel de volumen.

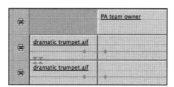

En este punto detendremos el fundido.

10. Para aumentar el volumen del primer fragmento de música, pulse **A** para recuperar la herramienta de selección predeterminada. Desplace el puntero sobre la línea de volumen. Cuando aparezca la flecha de cambio de tamaño, arrastre la línea de volumen hasta 0 dB y suéltela. Reproduzca el fundido de audio.

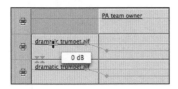

11. Reproduzca el último clip **group on podium** de la secuencia, y amplíe la vista. Para crear un sencillo fundido en este clip, añade dos fotogramas clave en la segunda mitad del clip de audio, haciendo clip con la tecla **Opción** pulsada.

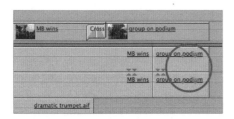

Una vez establecido el fotograma clave, se pueden cambiar sus valores arrastrando hacia arriba o hacia abajo, o a ambos lados donde empiece o termine el cambio de volumen.

Truco: Al definir un fotograma clave en el borde de un clip obtendrá mayor control para ubicarlo.

12. Desplace el puntero hasta el segundo fotograma clave. Cuando cambie a un icono en forma de cruz, arrastre el fotograma clave hacia abajo y hacia la esquina derecha del clip pero sobre su borde. Reproduzca el clip.

Nota: El puntero en forma de cruz es una herramienta que no se puede seleccionar. Forma parte de la función Pen y nos permite mover un fotograma clave.

Al arrastrar el fotograma clave horizontal o verticalmente, aparece un cuadro de información para indicar la distancia y la dirección en que se haya desplazado el fotograma clave con respecto a su posición original o el nivel de decibelios.

Nota: También podemos crear fotogramas clave en la ficha de audio del visor, antes o después de editar el clip en la línea de tiempo.

Tareas del proyecto

En la secuencia **Team Story**, añada nuevos fotogramas clave a la pista de música en los puntos de entrada y salida de los integrantes del equipo, como hicimos en el ejercicio anterior. Aumente el volumen de la música cuando no haya narración. Cuando termine de mezclar la música, cambie el volumen del clip **bike sfx.aif** para aplicar fundidos con los clips de los corredores. Puede utilizar la secuencia **Team Story Final** del buscador como referencia.

 Truco: Para crear un fundido de vídeo, defina dos fotogramas clave al inicio del primer clip de vídeo y arrastre hacia abajo el primer fotograma clave hasta la esquina inferior izquierda del clip.

Mezclar pistas con el mezclador de audio

Tras ver cómo definir fotogramas clave y mezclar audio manualmente en la línea de tiempo, ya podemos mezcla pistas en tiempo real con la herramienta Audio Mixer (Mezclador de audio). Existen dos formas de acceder al mezclador. La primera consiste en seleccionar la ventana de mezcla de audio (Audio Mixing), que incorpora el mezclador de audio a la interfaz. La otra consiste en seleccionar el mezclador de audio en el menú de herramientas. De esta manera, se abre el mezclador de audio como ventana separada que puede ubicar en el lugar que desee.

1. Desde la carpeta Sequences del buscador, abra la secuencia **Racing Promo**. Active las capas de clip de la secuencia.

2. Seleccione Tools>Audio Mixer (Herramientas>Mezclador de audio) o pulse **Opción-6**. Arrastre la herramienta de mezcla de audio hacia la izquierda sobre el área de la ventana del buscador.

Cuando se abre el mezclador de audio, aparece dentro de la ventana Tool Bench como ficha. En el mezclador de audio hay seis pistas de audio representadas, es el mismo número que tiene la secuencia. Si la secuencia activa tuviera 20 pistas de audio, en el mezclador aparecerían 20 pistas.

 Truco: Si trabaja con varias pistas y no puede verlas todas, puede ocultar la que desee si hace clic en el correspondiente número en el panel de selección de pistas.

3. En el mezclador de audio, asegúrese de que el botón Record Audio Keyframes (Grabar Fotogramas de Audio) del extremo superior derecho no está seleccionado para no crear más fotogramas mientras practica.

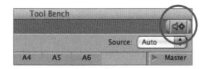

4. En la línea de tiempo, reproduzca la secuencia **Racing Promo** desde el inicio pero observe los reguladores del mezclador de audio.

    Los reguladores de pista se mueven en respuesta a los fotogramas clave y los niveles de sonido definido en los clips. También se pueden utilizar para definir un nivel de audio diferente, al igual que se aumenta o reduce la línea de nivel de volumen.

 Nota: Los botones Solo y Mute funcionan de la misma forma que en el panel de controles de sonido de la línea de tiempo.

5. En la línea de tiempo, desplace la barra de reproducción sobre el primer clip **JM stakes rise** y fíjese en la posición de la línea de nivel de volumen del clip. En el mezclador, arrastre el regulador **A1** hasta **-25dB** y suéltelo. Fíjese de nuevo en la línea de nivel de volumen de la línea de tiempo.

Al cambiar el volumen de un clip en el mezclador se cambia la línea de nivel de volumen del clip en la línea de tiempo. En el mezclador, el nivel de dB del cuadro situado bajo el control de fundido cambia para reflejar el cambio del sonido con respecto al nivel original de 0 dB. También podemos introducir un valor y pulsar **Intro**, para desplazar el control hasta dicho nivel.

 Nota: Al cambiar el volumen de un par estéreo, puede arrastrar un control de fundido para ajustar el volumen de ambas pistas al mismo tiempo.

Tras definir los niveles de mezcla de cada pista, puede ajustar el nivel de salida general de la secuencia por medio del control de fundido principal situado en el

extremo derecho de la ventana del mezclador de audio. También se pueden
enmudecer todas las pistas a la vez utilizando el botón **Master Mute**.

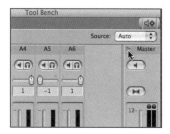

6. Reproduzca la secuencia desde el inicio y
fíjese en los medidores de fundido. Arrastre el control maestro hacia arriba y hacia
abajo para aumentar o disminuir el nivel
de sonido general. Asegúrese de que la
combinación de todas las pistas nunca
supere los 0 dB.

Los niveles del control maestro de audio
representan los niveles de salida de la
secuencia activa. Cuando se cambia el
nivel de una secuencia utilizando el
control maestro, ese nivel de salida se
mantendrá hasta que se modifique de
nuevo.

 Nota: Todos los cambios realizados en el control maestro afectan
al nivel de la mezcla cuando se
reproduce en cinta. En este capítulo, nos centraremos en el balan-
ce o la mezcla de pistas individuales y no en el paso de éstas a
cinta.

7. Antes de remezclar la pista de música con
el mezclador de audio, elimine los fotogramas clave haciendo clic con la tecla

Control pulsada sobre el clip **promo
music** y seleccione Remove Attributes en
el menú contextual. En la ventana Remove
Attributes, compruebe que la casilla
Levels está marcada bajo la columna
Audio Attributes y pulse **OK**.

8. En la barra de botones del mezclador,
haga clic en el botón Record Audio
Keyframes para activarlo.

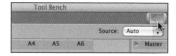

Al activar esta opción, todos los ajustes
que realice al arrastrar un control de
fundido mientras se reproduce la secuencia añaden fotogramas clave automáticamente al clip en la línea de tiempo.

 Truco: En la ficha Editing de la
ventana User Preferences, puede
seleccionar un nivel diferente de
creación automática de fotogramas clave, más o menos sensible a los movimientos del control.
Comience con el valor predeterminado, un nivel intermedio.

Como la mezcla con el mezclador de audio se
producen en tiempo real, analicemos el proceso. En primer lugar reproducimos la secuencia y, tras ello, mantenemos pulsado el
control de fundido de A3 (o A4) y observa-
mos la barra de reproducción en la secuencia.
Cuando se aproxime a la primera sección del
diálogo, arrastre el control A1 hacia abajo
mientras el hombre habla. Tras ello, recupere
el nivel original al final de la primera sección

del diálogo. Con el control de fundido pulsado, repita el proceso con la segunda sección de diálogo. Suelte el ratón cuando termine la secuencia.

9. Siga estos pasos para crear una mezcla en vivo:

    • Mueva la barra de reproducción al inicio de la secuencia y reprodúzcala. Haga clic y sostenga el control de A3. No suelte el ratón hasta que termine la reproducción de la secuencia.

    • Cuando la barra de reproducción se acerque al primer clip de diálogo, arrastre el control de A3 hacia abajo de manera que pueda escuchar el diálogo pero que la música siga sonando en el fondo.

    • Cuando el diálogo haya terminado, arrastre el control de A3 nuevamente a su nivel original.

    • Siga observando la barra de reproducción y cuando ésta se acerque al segundo clip de diálogo, arrastre el control de A3 otra vez hacia abajo y devuélvalo a la posición anterior.

    • Cuando haya terminado la reproducción de la secuencia libere el ratón.

En la línea de tiempo los fotogramas clave representan los picos en el clip de música donde se subieron o se bajaron los controles. Estos fotogramas clave se pueden subir o bajar para hacer ajustes a la mezcla, para reubicarlos o para agregar manualmente nuevos fotogramas clave, de la misma manera que lo hicimos en el ejercicio anterior.

Nota: El mezclador de audio puede ser una herramienta muy completa pero requiere cierta práctica antes de conseguir los resultados deseados. En ocasiones, puede ser más indicado controlar manualmente los fotogramas clave con ayuda de la herramienta Pen.

Grabar una pista de narración

La grabación de una narración depende de la naturaleza del proyecto. Se puede ensayar con una narración o simplemente destinar una pista para la sincronización del tiempo cuando se edita un vídeo para un documental o una noticia. Para grabar una narración en Final Cut Pro puede utilizar una cámara digital o cualquier otro dispositivo de grabación como un micrófono USB, una tarjeta PCI o un micrófono interno en un ordenador portátil. Cuando se graba una pista de audio de esta manera se crea un nuevo clip directamente en la línea de tiempo. Para crear un clip de grabación de voz se utiliza la herramienta Voice Over.

1. Si utiliza un micrófono externo o un micrófono de una cámara, conéctelo al equipo.

2. En la línea de tiempo, haga clic en la secuencia **Canoe Club Mix**. Silencie las pistas A3 y A4 para no escuchar la narración existente.

Grabará su voz diciendo lo mismo que dice el narrador.

 Truco: La grabación de una narración inicial le permite comenzar a editar, aunque no haya grabado o capturado ni capturado el guión.

3. Mueva la barra de reproducción al inicio del clip **VO_01**, donde empezaremos a grabar la narración. Pulse **I** para crear un punto de entrada. En el campo Duration del lienzo, introduzca **1400** y pulse **Intro**.

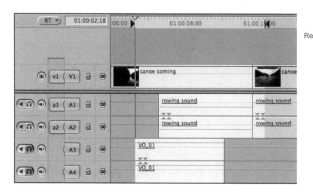

De esta forma se define un punto de salida más adelante en el clip de narración original y se genera espacio adicional mientras grabamos.

 Nota: Si no hay puntos de entrada ni de salida, el clip de narración empieza a grabarse en el punto donde está ubicada la barra de reproducción y continúa hasta el último clip de la secuencia.

4. Seleccione Tool>Voice Over (Herramienta>Grabación de voz) para abrir la ventana de la herramienta Voice Over.

Si Final Cut Pro no detecta ningún dispositivo de grabación, aparece una ventana de advertencia. Si Final Cut Pro detecta un micrófono, se abre la ventana de la herramienta Voice Over como ficha de la ventana Tool Bench. La ficha Audio Mixer sigue abierta en esta misma ventana.

La ventana de la herramienta Voice Over se divide en cuatro áreas: Status (Estado), Audio File (Archivo de audio), Input (Entrada) y Headphones (Auriculares).

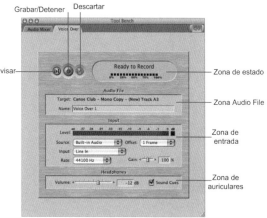

5. En el área de archivo de audio (Audio File), fíjese en la información de destino de las pistas. Tras ello, en la línea de tiempo arrastre el control de origen a2 hasta el control de destino A6. Consulte de nuevo la información de destino.

Tras conectar el control de origen a2 a la pista de destino A6, el destino de la nueva grabación de voz será A7. Esta pista se crea automáticamente tras grabar la voz.

Truco: Si no ve el control de origen **a2** en la zona de controles de pista de la línea de tiempo, abra un clip con audio en el visor, para que aparezcan los controles de origen.

 Nota: La función **Voice Over** sólo graba un canal de audio, en mono. No graba en estéreo.

6   En la sección **Audio File**, introduzca **Canoe Club Intro** como nombre de la pista de narración.

7.   En el área de entrada, seleccione la fuente correcta en el menú desplegable **Source**.

Si se trata de DV, seleccione **48000 Hz** en el menú desplegable **Rate** (Frecuencia) y **3 Frames** (3 fotogramas) en el menú desplegable **Offset** (Compensación).

 Nota: Final Cut Pro mostrará una configuración predeterminada de entrada basada en el dispositivo de grabación de audio detectado. Se puede incluir una cantidad de grabación de compensación como parte de los parámetros predeterminados. Si el dispositivo no admite 48000 Hz, esta opción no aparecerá.

8.   Empiece a hablar directamente para establecer el nivel de los auriculares y el de ganancia en el área de entrada.

 Truco: Si utiliza auriculares para realizar la operación, podrá escuchar los demás sonidos de la secuencia mientras graba la narración sin grabar las demás pistas de audio.

9.   Marque la casilla **Sound Cues** (Señales de sonido).

Cuando se selecciona esta opción, se escucha un pitido de alerta durante cinco segundos antes de empezar a grabar y más tarde como una señal de alerta antes del punto de salida.

Si no utiliza auriculares y las señales de sonido están seleccionadas, el sonido de alerta se grabará como parte del clip. Deseleccione la opción **Sound Cues** y observe preferiblemente el inicio de la cuenta regresiva en el área de grabación para ver cuándo empieza y cuándo termina la grabación.

Cuando esté listo para grabar, busque la señal **Ready to Record** (Listo para grabar) en el área de estado. Esto es lo que sucederá. Al pulsar el botón Record (grabar), la barra de reproducción saltará inmediatamente cinco segundos hacia atrás mientras que la ventana **Ready to Record** se pondrá amarilla y realizará una cuenta atrás desde cinco. Luego se pondrá roja y empezará a grabar. Cuando termine de leer la narración, haga clic en el botón Stop.

10. Pulse el botón Record y grabe esta línea:

> "Over at the western edge of the hemisphere, skimming across a deep water inlet of the Puget Sound, I see my northwest relatives, the Salish Canoe Club."

La grabación termina automáticamente en el punto de salida y el nuevo clip de narración aparece en la línea de tiempo.

11. Reproduzca el clip otra vez, pulsando el botón Review (Revisar) o reproduciendo la secuencia en la línea de tiempo.

Cada vez que se graba una nueva versión o toma, un nuevo clip se ubica en otra pista de la línea de tiempo y se le identifica con el próximo número ascendente.

 Truco: Si desea detener una grabación en curso o si no dispone de un punto de salida, haga clic en el botón Stop. También puede pulsar el botón Discard para descartar una pista no deseada. Este paso no se puede deshacer.

Importar pistas de CD

En los capítulos anteriores hemos utilizado pistas de música incluidas en el proyecto. Cuando edite su propio material, puede utilizar pistas de música de otras fuentes, como por ejemplo CD. El audio de CD estándar se graba a una velocidad de muestreo de 44.1 kHz (kilohercios), mientras que al audio de vídeo de alta calidad, incluyendo DV, XDCAM, HS y demás, se graba a 48.0 kHz. Aunque Final Cut Pro puede reproducir una pista de CD en la línea de tiempo sin procesarla, conviene convertir las pistas de CD a 48.0 kHz para que coincidan con las pistas de audio del vídeo. En la siguiente imagen, el clip de audio de la derecha muestra una barra verde en la parte superior de cada pista para indicar que no coincide con el valor de 48.0 kHz de la secuencia.

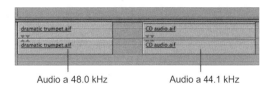

Audio a 48.0 kHz   Audio a 44.1 kHz

 Nota: En audio digital, la velocidad de muestreo representa cuántas veces se toma una muestra de una fuente de audio para crear una representación adecuada de dichos sonidos. Cuantas más muestras se tomen, mayor precisión tendrá el sonido en formato digital. Las velocidades de muestro de audio se miden en hercios y se escriben en hercios o kilohercios, como por ejemplo 48.0 kHz o 48000 Hz.

1. En el buscador, pulse **Comando-B** para crear una nueva carpeta. Asígnele el nombre **CD 48**.

2. Con la nueva carpeta seleccionada, seleccione File>Batch Export (Archivo>Exportar por lotes).

Se abrirá la ventana Export Queue (Cola de exportación) con la carpeta vacía seleccionada. Desde esta ventana podemos exportar o convertir un grupo de clips al mismo tiempo. Aunque veremos las opciones de exportación en un capítulo posterior, utilizaremos esta ventana para convertir las pistas de CD a 48.0 kHz.

3. Organice la interfaz para ver la ventana Export Queue y el escritorio. Introduzca un CD en su equipo. Abra una ventana de Finder y arrastre varias pistas de CD hasta la ventana Export Queue de Final Cut Pro y suéltelas sobre la carpeta CD 48.

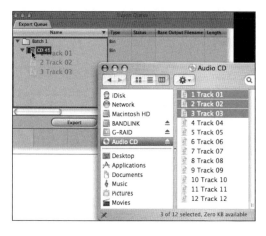

4. Con la carpeta CD 48 seleccionada, haga clic en el botón **Settings**.

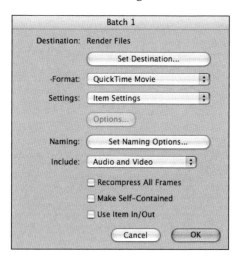

Se abrirá la ventana Batch con distintas opciones.

5. Haga clic en el botón **Set Destination** y seleccione una ubicación en la que guardar las nuevas pistas de música. Pulse **Choose**.

6. Haga clic en el menú emergente Format y seleccione AIFF como tipo de archivo.

7. Haga clic en el botón **Options**. Cuando se abra la ventana Sound Settings, cambie el valor de Rate por **48.0**. Puede introducir el valor en el campo Rate o hacer clic en la flecha situada a la derecha del campo y seleccionar 48.000 en el menú emergente.

8. Mantenga los demás valores predeterminados y pulse **OK**. En la ventana Export Queue, haga clic en el botón **Export**.

Aparecerá una barra de progreso de la exportación para indicar que las pistas de CD con los parámetros actuales se exportan al destino seleccionado. Al finalizar el proceso, puede importar dichas pistas a su proyecto y editarlas en sus secuencias.

Tareas del proyecto

En el archivo del proyecto, aplique las técnicas descritas a dos secuencias distintas de la carpeta Practice Project, que se encuentra en la carpeta Sequences. Si trabaja con Final Cut Pro Studio y cuenta con Soundtrack Pro, puede añadir efectos de sonido adicionales a estas secuencias y mezclar los distintos niveles.

No olvide guardar frecuentemente los cambios realizados en el proyecto.

Repaso del capítulo

1. ¿Qué control de la línea de tiempo debe pulsar para mostrar los botones Mute y Solo?

2. ¿Qué resultado se obtiene al pulsar el botón Solo de una pista?

3. ¿De qué dos formas puede añadir pistas a la línea de tiempo?

4. ¿Qué debe hacer para que aparezca la línea de nivel de volumen en los clips de la línea de tiempo?

5. ¿Cuándo debe activar las formas de onda en la línea de tiempo?

6. Indique dos de las tres formas para añadir un punto de edición a un clip existente en la posición de la barra de reproducción.

7. ¿Qué herramienta se utiliza para definir un fotograma clave en la línea de nivel de volumen?

8. ¿Cómo se accede a la herramienta Pluma sin seleccionarla en la paleta de herramientas?

9. ¿Cómo de modifica la posición o el nivel de volumen de un fotograma clave?

10. ¿En qué menú se encuentra el mezclador de audio?

11. Para mezclar pistas en tiempo real y crear fotogramas clave automáticamente en un clip, ¿qué debe hacer en la línea de tiempo?

12. ¿Qué herramienta se utiliza para grabar una pista de voz y cómo se accede a la misma?

13. Si desea utilizar pistas de CD en una secuencia, ¿qué puede hacer para convertirlas a 48 kHz?

Respuestas

1. El control Audio Controls situado en la parte inferior izquierda de la línea de tiempo.

2. La pista se convierte en la que única que se escucha al reproducir la secuencia.

3. Haga clic con la tecla **Control** en la zona de controles de pista de audio o vídeo en la línea de tiempo y seleccione Add Track en el menú contextual. También puede ejecutar Sequence>Insert Tracks.

4. Haga clic en el control Clip Overlay situado en la esquina inferior de la línea de tiempo, junto al control de altura de pista.

5. Cuando desee una representación visual de las señales de audio de un clip y para editar clips de audio.

6. Haga clic en el clip con la herramienta Razor Blade, seleccione Sequence>Add Edit o pulse **Control-V**.

7. La herramienta Pen. También puede hacer clic con la tecla **Opción** pulsada con la herramienta de selección predeterminada.

8. Mantenga pulsada la tecla **Opción** y desplace el puntero sobre la línea de nivel de volumen de un clip en la línea de tiempo. La herramienta Pen aparecerá sobre la línea.

9. Arrastre lateralmente para cambiar la posición y verticalmente para modificar el nivel de volumen.

10. El menú Tools.

11. Haga clic en el botón Record Audio Keyframes de la barra de botones del mezclador de audio para activarlo.

12. La herramienta Voice Over, que se encuentra en el menú Tools.

13. Arrastre las pistas hasta la ventana Export Queue y cambie los ajustes a 48 kHz. Exporte con el nuevo ajuste.

Teclas de acceso directo

Opción-W	Activa y desactiva las capas de clip en la línea de tiempo
Opción-Comando-W	Activa y desactiva las formas de onda en la línea de tiempo
P	Selecciona la herramienta Pen
PP	Selecciona la herramienta Pen Delete
Opción-6	Abre el mezclador de audio

Capítulo 12

Cambiar propiedades
de movimiento

A l modificar las propiedades de movimiento de un clip accedemos a múltiples posibilidades de edición. Podemos cambiar la velocidad de un clip para ralentizarlo, acelerarlo, congelarlo o todo a la vez. Podemos cambiar imágenes de posición, de tamaño o recortarlas, tras ello apilarlas entre sí para crear una imagen compuesta de todos los clips. También podemos girar y distorsionar clips, y animar todas las propiedades de movimiento para que los cambios se produzcan sobre el tiempo. Además, incluso podemos ajustar un clip de determinada longitud en una secuencia de longitud diferente por medio de la edición Fit to Fill (Ajustar para rellenar).

Dos imágenes recortadas y reubicadas para agruparlas en pantalla.

- **Archivos del capítulo:** Lesson 12 Project

- **Medios:** Carpetas Motocross>Racing Footage y Team Story

- **Duración:** 75 minutos aproximadamente

- **Objetivos:**

  - Cambiar la velocidad de un clip.

  - Crear ediciones Fit to Fill.

- Crear fotogramas estáticos.

- Cambiar parámetros de movimiento.

- Crear fotogramas clave de movimiento.

- Compartir atributos de movimiento.

- Animar parámetros de movimiento.

- Crear un trazado de movimiento.

- Cambiar la velocidad de un clip por medio de fotogramas clave.

Preparar el proyecto

1. Inicie Final Cut Pro y abra el archivo **Lesson 12 Project** de la carpeta de capítulos.

2. Cierre cualquier otro proyecto que se encuentre abierto.

3. Haga clic entre las secuencias **Speed-Starting** y **Speed-Finished**. Reproduzca la última para ver lo que vamos a crear en este capítulo.

   Estas secuencias son similares a la secuencia **Team Story** mezclada en un capítulo anterior, con pequeños ajustes en los clips de vídeo. Modificaremos la velocidad del material de la pista V2.

Nota: Algunos de los clips de estas dos secuencias se beneficiarían de la corrección de color, como veremos en un capítulo posterior.

4. Para crear una copia de seguridad de la secuencia **Speed-Starting**, duplíquela en el buscador y cambie el nombre por **Speed-Starting Backup**.

 Truco: Seleccione Unlimited RT y Dynamic en el menú desplegable RT para ver el mayor número posible de cambios de velocidad en tiempo real.

Cambiar la velocidad de un clip

Existen distintas formas de modificar la velocidad de un clip. Podemos introducir un porcentaje, como por ejemplo 50 por cien, para reproducir el clip a la mitad de la velocidad o una duración total, para ralentizarlo o acelerarlo. También podemos utilizar la edición Fit To Fill, que ajusta un clip automáticamente en un espacio existente de la secuencia. Mediante estos métodos se cambia la velocidad constante de un clip por otra.

Encontrará todos los clips para este ejercicio en la carpeta Team Story del buscador.

1. Haga clic en la secuencia **Speed-Starting** de la línea de tiempo. Para preparar la primera edición, siga estos pasos:

   • Desconecte los controles a1 y a2, si aparecen, y conecte el control de origen v1 a la pista de destino V2.

   • Defina un punto de entrada después de que el dueño del equipo diga **Factory Yamaha's official** y un punto de salida antes de que diga **And it's our job**.

   • Amplíe el zoom en este punto de secuencia.

El primer salto se editará en este punto de la pista V2.

2. Abra el clip **team truck** en el visor y reprodúzcalo. Para cambiar la velocidad de este clip, seleccione Modify>Speed (Modificar> Velocidad) o pulse **Comando-J**.

Se abre la ventana Speed que contiene diversas opciones para ajustar la velocidad y duración del clip, para invertir el sentido de la reproducción y para mezclar fotogramas.

 Nota: Al reproducir un clip a una velocidad baja, a veces aparece una luz que puede minimizarse al seleccionar la opción Frame Blending (Mezclar fotogramas).

3. Introduzca **50** en el cuadro de porcentajes Speed y pulse **OK**. Reproduzca el clip.

   El clip se ejecuta a un 50 por cien de la velocidad original. Puede marcar cualquier parte de este clip para utilizarla en una edición y dicha parte se reproducirá al 50 por cien.

4. Cree un punto de entrada donde la cámara empieza a grabar el vehículo y edite el clip como edición por sustitución. Reprodúzcalo en la secuencia.

5. Abra el clip **TB with tool** y reprodúzcalo. Pulse **Comando-J** para abrir la ventana Speed. Para que el mecánico invierta su movimiento y devuelva la herramienta a su posición, marque la casilla de verificación Reverse. Introduzca **30** en el campo Speed y pulse **OK**.

6. Defina un punto de entrada en la posición **14:18:14:13** y un punto de salida en la posición **14:18:13:28**. Edite el clip en la línea de tiempo junto al clip **team truck** y reprodúzcalo.

>
> **Nota:** Al invertir un clip en el visor, el número del código de tiempo aparece en cursiva y las cifras también se mueven a la inversa.

Al ampliar el zoom sobre este clip, verá el porcentaje de velocidad y la dirección invertida, indicado mediante un signo menos junto al nombre del clip.

>
> **Truco:** Al modificar la velocidad de un clip en el visor, se modifica el clip maestro. Para recuperar su velocidad o la dirección original, ábralo en el visor y seleccione Modify>Speed, introduzca **100** en el campo Speed y anule la selección de la casilla Reverse. La velocidad del clip de secuencia no se verá afectada.

7. En la línea de tiempo, defina un punto de entrada en el primer fotograma del hueco de V2 por detrás del clip **TB with tool** y un punto de salida después de que el propietario diga **125 National Championship**.

   La duración de estas marcas es de **1:22**.

8. Abra el clip **BS drinking water** y reprodúzcalo. Defina un punto de entrada cuando comience a levantar la botella de agua y un punto de salida cuando la botella adopte una posición horizontal, a los 22 fotogramas.

   Para encajar el fragmento de 22 fotogramas de este clip en la zona de marcas de la línea de tiempo, tendremos que ralentizar el clip. Podemos definir una duración específica para la parte marcada de este clip en la ventana Speed. También podemos dejar que Final Cut Pro se encargue de todo por medio de la edición Fit To Fill. Esta edición cambia la velocidad del material comprendido entre los puntos de entrada y salida para ajustarlo a la duración entre los puntos de entrada y salida de la secuencia.

9. Arrastre el clip **BS drinking water** desde el visor hasta el lienzo y suéltelo sobre la opción Fit To Fill o pulse **F11**. Reproduzca el clip en la línea de tiempo.

El clip se ralentiza para rellenar el espacio comprendido entre los puntos de edición de la línea de tiempo. Si amplía el zoom en el clip de secuencia, verá que tiene una velocidad del 48 por cien, en función de dónde haya definido los puntos de edición.

 Truco: Para cambiar el tercer botón de edición del lienzo del predeterminado **Replace** por otra opción de edición, como puede ser **Fit To Fill**, mantenga pulsada la flecha y seleccione un tipo de edición diferente.

10. Abra el clip **MB high jump** y reprodúzcalo. Defina un punto de entrada cuando aparezca el piloto por primera vez y un punto de salida después del segundo salto, antes de que aparezca la moto roja, en la posición **6:25**.

11. En la línea de tiempo, desplace la barra de reproducción hasta el primer hueco y pulse **X** para marcar su duración, **5:00**. Edite el clip **MB high jump** como edición Fit To Fill y reproduzca la secuencia.

En este caso, para ajustar el clip de origen de 6:25 en la secuencia de 5:00, tendremos que reproducirlo a mayor velocidad.

 Truco: Para utilizar Fit To Fill y abarcar varios clips en una secuencia, defina un punto de entrada y salida alrededor de los clips o la zona que desee completar y, tras ello, marque y edite el clip de origen como edición Fit To Fill.

12. Puede modificar la velocidad de un clip de secuencia de la misma forma que un clip de origen. Desplace la barra de reproducción hasta el siguiente clip de la pista V2, **DS good ride**, y pulse **X** para marcar la duración actual de este clip. Selecciónelo y pulse **Comando-J** o haga clic con la tecla **Control** pulsada y seleccione Speed en el menú contextual. Introduzca **70** como valor de velocidad y pulse **OK**. Reproduzca el clip.

En la línea de tiempo, hemos alargado el clip mientras que los demás se desplazan hacia abajo para acomodar el cambio de velocidad. Si ha utilizado una velocidad superior al 100 por cien, tendrá un menor tamaño y los demás clips se desplazarán hacia arriba.

 Truco: Tras aplicar un cambio de velocidad a un clip de secuencia, puede deslizarlo ya que su contenido tiene la misma velocidad.

13. Pulse **RR** para activar la herramienta Ripple y module el final de este clip para ajustarlo al punto de salida. Elimine los puntos de edición por medio de **Opción-X** y pulse **A** para recuperar la herramienta de selección predeterminada. Pulse **Comando-S** para guardar los cambios.

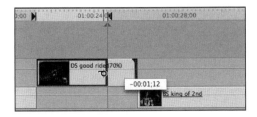

Los demás clips de la secuencia se desplazan hasta su posición original.

Crear un fotograma estático

Otro modo de modificar la velocidad de un clip consiste en detener el movimiento por completo y congelar un fotograma determinado del clip. En vídeo, la manera de crear un fotograma estático consiste en repetir el mismo fotograma una y otra vez durante un determinado periodo de tiempo. Este procedimiento lo realiza Final Cut Pro de manera automática. Los fotogramas estáticos pueden crearse desde la línea de tiempo o desde el visor. A diferencia de lo que ocurre al cambiar la velocidad de un clip en el visor, un fotograma estático no va a alterar el clip maestro.

En este ejercicio, crearemos un fotograma estático en el visor de cada uno de los pilotos y, tras ello, un efecto de movimiento y congelación en dos clips en la secuencia.

1. En el buscador, haga clic con la tecla **Control** pulsada sobre la carpeta Team Story Clips y seleccione New Bin en el menú contextual. Asígnele el nombre **Freeze Frames** y haga clic en el triángulo para mostrar su contenido.

2. Abra el clip **DS good ride** y desplace la barra de reproducción hasta el marcador **freeze**. Para crear un fotograma estático en este punto, seleccione Modify>Make Freeze Frame (Modificar>Crear fotograma estático) o pulse **Mayús-N**.

Se creará un nuevo clip en el visor con una longitud total de dos minutos y una duración predeterminada marcada de 10 segundos. El nombre del fotograma estático contiene el número de código de tiempo en el que se ha creado.

Truco: Si tiene pensado crear numerosos fotogramas estáticos con una longitud concreta, puede modificar el valor predeterminado Still/Freeze Duration en la ficha Editing de la ventana User Preferences.

3. Para guardar este fotograma estático, arrastre la imagen desde el visor hasta la carpeta Freeze Frames que creamos antes.

   El fotograma estático aparecerá como un icono de gráfico, también utilizado para representar otros archivos gráficos como TIF o JEPG.

Nota: Si abre la carpeta Freeze Frame y cambia a vista de icono, verá el fotograma como una imagen en miniatura.

4. Repita la operación con los clips **BS over hill**, **MB high jump** y **MB long run** para completar el conjunto de cuatro imágenes.

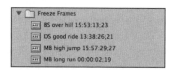

   En un apartado posterior utilizaremos estos fotogramas estáticos para crear efectos de movimiento.

5. Para generar un efecto en la línea de tiempo, arrastre la barra de reproducción y ajústela al marcador del clip **BS over**

hill. Seleccione Modify>Make Freeze Frame o pulse **Mayús-N**.

En el visor aparece un fotograma estático de dos minutos con una duración marcada de 10 segundos, como en el caso anterior. Para generar el efecto, tendremos que volver a editar el fotograma estático en el mismo punto de la secuencia donde se creó.

6. En la línea de tiempo, defina un punto de entrada en la ubicación del marcador **freeze** y un punto de salida en el último fotograma del clip **BS over hill**. Haga clic en el botón de edición por sustitución. Reproduzca el clip y amplíe el zoom sobre esta zona.

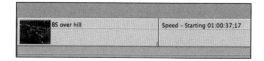

Los clips estáticos tienen un tono de azul diferente para distinguirlos de los clips normales. El nombre se refiere a la posición del fotograma en la secuencia, ya que se ha creado desde dicho fotograma.

7. Para añadir un fotograma clave al último clip de la secuencia, **group on podium**, desplace la barra de reproducción hasta el marcador del clip y repita el proceso detallado en los dos últimos pasos.

Nota: Más adelante utilizaremos otro método para crear fotogramas estáticos y aplicar cambios de velocidad variables al último clip de saltos de moto de la secuencia.

8. Cierre las dos secuencias abiertas y pulse **Comando-S** para guardar los cambios.

Modificar parámetros de movimiento

Además de cambiar la velocidad de un clip, podemos modificar su tamaño y posición, recortarlo, girarlo, distorsionarlo y crear un efecto de velocidad variable. Todo clip incorpora estos parámetros de movimiento y todos se pueden cambiar desde la ficha **Motion** del visor.

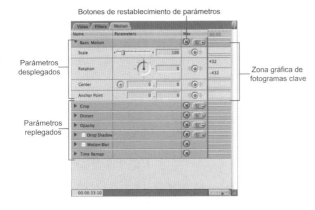

La categoría **Basic Motion** incluye atributos básicos de movimiento, como **Scale** y **Center**, que se utilizan para cambiar una imagen de tamaño y posición. Los demás parámetros, como **Crop**, **Distort**, **Opacity** y demás, no se muestran hasta que pulsemos el triángulo situado junto a sus nombres. La ficha **Motion** también incluye una zona gráfica de fotogramas clave que utilizaremos más adelante para animar parámetros.

Cambiar de tamaño, posición y recortar una imagen

Podemos ajustar el tamaño, la posición y demás parámetros de un clip introduciendo valores y arrastrando reguladores en la ficha

Motion. Además, existe un modo **Image+ Wireframe** que nos permite crear efectos de movimiento directamente en la imagen del lienzo.

1. Desde la carpeta **Sequences**, abra las secuencias **Motion-Finished** y **Motion-Starting**. Reproduzca esta última.

   Esta secuencia contiene los mismos clips que utilizamos en el ejercicio anterior, así como algunos de los efectos de velocidad y fotogramas estáticos, aunque los clips están dispuestos en diferentes pistas. Los clips de los integrantes del equipo se han incluido en la pista **V2** sobre sus tomas a cámara lenta.

2. Haga clic en la secuencia **Motion-Finished** y reprodúzcala.

   Al modificar parámetros de movimiento como el tamaño, el recorte o la posición, podemos ver varias imágenes en la pantalla al mismo tiempo. Además, algunos de los clips de vídeo de la secuencia tienen fotogramas clave de opacidad para difuminar el vídeo y en otros se ha corregido el color.

3. Haga clic en la ficha **Motion-Starting** y desactive las capas de clip. Desplace la barra de reproducción hasta el segundo clip, **DS intro**, y haga doble clic para abrirla en el visor. Haga clic en la ficha **Motion**.

Truco: Sitúe la barra de reproducción sobre el clip abierto en la línea de tiempo para poder ver tanto la ficha **Motion** en el visor como la imagen en el lienzo mientras realiza los cambios.

4. Arrastre el regulador de escala hacia la derecha y, tras ello a la izquierda. Fíjese en la imagen del lienzo mientras arrastra. Introduzca **65** en el campo de porcentaje de escala.

Con el clip a menos del 100 por cien de tamaño, puede ver el clip situado por debajo de la pista **V1**. El clip muestra un borde color turquesa por estar seleccionado en la línea de tiempo.

5. Para cambiar la posición de este clip, haga clic en el botón **Center** de la ficha **Motion** y desplace el cursor hasta el lienzo. Haga clic en el punto central del borde turquesa de la izquierda sin soltar el ratón. Arrastra a izquierda o derecha hasta que vea el rostro del hombre y suelte el ratón.

6. Para recortar la parte derecha de la imagen, haga clic en el triángulo situado

junto a **Crop** para acceder a los controles de recorte. Arrastre el regulador **Right** hacia la derecha hasta la posición **32**.

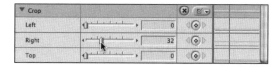

7. En la línea de tiempo, haga doble clic en el clip **DS good ride** para abrirlo en el visor. En caso de que sea necesario, haga clic en la ficha **Motion**. Introduzca **65** en el cuadro de escala para hacerlo coincidir con el clip anterior.

   Para cambiar la posición de este clip de forma diferente, arrastraremos la imagen del clip en el lienzo.

8. En el lienzo, haga clic en el menú emergente **View** y seleccione **Image+Wireframe**.

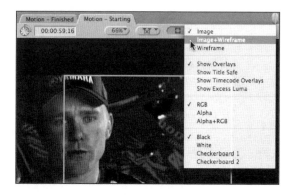

Nota: También puede seleccionar **View>Image+Wireframe** o pulsar **W** tras activar la línea de tiempo o el lienzo.

Aparecerá una gran X sobre la zona de la imagen y un número en el centro, para indicar el número de pista del clip. Al seleccionare este modo, podemos ubicar manualmente el clip si lo arrastramos por la zona de imagen del lienzo.

9. Desplace el puntero hasta el lienzo sobre el clip **DS good ride**. Cuando vea el puntero de movimiento, arrastre la imagen pero sin soltar el ratón. Mantenga pulsada la tecla **Mayús** y arrastre la imagen vertical u horizontalmente.

La tecla **Mayús** limita los movimientos y nos deja alinear con el clip de la izquierda.

 Nota: Al desplazar el puntero sobre una imagen del lienzo, puede ver distintos iconos, en función de la ubicación exacta del puntero sobre la estructura de la imagen.

Puntero de movimiento sobre la zona de la imagen.

10. Con la tecla **Mayús** pulsada, arrastre el clip hacia la derecha hasta que vea una separación entre los dos clips y suelte el ratón. Reproduzca los clips en la línea de tiempo.

11. Para garantizar que los bordes exteriores de estas dos imágenes aparecen en una zona visible de un televisor doméstico, haga clic en el menú emergente Canvas View y seleccione Show Title Safe. Realice los ajustes necesarios y, tras ello, desactive esta opción.

Las capas Title Safe tienen líneas de color turquesa. La línea interior se utiliza para ubicar texto y la exterior, para las acciones. Cualquier acción que tengan que ver los espectadores aparecerá dentro de la guía externa.

Girar y distorsionar una imagen

El giro de una imagen recurre a dos parámetros de movimiento: Rotate (Girar) y Anchor Point (Punto de ancla). El punto de ancla es el punto sobre el que gira la imagen. El predeterminado es el centro de la imagen. Al distorsionar una imagen modificamos su proporción de aspecto. Existen dos formas de modificar los parámetros de distorsión. Una consiste en cambiar la posición de vértices concretos de la imagen, mientras que el otro consiste en modificar su proporción de aspecto general.

> **Truco:** Siempre que abra un clip en la línea de tiempo, haga clic en la ficha **Motion** para acceder a estos parámetros.

1. En la línea de tiempo, arrastre la barra de reproducción por la última pila de clips hasta que vea los tres pilotos en la zona de imagen del lienzo.

En la secuencia **Motion-Finished**, los dos clips inferiores se han girado para crear una imagen compuesta más interesante.

> **Nota:** Por lo general, el clip **V3** impide que veamos los clips de **V2** o **V1**. Como ya hemos modificado estos clips, puede ver los tres a la vez en la línea de tiempo.

2. En la línea de tiempo, haga doble clic en el clip **V2**, **DS good ride**, para abrirlo en el visor. En el parámetro **Rotation**, arrastre el control de ángulo de rotación en el

sentido de las agujas del reloj y en el sentido contrario. Tras ello, mueva el puntero hasta el lienzo sobre el borde del cuadro delimitador turquesa de la derecha. Es lo que se denomina control de rotación o giro.

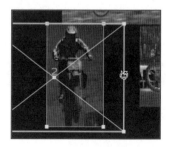

Aparecerá un puntero de rotación al desplazar el cursor sobre cualquier control de rotación del clip.

3. Arrastre la imagen como si se tratara del volante de un coche. Termine los movimientos con un ángulo hacia las 11 en punto, o -22 grados en el campo de rotación.

4. Para cambiar la rotación del clip **BS over hill**, selecciónelo en la línea de tiempo y desplace el puntero sobre uno de los controles de rotación de color turquesa en el lienzo. Cuando el cursor cambie a la herramienta de rotación, arrastre en sentido de las agujas del reloj, hacia la posición de la una en punto.

Al activar el modo Image+Wireframe y seleccionar un clip en la línea de tiempo, podemos efectuar cambios directamente en el lienzo sin acceder a la ficha Motion.

5. Para ver la composición de las tres imágenes en el lienzo sin los bordes resaltados, deseleccione el clip en la línea de tiempo.

Nota: El cuadro delimitador turquesa que rodea a los clips sólo aparece al detener la barra de reproducción. Al reproducir los clips, el borde no se ve.

6. Desplace la barra de reproducción hasta el centro del clip **BS king of 2nd** y selecciónelo. Desplace el puntero hasta el lienzo sobre cualquiera de los cuatro vértices, denominados controles de vértice. Cuando el cursor adopte forma de cruz, arrastre hacia dentro hasta el centro del clip hasta situarlo a la mitad de su tamaño original, sobre el 60 por cien.

Al arrastrar cualquier control de vértice hacia dentro, se reduce el tamaño del clip y, al arrastrarlo hacia dentro, aumenta.

7. En la paleta de herramientas, haga clic en la herramienta de recorte (la octava) o pulse **C**. Desplace el puntero hasta el lienzo sobre el borde derecho del clip **BS king of 2nd**. Cuando aparezca la herramienta de recorte, arrastre hacia la iz-

quierda para recortar la motocicleta en el fondo.

Truco: Al desplazar el puntero a la esquina de la zona de imagen, puede que aparezcan otros punteros. Para que resulte más sencillo seleccionar el control de vértice con el cursor en forma de cruz, aleje la imagen de la esquina y, tras ello, complete el cambio de tamaño.

Los recortes se miden en porcentaje. Para ver el porcentaje, puede hacer doble clic sobre este clip en la línea de tiempo, pulsar la ficha Motion del visor y hacer clic en el triángulo situado junto al parámetro de recorte.

8. Pulse **D** para seleccionar la herramienta de distorsión. Desplace la herramienta hasta la esquina superior derecha del clip **BS king of 2nd**. Cuando el puntero se convierta en la herramienta de distorsión, arrastre el vértice hacia abajo, hacia arriba, a la izquierda y a la derecha.

Nota: También puede mantener pulsada la herramienta de recorte en la paleta de herramientas. La herramienta alternativa que aparece es la de distorsión.

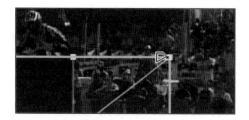

Al distorsionar un vértice de una imagen modificamos su perspectiva. También puede modificar o distorsionar los cuatro vértices al mismo tiempo.

9. Pulse **Comando-Z** para deshacer el cambio anterior. Mantenga pulsada la tecla **Mayús** y arrastre hacia abajo la esquina superior derecha hasta que los vértices superior e inferior izquierdos alcancen los límites inferior y superior de la zona de imagen del lienzo. Suelte el ratón.

Al mantener pulsada la tecla **Mayús** conseguimos el mismo resultado que al cambiar el clip de posición. Limita los movimientos para que el efecto de distorsión se aplique de la misma forma a todos los lados del clip.

10. Arrastre la imagen hacia la izquierda hasta que el borde izquierdo salga de la zona de la imagen.

11. Aplique la técnica anterior al clip **BS over hill** para hacerlo coincidir con el clip **BS king of 2nd**. Utilice la secuencia **Motion-Finished** como referencia visual mientras escala, recorta, distorsiona o cambia de posición el clip.

 Truco: No olvide pulsar **A** para recuperar la herramienta de selección predeterminada para cambiar el clip de tamaño.

Compartir atributos de movimiento

Si se está trabajando con un grupo de imágenes y desea que todas compartan un atributo de movimiento común, como el tamaño, el recorte o la posición, puede ajustar los parámetros de un clip y copiar y pegar esos atributos a otro clip de la misma manera que hicimos con los niveles de audio.

 Truco: Antes de realizar estos pasos, revise los clips **MB high jump** del inicio de la secuencia **Motion-Fnished** y vuelva a la secuencia **Motion-Starting**.

1. En la línea de tiempo, mueva la barra de reproducción hacia el inicio de la secuencia y hasta el centro de los clips **MB high jump**. Seleccione el clip de la pista **V1**.

En el lienzo, aparece el número 1 sobre el punto central de la X, para indicar que el clip seleccionado se encuentra en la pista **V1**.

2. Desplace el puntero sobre la estructura de malla del lienzo y cuando aparezca el puntero de movimiento, arrastre el clip **MB high jump** sobre la zona de la imagen y suelte el ratón.

En el ejercicio anterior, los clips finales de la secuencia se habían cambiado de tamaño para que pudiera verlos de forma conjunta. En este caso, los clips ocupan todo el fotograma y el clip superior tiene prioridad sobre los situados en las pistas inferiores. Al arrastrar la estructura de malla, movemos el clip de V1 aunque sólo se mueva la representación de la imagen en forma de malla.

Para ver los cambios realizados en el clip V1, debe desactivar la visibilidad de los dos clips superiores. Puede hacerlo sin desactivar la visibilidad de las pistas V2 y V3.

3. En la línea de tiempo, haga clic con la tecla **Control** pulsada sobre el clip **MB high jump** de la pista V3 y seleccione Clip Enable en el menú contextual. Repita el proceso con el clip **MB high jump** de V2.

La opción Clip Enable desactiva la visibilidad de uno o varios clips sin desactivar la pista completa ya que, en caso contrario, podríamos perder archivos de procesamiento de otros clips sin asociar.

> **Truco:** Para realizar la misma operación de forma diferente, seleccione el clip de V1 y ejecute los comandos Sequence> Solo Selected Item o pulse **Control-S**. De esta forma se desactivan todos los clips superpuestos al seleccionado.

4. Haga doble clic en el clip **MB high jump** de V1 y, en la ficha Motion, haga clic en el icono Reset de la sección Basic Motion para recuperar los valores predeterminados de estos parámetros.

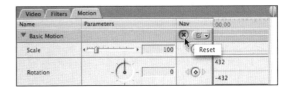

5. Modifique los siguientes parámetros en el clip, ya sea en la ficha Motion o directamente en el clip del lienzo. Puede que necesite realizar ciertos ajustes para obtener el resultado deseado:

- Desplace la barra de reproducción hasta el marcador del clip **MB high jump** en V1.

- Recorte los laterales para ver únicamente el piloto en el centro del fotograma.

- Recorte la parte inferior y superior de la imagen sin recortar al piloto.

- Reduzca la escala de la imagen para poder ver dos pilotos del mismo tamaño en el fotograma.

- Sitúe el clip hacia la izquierda y deje un margen negro adecuado dentro de la zona de acción.

- En la línea de tiempo, arrastre la barra de reproducción sobre el clip hasta confirmar que puede ver la motocicleta a lo largo del mismo.

6. Seleccione los clips de V2 y V3, haga clic con la tecla **Control** pulsada sobre cualquiera de ellos y seleccione Clip Enable.

   Puede activar Clip Enable para un clip o grupo de clips al mismo tiempo.

7. Para pegar los atributos de movimiento del clip **MB high jump** de V1 a los clips de V2 y V3, seleccione el clip de V1 y pulse **Comando-C** para copiarlo. Seleccione los clips de V2 y V3 y haga clic con la tecla **Control** pulsada sobre cualquiera de ellos. Seleccione Paste Attributes en el menú contextual.

En la ventana Paste Attributes puede seleccionar los parámetros de movimiento que desee pegar.

8. Marque las casillas de verificación Basic Motion y Crop. Pulse **OK**.

   En el lienzo parece que sólo hubiera una imagen. Las tres imágenes, como comparten los atributos del clip V1, se alinean en la parte superior del clip V1.

9. En la línea de tiempo, seleccione el clip **MB high jump** de la pista V2. En el lienzo, arrastre el clip con la tecla **Mayús** pulsada hacia la derecha y suéltelo en el centro de la zona de imagen.

10. En la línea de tiempo, haga clic en el clip **MB high jump** de V3 y, en el lienzo, arrástrelo hacia la derecha del clip central. Realice los ajustes que desee y reproduzca los clips.

Tareas del proyecto

Para continuar practicando con los parámetros de movimiento, revise el clip **MB championship** en la secuencia Motion-Finished. El clip se ha recortado, cambiado de tamaño y reubicado en la parte superior del fotograma. La imagen inferior se ha recortado, cambiado de tamaño y posición, y se ha modificado la proporción de aspecto del clip para reducirlo. Realice estos cambios en el clip de la secuencia **Motion-Starting**. Guarde los cambios.

Animar parámetros de movimiento

Además de cambiar parámetros de movimiento, también podemos definir fotogramas clave para animar dichos parámetros en el tiempo. Al igual que los fotogramas clave de audio definen puntos donde los niveles de audio cambian, los fotogramas clave de movimiento ofrecen puntos para iniciar, finalizar o cambiar los parámetros de movimiento. Al definir fotogramas clave de movimiento para desplazar la posición de un clip en la zona de la imagen, creamos un trazado de movimiento. Podemos definir fotogramas clave en la línea de tiempo o en el visor, o utilizar un método abreviado de teclado. En los siguientes ejercicios utilizaremos el visor.

Ver fotogramas clave de movimiento

Antes de empezar a definir fotogramas clave de movimiento, reubicaremos la ventana del visor y la ampliaremos para ver la zona gráfica de fotogramas clave.

1. En la línea de tiempo, arrastre la barra de reproducción hasta el marcador **all in**. Haga doble clic en el clip **DS good ride** de la pista **V2** para abrirlo en el visor y haga clic en la ficha **Motion**.

Este marcador identifica la ubicación en la que se ven las tres imágenes. Definiremos fotogramas clave para girar y cambiar de tamaño los dos clips inferiores que aparecen en las pistas V2 y V3.

2. Arrastre la ventana del visor hacia el borde izquierdo de la pantalla, sobre el buscador, y amplíe el borde derecho del visor para ajustarlo al lienzo. Haga clic en el triángulo de opacidad para ver los detalles de este parámetro junto con los de Basic Motion.

Truco: Puede guardar este diseño de ventana y utilizarlo siempre que desee animar fotogramas clave.

Botón de fotogramas clave
Botones de desplazamiento   Fotogramas clave   Gráfico de fotogramas clave
de fotogramas clave

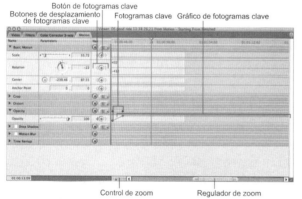

Control de zoom   Regulador de zoom

Cada parámetro cuenta con un botón para definir fotogramas clave y un gráfico en el que aparece cada fotograma clave. La barra de reproducción se desplaza junto a la de la línea de tiempo, y también se incluye un control de zoom y un regulador de zoom. La parte más brillante del gráfico representa la longitud del clip de secuencia. Puede ampliar

el zoom para verla mejor en el gráfico de fotogramas clave.

3. En la línea de tiempo, con el ajuste activado, arrastre la barra de reproducción sobre el clip **DS good ride** y fíjese en los puntos de ajuste dentro del clip. Fíjese en la línea de fotogramas clave de opacidad del visor y vuelva a arrastrar sobre el clip en la línea de tiempo.

En el clip actual ya se han definido dos fotogramas clave de opacidad y la barra de reproducción se ajusta a dichos puntos, independientemente de que se vean o no. Aunque podemos definir fotogramas clave de opacidad en la línea de tiempo, la opacidad se incluye con los parámetros de movimiento y se puede configurar y ajustar en la ficha Motion.

4. En la ficha Motion, arrastre la barra de reproducción entre los dos fotogramas clave de opacidad. Haga clic en los botones de desplazamiento lateral situados junto al botón de fotograma clave. Desplácese entre estos dos fotogramas clave y fíjese en la zona de parámetros de opacidad.

Truco: También puede pulsar **Mayús-K** para avanzar al siguiente fotograma clave o u **Opción-K** para retroceder al anterior. Estas combinaciones de teclado también funcionan en la línea de tiempo y permiten acceder a cualquier fotograma clave de cualquier pista, siempre que active la selección automática de la misma y no haya más clips seleccionados.

El regulador y el porcentaje de opacidad cambian de 0 (totalmente transparente) a 100 (completamente visible). Al situar la barra de reproducción directamente sobre un fotograma clave, el rombo del botón de fotogramas clave adopta un color verde. Las flechas situadas junto a este botón son los controles de desplazamiento de fotogramas clave, que adoptan un aspecto sólido cuando hay un fotograma clave al que podemos desplazarnos.

5. Para aumentar el gráfico de fotogramas clave de un parámetro, desplace el puntero sobre la parte inferior del límite del parámetro. Cuando el puntero se convierta en la flecha de cambio de tamaño, arrastre hacia abajo. Vuelva a arrastrar hacia arriba para recuperar la altura original.

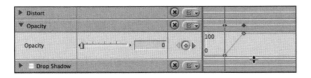

6. En la ficha Motion, oculte el parámetro de opacidad y fíjese en los dos rombos azules de la zona gráfica de fotogramas clave.

Aunque el parámetro de opacidad está replegado, los dos fotogramas clave azules indican la ubicación exacta de los mismos.

7. Active el parámetro de opacidad para utilizar dichos fotogramas clave como referencia en el siguiente ejercicio.

Definir fotogramas clave de movimiento

Para animar un efecto de movimiento, necesita al memos dos fotogramas clave. Uno identifica el inicio del cambio y, el otro, el final. En Final Cut Pro, este proceso es automático. Una vez definido el primer parámetro, al cambiarlo a otra posición diferente se añade un nuevo fotograma clave de forma automática.

En este ejercicio, giraremos una imagen estática en el tiempo. El primer fotograma clave definirá el ángulo inicial de la rotación y el segundo el ángulo final. No importa qué fotograma defina primero. Por lo general, se suele definir inicialmente el segundo fotograma clave, el último. Por ejemplo, los fotogramas estáticos del corredor ya se encuentran en la posición final, de forma que podemos aprovecharlos. Una vez definidos estos fotogramas clave de rotación, animaremos el parámetro de escala para modificar el tamaño de la imagen mientras gira.

 Nota: Para realizar este ejercicio, amplíe al máximo la parte resaltada o brillante del gráfico de fotogramas clave, que representa la longitud del clip.

1. En el visor, utilice cualquier método para desplazar la barra de reproducción hasta el segundo fotograma clave de opacidad, la posición final del clip **DS good ride**. Haga clic en el botón de fotogramas clave de rotación.

Se añadirá un fotograma clave de color verde al gráfico de rotación en ese punto, para definir el ángulo final del clip.

2. Retrase la barra de reproducción al fotograma clave de opacidad anterior. Utilizaremos esta posición como fotograma clave de rotación inicial. Arrastre el control de ángulo de rotación en sentido contrario a las agujas del reloj alrededor del círculo hasta que vea el valor **-360** en el campo o introduzca el mismo valor directamente.

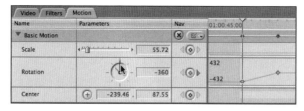

Sin pulsar el botón de fotogramas clave, se añadir un nuevo fotograma clave directamente a la línea de rotación ya que hemos modificado el parámetro tras definir un fotograma clave inicial. Al arrastrar la rueda, la posición del fotograma clave en la línea se ajusta verticalmente.

3. Reproduzca el clip para ver el efecto de rotación. Tras ello, cambie la barra de reproducción al primer fotograma clave, introduzca **-90** en el campo de rotación y reproduzca de nuevo el efecto.

Truco: Si no retrasa la barra de reproducción a la posición inicial, el fotograma clave se añade a la posición en la que se encuentre. Recuerde que los fotogramas clave marcan una acción en un punto concreto, que viene determinado por la posición de la barra de reproducción.

4. Para cambiar la escala del clip **DS good ride** mientras gira, desplace la barra de reproducción hasta el segundo fotograma clave, la posición final. Para definir un fotograma clave de forma que la escala se detenga al tamaño actual, haga clic en el botón de fotograma clave de escala.

5. Retrase la barra de reproducción hasta el fotograma clave inicial, introduzca **10** en el campo Scale y reproduzca el efecto.

Truco: Si desea eliminar un fotograma clave, desplace la barra de reproducción hasta el mismo en el gráfico y haga clic en el botón de fotogramas clave. El rombo deja de ser verde y aparece hueco. También puede hacer clic con la tecla **Control** pulsada sobre el fotograma clave y seleccionar Clear en el menú contextual.

6. Para añadir fotogramas clave de movimiento a otra imagen estática, haga doble clic en el clip **BS over hill** de la pista **V3**. En el visor, puede mostrar los detalles del parámetro de opacidad de dichos fotogramas clave de opacidad o utilizar los fotogramas clave azules como referencia.

En esta ocasión, utilizaremos un método abreviado de teclado para añadir los fotogramas clave.

7. Desplace la barra de reproducción hasta el segundo fotograma clave, en la posición final y pulse **Control-K** para añadir fotogramas clave a todos los parámetros de movimiento.

En el lienzo, la **X** de la estructura de malla se vuelve de color verde, para indicar que en el fotograma hay un fotograma clave.

 Nota: También puede hacer clic en el botón de fotogramas clave del lienzo para añadir fotogramas clave a todos los parámetros de movimiento a la vez. Si haga clic con la tecla **Control** pulsada sobre dicho botón, puede seleccionar el parámetro concreto para el que definir un fotograma clave.

8. Desplace la barra de reproducción al primer fotograma clave. Para cambiar esta imagen en el lienzo, desplace el puntero sobre el control de rotación derecho del clip seleccionado. Cuando vea el puntero de rotación, arrastre 90 grados en el sentido de las agujas del reloj.

9. Con la barra de reproducción en el primer fotograma clave, arrastre un control de vértice de la estructura del clip hacia dentro hasta acercarse al 10 por cien en el campo **Scale**. Reproduzca el efecto.

 Truco: Para guardar un conjunto de fotogramas clave como favorito, seleccione el clip en la línea de tiempo y ejecute los comandos **Effects>Make Favorite Motion** o pulse **Control-F**. El movimiento se guardará en la carpeta **Motion Favorites** del buscador.

Crear un trazado de movimiento

En el ejercicio anterior, los clips animados utilizaban los parámetros de escala y rotación pero no hicimos cambios en la posición de ninguno de ellos. Cuando se anima la posición de una imagen en el tiempo, se crea un trazado de movimiento por el que se desplaza la imagen. Los trazados de movimiento pueden ser tan sencillos como una línea recta a través de la cual la imagen se mueve en la pantalla de un lugar o de un fotograma clave a otro. El trazado también puede incluir varios fotogramas clave que dictan giros específicos. La creación de trazados de movimiento complejos es un verdadero arte. Los pasos descritos a continuación le mostrarán algunos de los principios básicos.

En este ejercicio, añadiremos fotogramas clave a la imagen estática superior para modificar su posición en el tiempo.

1. Haga doble clic en el clip **MB long run** de la pista V4. En la ficha Motion, desplace la barra de reproducción hasta el segundo fotograma clave de opacidad.

 Truco: Para comprobar si la barra de reproducción se encuentra sobre el fotograma clave, muestre los parámetros de opacidad y busque el rombo de color verde en el botón de fotogramas clave.

2. Para definir un fotograma clave central en este punto, haga clic en el botón de fotogramas clave de centro.

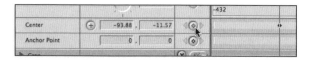

El parámetro Center controla la posición de la imagen en la pantalla. El punto central predeterminado se encuentra en la posición de cero píxeles, tanto horizontal como verticalmente. El primer campo representa el movimiento horizontal. Si desplaza un clip más allá del centro, hacia la derecha, verá un número positivo. Si lo desplaza hacia la izquierda, verá una cantidad negativa. El segundo campo representa el movimiento vertical. Muestra un número negativo hacia arriba y un número positivo hacia abajo.

3. Desplace la barra de reproducción hasta el primer fotograma clave de opacidad, para cambiar la posición inicial del clip y su tamaño.

En este fotograma, la opacidad del clip es cero, por lo que no vemos su imagen en el lienzo. Sin embargo, aparece un pequeño rectángulo blanco en la parte superior del lienzo que representa la parte recortada del clip. Como es la única parte del clip que veremos en el efecto final, podemos centrarnos en ubicar el rectángulo blanco.

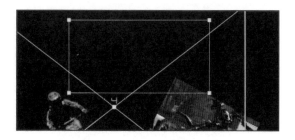

4. Para ver el espacio que rodea a la zona de la imagen y conseguir espacio adicional para reubicar el clip, haga clic en el menú emergente de zoom y seleccione 25%.

Menú de zoom.

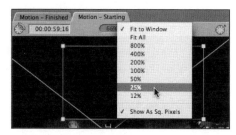

Menú desplegable de zoom.

Nota: La cantidad porcentual del botón de zoom difiere en función del tamaño de la pantalla.

Puede utilizar este menú para ampliar o reducir el zoom en una imagen. Si lo reduce, verá una vista más amplía, por lo que puede cambiar la posición del clip fuera de la zona de la imagen.

5. Si no aparece un fondo negro por detrás del clip, haga clic en el menú emergente View y seleccione Black.

6. En el lienzo, mantenga pulsada la tecla **Mayús** y arrastre el clip directamente hacia abajo hasta que la imagen recortada se ubique completamente por debajo de la zona negra de la imagen. Reproduzca el clip.

Una línea con puntos se extiende desde el primer fotograma clave hasta el segundo. Éste es el trazado de movimiento de este clip y representa el movimiento del clip en el tiempo.

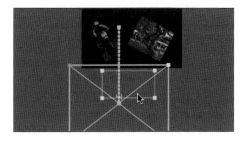

7. Para recuperar la vista predeterminada del lienzo, haga clic en el menú emergente de zoom y seleccione Fit To Window. Para desactivar la estructura de malla, haga clic en el menú emergente View y seleccione Image. Pulse **Comando-S** para guardar los cambios.

Nota: En el menú emergente de zoom, el valor predeterminado Fit To Window siempre encaja la totalidad del clip en la ventana del lienzo, independientemente de cómo modifique el tamaño de la misma. Al igual que al ampliar o reducir el zoom en la línea de tiempo, al modificar el porcentaje en el menú emergente de zoom no se cambia la escala de la imagen.

Tareas del proyecto

Para continuar trabajando con los fotogramas clave movimiento, añada fotogramas clave de opacidad a los tres primeros clips de la secuencia actual para difuminarlos en diferentes momentos. Añada fotogramas clave de centro a los clips **DS intro** y **DS good ride** para que se desplacen desde el exterior de la pantalla a su posición actual. Repita la operación con los dos otros clips de motociclismo.

Nota: Si no ve la estructura de malla del clip en el lienzo, seleccione el clip en la línea de tiempo. Si no ve los parámetros ni los fotogramas clave del clip en la ficha **Motion**, haga doble clic en el clip que desee cambiar para volver a abrirlo en el visor.

Crear un cambio de velocidad variable

En un apartado anterior modificamos la velocidad de varios clips por velocidades diferentes pero constantes. También editamos un fotograma estático en un clip en movimiento para crear un efecto. En este ejercicio utilizaremos fotogramas clave para crear distintos cambios de velocidad, todos en el mismo clip. Como sucede con otros parámetros de movimiento, añadiremos estos fotogramas clave en la ficha Motion del visor.

1. Arrastre la ventana del visor hacia la derecha para acceder al buscador y, en éste, haga doble clic sobre la secuencia **Speed-Starting** para volverla a abrir en la línea de tiempo. Cambie la posición del visor sobre el buscador.

2. Reproduzca el clip **MB long run**. Haga doble clic sobre el mismo para abrirlo en el visor y seleccione la ficha Motion.

3. En la ficha Motion, repliegue la sección de parámetros Basic Motion y muestre los parámetros Time Remap. En caso de que sea necesario, desplácese hacia abajo para ver el gráfico de fotogramas clave completo y amplíe el zoom para que la zona resaltada ocupe la totalidad del mismo.

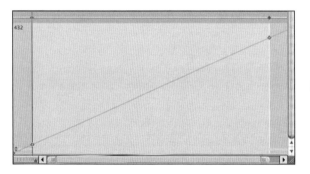

Aparece una línea diagonal de 45 grados, que se desplaza desde la esquina inferior izquierda a la esquina superior derecha y que representa una velocidad constante de 100 por cien.

4. Para crear un fotograma estático en el centro del clip, desplace la barra de reproducción hasta el punto en que salta la motocicleta.

Al utilizar el gráfico de fotogramas clave para controlar la velocidad, definimos fotogramas clave en la línea diagonal. La ubicación de la barra de reproducción en la línea representa el fotograma que vemos en el lienzo.

5. Para definir un fotograma clave para iniciar el punto estático, mantenga pulsada la tecla **Opción** y desplace el puntero sobre la línea diagonal en la posición de la barra de reproducción. Cuando vea la herramienta Pen, haga clic en la línea verde.

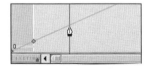

Como el clip cuenta con movimiento, necesitará dos fotogramas clave para crear el punto estático. El primero es el inicio del punto estático y el segundo, el final del punto estático y el comienzo del movimiento.

6. Para crear un paran de tres segundos, pulse **Mayús-Flecha derecha** tres veces para que la barra de reproducción avance tres segundos.

En el lienzo, verá el fotograma actual en la posición de la barra de reproducción.

7. Haga clic con la tecla **Opción** pulsada en la posición de la barra de reproducción y arrastre el fotograma clave hacia abajo hasta situarlo junto al primer fotograma clave estático. Reproduzca el clip.

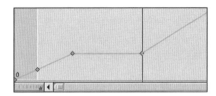

Para detener el tiempo y encajar el fotograma estático de tres segundos en el centro del clip, los fotogramas siguientes se reproducen a mayor velocidad.

Modificaremos el efecto para que en lugar del fotograma estático podamos ver todo el salto a cámara lenta.

8. En el gráfico de fotogramas clave, desplace la barra de reproducción al primer fotograma clave estático y arrástrelo hacia abajo hasta que la motocicleta salte en el lienzo.

Al arrastrar un fotograma clave lateralmente se modifica el fotograma que vemos en dicho punto.

9. Tras ello, desplace la barra de reproducción hasta el segundo fotograma clave estático y arrástrelo hacia arriba hasta que vea la motocicleta aterrizar en el suelo. Reproduzca el clip.

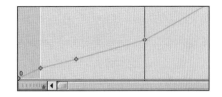

En el gráfico de fotogramas clave, el ángulo de la línea determina la velocidad. Un ángulo más pronunciado genera una velocidad mayor, mientras que un ángulo menor reduce la velocidad. El ángulo comprendido entre estos dos fotogramas clave no es muy diferente el ángulo de 45 grados habitual.

10. Desplace la barra de reproducción cuatro segundos hacia delante en el gráfico de fotogramas clave. Arrastre horizontalmente el segundo fotograma clave estático hasta ese punto. No lo arrastre verticalmente o seleccionará un fotograma distinto. Reproduzca el clip.

El ángulo de la línea comprendida entre estos dos fotogramas clave es inferior y esa parte del clip se reproduce a menor velocidad, mientras que el resto del clip se ajusta al cambio de velocidad.

11. Si desea reproducir este clip a la inversa tras el salto a cámara lenta, arrastre el último fotograma clave de la esquina superior derecha del clip hacia la parte inferior del gráfico. Reproduzca el clip.

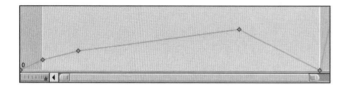

El clip se reproduce hacia atrás cuando la línea se desplaza hacia abajo.

 Truco: Para crear un cambio de velocidad más suave en un fotograma clave concreto, haga clic con la tecla **Control** pulsada sobre el fotograma clave y seleccione Smooth en el menú contextual.

Al aplicar fotogramas clave al gráfico, podemos crear distintas combinaciones de velocidad. A continuación le mostramos algunas sugerencias:

- **Línea interior:** Indica velocidad hacia delante.

- **Línea exterior:** Indica velocidad inversa.

- **Ángulo de línea:** Indica la velocidad del clip.

- **Línea plana:** Indica un fotograma estático.

- **Vértice pronunciado:** Indica un cambio de velocidad inmediato.

- **Línea curva:** Indica un cambio de velocidad suavizado.

 Nota: También puede añadir una sombra paralela, otro parámetro de movimiento, a una imagen o a un texto. Trabaremos con este parámetro en un ejercicio posterior.

Repaso del capítulo

1. ¿Desde qué menu puede seleccionar la opcion Speed?

2. ¿Cómo sabemos si se ha modificado la velocidad de una secuencia?

3. ¿Qué tipo de edicion puede modificar automaticamente la velocidad de un clip al editarlo en la linea de tiempo?

4. Al crear un fotograma estatico, ¿aparece un nuevo clip estatico en el buscador de forma automatica?

5. ¿Dónde se encuentran los parametros de movimiento?

6. ¿Se pueden cambiar los parametros de movimiento directamente en el lienzo? En caso afirmativo, ¿cómo?

7. ¿Se pueden copiar y pegar atributos de movimiento? En caso afirmativo, ¿cómo?

8. ¿Dónde se definen y ajustan los fotogramas clave?

9. ¿Qué es un trazado de movimiento?

10. ¿Bajo qué parametro de movimiento
    podemos definir fotogramas clave de
    movimiento?

Respuestas

1. Desde el menú Modify.

2. Aparece un porcentaje de velocidad junto
   al nombre del clip de secuencia.

3. Una edicion Fit To Fill.

4. No, pero podemos arrastrar la imagen
   estatica desde el visor hasta el buscador.

5. En la ficha Motion.

6. Sí, si selecciona Image+Wireframe en el
   menu View del lienzo.

7. Sí, si copia el clip y accede a la ventana
   Paste Attributes.

8. En el gráfico de fotogramas clave de la
   ficha Motion.

9. El trazado que recorre un clip entre dos o
   más fotogramas clave.

10. Bajo el parametro Time Remap.

Teclas de acceso directo

Comando-J	Abre la ventana Speed
Mayús-N	Crea un fotograma estático en la posición de la barra de reproducción
W	Alterna entre los modos Image, Image+Wireframe y Wireframe
Mayús-K	Avanza hasta el siguiente fotograma clave
Opción-K	Retrocede al fotograma clave anterior
Control-K	Define un fotograma clave para parámetros Basic Motion, Crop y Distort

Capítulo 13

Aplicar filtros

En Final Cut Pro, los efectos que se pueden aplicar a un clip se dividen en dos grupos; transiciones y filtros. Las transiciones, evidentemente, se aplican al punto de edición comprendido entre dos clips, mientras que los filtros se aplican al contenido del clip. Aunque existen numerosas razones para utilizar un filtro, tiene tres aplicaciones básicas.

En primer lugar, los filtros imprimen un aspecto o estilo especial a la secuencia, la pueden animar y permiten crear elementos visuales divertidos y atractivos. Por otra parte, los filtros sirven para corregir problemas de una imagen, como por ejemplo el color o el contraste, o pueden desenfocar un elemento cuyo uso no esté permitido. Por último, existen determinados filtros para enmascarar parte de una imagen y crear sencillos efectos o complejas composiciones visuales de varias imágenes.

También podemos aplicar filtros a clips de audio, para mejorar el sonido o para crear efectos.

- **Archivos del capítulo:** Lesson 13 Project

- **Medios:** Carpetas Motocross>Racing Footage y Team Story; carpeta Graphics

- **Duración:** Aproximadamente 75 minutos

- **Objetivos:**

  - Aplicar filtros de audio y vídeo.

  - Ver y modificar filtros.

  - Aplicar filtros para corregir imágenes.

  - Aplicar filtros a varios clips.

- Utilizar herramientas para ver y ajustar filtros.

- Anidar un grupo de filtros.

- Aplicar una máscara a un clip o secuencia.

- Aplicar un filtro de adaptación.

- Animar filtros con fotogramas clave.

Preparar el proyecto

1. Para iniciar Final Cut Pro, haga doble clic en el archivo **Lesson 13 Project** de la carpeta Lessons de su disco duro.

2. Cierre todos los proyectos abiertos.

3. En la línea de tiempo, haga clic en la secuencia **With Filters** y reprodúzcala.

 Truco: Para poder reproducir el mayor número de filtros en tiempo real, haga clic en el menú RT de la línea de tiempo y seleccione **Unlimited RT** y **Dynamic**. También puede seleccionar un clip y representarlo para reproducirlo en tiempo real.

Cada clip cuenta con un filtro que lo modifica de cierta forma.

4. Reproduzca la secuencia **Without Filters**.

No verá los efectos que aplican estilo a las imágenes pero sí los filtros correctivos aplicados a algunos de los clips para mejorar el color de las imágenes.

5. Para eliminar los filtros de estos clips, seleccione todos los clips de vídeo de la secuencia y haga clic con la tecla **Control** pulsada sobre cualquiera de ellos. En el menú contextual, seleccione Remove Attributes. Compruebe que la opción Filters está marcada y pulse **OK**. Reproduzca esta secuencia.

Todos los filtros se eliminan de los clips seleccionados y vemos los clips igual que después de capturarlos. En este capítulo, primero aprenderemos a aplicar filtros para añadir estilo a la secuencia. Tras ello, aplicaremos filtros para corregir el color de todas las imágenes azuladas.

6. Antes de empezar a realizar cambios, cree una copia de seguridad de la secuencia **Without Filters** en el buscador.

Aplicar filtros de vídeo

Existen dos formas de aplicar filtros de vídeo, similar a la forma en que aplicamos las transiciones. Los filtros se pueden arrastrar directamente desde la carpeta Video Filters de la ficha Effects a un clip en la línea de tiempo. También se puede seleccionar el clip en la línea de tiempo y seleccionar un filtro en el menú Effects. Pero a diferencia de las transiciones que se aplican a un punto de edición, los filtros se aplican al cuerpo del clip. Los filtros se pueden aplicar a un clip en el visor o en la línea de tiempo.

En este ejercicio, para familiarizarnos con algunos de los filtros utilizados para crear estilos, aplicaremos un filtro diferente a cada clip de la secuencia **Without Filters**. Todos estos filtros se pueden modificar, lo que exactamente haremos en el siguiente ejercicio.

1. Coloque la barra de reproducción en el primer clip **CU pan starting line** y selecciónelo.

Al igual que con las transiciones, al situar la barra de reproducción sobre un clip podemos ver en el lienzo cómo se modifica mientras se aplica un filtro.

2. Seleccione Effects>Video Filters y arrastre el puntero por algunas de las categorías del menú secundario.

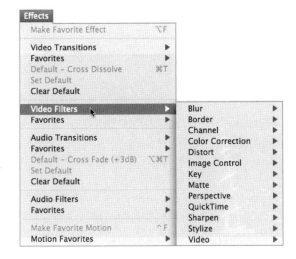

Como ocurre con las transiciones, cada categoría de filtros incluye un submenú de opciones. En función de los nombres de los filtros, puede saber el efecto visual que aplican al clip, mientras que otros le permitirán corregir imágenes.

3. Para aplicar un filtro al clip seleccionado en la línea de tiempo, seleccione Effects> Video Filters>Stylize>Find Edges. Reproduzca el clip.

El filtro Find Edges crea un efecto de extremo contraste que marca los bordes de la imagen en el clip.

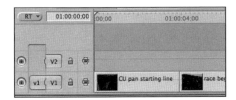

Fíjese en la línea de tiempo. Si aparece una barra naranja de procesamiento sobre este clip, el clip se reproducirá en tiempo real pero puede ignorar fotogramas en el proceso. Si la barra es de color rojo, será necesario procesar el clip para verlo en

tiempo real. También puede pulsar Opción-P para previsualizar el efecto pero no en tiempo real.

 Nota: Al reproducir un filtro en la línea de tiempo, no se modifica el clip maestro en el buscador ni el archivo de medios en el disco duro; sólo cambia el clip de secuencia.

4. Para añadir un filtro al siguiente clip, haga clic en la ficha Effects del buscador, muestre los contenidos de la carpeta Video Filters y, tras ello, de la carpeta Distort.

 Nota: Todos los iconos de los filtros tienen la misma apariencia independientemente de la manera en que un filtro en especial afecte a un clip.

5. Arrastre el filtro Pond Ripple al segundo clip de la secuencia, **race begins**, sin soltar el ratón.

Cuando se arrastra el filtro de un clip, aparece un contorno de selección marrón alrededor del clip.

6. Suelte el filtro sobre el clip y reprodúzcalo.

7. Ubique la barra de reproducción en el tercer clip, **BS over hill**, y selecciónelo. Seleccione Effects>Video Filters>Stylize> Solarize y reproduzca el clip.

   Es otro filtro que cambia el aspecto o el estilo de un clip.

8. Seleccione el cuarto clip, **lots of bikers over hill**, y ejecute los comandos Effects> Video Filters>Perspective>Mirror. Reproduzca el clip.

   Este efecto divide la acción en dos partes, una reflejada en la otra.

9. Para los tres últimos clips, aplique los siguientes filtros desde la ficha Effects o mediante la técnica de arrastrar y soltar. También puede seleccionar una opción del menú Effects:

- **DS good ride:** Border>Bevel.

- **MB high jump:** Stylize>Replicate.

- **biker down:** Stylize>Diffuse.

Visualizar y modificar parámetros de filtros

Cada filtro tiene un grupo de parámetros que se pueden modificar para crear el efecto deseado. Estos parámetros aparecen en la ficha Filters del visor, donde se pueden modificar, eliminar el filtro, activarlo, desactivarlo, guardarlo como un favorito o aplicar el mismo filtro a otro clip en la línea de tiempo. También puede cambiar la prioridad de los filtros, lo que modificará el aspecto del efecto. Antes de realizar estos cambios, abra el clip en el visor.

1. En la línea de tiempo, ubique la barra de reproducción en el clip **DS good ride** y haga doble clic para abrirlo en el visor.

2. Haga clic en la ficha Filters.

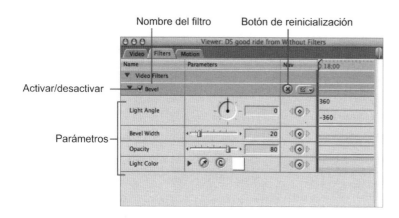

Los parámetros se modifican igual que los efectos de movimiento, por medio de reguladores, controles de ángulo de rotación y campos numéricos. Algunos filtros utilizan selectores de color.

3. En la ficha **Filters**, haga clic en el triángulo de los filtros de vídeo para ocultar y visualizar los filtros aplicados a este clip. Haga clic en el triángulo de **Bevel** para ocultar y visualizar los parámetros.

4. Haga clic en la casilla de verificación junto a **Bevel** para activar y desactivar este filtro.

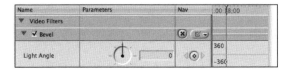

Al activar o desactivar un filtro, no se elimina del clip. Simplemente nos permite ver el clip con o sin el filtro.

5. Modifique los parámetros del filtro **Bevel** para este clip.

> **Truco:** Si desea recuperar los parámetros predeterminados de un filtro, haga clic en el icono Reset.

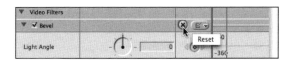

6. Desplace la barra de reproducción hasta el clip **race begins** y haga doble clic sobre el mismo para abrirlo en el visor. Cambie el valor de Radius por **45**, Ripple por **2** y Amplitude por **12**.

7. Para añadir un filtro adicional a este clip, seleccione Effects>Video Filters>Blur> Gaussian Blur.

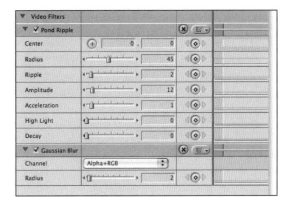

Como este clip ya está abierto en el visor, el filtro aparece en el momento de seleccionarlo.

Podemos aplicar distintos filtros a un mismo clip para crear un efecto especial. La forma en que afecte a la imagen dependerá de los parámetros y del orden en que se apliquen.

> **Nota:** El primer filtro siempre es el que primero se aplica y el último se aplicará al clip así como a los filtros que aparezcan por delante del mismo.

8. En el parámetro Gaussian Blur, cambie el valor de Radius por **10**, y fíjese en la imagen en el lienzo. Haga clic en la casilla de verificación de cada filtro para ver cómo afectan a la imagen y, tras ello, active ambos filtros.

Al aplicar el filtro Gaussian Blur después de Pond Ripple, la imagen se desenfoca.

Al cambiar el orden de estos filtros obtenemos un resultado diferente.

9. Para modificar el orden de los filtros, haga clic en el nombre del filtro Gaussian Blur y arrástrelo por encima de Pond Ripple. Cuando aparezca una barra oscura por encima de Pond Ripple, suelte el ratón.

Al situar el filtro Gaussian Blur sobre el filtro Pond Ripple, el desenfoque sólo se aplica a la imagen, no al efecto Pond Ripple y las ondas dejan de aparecer desenfocadas.

10. Arrastre el filtro Pond Ripple por encima del filtro Gaussian Blur, a su posición original, para volver a desenfocar las ondas.

11. Para eliminar el filtro Gaussian Blur de este clip, haga clic sobre su nombre en la ficha Filters y pulse **Supr**. Pulse **Comando-S** para guardar los cambios.

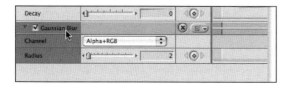

 Truco: Para eliminar todos los filtros de un clip, haga clic en Video Filters y pulse **Supr**. Siempre puede utilizar **Comando-Z** para deshacer la última operación.

Tareas del proyecto

Para practicar con la forma de aplicar, modificar y eliminar filtros, y explorar las distintas categorías de filtros que cambian estilos, abra varios clips de la secuencia y desactive sus filtros actuales. Aplique otros filtros diferentes y modifique los parámetros. Por ejemplo, puede invertir un clip para reproducirlo en la dirección contraria. Seleccione entre las siguientes categorías de filtros de vídeo: Blur, Border, Distort, Perspective y Stylize.

 Nota: La herramienta QuickView del menú Tools permite previsualizar efectos que pueden necesitar procesamiento o que no reproducen todos los fotogramas. Al abrirla, reproduce una parte marcada de la línea de tiempo y procesa el efecto en la memoria RAM del ordenador sin crear un archivo de representación diferente. Tras una lenta reproducción inicial del clip mientras se procesa, QuickView reproduce una zona en tiempo real.

Aplicar filtros correctivos

Final Cut Pro cuenta con varios filtros que pueden servir para corregir el color o la apariencia general de un clip. Algunos de estos filtros pueden cambiar el equilibrio de color de una imagen, ajustar la luminancia y los niveles de negro, y añadir o quitar color. En los siguientes ejercicios, para saber cómo utilizar los filtros de corrección de color, trabajaremos con los clips de motociclismo y corregiremos el matiz azulado que presentan.

Conocimientos básicos sobre los colores

Antes de ajustar el color de un clip es necesario comprender algunos conceptos básicos sobre el color. El vídeo es un sistema de color aditivo. Esto significa que el conjunto de todos los colores forma el blanco, por lo que la referencia al blanco puede ser muy importante. Si el color blanco no está bien definido, como ocurre en algunos de los clips, el equilibrio general de los colores de la imagen tampoco lo estará.

Otro aspecto de la corrección del color es el matiz de la imagen. El matiz es el color en sí mismo, en ocasiones representado por el nombre (rojo) pero más comúnmente representado por un número en una rueda de color de 360 grados. Cada color se localiza en un lugar diferente de la rueda. Por ejemplo, los tres colores primarios en vídeo son rojo, verde y azul, y están a 0, 120 y 240 grados, respectivamente.

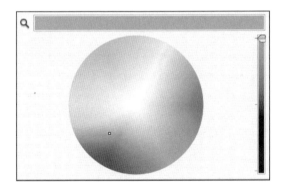

Hay diferentes tipos de ruedas de color. Algunas muestran, además del matiz, la saturación del color. La saturación es la cantidad de matiz en una imagen. Para todos los colores, a un 0 por cien de saturación los colores se ven blancos. Si el rojo está saturado

completamente al 100 por cien, disminuya la saturación al 50 por cien y así obtendrá el color rosa. Redúzcalo al 25 por cien y obtendrá un tono más pálido. Cada uno de estos colores forma parte de la familia del rojo ya que comparten el mismo matiz; pero no el mismo grado de saturación.

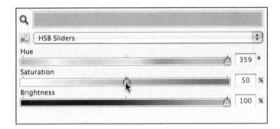

El valor de una imagen es el nivel de brillo o de oscuridad presentes. Un valor de 100 por cien es el nivel más alto o el más brillante. Por el contrario, el valor 0 produce negro, sin importar el matiz o los valores de saturación.

Utilizar el filtro de corrección trifásico

En Final Cut Pro, existen distintos filtros para corregir o ajustar el color de una imagen y cada uno ofrece un enfoque diferente para obtener el mismo resultado. Por ejemplo, puede seleccionar el filtro Image Control> Proc Amp, cuyos parámetros son similares a los controles de un equipo VTR profesional. En la categoría Image Control también puede seleccionar Brightness y Contrast, o Levels, para ajustar aspectos concretos del clip.

Sin embargo, existen un filtro general que puede utilizar para corregir el color de una imagen, un efecto en tiempo real. Es el filtro Color Correct 3-way. En este ejercicio, lo utilizaremos para corregir el matiz azulado que tiene el material sobre motociclismo.

1. En la secuencia actual, coloque la barra de reproducción en el marcador del último clip, **biker down**, y haga doble clic en él para abrirlo en el visor. Abra la ficha Filters y desactive el filtro Diffuse para poder ver el clip original.

 Truco: Al trabajar con varios filtros, conviene ocultar o replegar los parámetros de un filtro para centrarse en los valores de otro.

Si los colores no parecen correctos, puede que se deba a un desequilibrio del color de la imagen. Puede deberse a que durante el equilibrio del blanco, se haya ignorado una cámara antes de filmar el material original o que la iluminación de la toma no se haya controlado correctamente, como sucede en este caso.

2. Seleccione Effects>Video Filters>Color Correction>Color Corrector 3-way (Efectos>Filtros de vídeo>Corrección de color>Corrector trifásico).

El filtro de corrección del color aparece en la ficha Filters, pero los detalles sobre los parámetros no son visibles. En su lugar se ve el botón **Visual** y en el visor se observa una ficha con el nombre Color Corrector 3-way. Hay una buena razón para esto.

3. Haga clic en el triángulo situado junto a la casilla de verificación del corrector de color y arrastre la barra de desplazamiento vertical hacia abajo para ver todos los parámetros. Haga clic en el triángulo una vez más para ocultar esos parámetros.

Con estos parámetros se controla el color de una imagen. No obstante, existe un método más sencillo y visual.

4. Haga clic en el botón **Visual** situado junto nombre del corrector de color o abra la ficha Color Corrector 3-way.

Aunque este filtro es muy complejo y tiene muchos parámetros, cuenta con una interfaz visual muy eficaz. Cuando se trabaja en la interfaz visual es posible concentrarse en la apariencia de la imagen sin dejarnos distraer por los números que se ven en la interfaz numérica estándar.

En la ventana, el filtro de corrección de color trifásico muestra tres ruedas: Blacks, Whites y Mids. Cada rueda controla el equilibrio de color de esos intervalos y los reguladores situados por debajo de las mismas controlan el nivel de brillo de los píxeles. El regulador de saturación (Sat) permite aumentar o reducir la cantidad de color de una imagen.

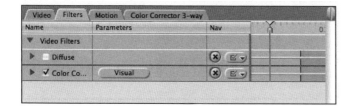

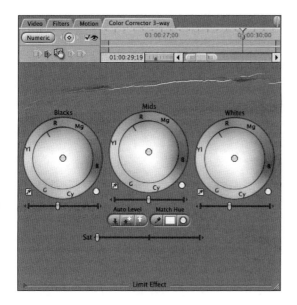

Nota: La zona **Limit Effect** situada bajo las ruedas de color se utiliza para cambiar o controlar un color específico en una imagen.

Una forma de mejorar el color del clip **biker down** consiste en reestablecer o redefinir el verdadero blanco en la imagen de este clip.

5. Bajo la rueda de color **Whites** (Blancos), haga clic en el pequeño cuentagotas Select Auto-balance Color (Seleccionar equilibrio automático del color).

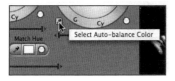

Esta herramienta se utiliza para seleccionar una nueva referencia de blanco de la imagen en el lienzo.

6. En el lienzo, haga clic en la manga blanca de la camisa del hombre situado a la derecha, por detrás de la bandera.

Al hacer clic en un área blanca de la imagen en el lienzo, la imagen equilibra de nuevo todos los colores como si el blanco en el que se hizo clic fuera el blanco verdadero. Observe la rueda de color de blancos. El centro de la rueda se ha alejado del azul hacia el amarillo.

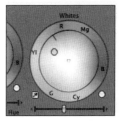

7. Haga clic en la casilla de verificación para poder ver la imagen con y sin el filtro de corrección de color activado. Deje el filtro activado.

Con tan sólo modificar el equilibrio de blancos de la imagen la hemos mejorado considerablemente. Hay otros clips de la secuencia que también tienen un tono azulado. Podemos aplicar este filtro de corrección de color con sus parámetros actual a otro clip azul.

8. Desplace la barra de reproducción hasta el clip **MB high jump**. Desde la ficha Color Corrector 3-way, arrastre el icono Drag Filter hasta el clip **MB high jump** y suéltelo.

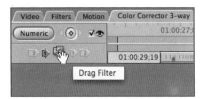

Los parámetros que mejoraron el clip **biker down** también funcionan con el clip **MB high jump**. Existen otros dos clips azulados en la secuencia, a los que puede aplicar este filtro al mismo tiempo.

9. Desplace la barra de reproducción hasta el clip **DS good ride**. Selecciónelo y haga clic con la tecla **Control** pulsada sobre el clip **race begins** para añadirlo a la selección. Para aplicar los parámetros actuales del filtro Color Corrector 3-way, arrastre el icono Drag Filter a cualquiera de los clips seleccionados y suéltelo.

En el lienzo, apreciará que el clip **DS good ride** ha mejorado. Si arrastra la barra de reproducción hasta el clip **race begins**, también mostrará un nuevo equilibrio de blancos. Como los cambios de color del clip **biker down** han sido tan eficaces, podemos guardar este filtro como favorito para aplicarlo posteriormente.

Truco: Otra forma de copiar los filtros de un clip a otro consiste en copiar un clip y utilizar la opción Paste Attributes para pegar todos los filtros de un clip en otro.

10. En el buscador, seleccione la ficha Effects. Desde la ficha Color Corrector 3-way de **biker down**, arrastre el icono Drag Filter hasta la ficha Effects y suéltelo en la carpeta Favorites. Asígnele el nombre **Blue Correction**.

Truco: También puede seleccionar Effects>Make Favorite Effect para guardar un efecto. Sin embargo, si el clip tiene más de un filtro, se guardarán todos juntos en una carpeta de la carpeta Favorites. Puede arrastrar esta carpeta a cualquier clip o grupo de clips si desea aplicar todos los filtros.

Ver y modificar cambios de corrección de color

En ocasiones, al restablecer el equilibrio de blancos de un clip se soluciona el problema y en otros casos no y puede que tenga que ajustar los parámetros del filtro Color Corrector 3-way. Para ello, existen dos herramientas que puede utilizar para ver los cambios de color y otros filtros aplicados a un clip. Una es el visor de fotogramas (Frame Viewer) que muestra un clip en una pantalla dividida, antes y después de aplicar el filtro. La otra es la herramienta Video Scopes, que muestra determinadas propiedades de una imagen, como la luminancia, la intensidad y otras.

1. En la línea de tiempo, mueva la barra de reproducción hasta el marcador del clip **biker down**. Haga doble clic sobre el mismo para abrirlo en el visor.

2. Seleccione Tools>Frame Viewer o pulse **Opción-7**. Cuando la herramienta se abra en la ventana Tool Bench, sitúela sobre el buscador.

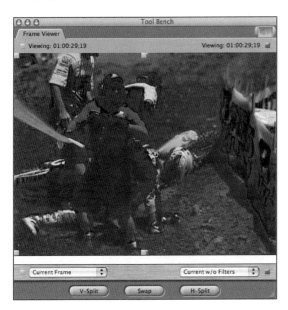

Nota: La ventana Tool Bench se abre sobre el visor o en la última posición que haya adoptado en la interfaz.

En el visor de fotogramas puede seleccionar qué desea ver en cada lado del marco y comparar un clip con y sin filtros.

3. En el extremo izquierdo de la ventana, haga clic en el menú del visor de fotograma y seleccione Current Frame (Fotograma actual). En el menú emergente derecho del visor de fotogramas, seleccione Current w/o Filters.

En el visor de fotogramas se ve la imagen en la que se corrigió el color a la izquierda y el original o la imagen a la que no se le ha corregido el color, a la derecha. Puede cambiar el tamaño de cada fotograma arrastrando el indicador de límite.

Nota: También puede hacer clic en los botones **V-Split** (División vertical), **Swap** (Intercambio) o **H-Split** (División horizontal) para dividir el fotograma de manera diferente o para intercambiar las imágenes.

4. Para utilizar los monitores de vídeo para corregir el color de un clip, seleccione Tools>Video Scopes.

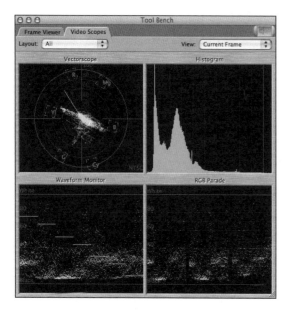

Ahora hay dos fichas en el banco de herramientas: Frame Viewer y Video Scopes. Cualquiera de estas fichas puede retirarse para crear una ventana separada. También puede modificar el tamaño de la propia ventana.

 Nota: No se pueden hacer ajustes en la ficha Video Scopes. Sólo se utiliza para ver la imagen de distintas maneras. Otra forma de trabajar con los monitores de vídeo consiste en modificar la configuración de las ventanas por la opción Color Correction.

5. Para ver únicamente los niveles de luminancia de la imagen en la ficha Video Scopes, haga clic en el menú Layout y seleccione Waveform (Forma de onda).

Compruebe que la opción Current Frame está seleccionada en el menú emergente View de la derecha.

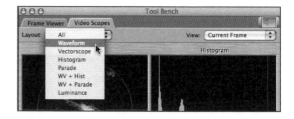

Cada opción del menú Layout muestra los píxeles de la imagen de forma diferente, según la luminancia, el croma y demás. La ventana de forma de onda muestra la luminancia de la imagen en un gráfico dividido de 0 a 100 por cien, siendo 0 el negro y 100 el blanco. Los niveles de luminancia para emisión no deben exceder el 100 por cien.

6. En el visor, experimente con los niveles de negro arrastrando el regulador Blacks lateralmente para después devolverlo al centro. Haga clic en la flecha de ajuste izquierda, unas ocho veces, hasta que el grupo inferior de píxeles de la forma de onda desciendan hasta el nivel 0 por cien de negro.

 Truco: Si trabaja con un ratón con rueda, puede situar el puntero sobre los reguladores y utilizar la rueda para modificar los niveles.

La luminancia de un clip se suele dividir en tres zonas, representadas por los píxeles más oscuros, los intermedios y los más brillantes de la imagen. Los reguladores situados por debajo de las ruedas de color en la ficha Color Corrector 3-way se utilizan para ajustar estos grupos de niveles de luminancia y la forma de onda se emplea para controlarlos.

7. Para incrementar el nivel de los píxeles intermedios, haga clic en la flecha de ajuste derecha del regulador Mids. Si los píxeles superiores de la forma de onda no se encuentran al 100 por cien, puede pulsar la flecha de ajuste derecha del regulador Whites para aumentar el brillo de los mismos.

 Truco: Al ajustar el regulador Mids se obtiene mayor detalle en una imagen demasiado oscuro o sin apenas exposición. También permite eliminar el efecto de una imagen sobreexpuesta.

Además de modificar las propiedades de luminancia de un clip, podemos ajustar el equilibrio de color mediante las tres ruedas de control.

8. Para eliminar parte del tono azulado de las zonas más oscuras, arrastre el control de equilibrio de color Blacks y dirija el indicador hacia el amarillo. Si la zona oscura aparece con un tono verde, desplace el indicador hacia arriba, desde el verde.

 Truco: Al realizar ajustes en la rueda de control de equilibrio, mantenga pulsada la tecla **Comando** mientras arrastra para mover el indicador más rápidamente. Para recuperar la configuración predeterminada de un control de equilibrio de color, haga clic en el icono Reset situado en la parte inferior derecha de la rueda.

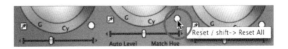

Además de modificar la luminancia y el tono de un clip, podemos ajustar el regulador de saturación que se encuentra bajo las ruedas para incrementar o reducir la cantidad de color de la imagen.

9. Arrastre el regulador de saturación hacia la derecha para añadir más color a la imagen.

10. En el visor, haga clic en la casilla de verificación de la ficha Color Corrector 3-way para ver la imagen con y sin los ajustes, o fíjese en la imagen dividida que aparece en la ficha Frame Viewer.

Tareas del proyecto

Abra la secuencia **Motion with Filters** desde el buscador. Siga el procedimiento descrito en el ejercicio anterior y restablezca el equilibrio de blancos de uno de los primeros clips azulados; tras ello, aplique la misma corrección a los demás clips. Realice los correspondientes ajustes de nivel a los blancos, medios, negros y la saturación de cada clip. También puede experimentar con filtros de la categoría Image Control o aplicar el filtro de corrección de color de la categoría Color Correction para realizar los mismos ajustes de forma diferente.

Aplicar filtros de audio

También se pueden aplicar filtros a un fragmento de audio de un clip de la misma manera que con los filtros de vídeo, es decir, arrastrando el filtro desde la carpeta de filtros de audio de la ficha Effects o seleccionando una opción desde el menú Effects. Se puede utilizar un filtro de audio para mejorar la calidad general del audio o para crear un efecto especial, un eco, por ejemplo. También se pueden aplicar filtros correctivos para eliminar un sonido específico.

1. Cierre la ventana Tool Bench y abra la secuencia **Motion with Filters** desde el buscador, en caso de que no se encuentre abierta. Escuche el clip **MB wins** del anunciante hablando por el sistema de altavoces.

   Se ha añadido un filtro de audio a este clip para que el anunciante suene como si estuviera en un gran estadio.

2. Haga doble clic en el clip **MB wins** para abrirlo en el visor.

3. Haga clic en la ficha Filters y seleccione Effects>Audio Filters>Final Cut Pro> Reverberation.

Truco: Al aplicar un filtro de audio a este clip puede aparecer una línea roja de procesamiento en la línea de tiempo. De ser así, abra la ventana User Preferences y, en la ficha General, cambie el valor de Real-time Audio Mixing por **12**. Si la línea roja sigue apareciendo, represente el clip.

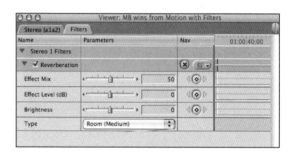

El filtro de audio aparece bajo el título Stereo 1 Filters de la ficha Filters. El filtro de reverberación tiene cuatro parámetros pero utilizaremos los predeterminados.

4. Reproduzca el clip de audio **MB wins** en la línea de tiempo.

   El filtro Reverberation predeterminado hace que la voz del narrador suene muy alta.

5. Haga clic en la ficha Effects y en el triángulo de filtros de audio para ver su contenido. Muestre los contenidos de la carpeta Final Cut Pro.

   El icono del filtro de audio es un altavoz con una cubierta sobre él.

6. Para hacer que el narrador se oiga como si estuviera dirigiéndose a una multitud, arrastre el filtro Echo hasta el clip de audio **MB wins**.

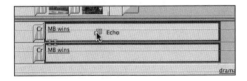

Cuando se arrastra el filtro Echo hasta las pistas de audio de este clip, las pistas de audio quedan resaltadas, de la misma manera que cuando se arrastra un filtro de vídeo a un clip.

7. Antes de reproducir el clip, anule la selección de la casilla de verificación situada junto al filtro Reverberation para escuchar únicamente el filtro Echo. Reproduzca el clip en la línea de tiempo. Tras ello, vuélvalo a reproducir con ambos clips activos.

Estos filtros de audio añaden un efecto para crear un sonido totalmente diferente, mientras que otros, como 3 Band Equalizer, sólo cambian la ecualización de un clip.

8. Cierre todas las secuencias abiertas en la línea de tiempo y pulse **Comando-S** para guardar el proyecto.

Combinar clips

En un capítulo anterior, recortamos imágenes y las cambiamos de tamaño para poder ver más de un clip en el lienzo. Al aplicar determinados filtros, como los de adaptación o máscara, podemos combinar dos o varios clips para crear una imagen compuesta. En ocasiones resulta necesario para cubrir un elemento que no debe verse en la imagen y, en otros casos, se utilizan para generar un efecto visual mediante la combinación de la parte frontal de un clip con una imagen de fondo de otra.

Ocultar partes de una imagen

Existen filtros que permiten ocultar o enmascara parte de una imagen. Se pueden utilizar para crear un efecto para toda la secuencia o para enmascarar una parte que no deba verse, por ejemplo por la presencia de un objeto no deseado en el fondo. Cuando añadimos un filtro para crear un efecto de pantalla panorámica, podemos ahorrarnos varios pasos si combinamos los clips de vídeo de forma anidada y, tras ello, aplicamos el filtro a la secuencia anidada.

1. Desde el buscador, abra la secuencia **Intro with Matte** y reprodúzcala.

Para enmascarar la información numérica de las imágenes y ver una versión en pantalla panorámica de la secuencia, podríamos añadir un filtro de máscara a cada clip. Si lo hiciéramos, para modificar los parámetros del filtro tendríamos que cambiar individualmente cada clip. Una forma más sencilla consiste en crear clips anidados.

2. Seleccione todos los clips de vídeo de la secuencia. Ejecute Sequence>Nest Items o pulse **Opción-C**. En la ventana Nest Items, introduzca el nombre **Intro NEST** y pulse **Intro**.

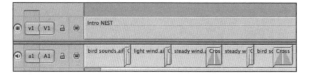

En la línea de tiempo, aparece un solo clip donde antes estaban los demás. Es una anidación de los clips seleccionados. En el buscador, aparece la nueva secuencia **Intro NEST**.

 Truco: Si desea recuperar los clips originales, basta con hacer doble clic sobre la secuencia en el buscador o sobre el grupo anidado en la línea de tiempo. Se abrirá una secuencia con los clips individuales anteriormente anidados.

3. Para aplicar una máscara a los clips anidados, selecciónelos en la línea de tiempo y ejecute Effects>Video Filters>Mattes> Widescreen. Arrastre la barra de reproducción por la secuencia.

Las partes superior e inferior de los clips de vídeo se enmascaran por igual y dejan de aparecer los números sobre las imágenes.

4. Para ajustar los parámetros del filtro Matte, no debe hacer doble clic sobre el grupo anidado en la línea de tiempo, como si se tratara de un clip, o la secuencia anidada se abrirá con los clips individuales. Pulse **Opción** y haga doble clic sobre la secuencia anidada en la línea de tiempo. En el visor, arrastre la barra de reproducción por la barra de arrastre.

El grupo anidado completo, incluyendo las transiciones, aparece en el visor.

 Truco: Existen otras formas de abrir un grupo anidado de la línea de tiempo en el visor. Puede hacer clic con la tecla **Control** pulsada sobre la anidación y seleccionar **Open in Viewer**, seleccionarla y pulsar **Intro**, o arrastrarla desde la línea de tiempo hasta el visor.

5. Haga clic en la ficha **Filters**. En los parámetros **Matte**, haga clic en el menú **Type** y seleccione 2:35:1. Reproduzca la secuencia.

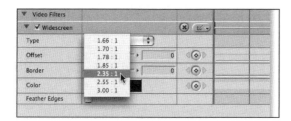

Como los clips están anidados, sólo tiene que seleccionar un filtro para cambiar la correspondiente opción.

> **Nota:** Las opciones de máscara tienen una proporción de aspecto que representa la anchura por la altura de la imagen. La película de 35 mm suele tener el valor 1.85:1. La película *A Thousand Roads* se muestra con la proporción 2.35:1.

6. Para aplicar un filtro **Matte** diferente, abra la secuencia **Garbage Matte** desde el buscador y arrastre la barra de reproducción por el clip.

Es un fotograma estático que utilizamos en un capítulo anterior. Imagine que el productor desea eliminar el hombre que aparece en la esquina inferior izquierda. No podríamos recortar la parte inferior ni el lateral ya que eliminaríamos dicha parte de la imagen.

7. Haga doble clic en el clip **MB long run FREEZE** para abrirlo en el visor. Abra la ficha Filters y seleccione Effects>Video Filters>Matte>Four-Point Garbage Matte.

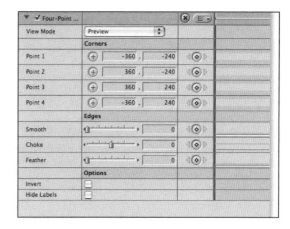

En esta ficha, hay cuatro puntos que podemos ajustar. En la ventana del lienzo, los puntos predeterminados aparecen en cada una de las esquinas y se numeran en el sentido de las agujas del reloj, a partir de la esquina superior izquierda. Definiremos nuevos puntos para crear un marco alrededor del cuerpo del hombre.

8. Para definir el primer punto del efecto, haga clic en la cruz del punto uno. Desplace el cursor hasta el lienzo y haga clic a la izquierda del cuerpo del hombre, por encima de la cabeza.

>
> **Truco:** Si pulsa y arrastra el punto antes de soltar el ratón, el punto se actualizará continuamente. Si suelta el ratón, tendrá que hacer clic en la cruz del punto uno en la ficha **Filters** y repetir la operación.

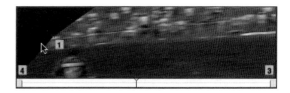

9. Defina los puntos 2, 3 y 4 en sentido de las agujas del reloj alrededor del hombre para aislarlo. Arrastre los puntos 3 y 4 por debajo de la imagen para incluir la zona comprendida hasta el borde del clip.

Con la figura del hombre aislada por los puntos, la parte de la imagen que no necesitamos, podemos invertir la imagen para invertir el filtro.

10. En el filtro Four-Point Garbage Matte, marque la casilla Invert y arrastre el regulador Feather hasta el valor 30. Puede que tenga que ajustar los puntos para eliminar completamente al hombre de la imagen.

El siguiente paso consistirá en rellenar el hueco. Para ello añadiremos un clip por debajo del actual de forma que el material de dicho clip se vea a través. Puede utilizar un duplicado de este clip como imagen de fondo.

11. Con el clip **MB long run FREEZE** seleccionado en la línea de tiempo, pulse **Opción** y arrastre la copia hasta la pista V1, suelte la tecla **Opción** y suelte el clip.

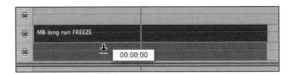

12. Pulse **V** para activar el modo Image+ Wireframe. En el lienzo, con el clip de la pista V1 seleccionado, arrastre la estructura de malla hacia la izquierda hasta que pueda rellenar el hueco. También puede girar ligeramente la imagen de V1 hasta hacerla coincidir con el ángulo de la pista. Desactive el modo de malla.

 Nota: Si los puntos de máscara se ven en la zona de la imagen, haga doble clic sobre el clip de V2. En los parámetros del filtro de máscara, haga clic en View Mode y seleccione Final.

 Truco: Los filtros de máscara resultan adecuados en muchos casos, como por ejemplo para marcar una imagen para que aparezca dentro de un objeto como puede ser un marco o una pantalla de televisión.

Aplicar un filtro Key

Otra manera de crear una composición es haciendo que el fondo de un clip sea transparente. Con ello conseguimos aislar la parte frontal del clip, que puede ser una persona, objeto o gráfico, para poder combinarla con un fondo diferente. Este efecto recibe el nombre de efecto clave de adaptación y se obtiene aplicando un filtro Key. Existen dos tipos de adaptaciones. Una consiste en adaptar la luminancia de una zona de la imagen basándose en los niveles de luz y sombra. La segunda consiste en adaptar un color determinado, es decir, la crominancia de la imagen. Final Cut Pro ofrece varios tipos de filtros de adaptación. En este ejercicio trabajaremos con un filtro que permite adaptar el color de una imagen gráfica.

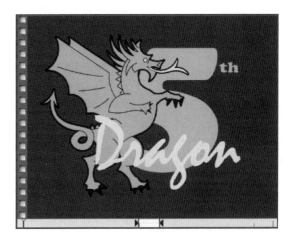

1. En el buscador, abra la secuencia **Key Filter** y reprodúzcala.

    Esta secuencia incluye todos los filtros aplicados hasta el momento.

2. Para importar un nuevo archivo, pulse **Comando-I**. En la ventana Choose A File, desplácese hasta `FCP5 Book Files>Media>Graphics>Logo FLAT.jpg` y pulse **Choose**.

    Este archivo JPEG de una capa se muestra en el buscador como icono gráfico, al igual que los fotogramas estáticos.

3. En el buscador, haga doble clic sobre el archivo `Logo FLAT.jpg` para abrirlo en el visor.

En el visor, el gráfico tiene una duración marcada de diez segundos, el parámetro predeterminado para imágenes estáticas definido en las preferencias de usuario. Editaremos este clip sobre el primero de la secuencia. El hecho de colocar un clip sobre otro se denomina superposición. Para que la duración del gráfico coincida con la del clip de V1, utilizaremos la edición por superposición.

4. En la línea de tiempo, desplace la barra de reproducción hasta el clip **CU pan starting line**. Compruebe que el control de origen v1 está conectado al control de destino V1. En el visor, arrastre la imagen del gráfico hasta el lienzo y suéltela sobre la opción de edición Superimpose.

El clip **Logo FLAT.jpg** se sitúa automáticamente en la pista anterior a V1 y se le asigna la misma duración que el clip **CU pan starting line**. Para ver el clip de v1, tendremos que adaptar el fondo azul del gráfico.

5. Haga doble clic sobre el clip **Logo FLAT.jpg** y abra la ficha Filters. Seleccione Effects>Video Filters>Key>Color Key.

Nota: Si desea eliminar un color de una imagen de vídeo, una adaptación más compleja, tendría aplicar el filtro Chroma Key.

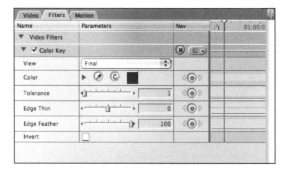

6. En los parámetros de color, haga clic en el botón del cuentagotas de selección de color y, tras ello, haga clic en el fondo azul del lienzo. Arrastre el regulador Edge Feather hacia la izquierda. Arrastre el regulador Tolerance hacia la derecha hasta que deje de ver el borde azul alrededor del gráfico.

Tras eliminar el fondo azul, vemos el clip **CU pan of starting line** por debajo del gráfico.

7. En la ficha Filters, haga clic en el menú emergente View y seleccione Matte.

Tras seleccionar **Matte**, en el lienzo sólo aparece el canal alfa de la imagen y podemos apreciar la claridad del gráfico.

Todos los clips de vídeo están formados por tres canales de información: rojo, azul y verde (RGB). Las imágenes se forman mediante la combinación de estos tres colores. Cuando añadimos determinados filtros a un clip, como por ejemplo adaptaciones o máscaras, se crea un cuarto canal, el canal alfa. Los canales alfa se muestran en blanco y negro. La zona blanca es opaca y protege o mantiene dicha zona de la imagen de frente. La zona negra es transparente y permite ver la imagen de fondo.

Truco: Para crear adaptaciones óptimas, fíjese en la máscara de la imagen adaptada. Asegúrese de que la zona opaca de color blanco es lo más sólida posible y que no deja ver partes de la imagen RGB de fondo.

8. Ajuste los parámetros de adaptación de color hasta que deje de ver elementos negros en la zona blanca de la máscara.

9. Para ver mejor los detalles de la imagen, haga clic en el menú de zoom del lienzo y seleccione 200%. Pulse **H** para seleccionar la herramienta Mano, desplace el puntero hasta la zona de imagen del lienzo y arrastre la imagen para ver otras zonas de la vista ampliada.

   Si ve una zona con puntos negros, ajuste los parámetros del filtro Key hasta que dejen de aparecer.

10. Para recuperar el tamaño normal de la imagen, haga clic en el menú de zoom del lienzo y seleccione Fit To Window. En la ficha Filters del visor, haga clic en el menú View y seleccione Final.

 Truco: Otra forma de combinar clips consiste en aplicar un modo compuesto al clip seleccionado. Los modos compuestos de Final Cut Pro son similares a los de Adobe Photoshop y After Effects. Puede elegir modos compuestos en el menú Modify.

Añadir fotogramas clave para animar un filtro

Si desea modificar los parámetros de un filtro en el tiempo, puede añadir fotogramas clave como hicimos con los parámetros de movimiento, de la misma forma. En este ejercicio aplicaremos el filtro Curl a un clip para animarlo y aumentar la esquina de la imagen.

1. En la secuencia **Key Filter**, desplace la barra de reproducción hasta el marcador **curl**. Haga doble clic en el clip **biker down** y abra la ficha Filters. Seleccione Effects>Video Filters>Perspective>Curl.

En el lienzo, la esquina inferior derecha de la imagen aparece doblada hacia arriba. Es el parámetro predeterminado del filtro Curl.

2. En el visor, con la barra de reproducción en el marcador **curl**, arrastre el regulador Amount hasta **0**.

   Sin una cantidad de curva, la imagen no aparece doblada. será la posición inicial donde añadiremos el primer fotograma clave.

 Truco: Al añadir fotogramas clave al visor, amplíe la ventana, como hicimos al definir fotogramas clave de movimiento, para ver el gráfico de fotogramas clave.

3. Haga clic en el botón de fotogramas clave del parámetro Amount.

4. Pulse **Mayús-Flecha derecha** dos veces para avanzar dos segundos la barra de reproducción. Arrastre el regulador Amount hasta **32** o introduzca ese valor. Reproduzca el clip.

Como disponemos de un fotograma clave inicial, al modificar la cantidad a una posición diferente se añade automáticamente un nuevo fotograma clave. De esta forma animamos la doblez en el tiempo.

> **Nota:** Puede que le interese desactivar los filtros **Diffuse** y **Color Corrector 3-way** en este clip mientras modifica el filtro **Curl.**

En este efecto, la parte frontal de la imagen se ve a través del fondo, lo que resulta un tanto molesto. Sin embargo, podemos añadir una imagen diferente al fondo del clip.

5. Desde el buscador, arrastre la imagen `Logo FLAT.jpg` hasta la ficha **Filters** del visor y suéltela en el cuadro **Back**. Reproduzca el clip **biker down**.

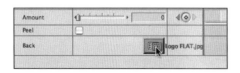

De esta forma, cuando se dobla la esquina, vemos el fondo azul original de la imagen `Logo FLAT.jpg` en la esquina

inferior derecha. Si extendemos la doblez por toda la imagen, veríamos el gráfico completo.

En un capítulo posterior añadiremos un gráfico a la esquina inferior derecha.

> **Truco:** Siempre que vea un gráfico en un parámetro, puede soltar un gráfico diferente en el cuadro para añadir una imagen a dicho parámetro.

Tareas del proyecto

Para continuar practicando con la definición de fotogramas clave de filtros, abra la imagen `Logo FLAT.jpg` desde la línea de tiempo y seleccione **Effects>Video Filters>Perspective> Basic 3D**. En este filtro podemos modificar la posición de la imagen en el eje X, Y o Z, así como cambiar la escala o el tamaño de la misma. Desplace la barra de reproducción dos segundos desde el inicio de la secuencia y defina fotogramas clave para cada parámetro del estado predeterminado a pantalla completa del filtro. Tras ello, retrase la barra de reproducción al inicio de la secuencia y experimente con las distintas posiciones de inicio mientras previsualiza el efecto. Guarde los cambios.

Repaso del capítulo

1. ¿De qué dos formas puede aplicar un filtro de vídeo o audio?

2. ¿Qué procedimiento le permite ver y modificar filtros para clips de secuencia?

3. ¿Cómo se elimina uno o todos los filtros de la ficha Filters?

4. ¿Qué dos filtros se utilizan para cambiar los parámetros de luminancia y croma en un clip a través de su interfaz visual?

5. ¿Qué dos herramientas puede utilizar para ajustar el color de una imagen?

6. ¿Cómo se aplica un filtro de un clip a otro? ¿Y a varios clips?

7. ¿Cómo puede utilizar un grupo de clips como si fuera un clip individual?

8. ¿Qué dos categorías de filtros puede utilizar para componer clips?

9. ¿Cómo se añaden fotogramas clave de filtro en el visor?

Respuestas

1. Puede arrastrar y soltar un filtro desde la ficha Effects al clip de la línea de tiempo o identificarlo si lo selecciona o desplaza la barra de reproducción sobre el mismo y selecciona una opción en el menú Effects.

2. Abra el clip en el visor y haga clic en la ficha Filters. Para cambiar la prioridad de un filtro, arrastre su nombre por encima o por debajo de otro filtro. Para desactivar el filtro, haga clic en la casilla de verificación.

3. Haga clic en el nombre del filtro y pulse **Supr**. Para eliminar todos los filtros de vídeo, haga clic en Video Filters y pulse **Supr**.

4. Utilice los filtros Color Corrector 3-way y Color Corrector.

5. Para ver cambios de color se utilizan las herramientas Frame Viewer y Video Scopes.

6. Puede arrastrar el icono Drag Filter desde la ficha Filters hasta otro clip de la línea de tiempo. Para copiar un filtro en varios clips al mismo tiempo, selecciónelos antes de arrastrar el filtro. También puede utilizar la opción Paste Attributes.

7. Puede anidar los clips.

8. Utilice máscaras y adaptaciones para combinar clips.

9. Sitúe la barra de reproducción donde desee iniciar o concluir un cambio de filtro, y haga clic en el botón de foto-gramas clave de filtro. Vuelva a cambiar la barra de reproducción y modifique el parámetro.

Teclas de acceso directo

Opción-7	Abre el visor de fotogramas
Opción-9	Abre la herramienta Video Scopes
Opción-P	Previsualiza un efecto
Opción-clic	Define un fotograma clave en el gráfico de fotogramas clave del visor

Capítulo 14

Edición con varias cámaras

En muchos programas se utilizan varias cámaras al mismo tiempo para rodar una producción, un espectáculo o una actuación. En función del tipo de evento, se pueden utilizar entre tres y cuatro cámaras, o incluso 20 o más. Los programas de televisión pueden utilizar incluso más para seguir a personajes concretos durante un periodo de tiempo concreto. Los programas diarios, como por ejemplo las telenovelas o las comedias de situación, recurren a cuatro o cinco cámaras que graban al mismo tiempo. Incluso los programas dramáticos ruedan ciertas escenas con cámaras A y B al mismo tiempo.

En Final Cut Pro podemos editar material original de varias cámaras mediante la función de multiclip, que nos permite agrupar varios clips en función de un ángulo y, tras ello, editarlos como si se tratara de un programa en directo o en tiempo real. Sin embargo, no es necesario rodar con varias cámaras para utilizar esta función. Gracias al enfoque multiclip de FCP para agrupar clips, podemos sincronizar y reproducir cualquier grupo de clips al mismo tiempo. No es necesario que el material comparta el mismo código de tiempo no siquiera que se haya grabado en el mismo lugar o al mismo tiempo.

- **Archivos del capítulo:** Lesson 14 Project

- **Medios:** Carpeta Music Video

- **Duración:** 90 minutos aproximadamente

- **Objetivos:**

  - Trabajar con material PAL.

  - Organizar el flujo de trabajo de varias cámaras.

  - Sincronizar varias cámaras mediante puntos de entrada y código de tiempo.

  - Crear y ver multiclips.

  - Modificar multiclips en el visor.

  - Editar multiclips en la línea de tiempo.

  - Cortar ángulos de multiclip en directo.

  - Intercambiar ángulos con efectos.

  - Desplegar y replegar un multiclip.

Preparar el proyecto

En este capítulo editaremos material multi-cámara utilizando un estándar de vídeo distinto a DV-NTSC, el que hemos empleado hasta ahora. El material es un vídeo musical filmado originalmente en formato HDV y convertido a DV-PAL con la función Quick-Time Conversion de Final Cut Pro (que analizaremos en un capítulo posterior). Para conservar la proporción de aspecto original del material HDV, 16:9, en el proceso de conversión se ha utilizado el parámetro DV-PAL Anamorphic.

Nota: El material HDV se grabó a 29.97 fotogramas por segundo con un tamaño de 1440 x 1080 píxeles, con una proporción de aspecto de 16:9. Posteriormente se convirtió a **DV-PAL Anamorphic**, un formato de 25 fotogramas por segundo y un tamaño de 770 x 576 píxeles. El formato **DV-PAL Anamorphic** tiene una proporción de aspecto de 4:3 pero al ser anamórfico se ajusta automáticamente a 16:9.

1. Inicie Final Cut Pro y abra el archivo **Lesson 14 Project** de la carpeta Lessons de su disco duro.

2. Cierre todos los proyectos abiertos.

   El proyecto actual carece de secuencias, por lo que no aparece ni el lienzo ni la línea de tiempo. El guión bajo que aparece por delante de la palabra **Sequences** indica a Final Cut Pro que incluya esta carpeta al final de los demás elementos de proyecto cuando se ordenen alfabéticamente.

3. En el buscador, abra la carpeta **Audio Pops**. Arrastre la barra de desplazamiento hacia la derecha hasta que vea las columnas **Frame Size**, **Vid Rate** y **Compressor**.

Nota: Las dos carpetas de clips de este proyecto tienen el nombre del método que utilizaremos para sincronizar los clips a lo largo del capítulo.

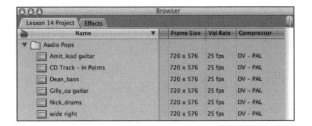

Los clips comparten las mismas propiedades del formato DV-PAL. Si desplaza las columnas hacia la derecha, verá la columna **Anamorphic**, en la que aparecen los clips con una marca de verificación. Para editarlos tendremos que crear una secuencia que coincida con todas las propiedades de los mismos. Para ello tendrá que seleccionar el correspondiente valor **Easy Setup**.

4. Seleccione **Final Cut Pro>Easy Setup**. Marque la casilla de verificación **Show All** situada en la esquina superior derecha de la ventana. Tras ello, abra el menú **Setup** y seleccione **DV-PAL Anamorphic**. Haga clic en **Setup**.

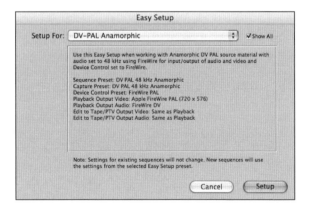

5. En el buscador, haga clic con la tecla **Control** pulsada sobre la carpeta denominada **Sequences** y seleccione **New Sequence** en el menú contextual. Asígnele el nombre **In Points**. Desplácese de

nuevo a las columnas Vid Rate, Frame Size y Compressor.

La nueva secuencia contiene los mismos ajustes PAL que los clips del proyecto. La utilizaremos para practicar la sincronización de clips con puntos de entrada.

6. Haga doble clic en la secuencia **In Points** para abrirla en la línea de tiempo.

El tamaño del lienzo es mayor que en otras secuencias que hemos editado. Se debe al tamaño de la secuencia, en este caso a la proporción de aspecto 16:9.

Organizar un flujo de trabajo de edición con multiclips

Aunque en este capítulo nos centraremos en la edición con varias cámaras, hay determinados aspectos que tener en cuenta al grabar, capturar y organizar un proyecto con varias cámaras para facilitar el proceso de edición.

Las siguientes sugerencias pueden resultarle útiles para planificar una grabación con varias cámaras que desee editar en Final Cut Pro o para preparar material que utilizar como parte de un multiclip.

Grabar con varias cámaras

- La sincronización de las distintas cámaras es una parte importante del proceso. Existen distintas formas de sincronizar varias cámaras. En entornos profesionales, se utiliza un generador principal de código de tiempo para asignar a cada cámara o grabador el mismo código de tiempo. De esta forma, el número de

código de tiempo de cada dispositivo identifica el mismo punto de una escena. Si no se puede recurrir a esta opción, también puede grabar una indicación visual o sonora, como por ejemplo una claqueta, un salto de audio o un destello de cámara, en todos los dispositivos antes de que comience o finalice una acción.

- Al grabar con varias cámaras, a cada una se le asigna un número o una letra para identificar el ángulo de la cámara. Las cámaras se suelen numerar o etiquetar de izquierda a derecha según su disposición en el escenario o en la acción. Como parte de las funciones multiclip de Final Cut Pro, los clips se organizan según el número o letra de ángulo. Tómese el tiempo necesario durante la grabación para asignar números de ángulo a las cintas de material original.

 Nota: Puede agrupar hasta 128 fuentes o ángulos en un mismo multiclip.

Registrar y capturar material con varias cámaras

- Al capturar material con varias cámaras, cada fuente se captura de forma independiente. Puede marcar y capturar el material como clips independientes o utilizar la función Capture Now para capturar una cinta completa.

- En la ficha Log de la ventana Log And Capture, puede introducir o asignar un número o letra de ángulo (de la **A** a la **E**) en el campo Angle. Los números de ángu-

lo son muy importantes para crear multiclips, ya que Final Cut Pro los utiliza para
determinar el orden del clip dentro de un
grupo. Si el clip carece de información de
ángulo, el programa utiliza el nombre del
clip para ordenar los ángulos en el multiclip. Además, tendrá que introducir el
número de bobina correcto.

Personalizar la interfaz para editar multiclips

- Existe una barra de botones predefinida
  que puede utilizar para trabajar con
  multiclips, así como un diseño de teclado
  para editar material con varias cámaras.
  En un apartado posterior trabajaremos
  con estas opciones. Si ha personalizado
  las barras de botones de la interfaz, guarde su diseño para recuperarlo tras finalizar el capítulo.

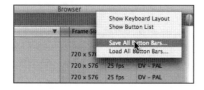

Sincronizar ángulos de cámara mediante puntos de entrada

Antes de agrupar clips en un multiclip, tendremos que sincronizarlos en función de un
punto de entrada común. Si todos los dispo-

sitivos de grabación utilizaron la misma
información de código de tiempo durante la
grabación, Final Cut Pro puede sincronizar
automáticamente las distintas cámaras según
el mismo. No obstante, si no se ha podido
grabar el mismo código de tiempo en todos
los medios o si desea crear un multiclip a
partir de material que no se ha grabado al
mismo tiempo, puede definir un punto de
entrada o de salida para establecer la referencia de sincronización. En este ejercicio,
sincronizaremos el material mediante la
definición de puntos de entrada en una pista
de audio.

1. Desde la carpeta **Audio Pops** del buscador, abra el clip **CD Track-In Points** y
   escuche la introducción de la canción.
   Tras ello, desplace la barra de reproducción hasta el inicio del clip y abra la ficha
   Stereo.

   Es la pista mezclada de la canción *Box
   Office Stud* del grupo All Hours, escrita
   por el cantante, Gilly Leads. El vídeo
   musical se rodó en la sala The Viper
   Room de Los Angeles con dos cámaras
   mientras el grupo tocaba el tema mezclado. Tras repetir varias tomas, se añadie-
   ron los ángulos de cámara. Se ha incluido
   una imagen de la portada del CD a la
   pista de música como referencia visual
   del clip.

 Nota: Los integrantes del grupo
All Hours son Gilly Leads, voz y
guitarra, Dean Moore al bajo,
Nick Burns a la batería y Amit
LeRon, guitarra.

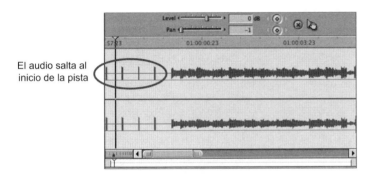

El audio salta al inicio de la pista

Los saltos de audio se grabaron al inicio de la pista de audio. Como todas las tomas incluyen dichos saltos, podemos utilizarlos como referencia para grabar los clips antes de crear el multiclip.

2. Defina un punto de entrada en el fotograma anterior al último salto de audio, antes de que suene la música.

   Definiremos el mismo punto de entrada en los demás clips de vídeo para realizar la sincronización en dicho punto.

 Nota: En esta breve introducción, aprenderemos a sincronizar fuentes mediante la definición de un punto de entrada en el salto de audio de cada clip. Tras ello, editaremos un fragmento mayor del vídeo musical.

3. En el buscador, arrastre la barra de desplazamiento hacia la izquierda, si la columna Frame Rate sigue en pantalla hasta que vea la columna Media Start.

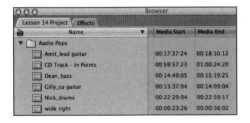

Los clips de la carpeta Audio Pops no comparten la misma información de código de tiempo para sincronizarlos, motivo por el que definimos puntos de entrada en el último salto de audio de cada clip.

4. Desde la carpeta Audio Pops, abra el clip **wide right** y reprodúzcalo en el visor. Haga clic en la ficha denominada Stereo (a1a2).

   Aunque no utilizaremos esta pista de audio en la versión editada final, nos sirve de referencia para sincronizar el vídeo con la pista maestra del CD, así como los clips de vídeo entre sí.

5. Desplace la barra de reproducción exactamente hasta el fotograma anterior al último salto de audio y defina un punto de entrada como hicimos en la pista maestra del CD.

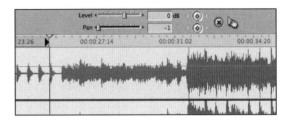

Nota: No importa si define el punto de entrada en el fotograma anterior o en el que comienza el salto de audio. La clave consiste en definirlo de forma coherente en todos los clips.

6. Abra el clip **Gilly_cu guitar** y, con la forma de onda como guía, defina un punto de entrada en el fotograma anterior al último salto de audio del clip. Defina un punto de entrada en la misma posición de los restantes clips de vídeo de la carpeta Audio Pops.

Cada clip puede tener un número diferente de saltos de audio, pero siempre incluye uno antes de que comience la música.

7. En el buscador, desplace las columnas hacia la derecha hasta que vea la columna Angle.

Si ha introducido un ángulo durante el proceso de captura, aparecerá en la columna. Los clips actuales no cuentan con ángulos asignados.

 Nota: No es necesario que el clip disponga de un número de ángulo antes de añadirlo a un multiclip pero puede resultar muy útil, sobre todo para organizar proyectos de gran tamaño.

8. Haga clic en la columna Angle del clip **Gilly_cu guitar** e introduzca **1**. Introduzca **2** para el clip **Dean_bass**, **3** para el clip

Amit_lead y **4** para el clip **Nick_drums**. Haga clic en el título de la columna Angle para ordenar los clips por número de ángulo.

No asignaremos ángulos a los demás clips.

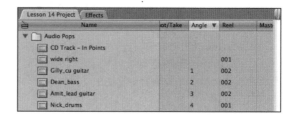

Estos números de ángulo determinan cómo se ordenarán y mostrarán los clips en la configuración multiclip.

 Nota: También puede cambiar el número de ángulo en la ventana Item Properties. Para ello, seleccione el clip y ejecute los comandos Edit>Item Properties>Format.

Crear y ver multiclips

Tras definir un punto de entrada e introducir ángulos en los clips de la carpeta Audio Pops, podemos crear un multiclip. Para ello, se agrupan varios clips para reproducirlos al mismo tiempo. De esta forma podemos revisar el material original en el visor y seleccionar qué clips reproducir en tiempo real, en lugar de utilizar uno solo.

1. Seleccione los cuatro clips de la carpeta Audio Pops con números de ángulo. Para crear un multiclip a partir de estos clips, seleccione Modify>Make Multiclip. Tam-

bién puede hacer clic con la tecla **Control** pulsada sobre un clip seleccionado y elegir la opción Make Multiclip del menú contextual.

 Nota: Un multiclip puede incluir cualquier tipo de clip del buscador, como por ejemplo un archivo gráfico o una imagen estática. También puede seleccionar una carpeta y crear un multiclip a partir de todos los clips de la misma.

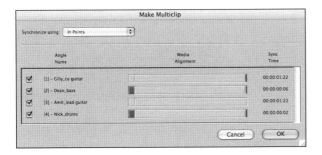

Se abrirá la ventana Make Multiclip, con los clips en el orden de sus números de ángulo. Las barras de color azul representan el contenido del clip. La parte gris de la barra indica zonas sin contenidos.

2. Abra el menú Synchronize Using para ver las distintas opciones de sincronización. Puede sincronizar estos clips por puntos de entrada, puntos de salida o código de tiempo. Seleccione In Points en el menú emergente, la opción predeterminada.

Puntos de entrada del clip

Los clips se alinean en función de los puntos de entrada definidos en los saltos de audio.

 Nota: Para deseleccionar uno de los clips de la selección, haga clic en la casilla de verificación de ángulo situada junto a dicho clip.

3. Pulse **OK**.

En el buscador, aparecerá un icono de multiclip en la carpeta Audio Pops, icono que siempre representa un grupo de clips. El nombre se muestra en cursiva y comienza con el clip de ángulo 1, **Gilly_cu guitar**.

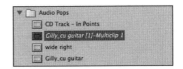

 Nota: El número que aparece por detrás de la palabra **Multiclip** indica el número de multiclips creados en el proyecto, no necesariamente el número de multiclips actuales del proyecto.

4. Haga clic en el nombre del multiclip. Cuando quede resaltado, introduzca **Audio Pops** y pulse **Intro**.

Como el ángulo y el nombre del clip se añaden automáticamente, sólo se modifica el nombre.

5. Haga doble clic en el multiclip para abrirlo en el visor y pulse la barra espaciadora para reproducirlo. Si la imagen del visor cambia a un solo clip, abra el menú RT de la línea de tiempo y seleccione Multiclip Playback.

 Nota: En función del procesador de su equipo, puede que no vea todos los clips reproducidos en el multiclip. En la línea de tiempo, puede ajustar los parámetros Playback Video Quality y Playback Frame Rate del menú RT para mejorar el rendimiento.

En el visor, se abre una pantalla dividida en cuatro con los cuatro clips al mismo tiempo. Los clips se disponen de izquierda a derecha, de arriba a abajo, en el orden de los números de ángulo introducidos en el buscador. En un multiclip, puede utilizar las mismas funciones de reproducción y métodos abreviados de teclado empleadas para reproducir clips convencionales.

6. Para crear una zona de imagen más amplia en el visor, seleccione Window>Arrange> Two Up.

7. En el visor, arrastre la barra de reproducción hasta un punto en el que vea los cuatro clips en la zona de imágenes. Sin reproducirlos, haga clic en cada una de las imágenes.

El ángulo seleccionado o activo aparece resaltado con un contorno azul verdoso. En el buscador, el nombre y el número de ángulo del multiclip cambian para reflejar el ángulo activo, mientras que el nombre del propio multiclip, **Audio Pops**, no cambia. El multiclip cambia de posición en la carpeta Audio Pops en función del orden actual.

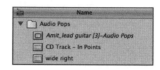

También puede utilizar el teclado numérico para cambiar los ángulos, siempre que cargue el diseño predefinido Keyboard.

8. Para utilizar los métodos abreviados de teclado, seleccione Tools>Keyboard Layout>Multi-camera Editing. Puede cambiar entre los ángulos de multiclip por medio de las teclas del **1** al **4** del teclado numérico. Si utiliza un ordenador portátil, active Bloque Num y utilice las teclas numéricas situadas en la zona **J-K-L** del teclado.

 Nota: Sin necesidad de cargar el diseño de teclado Multi-camera, puede cambiar ángulos en un teclado numérico por medio de la tecla **Mayús**.

9. En el visor, abra el menú View y seleccione Show Multiclip Overlays.

Se mostrarán las capas de multiclip, con el número de ángulo, el nombre del clip y el código de tiempo. Es similar a otras capas que hemos visto antes pero, en este caso, sólo se ven al arrastrar por el multiclip, no al reproducirlo.

 Nota: Si utiliza el diseño de teclado Multi-camera, algunas funciones de edición como el recorte, rodamiento, desplazamiento o deslizamiento por números no estarán disponibles.

Modificar multiclips en el visor

Una vez creado el multiclip y tras abrirlo en el visor, podemos modificar determinados aspectos del mismo. Podemos cambiar la disposición de los clips en la ventana de cuatro pantallas, eliminar un ángulo o añadir otro diferente al grupo. También podemos volver a sincronizar un clip para adelantar o retrasar su comienzo dentro del grupo. En este ejercicio modificaremos la disposición actual de los clips en el visor.

1. Para reubicar el clip **Nick_drums** en el multiclip, haga clic con la tecla **Comando**

pulsada sobre el ángulo y arrástrelo hacia la izquierda. Suéltelo sobre el clip **Amit_lead guitar**.

Al empezar a arrastrar un clip a una nueva posición de ángulo, el clip en la posición original se desplaza para permitir el cambio de posición.

Truco: Si deja de ver los ángulos de multiclip en el visor, haga doble clic sobre el multiclip en el buscador para volver a abrirlo.

2. Haga clic con la tecla **Comando** pulsada sobre el clip **Nick_drums**, arrástrelo hasta la esquina superior derecha y suéltelo. Fíjese en el número de ángulo de este clip.

Al modificar la posición de un clip en la ventana del visor, se cambia su número de ángulo en el multiclip. Sin embargo, no cambia el número de ángulo en la columna Angle del buscador. El clip original con el ángulo 2, **Dean_bass**, se ha desplazado hasta la siguiente línea inferior y aparece como ángulo 3.

3. Para añadir un quinto clip al grupo, arrastre el clip **wide right** hasta la esquina superior izquierda del visor, sin soltar el ratón.

Aparecerá una capa sobre la imagen, para que añada el nuevo clip como nuevo ángulo 1 o para sobrescribir el actual y eliminarlo del grupo.

4. Para añadir este clip al grupo, suéltelo en la opción Insert New Angle.

    Los demás clips se desplazan hacia la derecha y hacia abajo. Por el momento no puede ver el quinto ángulo pero modificaremos los parámetros para que lo vea.

5. Desde la carpeta Audio Pops, arrastre el clip **CD Track-In Points** al visor y colóquelo en la esquina inferior derecha.

    Es la pista mezclada definitiva del tema *Box Office Stud*. Será la banda sonora perfecta para el vídeo musical, de mayor calidad que la música de los clips de música.

Nota: Al arrastrar un nuevo clip hasta un ángulo activo, sólo aparece la opción Insert New Angle. No se puede sobrescribir el ángulo activo.

6. Desplace el puntero hasta la esquina inferior derecha del visor y haga clic en la flecha para ver los ángulos que se encuentran fuera de la pantalla, **Dean_bass**

y **Amit_lead guitar**. En la esquina superior derecha, haga clic en la flecha para volver a los cuatro primeros ángulos.

7. En el visor, abra el menú View y seleccione Multiclip 9-Up.

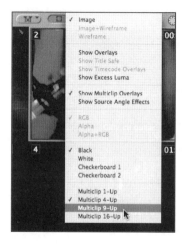

Al cambiar a la vista Multiclip 9-Up, podrá ver todos los ángulos incluidos en el multiclip. Puede ver hasta 16 ángulos en tiempo real.

8. Para seleccionar un clip de otra forma, haga clic en el menú de sincronización de la barra de reproducción del visor. Seleccione Video+Audio en la parte superior del menú y, tras ello, arrastre el puntero y seleccione el audio o el vídeo del clip **CD Track-In Points**.

El clip quedará resaltado en el visor. En el modo Video+Audio, seleccionamos el vídeo y el audio del clip. Sin embargo, al cambiar al modo Video, podemos cambiar las fuentes de vídeo y dejar que siga reproduciéndose el audio de la pista del CD.

9. Abra el menú de sincronización de la barra de reproducción y seleccione Video. Haga clic en el clip **Gilly_cu guitar**.

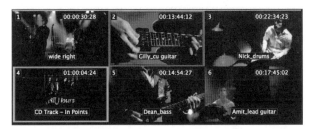

El resalte azul y verde queda separado al no seleccionar el modo Video+Audio. El borde verde permanece sobre la fuente de audio activa, mientras que el borde azul cambia al clip **Gilly_cu guitar** para indicar que se trata del ángulo de vídeo activo.

 Nota: Puede cambiar el modo si selecciona View>Multiclip Active Tracks y selecciona la opción adecuada. El modo de intercambio permanece intacto hasta que lo cambiemos por otra opción.

10. Reproduzca el multiclip y observe los ángulos sobre la pista de CD.

11. Para eliminar el clip **Amit_lead guitar** del multiclip y recuperar los cuatro ángulos de vídeo, haga clic con la tecla **Control** pulsada sobre el mismo y arrástrelo fuera del visor. Suelte el ratón.

 Nota: No se puede eliminar un ángulo activo.

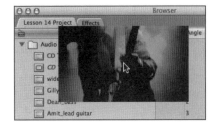

Aparecerá una nube de humo para indicar que hemos eliminado el clip del multiclip.

12. Sitúe el ángulo de la pista de CD como último ángulo del grupo, en la parte inferior derecha. Abra el menú View y seleccione Multiclip 4-Up para recuperar esta disposición de ventanas.

La fuente de audio quedará fuera de la vista pero como sólo deseamos cambiar entre ángulos de vídeo no tiene ninguna importancia.

 Truco: Si tiene que ajustar la sincronización de un clip tras incluirlo en un multiclip, mantenga pulsadas las teclas **Mayús** y **Control**, y arrástrelo en el visor lateralmente. Tras ello, suelte el ratón.

Editar con multiclips

Tras crear y ajustar los multiclips, puede pasar al proceso de edición. La edición de multiclips es un tanto diferente a la edición de clips concretos. Tendrá que editar el multiclip en la línea de tiempo y, tras ello, tomar las decisiones de edición cuando cambie a un ángulo diferente. Incluso puede editar entre ángulos sobre la marcha, en tiempo real, directamente en la línea de tiempo. Es similar a producciones como actuaciones musicales o partidos de fútbol, en las que el director o el director técnico eligen la entrada de cámara en un intercambiador de vídeo, cuyo resultado se suele retransmitir en directo.

Editar un multiclip en la línea de tiempo

Salvo esta pequeña diferencia, la modificación de un multiclip en la línea de tiempo es similar a la de clips convencionales. Se sitúa la barra de reproducción en la línea de tiempo, se asignan los controles de origen y se marca el multiclip en el visor, para editar parte del mismo. Incluso puede realizar ediciones por sustitución o inserción en el lienzo. La única diferencia es que al emplear la técnica de arrastrar y soltar para realizar la edición, ya sea para arrastrar la imagen a la zona de edición del lienzo o directamente hasta la línea de tiempo, tendrá que utilizar la tecla **Opción**.

1. En el visor, defina un punto de entrada antes del salto de audio inicial del multiclip. Desplace la barra de reproducción hasta el final del multiclip y defina un punto de salida cuando se vean todas las imágenes.

2. Compruebe que el clip **CD track-In Points** es la fuente de audio activa y que muestra el contorno verde. Haga clic en el clip **wide right** como ángulo de vídeo activo.

3. En la línea de tiempo, compruebe que la barra de reproducción se encuentra al inicio de la secuencia y que los controles de origen de vídeo y audio están conectados a las pista de destino V1, A1 y A2.

4. Para editar el multiclip en la línea de tiempo, haga clic en el botón de edición por sustitución en el lienzo. También puede utilizar la técnica de arrastrar y soltar pero con la tecla **Opción** pulsada mientras arrastra.

En la línea de tiempo, aparece una pista de par estéreo junto a una pista de vídeo. Los multiclips se incluyen en una pista de la línea de tiempo. El audio es el sonido de **CD Track-In Points**, seleccionado antes de realizar la edición. El vídeo es el ángulo de vídeo activo seleccionado antes de realizar la edición.

 Nota: Imagine que el multiclip es como una tarta. La capa superior siempre es visible pero puede cambiar a una capa inferior cuando desee.

5. Reproduzca la secuencia.

Al reproducirla, sólo verá el ángulo activo, la capa superior, en el lienzo. Para ver los demás ángulos al mismo tiempo, tendrá que modificar la sincronización de la barra de reproducción.

 Nota: Aunque puede hacer doble clic sobre el multiclip en la secuencia para abrirlo en el visor, tendrá que ejecutar el siguiente paso para ver todos los ángulos al mismo tiempo.

6. En el lienzo, abra el menú de sincronización de la barra de reproducción y seleccione **Open**. También puede ejecutar los comandos View>Playhead Sync Open o pulsar **Control-Mayús-O**. Vuelva a reproducir el clip.

Con esta opción, Final Cut Pro abre literalmente el multiclip en el visor y lo mantiene abierto mientras lo editamos para poder ver todos los ángulos, hasta 16, al mismo tiempo. En la barra de arrastre del reproductor aparecen dos filas de puntos, como sucede al abrir un clip desde la línea de tiempo.

7. Sin reproducir el multiclip, haga clic en los distintos ángulos del visor para verlos todos en el lienzo.

 Truco: Para poder ver todos los ángulos en el visor durante la edición de multiclips, seleccione **Multiclip Playback** en el menú **RT** de la línea de tiempo y establezca la sincronización de la barra de reproducción en **Open**.

En la pista V1 de la línea de tiempo, la imagen en miniatura cambia siempre que seleccione un ángulo diferente, al igual que el nombre de ángulo del clip. Sin embargo, como el modo de intercambio se ha establecido en **Video**, la pista de audio no cambia.

 Nota: En la línea de tiempo, compruebe que el multiclip no está seleccionado. Siempre que haya un multiclip seleccionado en la línea de tiempo, se desactivan muchas de las funciones relacionadas con multiclips.

8. También puede cambiar de ángulo por medio de un menú contextual. Desplace la barra de reproducción hasta el inicio de la secuencia y haga clic con la tecla **Control** pulsada sobre el multiclip de la pista V1. En el menú contextual, seleccione **Active Angle** y, tras ello, seleccione **Gilly_cu guitar** en el submenú.

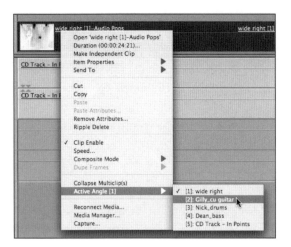

Este menú incluye los nombres de los clips junto a sus números de ángulo.

9. Para cambiar de ángulo en un teclado, haga clic en los números comprendidos entre el **1** y el **4**.

Como sucede con muchas funciones de Final Cut Pro, existe otra forma de cambiar de ángulo de cámara. Puede utilizar una barra de botones predefinidos en la edición con varias cámaras.

> **Truco:** Si todavía no ha guardado su diseño personalizado de barra de botones, hágalo ahora para poder recuperarlo al finalizar el capítulo.

10. Para abrir la barra de botones predefinida para multiclips, seleccione Tools>Button Bars>Multiclip.

En cada ventana se añadirán automáticamente nuevos botones a las barras de botones. Se ubicarán en la ventana más lógica para ayudarle con dicha función.

Por ejemplo, aparece un botón para crear multiclips en el buscador y un botón para mostrar capas en el visor.

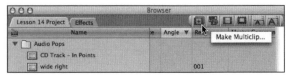

11. Desplace el puntero sobre algunos de los nuevos botones de multiclip para familiarizarse con estas opciones.

12. En la barra de botones de la línea de tiempo vemos tres conjuntos de botones de multiclip, cada uno con un color diferente. Haga clic en el botón gris de la izquierda y, tras ello, pulse el botón situado a su derecha. Tras ello, desplace el puntero sobre los ocho primeros botones.

Estos ocho botones grises son dos conjuntos de cuatro botones, divididos por una separación. Los cuatro primeros cambian entre los ángulos de vídeo y los cuatro siguientes permiten elegir la fuente de audio.

Cortar entre ángulos de un multiclip

En los ejercicios anteriores, pulsamos sobre un ángulo de cámara del visor para convertirlo en el ángulo activo. En este ejercicio, cambiaremos entre ángulos para crear puntos de edición en el multiclip. Para que entienda y observe todo lo que sucede al cambiar a un ángulo diferente del multiclip, desplazaremos la barra de reproducción hasta un punto concreto en el que realizar la edición y, tras ello, cortaremos a un ángulo. En el siguiente ejercicio, cambiaremos de ángulo a ángulo en tiempo real.

1. Para coordinar los pasos de este ejercicio con el diseño de ángulos de su visor, desplace la barra de reproducción en la línea de tiempo hasta el inicio de la secuencia y disponga los clips como aparecen en la siguiente imagen.

2. Para comenzar la secuencia con el primer plano de la guitarra, utilice cualquiera de los métodos que desee para cambiar al ángulo **Gilly_cu guitar**. Como ángulo activo, esta imagen aparecerá en el lienzo al seleccionarla, así como en la imagen en miniatura de la pista **V1** en la línea de tiempo.

3. Reproduzca la secuencia y deténgala cuando aparezca el grupo. Sitúe la barra de reproducción en el punto en que desee cambiar al siguiente ángulo, cerca de la posición **1:00:06:06**.

4. Para cambiar al ángulo 1 en esta posición, desplace el puntero al visor y haga clic en la imagen del ángulo 1, situada en la esquina superior izquierda.

En la línea de tiempo se crea un punto de edición en el multiclip, en la posición de la barra de reproducción. Verá una imagen en miniatura diferente de cada parte del multiclip.

Nota: Puede cortar de un ángulo a otro con los mismos métodos empleados para cambiar de ángulo.

5. Reproduzca la nueva edición. Desplace la barra de reproducción cuatro segundos por delante del punto de edición, para cortar al siguiente ángulo.

Nota: A lo largo de este proceso utilizaremos puntos generales como referencia para crear nuevos puntos de edición. Puede seleccionar puntos más concretos si lo desea.

6. Para cortar al clip del tercer ángulo, **Dean_bass**, desplace el puntero sobre el icono Cut Video To Angle 3 (el tercero de color cian en la barra de botones de la línea de tiempo). Haga clic en este botón y reproduzca la nueva edición.

Los ochos botones de color cián cortan a los ángulos de vídeo de 1 al 4 o a los ángulos de audio del 1 al 4.

 Nota: El icono de esta función es una cuchilla sobre una cámara de vídeo. Al aplicar el botón a la ubicación de la barra de reproducción se crea un nuevo punto de edición en el multiclip, al igual que la herramienta Cuchilla en clips convencionales.

7. Desplace la barra de reproducción cuatro segundos hacia delante desde el punto de edición. En esta ocasión, si dispone de un teclado ampliado, pulse **Comando-4** para cortar al clip de ángulo 4, **Nick_drums**. En caso contrario, basta con hacer clic sobre el clip en el visor.

8. Desplace la barra de reproducción cuatro segundos hacia delante con respecto al punto de edición anterior y pulse **Co-mando-1** para cortar al clip de ángulo 1, **wide right**, o haga clic sobre el mismo en el visor.

9. Desplace la barra de reproducción sobre el segundo clip del multiclip. Cambie a otro ángulo mediante cualquiera de los métodos de intercambio.

Una vez realizada la edición en el multi-clip, puede cambiar el ángulo activo en dicho punto si desplaza la barra de repro-

ducción hasta el clip y cambia a un ángulo diferente.

 Nota: Al editar un multiclip en una secuencia con pistas de vídeo o audio adicionales de otras fuentes, recuerde que al cortar y cambiar a ángulos de multiclip se emplean los controles de selección automática.

Tareas del proyecto

Antes de pasar a cortar ángulos en tiempo real, practique con el intercambio o el corte de ángulos en la secuencia actual. También puede eliminar el multiclip de la secuencia y repetir el proceso para volverlo a editar. Para precisar la ubicación concreta de cada punto de edición, puede utilizar la herramienta Roll. Todos los ángulos permanecerán sincronizados.

 Truco: Para eliminar una edición, pulse **Comando-Z**.

Cortar ángulos de multiclip en directo

Por último, podemos meternos en el papel del director y dejar que el material se reproduzca mientras cortamos a distintos ángulos en tiempo real. Es lo que se denomina cortar al vuelo. Para ello, tendrá que realizar distintas tareas. Observe las imágenes en el visor y coloque los dedos sobre el teclado numérico. Cuando vea un ángulo en el visor al que desee cortar, haga clic con la tecla **Comando** pulsada sobre su número. Recuerde que siempre puede volver a cualquier edición del multiclip y cambiar a un ángulo diferente. También puede ajustar puntos de edición con la herramienta Roll.

1. En el buscador, crea una nueva secuencia en la carpeta Sequences con el nombre **Cutting Live** y ábrala en la línea de tiempo.

2. En el buscador, haga doble clic sobre el multiclip **Audio Pops** para abrirlo en el visor. En caso de que sea necesario, restablezca los puntos de entrada y salida para ver todos los ángulos. Haga clic en el clip **Gilly_cu guitar** para empezar con dicho ángulo.

    Al volver a abrir el multiclip desde el buscador, la barra de arrastre del visor no muestra las barras con puntos que mostraba al ver el multiclip desde la línea de tiempo.

3. Edite el multiclip al inicio de la secuencia. Mantenga pulsada la tecla **Opción** si opta por la técnica de arrastrar y soltar.

4. Compruebe que la sincronización de la barra de reproducción en el visor está establecida en Open.

    Ya puede reproducir la secuencia y empezar a cortar en directo. Antes de comenzar, planifique sus acciones. (Incluso los directores ensayan con los ángulos de

cámara antes de iniciar el proceso.) Elija el ángulo de cámara al que desea cortar tras el primer plano de la guitarra, por ejemplo a la toma panorámica central. Puede que le resulte útil reproducir la pista de música mientras observa los ángulos en el visor, para empezar a formular ideas.

Cuando en el siguiente paso cortemos a un nuevo ángulo, verá marcadores azules en la línea de tiempo en los puntos de corte. Al detener la secuencia, dichos marcadores se convierten en puntos de edición en el multiclip.

 Truco: Antes de empezar a cortar, puede practicar con la reproducción de la secuencia y el cambio de ángulos. Al cambiar de ángulo también se añaden marcadores azules en la zona de la línea de tiempo pero sin cortar el multiclip.

5. Cuando esté preparado, reproduzca la secuencia y pulse **Comando** y el número del ángulo al que desea cortar o haga clic en la imagen del visor.

    Al detener la reproducción, aparecerán puntos de edición en la posición de los marcadores azules.

Truco: Para deshacer los cortes en directo y volver a un multiclip de un solo ángulo, pulse **Comando-Z**.

Tareas del proyecto

Si desea seguir trabajando con esa fragmento del vídeo musical, cree una versión diferente y añada un nuevo ángulo al multiclip desde la carpeta Audio Pops. Corte el vídeo musical en directo aplicando el procedimiento que acabamos de describir. En el siguiente ejercicio trabajaremos con un nuevo fragmento del vídeo musical.

Sincronizar ángulos de cámara por código de tiempo

Otra forma de sincronizar clips consiste en utilizar el código de tiempo como referencia. Cuando los clips comparten el mismo código de tiempo, no es necesario definir un punto de entrada para sincronizarlos. El número de código de tiempo de un clip debe identificar la misma acción que el mismo número de un clip diferente. El método para intercambiar y cortar ángulos en el multiclip es el mismo, independientemente de cómo se hayan sincronizado los clips. En este ejercicio, utilizaremos otro conjunto de clips y un fragmento diferente del vídeo musical.

1. En el buscador, haga clic con la tecla **Control** pulsada sobre la carpeta denominada Sequences y seleccione New Sequence en el menú contextual. Asígnele el nombre **Timecode** y ábrala en la línea de tiempo.

Las nuevas secuencias que cree incluyen los mismos parámetros PAL seleccionados en la ventana Easy Setup al principio del capítulo.

2. Oculte los contenidos de la carpeta Audio Pops y abra la carpeta Timecode.

3. Haga doble clic en el clip **Gilly_cu** y reprodúzcalo desde el principio. Cuando Gilly se acerque al micrófono y empiece a cantar, detenga el clip y fíjese en el código de tiempo en el visor.

4. Abra otros clips de la carpeta Timecode y compare los números de código de tiempo en la posición en que Gilly comienza a cantar.

El mismo código de tiempo de todos estos clips identifica el mismo evento o ubicación del clip. Para este grupo de clips podemos sincronizar por código de tiempo, aunque no comiencen o se detengan en el mismo fotograma.

5. Para crear un multiclip de todos los clips de la carpeta Timecode, haga clic con la tecla **Control** pulsada sobre la carpeta y seleccione Make Multiclip en el menú contextual.

6. En la ventana Make Multiclip, abra el menú Synchronize Using y seleccione Timecode como opción de sincronización.

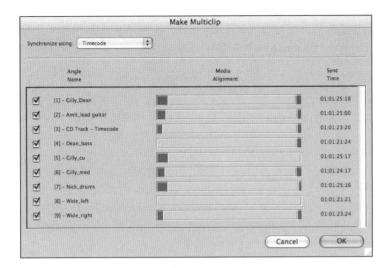

Las barras azules de cada ángulo cambian de posición para alinear los clips por código de tiempo. Estas barras parecen cubrir la misma zona, ya que se han tomado del mismo fragmento de la canción aunque no tengan la misma longitud.

7. Pulse **OK**. En la carpeta Timecode cambie el nombre del nuevo multiclip por **Timecode** y haga doble clic sobre el mismo para abrirlo en el visor.

8. En la barra de botones del visor, haga clic en el botón Show Multiclip

Overlays para desactivar las capas del multiclip.

9. En el visor, abra el menú View y seleccione Multiclip 9-Up en el menú emergente para ver todos los ángulos del multiclip. Reproduzca este fragmento del vídeo musical.

10. Para editar este multiclip, repita el mismo proceso utilizado con el multiclip **Audio Pops**. En primer lugar, cambie la sincronización a Video+Audio y seleccione el clip **CD Track-Timecode**. Tras ello, cambie la sincronización a Video y seleccione el primer ángulo de vídeo. Defina un punto de entrada y un punto de salida cuando vea todos los ángulos, y edite el multiclip en la línea de tiempo.

11. Para ver los clips en el visor mientras reproduce la secuencia, abra el menú de sincronización de la barra de reproducción y seleccione Open, o pulse **Mayús-Control-O**. De esta forma podrá ver los ángulos mientras reproduce y edita en tiempo real.

    Seguidamente, podrá editar los clips como hicimos en ejercicios anteriores: desplazando la barra de reproducción hasta un punto exacto de edición y cortando a un nuevo ángulo, o realizando los cortes en directo.

Nota: Si utiliza un portátil o un ordenador lento, puede que el multiclip de nueve clips no se reproduzca con la suficiente velocidad.

Tareas del proyecto

Cree nuevas secuencias y ábralas en la línea de tiempo. Edite este mismo multiclip en todas las secuencias pero córtelas de forma diferente. En una de ellas, puede centrarse en el cantante, Gilly Leads, mientras que en otras puede centrarse en Nick, el batería, o en otros miembros del grupo.

Cambiar el código de tiempo de un clip

La sincronización por código de tiempo es un proceso muy útil, ya que nos evita tener que definir puntos de entrada como referencia de sincronización para cada clip. Si desea aplicar este mismo enfoque pero su material original no comparte el mismo código de tiempo, puede modificar el archivo de medios QuickTime original desde Final Cut Pro. Recuerde que siempre que cambie el código de tiempo en el archivo de medios, se modifica en todos los proyectos.

Otra opción consiste en crear un código de tiempo auxiliar que no modifica el código de tiempo principal pero que se puede utilizar como punto de referencia. También puede utilizar este código de tiempo auxiliar para sincronizar clips en la ventana Make Multiclip. Los pasos descritos a continuación son generales y los puede aplicar a su propio material, no necesariamente a los clips de este proyecto.

1. Para cambiar el número de código de tiempo (o de bobina) de un archivo de medios o para añadir un código de tiempo auxiliar, abra el clip en el visor y seleccione Modify>Timecode.

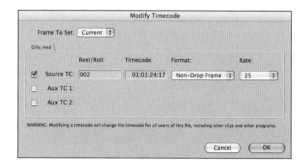

2. En la ventana **Modify Timecode**, abra el menú Frame To Set y seleccione Current o First.

Si desea un número de código de tiempo concreto, como por ejemplo 1:00:00:00, para comenzar desde un punto específico de la acción, como por ejemplo la primera nota de la canción, tendrá que situar la barra de reproducción en dicho punto y seleccionar Current.

3. Introduzca el nuevo número de código de tiempo, seleccione otros parámetros como la velocidad de fotogramas o el tipo de código de tiempo, y pulse OK.

Intercambiar ángulos con efectos

Podemos aplicar efecto de filtro, velocidad y movimiento a los ángulos cortados en el multiclip en la línea de tiempo, de la misma forma que si se tratara de un clip individual. Si decide intercambiar un ángulo con un efecto por otro ángulo en la misma posición, el nuevo ángulo no mostrará dicho efecto. Existe una forma de cambiar a un ángulo diferente y aplicarle los efectos del ángulo anterior:

1. Con un multiclip en la línea de tiempo, desplace la barra de reproducción sobre cualquier clip y seleccione Effects>Video Filters>Image Control>Desaturate. Reproduzca el clip.

   El filtro Desaturate elimina la saturación de este clip pero sólo en este ángulo concreto, no en los demás situados en la misma posición en el multiclip.

2. Desplace la barra de reproducción sobre el clip desaturado y cambie a un ángulo de cámara diferente.

El nuevo ángulo tiene color. Únicamente el ángulo que antes estaba activo en el mismo punto de la secuencia contaba con el filtro Desaturate.

3. Pulse **Comando-Z** para volver al ángulo anterior.

4. En esta ocasión, cambie a un ángulo diferente. Para ello, haga clic en uno de los cuatro primeros botones púrpura de la barra de botones de la línea de tiempo. Asegúrese de seleccionar un ángulo de cámara diferente al que incluye el filtro Desaturate.

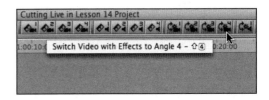

Cualquier filtro o efecto de velocidad o movimiento aplicados al ángulo anterior se aplican ahora al ángulo actual. En este caso, el nuevo ángulo también aparece desaturado.

Replegar un multiclip

Una vez editado el multiclip, precisados los puntos de edición y establecidos los ángulos de cámara, puede que tenga que grabar la secuencia y pasarla a un tercero, como puede ser un especialista del color o un ingeniero de sonido. En lugar de pasar la secuencia con el multiclip, puede replegar el multiclip para que sólo se pueda acceder a los ángulos activos. De esta forma, evita que nadie modifique la secuencia. Posteriormente podrá volver a replegar la secuencia y recuperar el multiclip original.

Nota: Una vez concluida la edición, el multiclip replegado consume menos recursos del procesador y libera velocidad para poder realizar otras funciones de edición.

1. En la línea de tiempo, pulse **Comando-A** para seleccionar todos los clips.

2. Haga clic con la tecla **Control** pulsada sobre cualquier fragmento del multiclip y seleccione Collapse en el menú contextual. También puede ejecutar los comandos Modify>Collapse Multiclips.

   Al replegar un multiclip, sólo aparece el nombre sobre los clips, no el número de ángulo ni el nombre del multiclip.

3. Intente cambiar a un ángulo diferente de cualquiera de los clips.

   En este modo, los ángulos de otros clips no están disponibles.

4. Para desplegar o recuperar el estado del multiclip, seleccione todos los clips y ejecute los comandos Modify>Uncollapse Multiclips; también puede hacer clic con la tecla **Control** pulsada sobre un clip seleccionado y seleccionar Uncollapse Multiclip en el menú contextual.

   Los números de ángulo y el nombre del multiclip aparecen de nuevo sobre los clips de la línea de tiempo. Puede replegar o desplegar uno o varios clips del multiclip por vez.

5. Cambie a un ángulo de cámara diferente en cualquier clip de la secuencia.

   Tras restablecer el estado del multiclip, podrá volver a acceder a los distintos ángulos en la posición de la barra de reproducción.

 Nota: Si tiene pensado realizar numerosas tareas de edición con varias cámaras, en el manual de Final Cut Pro encontrará más información al respecto, como por ejemplo la forma de optimizar el rendimiento del sistema y utilizar la opción Make Multiclip Sequence.

 Truco: Para recuperar la configuración de edición normal y seguir trabajando con los capítulos restantes, cambie el valor de Easy Setup por DV-NTSC. Tras ello, desde el menú Tools, abra los diseños predeterminados de teclado y barra de botones, o utilice sus diseños personalizados.

Repaso del capítulo

1. ¿Cuál es la velocidad de fotogramas del vídeo PAL?

2. ¿Qué significa que una producción se ha grabado con varias cámaras?

3. ¿Dónde puede introducir información sobre ángulos después de capturar un clip?

4. Al crear un multiclip, ¿de qué tres formas puede sincronizar clips o ángulos?

5. ¿Cómo se crea un multiclip?

6. ¿Qué tecla de modificación debe utilizar para cambiar la disposición de los ángulos de multiclip en el visor?

7. ¿Qué tecla de modificación debe utilizar para arrastrar y soltar un multiclip desde el visor hasta el lienzo o directamente sobre la línea de tiempo?

8. ¿Qué diferencia existe entre intercambiar ángulos y cortar ángulos?

9. Al aplicar un efecto a un ángulo de un multiclip, ¿puede mantener dicho efecto al cambiar de ángulo? En caso afirmativo, ¿cómo?

10. ¿Puede replegar un multiclip de una secuencia para grabarlo como un solo clip? En caso afirmativo, ¿cómo?

Respuestas

1. 25 fotogramas por segundo (fps).

2. La misma acción se graba con varias cámaras al mismo tiempo pero desde distintos ángulos.

3. En la columna Angle del buscador o en la ventana Item Properties de un clip.

4. Puntos de entrada, puntos de salida o código de tiempo.

5. En el buscador, seleccione los clips que desee incluir en el multiclip y ejecute los comandos Modify>Make Multiclip o haga clic con la tecla **Control** pulsada sobre un multiclip o carpeta y seleccione Make Multiclip en el menú contextual.

6. La tecla **Comando**.

7. La tecla **Opción**.

8. La operación de intercambio cambia el ángulo que vemos en la posición de la barra de reproducción; la operación de corte crea un nuevo punto de edición en dicha posición.

9. Puede aplicar el mismo efecto a un ángulo diferente en la misma posición si utiliza los botones de la barra de la línea de tiempo.

10. Sí, puede replegar un multiclip por medio de los comandos Modify>Collapse Multiclip.

Teclas de acceso directo

Mayús-Control-O	Con el diseño de teclado Multi-camera Editing seleccionado, cambia la opción de sincronización de la barra de reproducción a Open

Capítulo 15

Añadir títulos y gráficos

I ndependientemente de la sencillez o complejidad de una secuencia, la inclusión de texto, títulos y gráficos la hace más completa. En Final Cut Pro, los títulos, junto con otros elementos como máscaras y barras de color, se generan desde el propio programa. Existen distintas formas de añadir títulos a un proyecto. Por ejemplo, puede crear clips de título independientes para claquetas sencillas o una tarjeta de título de producción antes de que comience la secuencia. También puede añadir texto sobre clips de secuencia existentes para identificar a una persona, lugar o cosa. Existen efectos de texto especiales que puede utilizar, como por ejemplo para incluir una imagen dentro de letras de texto. En la mayoría de los proyectos se necesita un título inicial o final, y títulos de crédito.

- **Archivos del capítulo:** Lesson 15 Project

- Medios: Carpetas Motocross>Racing y Team Story; carpeta Graphics

- **Duración:** 60 minutos aproximadamente

- **Objetivos:**

  - Crear ediciones de texto.

- Controlar opciones de texto.

- Sobreimprimir un título.

- Crear un efecto **Lower third**.

- Crear ediciones de texto animado.

- Trabajar con archivos gráficos multicapa.

- Añadir efectos de movimiento a un texto.

- Trabajar con texto Boris.

Preparar el proyecto

1. Desde Final Cut Pro, abra el archivo correspondiente al capítulo 15.

2. Cierre todos los proyectos abiertos.

3. Si no ha eliminado los botones de multiclip de un capítulo anterior, haga clic con la tecla **Control** pulsada sobre la barra de botones de cada ventana y seleccione Remove>All.

4. En la línea de tiempo, haga clic en las fichas de secuencia. Reproduzca la secuencia **Adding Text-Finished** para ver lo que vamos a crear en este capítulo.

 Truco: Si los efectos de la secuencia no se reproducen en tiempo real, pulse **Opción-R** para representarlos. Compruebe que el color o tipo de la barra de procesamiento está seleccionado en el menú Sequence antes de realizar el procesamiento.

La secuencia incluye varios clips que muestran texto; algunos comparten atributos de estilo como el color o el tamaño de las fuentes, y otros no. Por lo general, al trabajar con texto y gráficos, estas opciones se limitan para generar un aspecto uniforme. Sin embargo, el objetivo de este capítulo es presentarle las distintas opciones de texto.

 Nota: Si no ha modificado el valor **Easy Setup** de un capítulo anterior, seleccione **Final Cut Pro> Easy Setup** y cámbielo por **DV-NTSC** para que todas las nuevas secuencias coincidan con los medios de este capítulo.

Trabajar con generadores de texto

Los clips utilizados hasta el momento se han capturado de material original o se han importado de otros archivos. Sin embargo, Final Cut Pro pueden crear determinados clips, denominados generadores o elementos generados, de forma interna. Entre dichos elementos podemos destacar las barras y tono de color, los fragmentos para rellenar huecos con negro, las máscaras de color para crear fondos de color y otros elementos. Algunos elementos generados son independientes, como las barras de color del inicio de una secuencia. Otros elementos se pueden utilizar junto con otros clips de vídeo. Al seleccionarlos, los elementos generados aparecen en el visor con una longitud de dos minutos y una duración predeterminada de diez segundos.

Las barras de color y los fragmentos de negro no aparecen marcados. Todos los elementos generados son de vídeo menos las barras de color y el tono.

El texto es sólo uno de los elementos generados que Final Cut Pro es capaz de crear. Dentro de la categoría de texto, hay diferentes opciones que cuentan con parámetros propios. Aunque puede seleccionar un artista gráfico o utilizar Motion de Apple o la aplicación LiveType que acompaña a Final Cut Pro para crear títulos especiales para sus proyectos, las opciones de texto generado de Final Cut Pro ofrecen diversas soluciones para crear y controlar títulos.

 Nota: LiveType es un programa de animación de títulos de 32 bits incluido en Final Cut Pro. En el DVD que acompaña al libro encontrará más información sobre este programa.

Aplicar un generador de texto

Los elementos generados se pueden seleccionar desde dos puntos diferentes: la ficha **Effects** del buscador y un menú emergente del visor. El generador de texto más básico es la opción **Text** con el que podemos crear diferentes tipos clips de título, incluyendo claquetas, títulos simples, así como una tarjeta de título que identifique la secuencia, película o proyecto. En este ejercicio, vamos a utilizar un elemento de texto para crear una tarjeta de título delante de una secuencia.

1. Abra la secuencia **Adding Text-Starting** en la línea de tiempo y coloque la barra

de reproducción al comienzo del hueco que aparece por detrás de `Logo FLAT.jpg`.

2. En la esquina inferior derecha del visor, abra el menú desplegable Generator del visor y seleccione Text>Text.

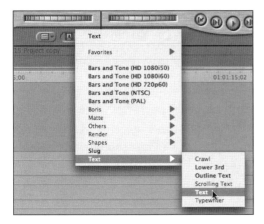

Nota: Como ocurre con las transiciones, las opciones de texto que aparecen en negrita pueden reproducirse en tiempo real.

Las palabras **SAMPLE TEXT** (Texto de muestra) aparecen en la zona de imagen del visor.

Se trata de la línea de texto predeterminada. Los puntos de entrada y salida crean una duración de 10 segundos, que puede modificarse desde la ventana de preferencias del usuario.

Nota: El fondo que aparece detrás del texto corresponde al último fondo seleccionado en el menú View.

3. Para este ejercicio, seleccione View> Background>Checkboard 1 (Ver>Fondo> Tablero 1). Haga clic en la ventana del lienzo y repita este proceso.

Todos los clips de título contienen un canal alfa, lo que permite utilizar el texto de manera independiente o sobreimprimirlo sobre otro clip. Cuando vemos el fondo de tablero por detrás del texto, se trata de la parte de la imagen de texto que se elimina.

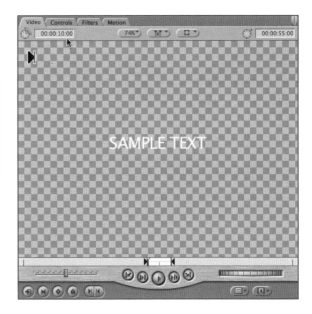

Truco: Siempre puede seleccionar otro fondo en el menú emergente View del visor o del lienzo.

4. Cambie la duración de este clip de texto a tres segundos.

5. Edite el texto en la pista V2 de la línea de tiempo, en la posición de la barra de reproducción.

 Truco: Para organizar mejor la secuencia, sitúe todo el texto en una pista. Si tiene que crear una copia del proyecto sin títulos, basta con desactivar el control Visible de la pista de texto. En este ejercicio, añadiremos las ediciones de texto a la pista V2.

6. Mueva la barra de reproducción al centro del clip de texto en la línea de tiempo, para verlo en lienzo.

Controlar las opciones de texto

Una vez editado el elemento de texto generado en la secuencia, podemos modificar sus parámetros del mismo modo que hicimos con los filtros. Para ello, abriremos el texto en el visor, desde donde podremos modificarlo, gracias a la ficha Controls.

1. Para modificar el clip de texto, haga doble clic sobre el mismo para abrirlo en el visor.

2. En el visor, abra la ficha Controls.

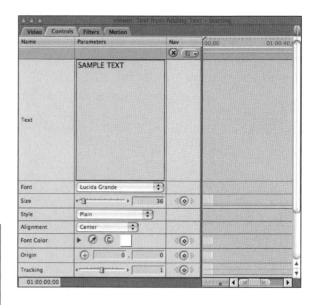

Algunos de los atributos que pueden modificarse son la fuente (Font), el tamaño (Size), el estilo (Style) y la alineación (Alignment). Mueva la barra de desplazamiento hacia abajo para ver el resto de los atributos.

3. Haga clic en el campo Text y cuando quede seleccionado el texto **Sample Text** introduzca **Presents**.

4. Pulse el tabulador para aceptar el cambio y fíjese en el lienzo para ver lo que acaba de introducir.

5. Realice los siguientes ajustes, seleccionando la opción del menú desplegable, deslizando los controles o introduciendo la información manualmente:

- **Font:** Impact

- **Size:** 70

- **Alignment:** Center

6. Para modificar el color del texto, haga clic en el selector de color de Font Color.

7. Seleccione un color amarillo brillante y pulse **OK**.

> **Nota:** Para devolver los parámetros a sus valores originales, pulse el botón con la X roja, que se encuentra en la esquina superior derecha de la ficha Controls.

8. Ajuste los controles deslizantes de Tracking, Leading y Aspect, y observe los cambios del texto en el lienzo. Para deshacer cualquiera de los cambios, pulse **Comando-Z**.

9. Para asegurarnos de que el texto está correctamente alineado con las guías, seleccione la opción Show Title Safe (Mostrar texto seguro) del menú desplegable View del lienzo. Desactive esta opción una vez haya concluido.

> **Truco:** Para que los títulos se puedan ver en un televisor, conviene ubicarlos dentro del límite interior del cuadro.

Añadir un título sobre un fondo

En este ejercicio, vamos a servirnos del canal alfa de un elemento de texto, para colocar un título sobre un clip de fondo.

1. Defina un punto de entrada al inicio del clip team truck y un punto de salida al final del clip **BS drinking water**.

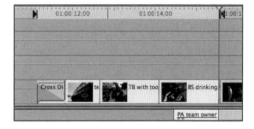

2. En el visor, haga clic en la ficha Video. En el menú emergente Generator, seleccione Text>Text.

3. Compruebe que las pistas V1 y V2 están conectadas. Edite el clip **Text** como edición por sustitución y desplace la barra de reproducción sobre el nuevo clip de texto.

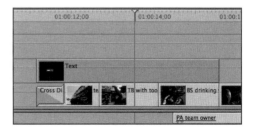

Con la barra de reproducción sobre los clips, podrá ver el texto **SAMPLE TEXT** sobre el lienzo.

4. Haga doble clic en el nuevo clip de texto de la línea de tiempo para abrirlo en el visor.

5. Abra la ficha Controls, y en el cuadro de texto escriba **Yahama of Troy**.

6. En la ficha Controls, realice los siguientes cambios:

   • **Font:** Impact

   • **Size: 63**

   • **Style:** Bold

   • **Alignment:** Center

   • Para que el color de este texto coincida con el primer clip, haga clic en el cuentagotas y desplace la barra de reproducción sobre la primera edición de texto, **Presents**. En el lienzo, haga clic sobre el texto amarillo con el cuentagotas.

   • **Tracking: 6**

Añadir un efecto Lower Third

Un efecto Lower third consiste en líneas de texto que se utilizan para identificar una persona, lugar u objeto de un clip. El clip de texto **Lower 3rd** de Final Cut Pro viene diseñado para que cree, de manera automática, dos línea de texto en la parte inferior izquierda de la imagen. Podemos utilizar sólo una de las dos líneas de texto, aunque nunca más de dos. El término inglés *Lower 3rd* se refiere al lugar de la imagen en que va a aparecer el texto, es decir, en el tercio inferior de la misma.

En este ejercicio utilizaremos la edición Superimpose para editar los clips de texto **Lower 3rd**.

1. En la línea de tiempo, conecte el control de origen v1 a la pista V1 y coloque la barra de reproducción en el clip **DS intro**

2. Abra la ficha Video del visor y seleccione Text>Lower 3rd del menú Generator.

En el visor aparece un nuevo clip de texto con dos líneas predeterminadas de texto de muestra. (El fondo de la pantalla se ha vuelto negro para facilitar la visualización del texto.)

3. Para superponer este clip de texto sobre el clip **DS Intro**, arrástrelo hasta el lienzo y suéltelo en la sección Superimpose.

El clip de texto **Lower 3rd** se sitúa en la pista V2 sobre el clip de V1 y, de forma automática, se le asigna la misma duración que el clip de V1.

 Nota: La función de edición **Superimpose** determina la duración del nuevo clip en función del clip situado en la pista de destino asignada bajo la posición de la barra de reproducción en el momento de la edición.

4. En la línea de tiempo, haga doble clic en el clip **Lower 3rd** para abrirlo en el visor.

5. Abra la ficha Controls.

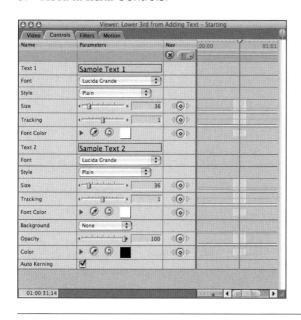

La ficha incluye las secciones Sample Text 1 y Sample Text 2, junto con un conjunto de controles de atributos para cada línea de texto.

6. Introduzca **Danny Smith** en el campo Text 1, elija la fuente Arial Black, de estilo cursiva (Italic) y con un tamaño de **36** puntos. En el campo Text 2, introduzca **Number 59** y seleccione la fuente Arial de **30** puntos.

Tras crear un clip de texto, puede realizar una copia del mismo y utilizarlo en otra parte de la secuencia. Aplicaremos un tercio inferior a los otros dos pilotos pero copiaremos y pegaremos el original para conservar los mismos parámetros de control.

7. En la línea de tiempo, seleccione el clip **Lower 3rd**. Para utilizar una copia de este clip de texto en el siguiente piloto, arrástrelo con la tecla **Opción** pulsada sobre el clip **BS king of 2nd**. Suelte primero la tecla **Opción** y, tras ello, el ratón, para realizar una edición por sustitución.

8. Haga doble clic sobre el clip **Lower 3rd** para abrirlo en el visor. En el primer campo de texto, cambie el nombre **Danny Smith** por **Brock Sellard**; en el segundo, introduzca **Number 18**.

9. Deslice hacia abajo la barra de desplazamiento hasta que vea el atributo de fondo Background. Abra el menú Background y seleccione Solid.

Esta opción coloca una barra sólida detrás del texto, lo que facilita la lectura del texto.

10. Utilice el selector de color del fondo para tomar una muestra del color azul de la moto de Brock, por debajo del manillar a la derecha. Cambie la opacidad del fondo a **50**.

Nota: No se puede aplicar la barra sólida al tercio inferior de Danny Smith sin cortar la imagen del rostro. Mejoraremos este efecto de formas adicionales en un apartado posterior.

Tareas del proyecto

Añada un clip de tercio inferior sobre el clip **MB championship**, ya sea empezando desde cero y mediante superposición, o arrastrando una copia del clip **Lower 3rd** de Brock Sellard. Utilice los estilos y tamaños de fuente de Brock Sellard pero con el nombre Mike Brown y su número (el 3).

Para retocar los clips de texto creados, ajuste la duración de cada clip **Lower 3rd** para que coincidan con el clip de fondo y añada fotogramas clave de opacidad a los clips **Lower 3rd**. Puede utilizar la secuencia **Adding Text-Finished** como referencia.

Utilizar el generador Outline Text

El generador Outline Text nos permite crear un contorno alrededor de las letras del texto, añadir una imagen de fondo a un texto e incluso rellenar el texto, el contorno o el fondo con diferentes imágenes de otros clips. En este ejercicio vamos a practicar con algunas de las posibilidades que nos ofrece esta función, aunque existen multitud de formas de ajustar este tipo de clip de texto.

1. Coloque la barra de reproducción sobre el clip **PA team owner**. Debido a la posición del hombre en el fotograma, no podemos utilizar un tercio inferior.

2. En el visor, abra la ficha Video y seleccione la opción Text>Outline Text (Texto> Contorno de texto) del menú Generator.

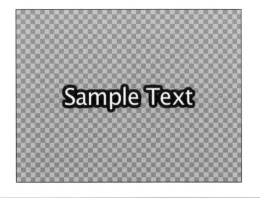

En el estilo Outline Text aparece el texto predeterminado **Sample Text**.

3. Arrastre la imagen desde el visor hasta el lienzo y suéltela en la sección Superimpose.

4. En la línea de tiempo, haga doble clic sobre el clip **Outline Text** para verlo en el visor y abra la ficha Controls.

5. Introduzca **Phil Anderton** en el cuadro de texto y pulse **Intro**. En la segunda línea, introduzca **Team Owner** y pulse el tabulador para verlo en el lienzo. Seleccione la fuente Arial Black, estilo Bold y un tamaño de **35** puntos.

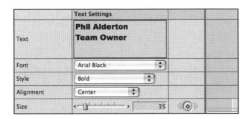

6. Cambie Tracking por **3**, Leading por **-20**, Line Width por **20** y Line Softness por **3**.

7. Utilice la herramienta de selección de color para seleccionar el azul de la motocicleta como color de contorno del texto.

Aunque el texto parece correcto, no está bien ubicado. Puede modificar su posición si activa el modo Image+Wireframe en el lienzo y arrastra el texto hasta una nueva posición.

8. Haga clic en el lienzo para activarlo y pulse **W** para activar el modo Image+Wireframe. En el lienzo, arrastre el clip

Outline Text hacia arriba y a la derecha. Active el área Title Safe para incluir el texto dentro de los límites correctos. Cuando termine de ubicar el texto, active únicamente el modo Image en el lienzo.

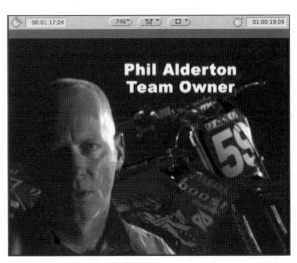

Tareas del proyecto

Outline Text cuenta con opciones adicionales. Puede añadir una imagen o un gráfico dentro del propio texto, dentro del contorno que lo rodea o en ambos puntos al mismo tiempo. Para generar este efecto en la secuencia actual, desplace la barra de reproducción hasta el final de la secuencia y edite un clip **Outline Text** de cinco segundos en dicho punto. Abra el clip, cambie el texto por **The End** y seleccione la fuente Impact. Ajuste el tamaño y el aspecto del clip para que las letras ocupen el marco, dentro de la zona correcta.

> **Nota:** Puede abrir el clip **Outline Text** situado al final de la secuencia **Adding Text-Finished** como referencia para configurar los parámetros.

Para rellenar las letras con una imagen, desplácese hasta el parámetro Text Graphic. Desde la carpeta Freeze Frame del buscador, arrastre el clip **Photo Finish** hasta el cuadro de imagen Text Graphic del visor.

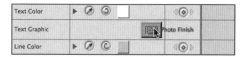

La imagen rellena las letras del texto. También puede seleccionar una imagen para rellenar el contorno que rodea el texto y otra para que aparezca en el fondo, por detrás del texto.

 Truco: Para borrar una imagen, haga clic con la tecla **Control** pulsada sobre la misma y seleccione Clear en el menú contextual.

Crear una lista de créditos

Podemos crear créditos como clips individuales con un nombre para que aparezcan en pantalla de uno en uno o mediante la opción de texto animado de Final Cut Pro, para que los créditos se desplacen verticalmente en la pantalla, como ocurre con los de las películas y programas de televisión.

1. Coloque la barra de reproducción en el primer fotograma del clip de contorno de texto **The End**, al final de la secuencia. Pulse **Mayús-F5** para bloquear las pistas de audio.

   En este punto añadiremos una lista de créditos, pero sin modificar ni dividir los clips de audio.

2. Abra la ficha Video del visor y seleccione la opción Text>Scrolling Text del menú Generator. Cambie la duración del clip a cinco segundos.

    Nota: La opción Scrolling Text del menú Generator no aparece en negrita, por lo que puede que no se reproduzca en tiempo real.

3. Edite el clip de texto en la línea de tiempo como una edición por inserción en la posición de la barra de reproducción.

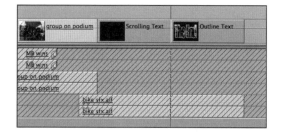

4. Haga doble clic en el clip de texto para abrirlo en el visor y seleccione la ficha **Controls**. Desplace la barra de reproducción hasta el clip **Scrolling Text** para verlo en el visor.

   La opción **Scrolling Text** cuenta con una animación que desplaza el texto desde la parte inferior de la pantalla hacia arriba, como los títulos de crédito de una película. Si la barra de reproducción se encuentra al inicio o al final del clip, no podrá ver el texto.

5. En el cuadro de texto, introduzca la siguiente información. No olvide incluir también los asteriscos entre los créditos y los nombres de la personas y pulsar **Intro** al final de cada línea. Pulse el tabulador después de llegar a la última línea para ver cómo se actualiza el texto en el lienzo:

   Produced by*Name (Producido por *Nombre)

   Directed by*Name (Dirigido por *Nombre)

   Edited by*Name (Editado por *Nombre)

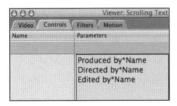

Final Cut Pro crea dos columnas simétricas separadas por un espacio en el lugar donde colocamos el asterisco. Sin el asterisco, todo el texto aparece centrado. Si no se utilizan asteriscos, todo el texto aparece centrado.

Nota: No es necesario incluir un espacio delante y detrás del asterisco.

6. Arrastre la barra de desplazamiento hacia abajo, hasta los parámetros de control. Compruebe que el valor de **Size** es **34** y establezca **Spacing** en **-2**. Ajuste el valor **Gap Width** a 10 por cien para aumentar la distancia entre ambas columnas.

7. Para que los créditos se difuminen a medida que aparecen o desaparecen, introduzca un valor del 25 por cien en el campo **Fade Size**.

Truco: Arrastre la barra de reproducción al principio o al final del clip para ver el resultado.

8. Cambie la inclinación (**Leading**) a 190 por cien.

9. Reproduzca el clip. Si tiene problemas para hacerlo, puede previsualizarlo mediante **Opción-P**.

   La longitud de este clip determina el tiempo que tarda el texto en desplazarse por el fotograma. Si reduce el clip, el texto se mueve más rápidamente. Si lo alarga, el texto se mueve más lentamente.

Nota: Existen otras dos modalidades de edición de texto con los que puede experimentar: Crawl (de arrastre) y Typewriter (efecto máquina de escribir). La opción Crawl muestra un texto desplazándose de izquierda a derecha, cruzando la pantalla, parecido a algunos avisos escritos que aparecen durante un programa. La opción Typewriter, por su parte, hace que las imágenes aparezcan de una en una como si las estuviésemos escribiendo con una máquina de escribir.

Añadir máscaras de color

Existen otros generadores de vídeo que los de texto. Podemos encontrar máscaras de color, elementos de procesamiento, como Gradient y Noise y formas. Una máscara de color nos permite añadir un fondo de color que utilizar por detrás del texto. Como todos los elementos generados, las máscaras de color se pueden cambiar de tamaño, recortar e incluso animar. En este ejercicio editaremos y recortaremos cuatro máscaras de color y las añadiremos al clip **Scrolling Text** para enmarcar los títulos de crédito.

1. Haga clic en el menú Generator y seleccione Matte>Color.

2. Conecte el control de origen v1 a la pista de destino V1, y desplace la barra de reproducción sobre el clip **Scrolling Text**. Edite la máscara de color como edición por superposición.

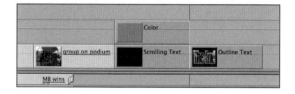

3. En el lienzo, haga clic en el menú View y seleccione Show Title Safe. Pulse **W** para activar el modo Image+Wireframe.

 Nota: Puede consultar la secuencia **Adding Text-Finished** para comprobar el aspecto de las máscaras de color en la versión definitiva.

4. En la línea de tiempo, seleccione el clip **Color**. Pulse **C** para seleccionar la herramienta de recorte y desplace el puntero sobre la línea de color turquesa en la parte inferior de la imagen.

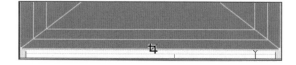

5. Cuando vea la herramienta de recorte, arrastre hasta que la parte inferior de la máscara se ajuste a la línea superior. Arrastre desde la parte superior de la máscara hasta la línea delimitadora externa, que identifica la zona de acción. Verá una barra horizontal en la parte superior de la zona de la imagen.

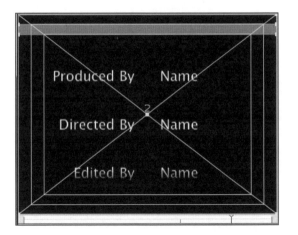

Como hemos recortado la máscara de color, podemos ver el texto situado por detrás.

6. Pulse **A** para recuperar la herramienta de selección predeterminada. Para duplicar este clip **Color** recortado, arrástrelo hasta la pista V3 mientras mantiene pulsada la tecla **Opción**, que debe soltar antes que el ratón para realizar una edición por sustitución. Repita la operación dos veces más para obtener un total de cuatro clips **Color**. Reprodúzcalos.

 Truco: Con cierta concentración puede utilizar la tecla **Mayús** en este paso para ubicar el clip copiado directamente sobre el original. El truco consiste en no soltar la tecla **Mayús** antes que el ratón.

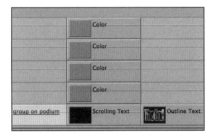

En el lienzo solamente verá una barra gris ya que los cuatro clips **Color** se encuentran apilados unos sobre otros.

7. En la línea de tiempo seleccione el clip de V3. En el lienzo, arrastre la barra hacia abajo hasta situarla entre las líneas que dividen la zona de acción y la de títulos en la parte inferior de la zona de la imagen. Mantenga pulsada la tecla **Mayús** para evitar realizar ajustes horizontales.

8. En la línea de tiempo, seleccione el clip de V4. Para girarlo 90 grados, desplace el puntero sobre uno de los controles de rotación y arrastre en el sentido de las agujas del reloj de forma circular hasta que la máscara quede en vertical. También puede utilizar la tecla **Mayús** para ajustar la posición de 90 grados.

9. Repita este proceso con el clip **Color** de V5 pero situelo a la izquierda, para completar el cuadrado.

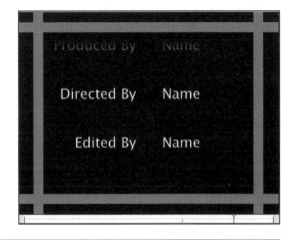

Tras ubicar las máscaras recortadas, podemos cambiar el color de cada barra. Como referencia de color utilizaremos los colores del archivo `Logo FLAT.jpg`, que se encuentra al inicio de la secuencia.

10. Desplace la barra de reproducción al inicio de la secuencia de forma que el clip **Logo FLAT.jpg** aparezca en el lienzo. Haga doble clic en el clip **Color** de V2 para abrirlo en el visor y, en la ficha Controls, haga clic en el selector de color.

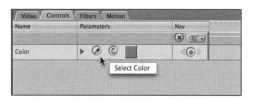

11. En el lienzo, haga clic en el fondo azul del gráfico para seleccionar este color para el clip **Color** de V2.

12. Repita la operación para añadir colores de los otros tres clips **Color**. Utilice un color diferente para cada barra, que puede seleccionar del gráfico situado al inicio de la secuencia.

 Nota: No es necesario que las barras coincidan con las de la secuencia **Adding Text-Finished**, aunque tendrá que obtener los colores de la imagen gráfica.

Trabajar con gráficos

Final Cut Pro es capaz de importar y trabajar con diferentes tipos de archivos gráficos, como TIFF, JPEG y otros. En un capítulo

anterior importamos un archivo gráfico de una sola capa del logotipo **5th Dragon**. En este caso, importaremos un archivo gráfico de varias capas creado en Adobe Photoshop. Con este tipo de archivo multicapa, podemos editar cada capa de forma independiente en Final Cut Pro e incluso acceder directamente al programa en el que se haya creado.

Preparar archivos gráficos para su edición

Antes de editar archivos gráficos dentro de una secuencia, debe recordar que la proporción de aspecto de los píxeles del vídeo es distinta a la de un archivo gráfico. Se debe a que los programas gráficos muestran píxeles cuadrados, mientras que el vídeo digital los muestra no cuadrados. Si creamos el gráfico de un círculo y lo importamos a Final Cut Pro, el resultado será que el círculo no aparece totalmente redondo. Para conseguir una mayor precisión hay varios pasos que podemos seguir en el momento de preparar un archivo gráfico, pasos que se aplican tanto a gráficos de una o varias capas.

 Nota: Al trabajar con gráficos en vídeo, la configuración ppp (puntos por pulgada) es irrelevante. Una imagen de 300 ppp tendrá el mismo aspecto que una a 72 ppp. Las dimensiones en píxeles de una imagen, como por ejemplo 1440 x 1080 ó 720 x 480, determinan la resolución de la imagen de vídeo.

1. En su aplicación de procesamiento de gráficos, comience con un tamaño de imagen de 720 x 540 píxeles para DV-

NTSC o de 768 x 576 para PAL. Son las dimensiones de píxeles cuadrados que deberíamos utilizar para cualquier aplicación gráfica de imágenes estáticas.

2. Tras completar el gráfico, guarde una copia y cambie el tamaño a 720 x 480 para NTSC y a 720 x 576 para PAL.

3. Sin realizar ningún otro cambio en el archivo de 720 x 480 (720 x 576 para PAL), impórtelo dentro de Final Cut Pro.

La imagen tendrá el mismo aspecto que en la versión original.

 Nota: El manual de Final Cut Pro incluye un gráfico con conversiones de formato adicionales.

Editar gráficos de capas múltiples

Al importar un archivo gráfico que contiene diversas capas, Final Cut Pro lo detecta y crea una nueva secuencia en la que puede representar dichas capas. En este ejercicio, vamos a importar un archivo de capas múltiples de Photoshop del logotipo **5th Dragon**, lo incluiremos por debajo del clip **group on podium** y lo modificaremos para que encaje en ese espacio.

1. Para importar un gráfico directamente a la carpeta Graphics, haga clic con la tecla **Control** pulsada sobre la misma y seleccione Import>Files (Importar>Archivos) en el menú contextual. En la ventana Choose A File, desplácese hasta la carpeta FCP5 Book Files>Media>Graphics y seleccione la imagen Logo LAYERS.psd. Pulse **Choose**.

En el buscador aparece una nueva secuencia con el mismo nombre que el archivo gráfico.

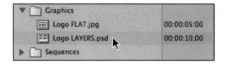

2. Haga doble clic en la secuencia **Logo LAYERS.psd** para abrirla en la línea de tiempo.

Cada capa de la imagen aparece en una pista diferente, lo que nos permite modificarlas de manera independiente. Como en un archivo gráfico sólo hay vídeo, la línea que divide el vídeo y el audio se reubica automáticamente en la secuencia para mostrar sólo las pistas de vídeo. La duración predeterminada de todas las capas es de 10 segundos, como sucede con otras imágenes estáticas.

Editaremos el gráfico multicapa en la secuencia como si se tratara de un clip de origen.

3. Haga clic en la ficha de la secuencia **Adding Text-Starting**. Compruebe que el control de origen v1 está conectado a la pista de destino V1. Para superponer el gráfico sobre el clip **group on podium**, sitúe la barra de reproducción sobre éste, arrastre la secuencia **Logo LAYERS.psd** desde el buscador hasta el lienzo, y suéltela sobre la sección Superimpose.

En la línea de tiempo, aparece un único clip con todas las capas anidadas.

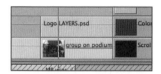

4. Para ver el gráfico por debajo de la doblez, mantenga pulsada la tecla **Mayús** y arrastre el clip **group on podium** hasta la pista V3, por encima del gráfico. Para desplazar los dos clips hasta las pistas V1 y V2, selecciónelos y pulse **Opción-Flecha abajo**.

> **Nota:** Puede utilizar **Opción-Flecha arriba** u **Opción-Flecha abajo** para desplazar uno o varios clips verticalmente en la línea de tiempo, siempre que no haya otros clips que bloqueen el movimiento.

5. Reproduzca los clips.

   Como el gráfico aparece a pantalla completa, no lo vemos en la esquina inferior derecha.

6. Seleccione el clip **Logo LAYERS.psd**. Active el modo Image+Wireframe y la zona de títulos. Cambie el tamaño y la posición del clip hasta que vea aparecer el gráfico en la esquina inferior derecha de la zona de títulos.

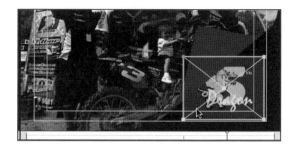

Una vez ubicado el gráfico en la esquina, puede que tenga que ajustar el efecto para mejorarlo. Por ejemplo, puede desactivar el fondo azul del gráfico para que parezca más interesante, cambio que tendrá que realizar en la capa concreta del gráfico.

7. En la línea de tiempo, haga doble clic en el clip **Logo LAYER.psd**.

   De esta forma se abre el archivo de Photoshop con cada una de las capas. Puede desactivar la visibilidad de una pista, añadir pistas adicionales o cambiar el tamaño de las que desee.

8. En la secuencia **Logo LAYERS.psd**, desactive la visibilidad de la pista V1. Haga clic en la secuencia **Adding Text-Starting** para apreciar la diferencia.

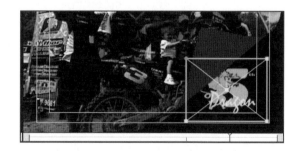

9. Desactive el modo **Image+Wireframe** y la zona de títulos.

Nota: Si desea más control sobre el efecto final, puede recuperar el tamaño y la posición predeterminados del gráfico anidado y cambiar el tamaño y la posición de cada capa en la secuencia gráfica. También puede añadir capas a la secuencia, como por ejemplo una máscara de color blanco para el fondo.

Utilizar un editor externo

Un editor externo es un programa independiente que podemos utilizar para modificar archivos mientras editamos. Final Cut Pro incluye editores externos para tres tipos de archivos: de vídeo, de audio y de imágenes estáticas. Al vincularse de esta forma a otros programas, podemos modificar un archivo en su programa original para que Final Cut Pro actualice automáticamente el clip con los cambios realizados. No es necesario volver a importar el clip.

1. Seleccione Final Cut Pro>System Settings y abra la ficha External Editors.

2. Para definir una aplicación de edición externa para cualquiera de los tipos de archivo enumerados, pulse el botón **Set** y desplácese hasta la carpeta de aplicaciones de su disco duro. Pulse **OK**.

3. En la línea de tiempo, haga clic con la tecla **Control** pulsada sobre el archivo Logo FLAT.jpg situado al inicio de la secuencia.

    Para modificar este clip en su propio editor gráfico externo, puede seleccionar Open in Editor (Abrir en editor) en el menú contextual para iniciar dicha aplicación y editar el archivo. Todos los cambios guardados aparecerán en la secuencia.

4. En la línea de tiempo, haga clic con la tecla **Control** pulsada sobre el clip **Logo LAYERS.psd** situado al final de la secuencia y, en el menú contextual, seleccione Send To (Enviar a).

    También puede enviar un archivo a otras aplicaciones de Apple para realizar los cambios.

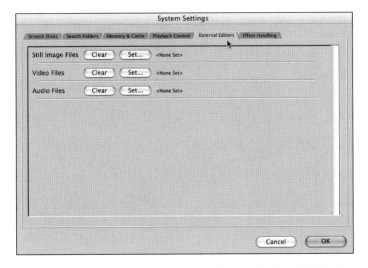

Añadir efectos de movimiento a un texto

Ya hemos utilizado distintos efectos básicos de movimiento para recortar y reubicar los clips de máscara de color en la secuencia. Uno de los efectos más utilizados en texto es la sombra. En Final Cut Pro, esta función está disponible en la ficha Motion del visor. También podemos añadir fotogramas clave de movimiento a un clip de texto o gráfico para crear un trazado de movimiento, como hicimos en un capítulo anterior.

 Truco: Para cambiar el tamaño de un texto, debemos utilizar el regulador Size de la ficha Controls en lugar del regulador Scale de la ficha Motion, ya que este último control hará que el texto aparezca pixelado.

Añadir una sombra lateral

La mayor parte del texto que aparece en programas de televisión cuenta con alguna sombra lateral. Las sombras laterales se suelen utilizar para resaltar texto sobre una imagen de fondo, aunque también podemos utilizarlas para crear un estilo. Como uno los atributos de movimiento de Final Cut Pro, la sombra lateral también se puede aplicar a clips de vídeo. En este ejercicio, vamos a añadir una sombra lateral al clip de texto sobre **DS intro**.

1. En la secuencia **AddingText-Starting**, mueva la barra de reproducción sobre el clip **DS intro** y haga doble clic en el clip **Lower 3rd** para abrirlo en el visor. Abra la ficha Motion.

2. Para añadir la sombra lateral, active la casilla de verificación Drop Shadow.

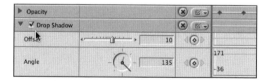

La sombra lateral predeterminada aparece alrededor del texto en el lienzo.

3. Pulse el triángulo situado a la izquierda de la opción Drop Shadow para mostrar los parámetros correspondientes e introduzca la siguiente información antes de pulsar el tabulador. Tras ello, reproduzca el clip:

- **Offset (Desplazamiento):** 2

- **Angle (Ángulo):** 135

- **Color:** Utilice el selector de color para seleccionar el color rojo del hombro de Danny

- **Softness (Suavidad):** 10

- **Opacity (Opacidad):** 72

 Nota: En función de su equipo, puede que no vea el efecto en tiempo real. Puede pulsar **Opción-P** para previsualizarlo o procesar el clip.

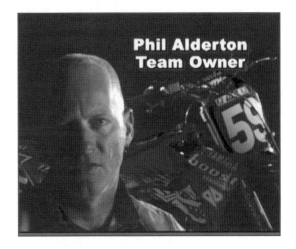

Como sucede con otros parámetros, puede copiar y pegar la sombra lateral en otros clips.

4. Haga clic con la tecla **Control** pulsada sobre el clip **Lower 3rd** situado por encima de **DS intro** y seleccione Copy en el menú contextual. Tras ello, haga lo mismo con el clip **Outline Text** situado por encima de **PA team owner** y seleccione Paste Attributes en el menú contextual.

   Bajo la columna Video Attributes de esta ventana, Drop Shadow aparece entre los atributos de movimiento.

5. En la ventana Paste Attributes, haga clic en Drop Shadow y pulse **OK**.

   Los atributos del clip situado por encima de **DS intro** se aplicarán a este clip. Recuerde que el contorno azul de este texto se creó en el propio clip **Outline Text**.

Animar texto y efectos de movimiento

Al igual que ocurre con los filtros y los efectos de movimiento, podemos animar ciertos parámetros de texto, tal como la escala y el tracking, o incluso el color. Al animar el tracking de un texto conseguimos que las letras se estiren horizontalmente. Podemos animar el color para que cambie en momentos concretos. También podemos animar efectos de movimiento que ya estén aplicados a un clip. Por ejemplo, tras aplicar una sombra lateral, podemos animar el desplazamiento para que dé la impresión de que el foco de luz está cambiando de posición.

Algunos de los usos más básicos de efectos de movimiento aplicados a texto, sin embargo, consisten simplemente en modificar la posición del texto dentro de la imagen o hacer que aparezca o desaparezca de la misma. También podemos aumentarlo o hacer que cruce rápidamente la imagen. En este ejercicio, desplazaremos los dos primeros clips de texto en pantalla.

1. En la línea de tiempo, mueva la barra de reproducción al principio del primer clip **Text** y selecciónelo.

2. Para poder ver fuera del área de la imagen, haga clic en el menú de zoom del lienzo y seleccione 25%. Pulse **W** para cambiar al modo Image+Wireframe.

3. Mantenga pulsada la tecla **Mayús** mientras arrastra el texto completamente fuera de la imagen, hacia la izquierda, hasta que desaparezca la letra **s** de la palabra **Presents**.

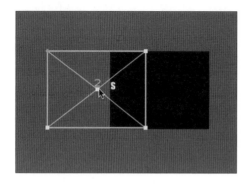

4. Pulse **Control-K** para definir un fotograma clave en esta posición.

5. En la línea de tiempo, pulse **Mayús-Flecha derecha** para poder mover la barra de reproducción un segundo hacia la derecha.

6. Mantenga pulsada la tecla **Mayús** mientras arrastra el texto hacia el centro de la pantalla. Como ve, se crea un fotograma clave de una manera automática en esa posición.

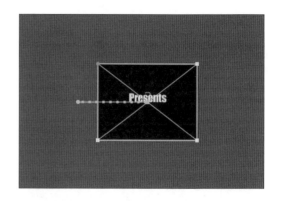

Truco: Puede que el clip de texto que estamos ajustando se deseleccione en la línea de tiempo. Si es así, haga clic sobre él para seleccionarlo de nuevo y la representación reticular volverá a aparecer en el lienzo.

7. Para eliminar el espacio entre el texto **Presents** y el clip de texto **Yamaha of Troy**, arrastre el punto de entrada de este último hacia la izquierda hasta ajustarlo con el punto de salida del texto **Presents**.

8. Repita el proceso de creación de fotogramas clave para animar el texto **Yamaha of Troy** para que aparezca en pantalla de la misma forma que **Presents**.

9. Cuando termine de definir fotogramas clave, haga clic en el menú View del lienzo y seleccione Fit To Window. Reproduzca los clips.

Truco: También puede copiar el clip **Presents** y pegar los atributos de movimiento en el clip **Yamaha of Troy**, de forma que se peguen en el segundo clip los mismos fotogramas clave utilizados en el primero. Con la casilla Scale Attributes Time seleccionada, puede alargar o reducir los fotogramas clave si varía la longitud de los clips; si no la selecciona, la duración coincidirá con la del clip original.

Tareas del proyecto

En función del tipo de texto y su función en la secuencia, puede que tenga que cortarlo o difuminarlo para crear una transición más suavizada. Suavice las ediciones de texto de la secuencia añadiendo transiciones a los clips de texto o definiendo fotogramas clave de opacidad. Puede utilizar la secuencia **Adding Text-Finished** como referencia y activar las capas de clip para ver los fotogramas clave de opacidad.

También puede añadir fotogramas clave de movimiento a las barras de color para animarlas antes de los créditos y después sacarlas de la pantalla al final de la edición.

Nota: Si añade una transición para difuminar un clip de texto, primero tendrá que cambiar la longitud del clip de texto para que no aparezca sobre el clip de fondo.

Trabajar con las opciones de texto Boris

En el menú desplegable Generator se incluye la categoría de generadores de texto Boris. (En Final Cut Pro 4 esta opción se denominaba Title 3D.) Boris ofrece distintos generados de texto avanzados que nos permiten conseguir resultados muy flexibles y de gran calidad. El submenú Boris incluye cuatro generadores de texto. Al contrario de lo que sucedía con las opciones de texto vistas hasta el momento, éstas se incluyen en una ventana independiente y ofrecen multitud de parámetros, incluyendo el control 3D de caracteres concretos (Title 3D). Las opciones de texto Boris nos permiten adoptar decisiones de estilo y guardarlas como parte de la paleta de estilos para poder aplicarlas a otros clips de otros proyectos.

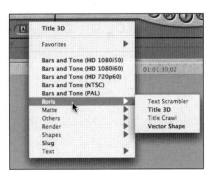

La opción Boris Text Scrambler nos permite crear una animación en la que se mezclan las letras para después formar la palabra correcta. En este ejercicio, para practicar con un efecto de Boris, editaremos el efecto Text Scrambler sobre el clip **MB long run** hacia el final de la secuencia.

1. Mueva la barra de reproducción hasta el centro del clip **MB long run** y elija la pista V1 como destino.

2. En el visor, abra la ficha Video y, tras ello, haga clic en el menú desplegable Generated Items y seleccione Boris>Text Scrambler. Edite el clip en la línea de tiempo como edición por superposición. Haga doble clic sobre el mismo para abrirlo en el visor.

3. En la ficha Controls, haga clic en el cuadro Text Scrambler.

En las opciones de texto Boris no se introduce la información textual en la ficha Controls, sino en una ventana independiente.

Se abrirá una ventana con varias opciones que se organizan en pequeñas fichas que aparecen dispuestas verticalmente en la parte inferior izquierda de la ventana. En total hay cinco fichas: Text Style (Estilo de texto), Text Wrap (Contorneo de texto), Text Fill (Relleno), Edge Style (Estilo de contorno) y Shadow Type (Tipo de sombra). Junto a algunas de estas fichas existen casillas de verificación para activar o desactivar las opciones.

4. Abra la primera ficha e introduzca **Champion** en el cuadro de texto gris. Arrastre por las letras para seleccionar el texto.

 Truco: Para ver los colores verdaderos del texto a medida que los modificamos, haga clic en cualquiera de los cuadros numéricos de la ficha, tras resaltar el texto.

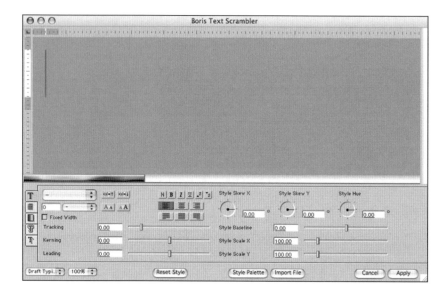

5. Seleccione la fuente Impact en el menú emergente. Haga clic en el cuadro de tamaño de texto e introduzca **72**.

6. Haga clic en el botón **Style Palette**.

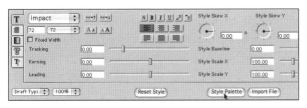

Se abrirá una nueva ventana con distintas opciones de estilo.

7. En el menú emergente superior de la ventana, seleccione bevel gradient fill.B2D y haga doble clic en la segunda muestra que aparece en el panel de la derecha.

8. Pulse **Apply**.

La ventana se cierre y la palabra **Champion** aparece en el lienzo.

9. En el lienzo, seleccione Image+Wireframe y Show Title Safe. Cambie el texto **Champion** hacia la parte superior de la imagen, dentro de la zona de títulos.

10. Sitúe la barra de reproducción al final del clip **MB long run** y pulse **Mayús-Flecha izquierda** tres veces para situarla tres segundos por delante del final del clip. Haga doble clic para asegurarse de que el texto **Champion** se encuentra en el visor. En la ficha Controls del visor, defina un fotograma clave para Scramble Characters y para Opacity.

11. Sitúe la barra de reproducción al inicio del clip. Deslice el regulador Scramble Characters hacia la derecha. Establezca el valor de opacidad en **0** y reproduzca el clip.

Tareas del proyecto

Para continuar con la creación de ediciones de texto, abra la secuencia **Racing Promo** desde el buscador. Añada un tercio inferior al primer vídeo **JM stakes rise** para cortarlo con el clip. Añada una claqueta, un título de apertura y títulos de crédito, por medio de los métodos descritos a lo largo del capítulo. También puede experimentar con otras opciones. Intente añadir texto sobre varios clips para anunciar los resultados del último terremoto. También puede abrir archivos de proyecto de capítulos anteriores y añadir texto a las secuencias.

 Truco: Si desea trabajar con los parámetros de texto creados en una secuencia en otro proyecto diferente, compruebe que ambos proyectos se encuentran abiertos y, tras ello, copie una secuencia de un proyecto abierto y péguela en otro proyecto abierto.

Repaso del capítulo

1. ¿Dónde puede seleccionar un elemento generado?

2. ¿Qué ficha del visor debe seleccionar para modificar clips de texto?

3. Al superponer una edición sobre un clip V1, ¿a qué pista debe conectar el control de origen para que el clip superpuesto aparezca en V2?

4. ¿Qué tipo de texto generado identifica una persona, ligar o cosa?

5. Para animar un clip de texto, ¿qué dos pistas visuales aparecen en el lienzo?

6. Al importar un archivo de Adobe Photoshop con varias capas, ¿qué icono aparece en el buscador para dicho archivo?

7. ¿Dónde se encuentra el atributo Drop Shadow?

8. ¿En qué conjunto de opciones de generador de texto aparece una ventana independiente para modificar un texto?

Respuestas

1. Seleccione la ficha Effects del buscador o el menú Generated Items de la ficha Video del visor.

2. La ficha Controls.

3. La pista V1.

4. Un tercio inferior.

5. El modo Image+Wireframe y la opción Title Safe.

6. Un icono de secuencia.

7. En la ficha Motion del visor.

8. Las opciones de texto Boris.

Teclas de acceso directo

Control-K	Define un fotograma clave en la posicion de la barra de reproduccion para parametros de movimiento

Capítulo 16

Acabado del proyecto

na vez completada una secuencia con efectos y títulos, el último paso del proceso es el acabado. La fase de acabado nos permite analizar la secuencia bajo una perspectiva diferente y no tiene tanto que ver con la edición, sino con obtener la mejor calidad posible de imagen y sonido. Una vez logrados estos objetivos, el proyecto está listo para pasarse a cinta o para exportarlo en distintos formatos de archivos para la Web o para crear un DVD. Otra fase que debemos incluir en este proceso es la de archivar y gestionar los medios del proyecto.

Imagen con niveles de vídeo fuera de rango.

- **Archivos del capítulo:** Lesson 16 Project

- **Medios:** Carpetas A Thousand Roads> Intro y Sound Effects; carpetas Motocross> Racing Footage y Team Story

- **Duración:** 60 minutos aproximadamente

- **Objetivos:**

  - Reconectar archivos de medios.

  - Ajustar los niveles de audio y vídeo.

- Entender los formatos de archivo.

- Exportar una película de QuickTime.

- Exportar con conversión QuickTime.

- Grabar una secuencia en cinta.

- Crear una ventana de código de tiempo.

- Gestionar los medios de un proyecto.

- Crear una copia de seguridad.

Preparar el proyecto

Puesto que este capítulo trata sobre corregir y representar secuencias completadas, vamos a trabajar con las que hemos creado en capítulos anteriores.

1. Inicie Final Cut Pro y abra el archivo **Lesson 16 Project.**

2. Cierre cualquier proyecto abierto.

3. Reproduzca la secuencia **Racing Promo** en la línea de tiempo.

Esta secuencia no está lista para su representación ya que algunos clips de audio y vídeo no cumplen las especificaciones de retransmisión. En este capítulo aprenderemos a corregir estos problemas antes de grabar la secuencia.

En el buscador, sólo aparecen las secuencias, no los iconos de clip. Estas secuencias no se editaron en el proyecto, sino que se copiaron de capítulos anteriores y se pegaron para su utilización. Si desea acceder a los clips concretos utilizados para crear las secuencias, puede crear un nuevo conjunto de clips maestros.

4. En el buscador, seleccione la secuencia **Racing Promo**. Seleccione Tools>Create Master Clips.

En el buscador aparecerá una nueva carpeta con un conjunto de clips maestros compatibles con los utilizados en la secuencia seleccionada. Estos clips están vinculados a los archivos de medios utilizados originalmente para editar la secuencia.

5. Muestre los clips de la carpeta Master Clips For Racing Promo y haga doble clic en el clip biker down para abrirlo en el visor.

Los clips están sin marcar y tienen la duración completa del archivo de medios.

 Nota: Puede crear clips maestros de esta forma para cualquier secuencia de cualquier proyecto.

Reconectar medios

Tanto si los elementos del proyecto fueron capturados directamente o importados dentro del mismo, siempre están vinculados a su correspondiente archivo en el disco duro. Si cambiamos de lugar esos archivos o modificamos su nombre, el vínculo entre el clip del proyecto y el archivo de medios se rompe. El icono del clip en el buscador se queda en estado *offline*, que se indica mediante una línea roja diagonal que cruza el icono. El clip ya no está vinculado a ningún archivo de medios. Es lo que ocurrió en un capítulo anterior cuando registramos clips para preparar la captura por lotes. Los clips registrados carecían de medios reales a los que vincularse y, por ello, se encontraban fuera de línea.

La conexión entre el icono y el archivo de medios puede romperse por varias razones. Puede que tengamos que pasar un proyecto de un equipo a otro, o desde una torre G5 a un portátil para editar fuera del estudio. O, simplemente, puede que decidamos cambiar el nombre de los archivos de medios durante el proceso de edición. Cualquiera de estas situaciones causará que el vínculo entre los clips del buscador y sus correspondientes archivos de medios se rompa, haciendo que el clip quede fuera de línea. Para poder trabajar con esos clips antes debemos crear de nuevo la conexión.

1. En la línea de tiempo, desplace la barra de reproducción sobre el último clip de la secuencia, **BS big jump**.

Este clip está conectado al archivo de medios **BS big jump** de la carpeta FCP5 Book Files del disco duro. Si lo cambia de su ubicación actual, el clip quedará fuera de línea y se desconectará del archivo de medios.

2. Para buscar este archivo de medios en el disco duro, seleccione el clip **BS big jump** en el buscador y ejecute los comandos View>Reveal in Finder (Ver>Mostrar en Finder).

Por encima de la interfaz de Final Cut Pro se abre una ventana de Finder con el clip **BS big jump**.

3. En la ventana de Finder, arrastre el clip **BS big jump** desde la columna o carpeta actual del buscador hasta la carpeta Motocross.

4. Haga clic en el buscador para volver a activar Final Cut Pro.

Truco: También puede pulsar **Comando-Tabulador** para acceder a otra aplicación abierta.

En Final Cut Pro hay varios indicadores de que algo ha cambiado

- Se abre la ventana Offline Files (Archivos fuera de línea) para indicar que hay archivos fuera de línea. Puede volverlos a conectar o continuar trabajando con ellos en su estado actual. Si marca la casilla Media Files del grupo Forget Files y pulsa **Continue**, Final Cut Pro asume que no desea conectar el archivo y no se lo vuelve a recordar.

- Observe el clip en el buscador, pero no lo seleccione todavía. El clip **BS big jump** aparece con una línea roja diagonal.

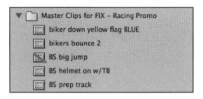

- En la línea de tiempo, el clip aparece en color blanco con una imagen en miniatura en rojo y negro. Con la barra de reproducción situada sobre el clip **BS big jump** en la línea de tiempo, junto al nombre del clip en el lienzo aparece la entrada Media Offline.

5. Para restablecer el vínculo entre el icono del buscador y el archivo de medios original en su nueva ubicación en el escritorio, pulse el botón **Reconnect** de la ventana Offline Files.

Se abrirá la ventana Reconnect Options (Opciones de reconexión). En el grupo Files To Connect (Archivos que conectar) se incluye el archivo fuera de línea junto a la ruta en la que se encontraba antes de cambiarlo. Si sabe dónde se encuentran los archivos, puede marcar Search Single Location y, tras ello, seleccionar la ubicación adecuada. De esta forma se acelera la búsqueda en Final Cut Pro, ya que ya no tiene que buscar en todos los discos duros y directorios disponibles. Deje esta opción sin marcar.

Dispone de dos opciones para buscar los archivos que faltan: **Locate** o **Search**. Haga clic en el botón **Locate** para buscar los archivos manualmente.

(Seleccione esta opción cuando haya cambiado el nombre del archivo de medios.) Al pulsar el botón **Search** se inicia la búsqueda automática del archivo.

6. Haga clic en **Search**.

   Se abrirá la ventana Reconnect, con el archivo **BS big jump** seleccionado.

7. Si Final Cut Pro no encuentra este clip en la nueva ubicación del escritorio, desplácese hasta el clip y selecciónelo. Haga clic en **Choose**.

 Truco: Si el archivo que desea conectar no se puede seleccionar, puede hacer clic en el menú Show situado en la parte inferior izquierda de la ventana **Reconnect** y seleccionar All Files. De esta forma podrá pulsar sobre cualquier archivo. Además, puede anular la selección de Matched Name Only si el nombre del archivo ha cambiado y desea volverlo a vincular al clip con el nuevo nombre.

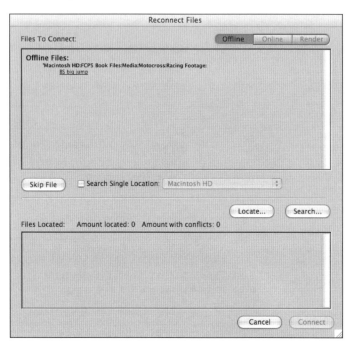

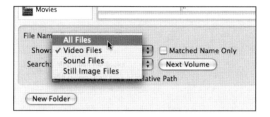

Tras localizar el clip **BS big jump**, aparece en el grupo Files Located, junto con la ruta a su nueva ubicación.

 Nota: Si ha cambiado algo en el clip, como por ejemplo el número de bobina, el código de tiempo o el número de pistas aparecerá una advertencia. Si sabe que se trata del clip correcto, conéctelo. En caso de error, el número de conflictos aparece en la parte inferior izquierda de la ventana, junto con el nombre del clip en cursiva.

8. Haga clic en **Connect**.

En el buscador, se elimina la línea roja diagonal del clip ya que sabe dónde encontrar los archivos de medios al reproducir el clip en el proyecto. En la línea de tiempo, se restablece la miniatura del clip, ya que el clip de secuencia depende del clip maestro y en el lienzo se vuelve a representar un fotograma del clip de vídeo.

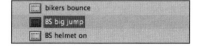

 Nota: Si cambia el nombre del clip en el buscador, podremos volver a vincularlo al archivo de medios. Si cambia el nombre del archivo de medios en el disco duro, tendrá que volver a conectar el clip del proyecto.

9. Repita el proceso desde el paso anterior para devolver el clip **BS big jump** a la carpeta Media>Racing Footage. Tras ello, reconéctelo a la nueva ubicación.

10. Oculte los contenidos de la carpeta Master Clips.

 Truco: Para reconectar un clip fuera de línea haga **Control-clic** sobre el clip y seleccione la opción Reconnect Media en el menú contextual que aparece.

Acabado de audio y vídeo

Durante el proceso de edición, a menudo tenemos que trabajar con audio y vídeo proveniente de diferentes fuentes y grabados con diferentes niveles y bajo diferentes condiciones. Puede que la narración, por ejemplo, se grabara en un estudio, mientras que el sonido ambiental se grabara en el exterior. O puede que parte de las tomas de vídeo se grabaran en interiores y otras a la luz del día. Tras tomar todas las decisiones creativas y finalizar la edición de la secuencia, toda nuestra atención se centrará en manipular el vídeo y el audio para que todos los clips se comporten como uno solo.

Los niveles de vídeo y audio no deben ser ni demasiado altos ni demasiado bajo. Como sabe, los niveles de audio demasiado altos pueden distorsionar. Por su parte, los niveles elevados de vídeo pueden no resultar seguros para su emisión, al exceder los límites de los estándares de la FCC.

Detectar picos de audio

A la hora de ajustar los niveles de audio de la secuencia, lo más importante es no superar nunca el valor de cero decibelios. Final Cut Pro puede detectar de manera automática los puntos de audio que exceden dicho valor, colocando un marcador en cada pico de la secuencia para identificarlos.

1. En la línea de tiempo, reproduzca la secuencia **Racing Promo** y observe los medidores de audio para ver si hay algún pico en esta secuencia.

   Al tratarse de una secuencia muy corta, resulta muy sencillo localizar los picos de audio observando simplemente los indicadores de audio del control maestro. En secuencias más largas, sin embargo, resulta mucho más difícil identificar dichos picos. También puede abrir el mezclador de audio y observar los niveles de audio principales.

Indicadores de acople

Cuando aparecen los picos de audio en la línea de tiempo, el indicador rojo de acople se ilumina en uno o en los dos medidores de audio, en función de la pista en la que se encuentre el pico. El indicador permanece rojo hasta que detengamos la secuencia. Aunque estos indicadores revelan la presencia de picos de audio, no muestran dónde se encuentran exactamente en la secuencia.

2. En la línea de tiempo, deseleccione todos los clips haciendo clic en una zona gris o por medio de **Mayús-Comando-A**. Seleccione Mark>Audio Peaks>Mark (Marcar> Picos de audio>Marcar).

   Mientras Final Cut Pro examina la secuencia, aparece una barra de progreso.

Al completarse la detección, los marcadores aparecen en la zona de regla de la línea de tiempo en los puntos de la secuencia donde haya picos de audio. Si el pico tiene una duración considerable, aparecerá una marca sobre el clip para indicar la longitud del mismo.

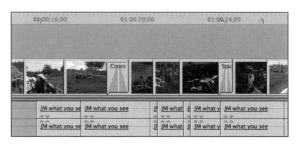

Nota: Cuando la barra de reproducción se encuentra sobre un marcador de pico de audio, la palabra **Audio Peak** aparece en el lienzo para identificarlo.

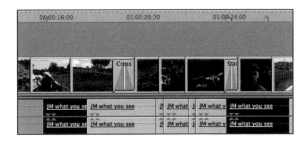

3. Desplace la barra de reproducción sobre el marcador del primer clip de audio y amplíe el zoom.

   Los medidores de audio reflejan los niveles de las pistas de audio combinadas en la secuencia. Tendrá que determinar qué pistas son las responsables de los picos. Como en este punto la música y los efectos de sonido son muy bajos, es muy probable que el problema se deba a los clips de narración de **A1** y **A2**.

4. Desplace la barra de reproducción sobre el siguiente grupo de marcadores de picos de audio.

   En este caso, el clip **VO** es el que genera el pico.

5. Seleccione el clip **JM what you see** situado bajo los dos primeros marcadores de pico de audio. Haga clic con la tecla **Control** pulsada sobre el clip para añadirlo a la selección.

Nota: Puede activar las capas de clip si desea ver las líneas de nivel de volumen de los clips en la línea de tiempo.

6. Seleccione **Modify>Levels** (Modificar> Niveles).

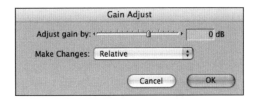

Se abrirá la ventana **Gain Adjust**, que puede utilizar para ajustar los niveles actuales de un clip o de un grupo de clips. Los ajustes de ganancia que realice en esta ventana pueden ser relativos o absolutos. Los ajustes relativos cambian el nivel actual de los clips seleccionados en la cantidad que introduzca y mantiene todos los fotogramas clave que puedan tener dichos clips. Los ajustes absolutos eliminan todos los fotogramas clave y restablece el audio a un nivel específico.

Nota: Si selecciona un clip de vídeo y ejecuta **Modify>Levels**, se abre la ventana **Opacity Adjust**, en la que puede ajustar el nivel de opacidad de un clip.

7. En la ventana **Gain Adjust**, en el campo **Adjust Gain By**, introduzca **-3** dB y establezca la opción **Make Changes** en **Relative**. Pulse **OK**. Observe los medi-

dores de audio mientras reproduce estos dos clips.

El pico de audio desaparece de los clips.

8. Si hay otros marcadores de picos de audio en la secuencia, seleccione el clip y ajuste los niveles adecuadamente en la ventana de ajustes de ganancia.

Truco: Un buen momento para utilizar la opción **Absolute** de la ventana **Gain Adjust** es tras cambiar el nivel de audio de uno o más clips y desea recuperar su nivel original de 0 dB u otro nivel concreto. Tendría que introducir **0** u otra cifra en el campo **Adjust Gain By** y seleccionar **Absolute** en el menú emergente **Make Changes**. Esta opción elimina todos los fotogramas clave.

9. Para liminar los marcadores de picos de la línea de tiempo, seleccione **Mark>Audio Peaks>Clear** (Marca>Picos de audio> Eliminar) o pulse **Control-~**.

Truco: Si hemos modificado los niveles de los picos y queremos comprobar que no exista ningún otro pico, elimine todas las marcas, seleccione de nuevo **Mark> Audio Peaks>Mark**. No olvide deseleccionar todos los clips antes de ejecutar esta opción.

Ajustar niveles de vídeo para la retransmisión

Uno de los problemas más comunes con los niveles de vídeo es que los niveles de blanco o de luminancia son a veces demasiado brillantes. La FCC considera que ningún vídeo con un nivel de luminancia superior al 100 por cien tiene una calidad de retransmisión permitida. Si una secuencia supera el 100 por cien, el nivel de vídeo acopla durante su retransmisión, del mismo modo que ocurría con los picos de audio. Algunas redes o instalaciones pueden rechazar la cinta y no emitirla.

Para preparar la parte de vídeo de una secuencia para su retransmisión, tendrá que controlar los niveles de luminancia de los clips y, tras ello, reducir los que sean demasiado brillantes. Final Cut Pro cuenta con la herramienta **Range Check** (Comprobación de rango) que comprueba que los niveles de luminancia y cromatismo de un clip se encuentren dentro de los límites permitidos. Si encuentra clips que no cumplen las especificaciones de retransmisión, puede aplicar el filtro **Broadcast Safe** para corregirlos. Utilice la herramienta **Video Scopes** como referencia para comprobar los niveles de vídeo.

1. En la línea de tiempo, desplace la barra de reproducción al inicio del clip **biker down**, el sexto clip de vídeo desde el final de la secuencia.

2. Abra la herramienta **Video Scopes** por medio de **Tools>Video Scopes**. Cuando aparezca la ventana **Tool Bench** con la ficha **Video Scopes**, sitúela sobre el buscador.

3. En la ficha **Video Scopes**, haga clic en el menú **Layout** y seleccione **Waveform**.

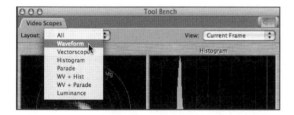

El monitor de formas de onda nos permite observar los valores de la luminancia de un fotograma concreto. Los estándares de retransmisión especifican el nivel máximo permitido para cualquier vídeo. Este valor se representa en el monitor de formas de ondas como el 100 por cien.

4. Desplace el cursor por el monitor de formas de onda.

Como puede observar, una línea horizontal amarilla sigue el movimiento del cursor. En la esquina superior derecha aparece un número que representa el porcentaje de luminancia en ese punto concreto.

Nota: Cualquier nivel de blanco superior a 100 no es aceptable.

5. Para comprobar el nivel de luminancia del clip actual, active la línea de tiempo y seleccione **View>Range Check>Excess Luma** (Ver>Comprobar rango>Exceso de luminancia) o pulse **Control-Z**.

Al activar la función **Range Check**, en cada clip de la secuencia aparece un símbolo que indica si el nivel de luminancia de dicho clip es correcto o no. Para el clip actual, aparece una marca de verificación dentro de un círculo verde en el lienzo, indicando que los niveles de luminancia de este fotograma son seguros y se encuentran por debajo del 90 por cien.

6. Coloque la barra de reproducción al inicio del segundo clip de la secuencia, **BS helmet on**.

Aparece de nuevo la marca de verificación, pero esta vez con una flecha hacia arriba que indica que este fotograma tiene unos niveles de luminancia entre 90 y 100 por cien. Las rayas verdes de cebra señalan las partes afectadas de la imagen. Aunque se sitúa cerca del límite superior, sigue siendo un nivel aceptable.

7. Pulse la tecla **Flecha abajo** para desplazar la barra de reproducción en el siguiente clip, **DS prep track**.

El signo de exclamación dentro del triángulo amarillo indica que algunas de las zonas blancas están por encima del 100 por cien. Las rayas rojas señalan los lugares exactos de la imagen que exceden dichos niveles. La forma de onda indica cuántos valores de luminancia superan el 100 por cien.

8. Seleccione el clip **DS prep track** y ejecute los comandos Effects>Video Filters> Color Correction>Broadcast Safe. Haga doble clic sobre el clip para abrirlo en el visor y abra la ficha Filters para ver los parámetros del filtro.

Tras añadir este filtro al clip, las franjas rojas del lienzo se vuelven de color verde y el monitor de forma de onda muestra que los niveles de luminancia se han reducido al 100 por cien.

Nota: Si cree que algunos de los niveles de color pueden ser demasiado intensos, seleccione View> Range Check>Excess Chroma (Ver>Comprobar rango>Exceso de cromatismo) y observe el vectorscopio para detectar las zonas problemáticas.

Tareas del proyecto

Para continuar precisando el vídeo, examine la secuencia y practique con el filtro Broadcast Safe en los filtros que lo necesiten. Abra la secuencia **Team Story** en el buscador y compruebe los picos de audio y los niveles de vídeo. El vídeo se ha filmado en exteriores a la luz del día, por lo que algunos de los clips no resultan adecuados para la retransmisión.

Cuando termine de practicar, cierre la ventana Tool Bench y seleccione View>Range Check>Off.

Exportar secuencias acabadas

Una de las opciones más habituales para las secuencias acabadas consiste en exportar un archivo de medios que se pueda distribuir digitalmente. Puede exportar un archivo de gran calidad para importarlo en aplicaciones de efectos especiales, grabarlo en DVD o guardarlo en una unidad FireWire. También puede experimentar con formatos de archivo de menor calidad para su distribución por Internet a través de correo electrónico o para teléfonos móviles. Por lo general se exportan varias versiones de un proyecto para distribuirlo de distintas formas.

Final Cut Pro utiliza QuickTime como formato de medios estándar. Puede exportar en distintos formatos de archivo compatibles con QuickTime. El tipo concreto de compresión o decompresión que utilice durante la exportación se denomina codec. Puede exportar con el codec actual para clips y secuencias de Final Cut Pro o utilizar un codec diferente de QuickTime para otros tipos de archivo de vídeo, audio o gráficos.

Comprender los formatos de archivo

Antes de analizar los pasos concretos del proceso de exportación, repasaremos algunos de los tipos de compresión más habituales que puede emplear para exportar un proyecto de Final Cut Pro.

Formatos de vídeo

- **DV NTSC y DV PAL:** Codec que se emplean para capturar vídeo y audio de dispositivos FireWire, como por ejemplo grabadoras de vídeo, plataformas y conversores analógicos-DV. La frecuencia de datos es de 3,6MB por segundo.

- **DVCPRO 50:** Es similar al codec DV, pero de mejor calidad y una frecuencia de datos de 7MB por segundo.

- **MPEG-2:** Estándar de compresión utilizado en habitualmente en DVD comerciales.

- **HDV:** Un formato de vídeo de alta definición basado en MPEG-2 que graba en cinta de casete DV.

- **MPEG-4 (.mp4):** Se utiliza para Internet y para dispositivos de flujos e inalámbricos. Tiene una gran calidad y una frecuencia de datos muy baja, con lo que los archivos son relativamente pequeños.

- **H.264:** Basado en MPEG-4. Ofrece la mayor calidad a la velocidad de datos más baja (el menor tamaño de archivo). Codifica con el doble de eficacia que el formato MPEG-2, lo que ofrece una mejor calidad a la misma velocidad de datos. Es muy versátil y se puede utilizar con vídeo para Web así como en proyectos de DVD de alta definición.

- **AVI (.avi):** Es el formato de audio y vídeo estándar para ordenadores compatibles con Windows.

Formatos de audio

- **AIFF (.aif):** Es un formato de alta calidad propio de Final Cut Pro y de otras muchas otras aplicaciones de audio de OS X. Se utiliza también para crear audio destinado a DVD.

- **AAC (.m4p):** Es el formato de Apple utilizado para obtener música de iTunes Music Store. Es similar a MP3, pero de mayor calidad y archivos de menor tamaño. Se suele utilizar en archivos MPEG-4 multimedia. Admite sonido envolvente.

- **Wave (.wav):** Es el formato de audio estándar para ordenadores compatibles con Windows.

Formatos de imágenes estáticas

- **JPEG (.jpg):** Tiene niveles de compresión variable, por lo que constituye un formato excelente para sitios Web.

- **Photoshop (.psd):** Puede contener múltiples capas e importarse a Final Cut Pro como una sola o como varias.

- **PICT (.pct):** Es un formato gráfico muy común de gran calidad que puede contener un canal alfa. Es el formato que se va a emplear en Final Cut Pro para gráficos de una sola capa.

- **TIFF (.tif):** Está diseñado para utilizarse en ediciones de escritorio. También se utiliza para convertir un clip de Final Cut Pro en una secuencia de imágenes, convirtiendo cada fotograma en un archivo independiente.

- **Otros formatos compatibles:** Son `.bmp`, `.png` y `.tga`.

Exportar una película de QuickTime

La manera más sencilla de exportar material desde Final Cut Pro es mediante la opción QuickTime Movie. Esta opción está configu-

rada para exportar un clip, una secuencia o una sección marcada automáticamente, empleando los ajustes del proyecto. Por medio de los ajustes actuales podemos crear un archivo de QuickTime con los mismos ajustes y calidad que los clips y secuencias; no es necesario comprimir medios adicionales. De esta forma, Final Cut Pro puede exportar clips de forma rápida y sin pérdida de calidad. Utilice esta opción cuando necesite una versión de gran calidad de su secuencia para archivarla o importarla a otra aplicación, o por ejemplo para grabarla en DVD con iDVD.

1. En la secuencia **Racing Promo**, defina un punto de entrada al inicio de la secuencia y un punto de salida antes de que comience el segundo grupo de clips de narración, en la posición 1:00:15;11.

   De esta forma se marcan aproximadamente 15 segundos de la secuencia, contando desde el principio.

2. Seleccione File>Export>QuickTime Movie (Archivo>Exportar>Película QuickTime).

   Se abre la ventana Save con el nombre de la secuencia en el campo Save As.

3. Añada la palabra **DV** al final del nombre del archivo, desplácese hasta la carpeta

de medios (**Media**) y seleccione la carpeta **Exports** como destino de este archivo.

 Truco: Si añade **DV** u otro nombre descriptivo a sus archivos al exportarlos recordará qué parámetros ha utilizado en los archivos. De esta forma podrá comparar cómo cambia la calidad de sus clips con distintos parámetros de compresión.

4. Compruebe que está seleccionada la opción **Current Settings** (Ajustes actuales) en el menú desplegable **Settings**. Seleccione la opción **Audio and Video** en el menú **Include** (Incluir) y, en el menú **Markers**, seleccione **None** (Ninguno).

 Nota: En el menú desplegable **Markers** podemos seleccionar los marcadores creados para un DVD o un proyecto de audio de Soundtrack Pro.

5. Deje desactivada la opción **Recompress All Frames** (Comprimir de nuevo todos los fotogramas).

Si activa esta opción, se vuelven a comprimir todos los fotogramas del elemento exportado seleccionado, lo que puede añadir parámetros de compresión adicionales o aumentar la duración del proceso. Si Final Cut Pro tiene dificultades para procesar determinados fotogramas de sus clips, realice la exportación con esta opción activada.

6. Asegúrese de activar la opción **Make Movie Self-Contained** (Crear película independiente).

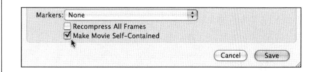

Existen dos variedades de películas QuickTime: independiente y no independiente. Una película independiente puede reproducirse en cualquier equipo ya que contiene todos los elementos de medios requeridos para ello, no sólo los vínculos. Por otro lado, al exportar una película como no independiente, sólo podemos reproducirla en el mismo equipo donde están los archivos de medios. El tamaño del archivo de una película independiente es mayor, ya que incluye todos los medios.

7. Pulse **Save**.

Aparece una ventana que muestra una barra de progreso referente al proceso de exportación. Algunas veces, el proceso es tan rápido que no llega a abrirse esta ventana.

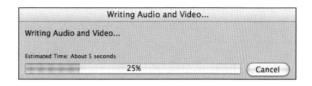

8. Para ver el clip en un reproductor de QuickTime, pulse **Comando-H** para ocultar Final Cut Pro. En Finder, desplácese hasta la carpeta **FCP5 Book Files> Media>Exports** y haga doble clic en el clip **Racing Promo DV**.

Como hemos creado este clip con parámetros de Final Cut Pro, se abrirá dentro de la aplicación.

9. Cierre la ventana del clip **Racing Promo DV** haciendo clic en el botón de cierre situado en la esquina superior izquierda de la ventana.

Nota: Tras exportar la secuencia, puede importarla a un proyecto y, tras ello, verla y editarla como si se tratara de un clip convencional.

Exportar mediante conversiones QuickTime

La función de exportación de películas de QuickTime resulta muy indicada cuando deseamos utilizar ajustes de secuencia predefinidos. Sin embargo, en otros casos será necesario convertir los elementos exportados a un tipo de archivo concreto, por ejemplo un archivo de audio AIFF o un archivo que se pueda reproducir en la Web.

En Final Cut Pro disponemos de distintas opciones de archivo para exportar una secuencia terminada. Recuerde que siempre hay más de una forma de configurar los parámetros de exportación. Al preparar los medios para su distribución digital, debe encontrar el equilibrio entre calidad y rendimiento; a mayor velocidad de datos, mayor será la calidad, pero el rendimiento será peor. Por medio de la práctica y técnicas de ensayo y error, puede determinar el equilibrio correcto basado en los medios de distribución y el público de destino.

En este ejercicio exportaremos una película para la Web por medio del compresor H.264 de QuickTime.

1. En la línea de tiempo, marque los diez primeros segundos de la secuencia **Racing Promo**.

   Exportaremos esta parte de la secuencia utilizando un formato distinto a los parámetros actuales de la secuencia.

2. Seleccione File>Export>Using QuickTime conversión (Archivo>Exportar>Utilizar conversión de QuickTime).

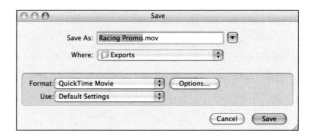

Se abrirá la ventana Save, con el nombre de la secuencia en el campo Save As, seguido del sufijo .mov, empleado para identificar películas de QuickTime.

3. En el campo Save As, introduzca **H264-web** como nombre de archivo. Desplácese hasta la carpeta Media>Exports como destino donde guardar el clip.

4. Con QuickTime Movie como formato predeterminado, haga clic en el botón **Options** situado junto al menú Format.

   Se abrirá la ventana Movie Settings, que incluye los parámetros actuales de vídeo, sonido y reproducción por transmisión de secuencias en Internet.

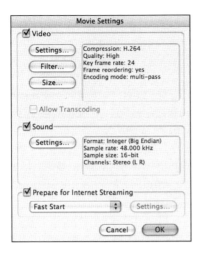

Nota: Cada opción del menú **Format** tiene sus propios parámetros. Por ejemplo, si selecciona **Still Image**, podrá elegir un formato como BMP, TIFF o Photoshop para exportar un fotograma de un clip o una secuencia.

5. En el grupo **Video**, haga clic en el botón **Settings**.

   Se abrirá la ventana **Standard Video Compression Settings** con los parámetros de compresión actuales.

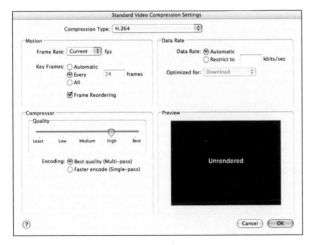

6. Seleccione H.264 como tipo de compresión, limite la velocidad de datos (**Data Rate**) a 4000 kilobits por segundo y mantenga los demás valores predeterminados. Pulse **OK**.

7. En la ventana **Movie Settings**, haga clic en el botón **Size**. En la ventana **Export Size Settings** que aparece en pantalla, marque **Use Custom Size**. Introduzca un valor de **320** píxeles en el campo **Width** y de **240** píxeles en el campo **Height**.

Nota: Estos valores en píxeles son uno de los estándares para archivos de película de pequeño tamaño.

8. Pulse **OK** para cerrar la ventana **Export Settings** y, tras ello, pulse de nuevo **OK** para cerrar la ventana **Movie Settings**.

Nota: Cuando prepare vídeo para la Web, puede experimentar con distintos parámetros de formato para audio si hace clic en el botón **Settings** del grupo **Sound**. El audio no ocupa tanto espacio como el vídeo pero puede afectar al rendimiento de una película Web.

9. Con todos los parámetros seleccionados en la ventana Save, haga clic en **Save**.

   Como la conversión de QuickTime consume muchos recursos de procesamiento, Final Cut Pro puede tardar varios minutos en finalizar el proceso.

10. Una vez finalizado el proceso, pulse **Comando-H** para ocultar Final Cut Pro. Desplácese hasta la carpeta Media> Export y haga doble clic en el archivo **Racing Promo H264-web**.

    La película se abrirá en el reproductor de QuickTime. También puede importar este archivo de película a Final Cut Pro y compararlo con la película de QuickTime que exportamos en un apartado anterior.

11. En la barra de tareas, haga clic en el icono de Final Cut Pro para volver al programa.

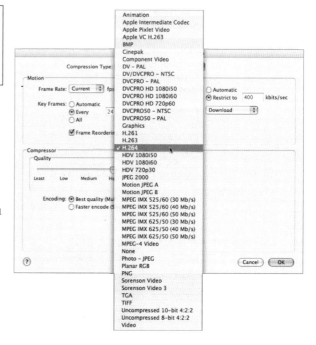

Truco: Puede realizar este mismo procedimiento para incluir la película en la Web para su descarga

Opciones de exportación de películas QuickTime

Durante el proceso de edición, puede que necesitemos exportar una muestra de la secuencia a baja resolución para que la vea su productor y dé su aprobación, o puede que necesitemos enviar la secuencia a otro sistema compatible sólo con ciertos formatos. En estos casos, es muy importante saber el formato en que debemos exportar la película.

1. En la línea de tiempo, pulse **Opción-X** para eliminar los puntos de entrada y

salida de la secuencia **Racing Promo**. En el buscador, selecciónela.

Para exportar toda la secuencia, basta con seleccionarla en el buscador. Si incluye puntos de entrada y salida, sólo se exportará dicha parte de la secuencia.

2. Seleccione File>Export>Using QuickTime conversión.

3. No cambie el nombre predeterminado que aparece, Racing Promo.mov. Desplácese hasta la carpeta Exports, mantenga el formato predeterminado QuickTime Movie y pulse el botón **Options**.

4. En la ventana Movie Settings, haga clic en el botón **Video Settings** para abrir la ventana Standard Video Compression Settings. Seleccione el menú desplegable Compression Type.

Una larga lista con los codec disponibles en su equipo aparece en pantalla. Cada uno está dirigido a una situación concreta. Consulte a su cliente o experimente con diferentes codec hasta descubrir el que mejor responda a sus necesidades.

 Nota: Una vez elegido el codec apropiado, debe definir los ajustes de ese codec. Pruebe diferentes opciones hasta dar con los adecuados.

5. Haga clic en **Cancel** para cerrar las distintas opciones.

Copiar una secuencia en cinta

Para preparar una secuencia a la hora de copiarla en cinta, Final Cut Pro dispone de una gran variedad de formatos. Se puede copiar a través de FireWire a DV, DVCPRO, HDV y DVCPRO HD. También se puede copiar a otros formatos de cinta, desde VHS a DigiBeta, e incluso a alta definición, siempre que contemos con el hardware necesario para ello. Por lo general, el proceso va a consistir en grabar una copia maestra de la secuencia con el mismo formato de cinta que el original, aunque también podemos crear una copia en VHS o en cualquier otro formato requerido por el público.

Como parte de este proceso, se graba también material adicional, como por ejemplo barras de color y de tonos, claquetas, cuentas atrás y zonas negras antes del comienzo de la secuencia. Todo este material se añade de distintas maneras, dependiendo del método de copiado que empleemos.

 Nota: Antes de comenzar el proceso de copia, compruebe que el dispositivo de grabación esté adecuadamente conectado al sistema y en funcionamiento.

Al igual que durante el proceso de exportación, podemos copiar sólo una parte de la secuencia, mediante la inserción de puntos de entrada y de salida en la línea de tiempo, o toda la secuencia.

Hay tres maneras de copiar una secuencia en cinta:

- Grabación manual.

- Impresión en vídeo.

- Edición en cinta.

Los dos primeros métodos están disponibles en cualquier dispositivo de grabación FireWire, mientras que el tercero sólo está disponible en dispositivos que Final Cut Pro pueda controlar de forma remota.

Grabación manual

La manera más sencilla de copiar una cinta consiste en pulsar el botón de grabación de la cámara que está conectada al sistema mientras la secuencia se reproduce. Esto se conoce como grabación manual. Utilizaremos esta opción cuando queramos conseguir una copia rápidamente.

Aunque es el método más sencillo también es el menos preciso. Para grabar manualmente, debemos tener los elementos precedentes, tales como barras y tono, claquetas, pantallas en negro, cuentas atrás, etc., ya editados en la línea de tiempo. Debemos también contar con todo el audio ya mezclado y con todo el vídeo procesado.

1. Desde el buscador, abra la secuencia **Team Story** en la línea de tiempo.

2. En el visor, abra el menú Generator y seleccione Bars And Tone (NTSC).

El vídeo de la secuencia **Team Story** es DV-NTSC. Si trabaja con otros formatos de vídeo, tendrá que seleccionar la opción adecuada.

3. Añada los diez segundos de barras y tono al principio de la secuencia.

4. Para crear una claqueta, haga clic en el menú Generator y seleccione Text>Text. Haga clic en la ficha Controls e introduzca **Team Story**, la fecha actual y su nombre. Añada cinco segundos de esta claqueta por detrás de las barras y el tono que acaba de editar.

5. Para añadir pantallas antes del gráfico Logo FLAT.jpg, abra de nuevo el menú Generator y seleccione la opción Slug. Inserte cinco segundos por detrás de la claqueta y otros segundos al final del último clip de la secuencia.

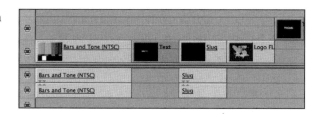

Nota: Para grabar una secuencia manualmente, no es necesario editar el material precedente, aunque es recomendable tener al menos cinco segundos de pantalla en negro al principio y al final de la secuencia.

6. Si en la línea de tiempo aparecen barras de procesamiento de color rojo, amarillo o naranja, seleccione Sequence>Render All y compruebe que los mismos colores de nivel de procesamiento que aparecen en la línea de tiempo también se ven en esta opción. Pulse **Opción-R** para procesar todos los elementos de la línea de tiempo.

7. Coloque la barra de reproducción al comienzo de la línea de tiempo.

La grabación comenzará en el punto en que se encuentra la barra de reproducción. Vamos a grabar un fotograma estático de la ubicación de la barra de reproducción hasta que se reproduce la secuencia. Cuando la barra llegue al último fotograma de la secuencia, se detendrá también en ese fotograma. Por este motivo conviene incluir unos segundos de pantalla en negro al principio y al final de la secuencia.

8. En la línea de tiempo, haga clic en el menú **RT** y seleccione los siguientes parámetros: modo **Safe RT**, el valor **High** de **Quality Video** y el valor **Full** de **Frame Rate**. Tendrá que hacer clic en el menú **RT** para seleccionar cada una de las opciones.

9. Prepare el dispositivo de grabación y comience a grabar.

10. Espere cinco segundos y después reproduzca la secuencia.

 Nota: Si quiere que la secuencia se repita de nuevo, seleccione la opción **Loop Playback** del menú **View**. La duración de la pantalla en negro entre el momento en que termina la secuencia y el momento en que empieza a reproducirse de nuevo está determinada por la edición **Slug** que hemos incluido al inicio y al final de la secuencia.

11. Antes de detener el dispositivo de grabación, grabe algunos segundos más de negro al final de la secuencia

Imprimir a vídeo

La opción de imprimir a vídeo nos permite seleccionar los elementos precedentes de una lista, antes de empezar el proceso de grabación. Durante este proceso, Final Cut Pro se encarga de generar automáticamente estos elementos como si se tratara de ediciones de la secuencia. Es una opción recomendable si deseamos sacar ventaja de la función automatizada de Final Cut Pro, pero no disponemos de un dispositivo que se controle mediante un código de tiempo. Además, este método procesa de forma automática todos los elementos que haya que procesar y reproduce la secuencia con una elevada calidad aunque los parámetros de reproducción de la línea de tiempo sean inferiores o dinámicos.

 Nota: Para grabar material HDV en cinta, tendrá que utilizar la opción **Print To Video**.

 Nota: Los controles Audible de la línea de tiempo activan y desactivan las pistas desde el procesador del ordenador. Las pistas desactivadas mediante este método no se incluyen en la grabación. Las opciones **Solo** y **Mute** afectan al audio únicamente durante la reproducción y no excluyen pistas durante la grabación.

1. Active la línea de tiempo y compruebe que la secuencia no incluye puntos de entrada ni de salida.

2. Seleccione todos los clips iniciales edita-
dos en el ejercicio anterior y pulse **Mayús-
Supr** para eliminarlos junto con el hueco.
Seleccione File>Print to Video (Archivo>
Imprimir a vídeo) o pulse **Control-M**.

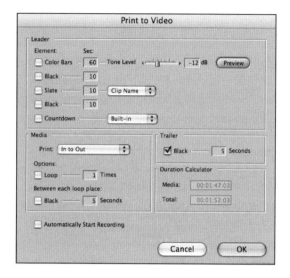

La ventana que se abre se compone de
cuatro secciones: Leader (Elementos
iniciales) Media, Trailer (Elementos finales) y Duration Calculator (Calculadora de
duración). En cada zona, existen casillas
de verificación y menús desplegables
mediante las cuales podemos seleccionar
los diferentes elementos que deseemos
incluir en la secuencia. También podemos
introducir la duración de cada uno de
estos elementos.

3. Seleccione la casilla Color Bars (Barras de
color) de la sección Leader y cambie la
duración a **10** segundos.

Nota: Por lo general, las barras de
colores tienen una duración de
entre 10 y 60 segundos, dependiendo de su uso.

4. Seleccione todas las casillas de la sección
Leader. Para este ejemplo, reduzca la
duración de Black a **2** y de Slate a **5**.

5. En el menú desplegable Slate, seleccione
Text e introduzca el nombre de la secuencia, la fecha actual y su nombre en el
cuadro de texto de la derecha.

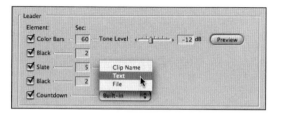

Truco: También podemos crear
nuestra propia claqueta con gráficos y el logotipo de la compañía.
Para ello, seleccione File en el
menú desplegable Slate y pulse la
carpeta situada a la derecha para
desplazarse hasta el archivo que
quiera seleccionar.

6. En la esquina superior derecha de la
ventana Print To Video, haga clic en el
botón **Preview** para comprobar los niveles de audio del dispositivo de grabación.
Si el nivel no es lo suficientemente alto,
ajústelo mediante el regulador de decibelios. Tras ello, pulse el botón Stop.

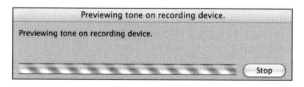

7. En la zona de medios (Media), seleccione
la opción Entire Media (Medios comple-
tos) del menú desplegable de impresión

Print para grabar todo el contenido de la
línea de tiempo. Seleccione la casilla de
verificación Loop.

 Truco: Si la secuencia es bastante
corta, por tratarse, por ejemplo,
de un anuncio o un vídeo musical,
utilice la opción Loop para que se
repita varias veces y evitar tener
que rebobinar la cinta para verla
de nuevo.

8. En la zona Trailer, seleccione la casilla de
   verificación Black y cambie la duración a
   10 segundos.

9. Seleccione la opción Duration Calculator
   para ver la duración total de la grabación
   y compruebe que la cinta tiene duración
   suficiente.

10. Pulse **OK**.

    Mientras el material se configura y se
    prepara, aparece una barra de progreso.

11. Cuando Final Cut Pro está preparado
    para reproducir la secuencia y demás
    elementos, aparece un mensaje indicando
    que se puede comenzar ya el proceso de
    grabación. Pulse **OK**.

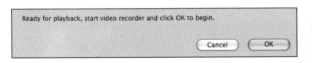

12. Pulse el botón de grabación del dispositi-
    vo de grabación y espere unos cinco
    segundos antes de pulsar **OK** para empe-
    zar a reproducir la secuencia.

Editar en cinta

La tercera forma de grabar una secuencia en
una cinta es mediante el método de edición
en cinta. Este procedimiento es similar al de
imprimir en vídeo ya que también incluye los
elementos iniciales y otras opciones para
añadir a la grabación. La diferencia fundamental es que la ventana Edit to Tape cuenta
además con controles de desplazamiento
para controlar el dispositivo de grabación y
para marcar un punto de entrada en el lugar
desde el que deseamos empezar a grabar la
secuencia.

En un entorno profesional, esta precisión de
control puede resultar muy útil. Si, por ejemplo, deseamos comenzar a grabar un programa en el punto exacto 1:00:00:00, podemos
retroceder la cinta el tiempo suficiente para
incluir todos los elementos iniciales necesarios, (entre un minuto y un minuto y medio)
y empezar a grabarlos en el punto 58:30:00 o
59:00:00. De este modo, la secuencia comenzará exactamente en el punto 1:00:00:00.

1. Con la línea de tiempo activa, seleccione
   File>Edit to Tape (Archivo>Editar en
   cinta).

   Si no hay ningún dispositivo controlable
   conectado, aparecerá una ventana de
   advertencia.

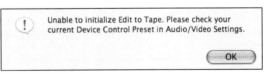

   Si el dispositivo está adecuadamente
   conectado, se abrirá la ventana Edit to
   Tape.

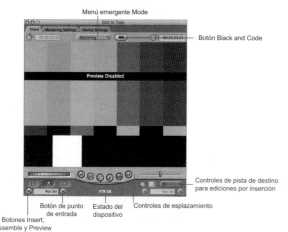

Menú emergente Mode

Botón Black and Code

Controles de pista de destino para ediciones por inserción

Controles de esplazamiento

Estado del dispositivo

Botón de punto de entrada

Botones Insert, Assemble y Preview

2. Pulse el botón de reproducción, reproduzca la cinta y haga clic en el botón **Mark In** (o pulse **I**) para marcar el punto desde el que desea empezar a grabar.

3. Abra la ficha **Mastering Settings** (Ajustes maestros) y seleccione los mismos ajustes que para el ejercicio de imprimir a vídeo.

4. Abra la ficha **Video** y arrastre la secuencia **Team Story** desde el buscador hasta la zona de visualización de la ventana **Edit to Tape**, en la zona **Assemble**, y suelte el ratón.

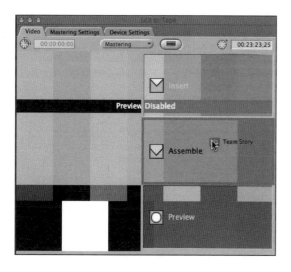

5. Cuando se abra el cuadro de diálogo **Ready for playback** (Listo para la reproducción), pulse **OK** para comenzar el proceso de grabación.

   La cinta empieza a grabar, comenzando en el punto de entrada que marcamos.

6. Cierre la ventana **Edit to Tape**.

 Nota: Si utiliza material DV, no puede utilizar la opción **Edit to Tape** para añadir únicamente vídeo o audio.

Crear una ventana de código de tiempo

A menudo, durante el proceso de edición y de acabado, vamos a necesitar una referencia visual a un código de tiempo para sobreimprimir la secuencia sobre una imagen. Este código de tiempo es de gran utilidad para otros editores que van a revisar la cinta y hacer puntualizaciones sobre puntos exactos de la misma, o cuando trabajamos con un equipo que no puede leer código de tiempo de la cinta.

En Final Cut Pro, el código de tiempo visual, se crea tras aplicar el filtro **Timecode Reader**. Como el objetivo es disponer de un código de tiempo visual para todos los clips de la secuencia, primero anidaremos la secuencia y, tras ello, aplicaremos el filtro.

1. En el buscador, duplique la secuencia **Racing Promo**. Asígnele el nombre **Racing Promo Burn-in** y ábrala en la línea de tiempo.

2. En la línea de tiempo, seleccione Edit> Select All (Edición>Seleccionar todo) o pulse **Comando-A** para seleccionar todos los clips de la secuencia.

3. Seleccione Sequence>Nest Items (Secuencia>Anidar elementos).

Truco: Para aplicar el mismo filtro a un grupo de clips o a una secuencia completa, resulta más sencillo anidar dichos clips y aplicar el filtro al grupo anidado.

4. Añada la palabra **NEST** al nombre de la secuencia y pulse **OK**.

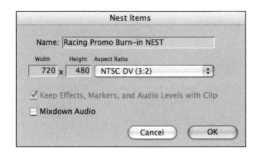

Todos los clips de la línea de tiempo quedan anidados en una única pista de vídeo y dos de audio.

5. Desplace la barra de reproducción en la secuencia hasta que vea una imagen completa en el lienzo. Seleccione Effects> Video Filters>Video>Timecode Reader (Efectos>Filtros de vídeo>Vídeo>Lector de código de tiempo).

Esta opción aplica el filtro Timecode Reader a toda la secuencia.

6. Haga clic en diferentes puntos de la línea de tiempo y compruebe que la pantalla

visual de código de tiempo de la zona del lienzo coincide con el campo Current Timecode.

7. Para modificar el aspecto del código de tiempo visual, haga doble clic con la tecla **Opción** pulsada sobre la secuencia anidada en la línea de tiempo para abrirla en el visor y haga clic en la ficha Filters. También puede seleccionar la secuencia anidada en la línea de tiempo y pulsar **Intro**.

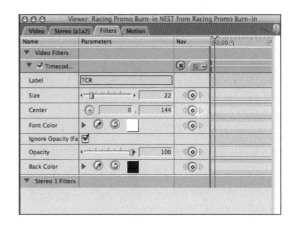

8. Ajuste el tamaño, color, opacidad y posición del código de tiempo visual para que se pueda ver sobre el vídeo de la secuencia sin distraer demasiado la atención.

9. Grabe la secuencia **Racing Promo Burn-in** en cinta, mediante uno de los métodos que hemos visto anteriormente.

Gestionar los medios de un proyecto

La gestión de medios es el proceso de organizar, convertir y eliminar los archivos de medios que se encuentran en el disco duro. Puede elaborar un proyecto completo sin necesidad de administrar los medios de su equipo. Por otra parte, durante el proceso de edición puede que tenga que cambiar el proyecto a un equipo diferente, que tenga que copiar los archivos de medios para que otros trabajen con ellos, eliminar archivos innecesarios para conseguir espacio adicional o volver a capturar los medios con otra resolución.

En Final Cut Pro, la herramienta Media Manager nos permite realizar estas operaciones, durante el proceso de edición o después de éste. La administración de medios puede ser un proceso complejo, en función de las necesidades del proyecto. Estos ejercicios le servirán como presentación de esta herramienta.

Copiar un proyecto

Si tiene que copiar un proyecto de un equipo a otro, puede utilizar la función Media Manager Copy para buscar y recopilar todos los archivos de medios asociados a dicho proyecto. Independientemente de dónde se encuentren o si se trata de archivos gráficos, de sonido o de medios, Media Manager los buscará y copiará en el destino especificado.

1. Para copiar un proyecto completo, haga clic en el buscador y pulse **Comando-A** para seleccionar todos los elementos.

Nota: Para este ejercicio, puede seleccionar los elementos del proyecto en el buscador y realizar los ejercicios descritos a continuación. Tras concluir el ejercicio, puede optar por no copiar el material.

2. Seleccione File>Media Manager.

Se abrirá la ventana Media Manager, dividida en cinco grupos diferentes. La sección Summary describe qué sucederá en función de los parámetros actuales; las barras de color verde indica los medios implicados en los parámetros y las opciones Media indican cómo se van a procesar dichos medios. Las secciones Project y Media Destination nos permiten crear un nuevo proyecto para los cambios de los medios y seleccionar un destino para los archivos.

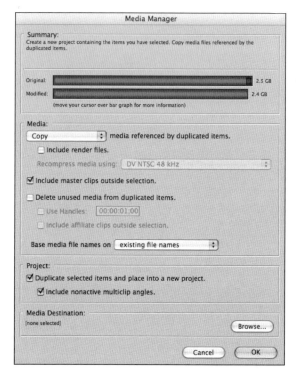

3. Haga clic en el menú emergente Media.

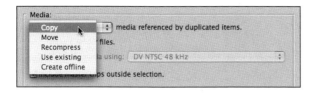

El menú incluye cinco opciones de procesamiento: Copy, Move, Recompress, Use Existing y Create Offline, que indican al administrador de medios cómo procesar los archivos de medios.

4. Mantenga la opción predeterminada Copy del menú Media.

>
> **Nota:** La diferencia entre las opciones Copy y Move es que al cambiar la ubicación de un proyecto, los archivos originales se eliminan tras realizar el cambio.

5. Si también desea copiar los archivos de procesamiento, marque la opción Include Render Files. Anule la selección de la opción Delete Unused Media From Duplicated Items y mantenga la opción predeterminada Existing File Names de Base Media File Names On.

>
> **Truco:** Si no desea copiar partes de los archivos de medios que no utilice en el proyecto, marque la opción Delete Unused Media From Duplicated Items. Tras ello, si lo desea puede asignar una duración concreta a cada clip.

6. Marque la opción Duplicate Selected Items And Place Into A New Project.

7. En el grupo Media Destination, haga clic en el botón **Browse** y desplácese hasta la unidad externa en la que desee incluir los archivos de medios copiados. Cree una nueva carpeta para los archivos.

8. En la ventana Save que aparece en pantalla, introduzca un nombre para el nuevo proyecto y el destino. En este caso, haga clic en **Cancel**.

Volver a comprimir los medios de un proyecto

Si como editor desea trabajar en casa o fuera de la oficina, puede optar por volver a comprimir los archivos de medios y crear otros de menor resolución para trabajar en su ordenador portátil.

1. En el buscador, seleccione la secuencia **Intro** y ejecute los comandos File>Media Manager.

2. En la ventana Media Manager, haga clic en el menú emergente Media y seleccione Recompress. Anule la selección de la opción Delete Unused Media From Duplicated Items.

3. Haga clic en el menú Recompress Media Using y seleccione OfflineRT NTSC (Photo JPEG).

Al seleccionar un formato de menor resolución, la barra Modified del grupo Summary de la ventana Media Manager muestra una cantidad menor de los medios totales.

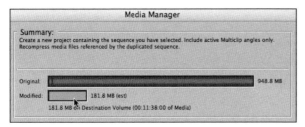

4. En el grupo **Media Destination**, desplácese hasta la carpeta **Exports** y pulse **OK**.

5. En la ventana **Save**, asigne el nombre **Intro-Offline** al proyecto. Antes de pulsar **Save**, sepa que al hacerlo se añadirán los medios al disco duro. Si no desea que pase, pulse **Cancel**.

Una vez procesados los medios, aparecerá una nueva ficha de proyecto en el buscador con los nuevos archivos de medios comprimidos. Los clips aparecerán a menor resolución y con menor claridad que los originales.

Nota: Cada una de las opciones del administrador de medios tiene un efecto diferente sobre cómo se copian o se procesan los medios. Si desea más información al respecto, consulte el manual de usuario de Final Cut Pro.

Crear copias de seguridad de proyectos

Una vez que hayamos ajustado y grabado la secuencia, es conveniente crear una copia de seguridad del proyecto. También es importante disponer de una estrategia de creación de copias de seguridad, no sólo tras finalizar un proyecto, sino durante la elaboración del mismo. Si la función de autoguardado está activa, Final Cut Pro grabará de manera automática una copia de seguridad del proyecto en el intervalo de tiempo señalado. Además de este sistema automático de creación de copias de seguridad, hay otras estrategias que debemos considerar:

• Guarde los archivos del proyecto en una unidad de disco distinta que la empleada por la función de autoguardado. De este modo, nos aseguramos de tener una copia en caso de que falle una de las unidades del sistema.

• Guarde diferentes versiones del proyecto a medida que lo edita. Con esto, reducimos el riesgo de que se produzcan errores en los archivos, al no trabajar en el mismo archivo durante demasiado tiempo.

• Cada varios días, cree una copia de seguridad del proyecto en medios extraíbles, como por ejemplo CD, discos Zip, iPod u otros dispositivos FireWire. Otra opción es guardar el proyecto en un servidor. La finalidad es proteger el proyecto en caso de que el sistema o las unidades del mismo fallen.

Repaso del capítulo

1. ¿Qué indica la franja diagonal de color rojo sobre el icono de un clip?

2. ¿Cuál es la forma más eficaz de detectar los picos de audio en una secuencia?

3. ¿Cómo se indican los picos de audio en la línea de tiempo?

4. ¿Qué puede hacer para determinar si una imagen es compatible para la retransmisión?

5. ¿Cómo puede corregir el intervalo de tolerancia de un clip?

6. ¿Qué es una película independiente de QuickTime?

7. ¿Cuándo se utiliza una opción de conversión de QuickTime para exportar una secuencia?

8. Indique tres formas de grabar una secuencia en cinta.

9. ¿Qué herramienta le permite modificar los archivos de medios de un proyecto?

Respuestas

1. El clip está fuera de línea y no está conectado a su archivo de medios.

2. Por medio de la función Audio Peaks del menú Mark.

3. Por medio de marcadores en la zona en que producen los picos de audio.

4. Seleccione View>Range Check>Luma y desplácese por la secuencia para ver donde se encuentran los clips.

5. Aplique el filtro Broadcast Safe al clip.

6. Una película que tiene los mismos ajustes que la secuencia o clip, y que se puede reproducir en cualquier equipo sin necesidad de contar con los archivos de medios originales.

7. Para exportar una secuencia con otros ajustes diferentes a los actuales (por ejemplo para la Web o para DVD).

8. Manualmente o por medio de las opciones Print To Video o Edit To Tape.

9. La herramienta Media Manager.

Teclas de acceso directo

Comando-Opción-L	Abre la ventana Audio Gain Adjust o Video Gain Adjust
Control-Z	Activa y desactiva la comprobación del exceso de luminancia

Apéndice A

Introducción a LiveType y flujos
de trabajo de Final Cut Studio

Introducción a LiveType

LiveType, una aplicación independiente incluida en Final Cut Pro, nos permite crear títulos y gráficos animados de gran calidad, aunque no dispongamos de experiencia con el uso de gráficos en movimiento. En lugar de dedicar horas a crear complejas animaciones, LiveType simplifica el proceso ya que ofrece efectos con fotogramas clave incorporados que podemos personalizar de forma rápida y sencilla. Si desea aprender a crear títulos y gráficos en LiveType, consulte el Apéndice A del DVD incluido junto al libro. Para ello, descomprima el archivo Extra (en formato .zip). Una vez descomprima

dicho archivo aparecerán dos documentos, en formato PDF y en inglés, con los nombres Append_1 y Append_2. Append_2 contiene el Apéndice A (Introduction to Live Type). El Append_1 contiene información relativa, también en inglés, a los flujos de trabajo de Final Cut Studio (Final Cut Studio Workflows).

Flujos de trabajo de Final Cut Studio

La familia de aplicaciones profesionales de imagen y sonido de Apple se ha diseñado para utilizar de forma conjunta, incluso en los entornos de trabajo de postproducción más exigentes. La línea de productos Final Cut Studio, un completo paquete de postproducción integrado, incluye Final Cut Pro 5, Soundtrack Pro, Motion 2, DVD Studio Pro4, Compressor 2, LiveType 2 y Cinema Tools 3. Estas herramientas, junto a Shake 4 y Logic Pro 7, ofrecen los editores profesionales el conjunto de herramientas más completo del mercado.

El Apéndice 1, incluido en el DVD que acompaña al libro, detalla el funcionamiento de cada aplicación en el proceso de producción de Final Cut Pro. También encontrará un ejemplo de flujo de trabajo de Final Cut Pro, así como información sobre la posibilidad de añadir y abrir archivos de proyecto mientras trabaja en otra aplicación.

Apéndice B

Utilizar los archivos del DVD

Este libro viene acompañado de un DVD que contiene los archivos que se van a utilizar en cada uno de los ejercicios prácticos del libro (denominados archivos de proyectos), además de otros archivos que contienen material audiovisual (archivos de medios). Cada capítulo dispone de su propio archivo de proyectos, que está etiquetado de acuerdo a dicho capítulo. Dentro de la carpeta Media existen otras tres carpetas principales de audio y vídeo: A Thousand Roads, Motocross y Music Video. Las carpetas Exports y Graphics se utilizan únicamente en capítulos concretos. Una vez guardados los archivos en su disco duro, cada capítulo le guiará en el uso de los archivos de proyecto y de medios.

Instalar los archivos de los capítulos de Final Cut Pro 5

El DVD-ROM de Final Cut Pro 5 contiene una carpeta llamada FCP5 Book Files, que a su vez contiene otras dos carpetas, Lessons y Media, en las que están los archivos con el material y los medios utilizados en los capítulos del libro. Es fundamental conservar estas dos carpetas juntas dentro de la carpeta principal FCP5 Book Files para mantener los vínculos originales entre los archivos de capítulos y de medios.

1. Introduzca el DVD del libro en el reproductor de DVD del ordenador.

2. Arrastre y copie la carpeta de los archivos desde el DVD hasta el disco duro. La carpeta Media ocupa alrededor de 7,75 GB.

Para comenzar el curso, abra un archivo de proyectos tras ejecutar Final Cut Pro.

Reconectar medios

En el proceso de copiar el material del DVD al ordenador, puede romperse alguno de los vínculos existentes entre los archivos de proyecto y los de medios. Si esto ocurre, aparece un cuadro de texto indicándole que reconecte de nuevo los archivos, proceso muy sencillo que se describe con más detalle en uno de los capítulos. Si esto ocurre al abrir un capítulo, siga los pasos siguientes:

1. Cuando aparece la ventana Offline Files, haga clic en el botón **Reconnect**.

    Se abrirá la ventana Reconnect Options. En la sección Files To Connect de esta ventana, se incluye el archivo fuera de línea junto a su ubicación.

2. En la ventana Reconnect Files, haga clic en **Search**.

    Final Cut Pro buscará el archivo que falta. Si sabe dónde se encuentra el archivo, puede hacer clic en el botón **Locate** para buscarlo manualmente.

3. Una vez localizado el archivo, se mostrará en la sección Files Located de la ventana Reconnect Files. Haga clic en **Connect**.

    Tras reestablecer el vínculo entre el archivo de proyecto y el de medios, Final Cut Pro podrá reproducir los medios en el proyecto.

Modificar las preferencias del sistema

Algunas de las funciones de edición de Final Cut Pro utilizan las mismas teclas de función empleadas en otros programas, como por ejemplo Exposé y Dashboard. Si prefiere utilizar los métodos abreviados de teclado de FCP, tendrá que volver a asignar dichas teclas.

1. Desde su escritorio, abra las preferencias del sistema.

2. Bajo la sección **Personal**, haga clic en el icono Dashboard & Exposé.

3. Vuelva a asignar los accesos directos de estas funciones a teclas que no sean **F9**, **F10**, **F11** y **F12**, que utilizaremos a lo largo del libro.

   Cuando empiece a trabajar con Final Cut Pro y descubra los diferentes enfoques que puede utilizar para cada función, siempre puede volver a modificar estas opciones en las preferencias del sistema.

De forma adicional, el DVD que acompaña a este libro contiene un archivo comprimido en zip, denominado «extra». Copie el archivo a su disco duro y descomprímalo. Aparecerán dos documentos PDF (en inglés):

   Apéndice 1: Final Cut Studio Workflows

   Apéndice 2: Appendix A. Introduction to LiveType.

Este DVD-ROM es gratuito, y sólo se distribuye con el libro «Final Cut pro 5» de la colección Medios digitales. Anaya Multimedia no se hace responsable de los programas ni de los daños que estos pudieran ocasionar por un uso indebido.

Glosario

- **16 bits:** Profundidad de bits estándar para grabaciones y reproducciones de audio digital.

- **16x9:** La proporción de aspecto estándar de un equipo de televisión de alta definición.

- **32 bits:** Imagen de cuatro canales, con una profundidad de 8 bits por canal. Por lo general, se trata de una imagen CGI con canales de rojos, verdes, azules y alfa.

- **4x3:** La proporción de aspecto estándar de un equipo de televisión doméstico.

- **8 bits:** Profundidad de color a la que se muestra el vídeo. Esta profundidad es frecuente para el formato DV y otros formatos digitales de definición estándar. Algunos formatos de alta definición pueden grabarse también en 8 bits, aunque generalmente se graban en 10.

A

- **Acabado:** Proceso en el que se ensamblan de nuevo los clips utilizados en la edición final de un programa, a la mayor calidad posible. Este proceso consiste en capturar de nuevo clips de resolución offline, procesar los efectos y copiar el proyecto final en una cinta. Puede incluir también algunas fases extras, tales como la corrección de color, si éstas no se llevaron a cabo durante la edición del material offline.

- **Acción segura:** La zona dentro de un borde que es un cinco por ciento más pequeña que el tamaño total del fotograma. Cualquier parte de la imagen que se encuentre dentro de este borde no aparecerá en pantalla.

- **Acción similar:** Recorte de una toma que se pega en otra de acción similar en el fotograma para hacer que la imagen no se vea añadida. Por ejemplo, un recorte de una toma en la que un actor abre una puerta desde el exterior de un apartamento, para pegarla en una toma desde el interior del apartamento en la que se abre la puerta y el actor entra.

- **Add Edit (Añadir edición):** En combinación con la herramienta Cuchilla, esta función añade un punto de edición a todos los clips de la línea de tiempo, en la posición donde se encuentre la barra de reproducción.

- **Administrador de medios (Media Manager):** Herramienta que nos ayuda a gestionar los proyectos, archivos de medios y el espacio de disco disponible, de una manera rápida y sencilla sin necesidad de utilizar la función de búsqueda. Desde esta ventana, es posible mover, copiar o comprimir clips, secuencia y proyectos, y sus medios asociados, sin romper ningún vínculo.

- **Agrupar:** Acoplar las barras de reproducción del visor y el lienzo para que se desplacen como una sola.

- **AIFF (Audio Interchange File Format):** Formato de archivo de audio intercambiable. Formato de archivos de audio sin comprimir, propios de Apple y creados para equipos Macintosh, que se utilizan generalmente para almacenar y transmitir sonido digitalizado.

- **Al vuelo:** Proceso de marcar un punto de entrada o de salida mientras se reproduce en clip en el visor o en la línea de tiempo.

- **Anidar:** Incluir una secuencia editada dentro de otra secuencia.

- **Animación:** Proceso de cambiar un número de variables de un fotograma, tal como el color o los niveles de audio en el tiempo a partir de fotogramas clave.

- **Archivo de medios:** Término genérico que se utiliza para referirse a las películas, sonido o imágenes.

- **Archivo procesado:** Archivo producido cuando se procesa un clip al disco. FCP lo ubica en una carpeta oculta separada de manera que no se aparezca en el buscador pero que puede ser recuperado con la línea de tiempo.

- **Archivo de medios:** Archivos que contienen el vídeo, el audio o los gráficos que se van a importar desde Final Cut Pro.

- **Área de la regla:** Barra de medición a lo largo de la línea de tiempo que representa la duración total de una secuencia editada. También muestra el código de tiempo correspondiente para la ubicación de los clips en la línea de tiempo. Se puede mover la barra de reproducción de la regla para desplazarse por los clips de la secuencia.

- **Arrastrar:** Desplazarse por un clip o una secuencia con ayuda de la barra de reproducción. Se utiliza para localizar un punto o fotograma concreto o para escuchar el audio.

- **Atributos:** Todos los ajustes que se aplican a los clips de audio o de vídeo.

- **Audio estéreo:** Sonido que se separa en dos canales. Uno lleva el sonido hacia el oído derecho y el otro hacia el oído izquierdo. Los pares estéreo están enlazados y siempre se editan juntos. Los cambios de nivel de audio se hacen automáticamente en ambos canales al mismo tiempo. Un par de objetos de audio pueden tener su función de creación de pares estéreos activada o desactivada en cualquier momento.

- **Audio mono:** Tipo de sonido en que los canales de audio proceden de una cinta y se combinan en una única pista, empleando igual cantidad de canales de audio 1 y 2.

- **Ausencia de código de tiempo:** Área de la cinta sin ningún código de tiempo. Las ausencias de código de tiempo indican el final de todo material grabado en la cinta. La ausencia de código de tiempo también puede ocurrir debido al inicio o la detención de la cámara y la plataforma de la cinta durante la grabación.

- **AVI**: Formato estándar para vídeo digital compatible con PC que se utiliza frecuentemente, a pesar de que Microsoft ya no lo admita. El formato AVI es compatible con menos codec que QuickTime.

B

- **Banco de herramientas:** Ventana que contiene elementos de interfaz que complementan la información brindada en el visor y en el lienzo. El banco de herramientas puede contener hasta tres fichas: QuickView, Vídeo Scopes y Voice Over.

- **Barra de lectura a velocidad variable (Scrubber bar):** Barra situada debajo del visor y del lienzo que permite arrastrar manualmente la barra de reproducción en cualquier dirección para reproducir.

- **Barra de reproducción:** Elemento de desplazamiento en la zona de arrastre que muestra el fotograma activo en la línea de tiempo, el lienzo o el visor. Se arrastra la barra de reproducción para desplazarse por la secuencia.

- **Barra de tareas:** Barra del escritorio en la que se almacenan los iconos de los programas de uso más frecuente.

- **Barras de estado de procesamiento:** Dos finas barras horizontales situadas encima de la línea de tiempo que indican qué partes de la secuencia se deben procesar según la calidad de procesamiento actual. La barra superior es para el vídeo y la inferior para el audio. Las barras de colores diferentes indican el estado de reproducción en tiempo real de una sección específica de la línea de tiempo.

- **Barras y tono:** Barras verticales de colores específicos y de tonos de audio que se utilizan para calibrar las señales de vídeo y de audio procedentes de una cinta o de una cámara, y para asegurar la consistencia en la apariencia y en el sonido de diferentes monitores de TV.

- **Bin o carpeta:** Carpeta de la ventana del buscador que contiene clips de medios de una manera organizada. El término inglés proviene del campo de la edición, ya que las tiras de películas se colgaban sobre un contenedor, denominado bin, para organizarlas.

- **Bloqueo de pista:** Icono que indica que una pista ha sido bloqueada para prevenir cambios accidentales.

- **B-roll:** Término empleado para describir tomas alternativas que se intercalan en la banda sonora original para complementar la historia o cubrir fallos. Los B-roll también se conocen como Rollos B o recortes.

- **Buscador (Browser):** Ventana de la interfaz que constituye el centro de almacenamiento, en el que se organiza y desde el que se accede a todo el material original utilizado en los proyectos.

C

- **Cabecera:** Parte inicial de un clip.

- **Caché:** Memoria especial de alta velocidad que el ordenador utiliza para almacenar información y que permite acceder a la misma con mayor rapidez que si se encontrará en la memoria principal.

- **Calibrar:** Proceso que consiste en ajustar la precisión de un elemento.

- **Campo:** La mitad de un fotograma de vídeo entrelazado compuesto por líneas paralelas pares e impares.

- **Canal Alfa:** Canal de imagen que se emplea para almacenar información sobre los niveles de transparencia de la imagen. En Final Cut Pro, el negro representa un 100 por ciento de transparencia y el blanco un 100 por ciento de opacidad.

- **Captura por lotes:** Captura de múltiples clips o secuencias mediante un único comando.

- **Capturar:** Proceso que consiste en introducir material en el equipo.

- **Carpeta Log o de registro:** Carpeta donde se almacenan todos los clips registrados o capturados en la ventana Log and Capture.

- **Claqueta:** Pequeña pizarra de tomas que se coloca al comienzo de una escena para identificar la escena con la información básica de producción como toma, fecha y escena. La claqueta también puede contener un gráfico para ayudar en la corrección del color de la escena. Un acoplamiento mecánico brinda una advertencia audiovisual para la sincronización de grabaciones de sistemas duales.

- **Clip:** Archivos de medios que pueden incluir vídeo, audio, gráficos u otros contenidos similares que se pueden importar a Final Cut Pro.

- **Clip de entrada:** Clip que está a la derecha de una transición o al lado B de un punto de corte.

- **Clip de salida:** Clip que está en el lado izquierdo del punto de corte o en el lado A de la transición.

- **Clip de secuencia:** Clip que ha sido editado a una secuencia.

- **Clip dividido:** Clip que ha sido editado para contener sólo su pista de vídeo o su pista de audio.

- **Clip fusionado:** Clip vinculado a más de una fuente de medios en el disco de archivos fuente de medios.

- **Clip maestro:** Clip capturado originalmente a partir del cual se crean los clips afiliados y secundarios.

- **Clip offline:** Clip que actualmente no está disponible para el proyecto. Aparece en el buscador marcado con una barra oblicua roja. Los clips pueden estar offline porque todavía no han sido capturados o porque todavía no han sido trasladados. Para ver estos clips adecuadamente en su proyecto, se deben recapturar o reconectar a los archivos originales correspondientes en sus nuevas ubicaciones en el disco.

- **Clip secundario:** Clip creado para representar una sección de un clip maestro. Los clips secundarios se guardan como elementos separados dentro de una carpeta en el buscador. Los clips secundarios no generan ningún medio adicional en el disco duro.

- **Clip vinculado:** Clip que está conectado a uno o más clips, de modo que cuando se selecciona, lo hacen también los clips a los que está vinculado. Los clips se vinculan para mantener la sincronización entre ellos.

- **Close-up:** Enfocar a un sujeto de manera que llene el cuadro.

- **Codec:** Abreviación de los términos ingleses *compression/decompression*. Programa empleado para comprimir y descomprimir datos, tales como archivos de audio y vídeo.

- **Código de tiempo:** Sistema exclusivo de numeración de señales electrónicas que se adhieren a cada fotograma de la cinta de vídeo y que se utiliza para identificar fotogramas específicos de vídeo. Cada fotograma de vídeo se marca en horas, minutos, fotogramas y segundos (01:00:00:00). El código de tiempo puede ser con o sin pérdida de fotogramas, u hora del día (TOD) o (EBU) (European Broadcast Union) para los proyectos en PAL.

- **Código de tiempo con pérdida de fotogramas:** Código de tiempo que ignora de antemano pares de fotogramas cada minuto, exceptuando los minutos que terminan en 0, para que el código de tiempo final coincida totalmente con el tiempo actual transcurrido. Aunque se ignoran números del código de tiempo, no se omite, sin embargo, ningún fotograma de vídeo.

- **Código de tiempo sin pérdida de fotogramas:** Código de tiempo en el que los fotogramas se numeran secuencialmente. Se desajusta 3 segundos (18 fotogramas) cada hora, en comparación con el tiempo real transcurrido.

- **Cola:** Fotogramas finales de un clip.

- **Comando Match Frame:** Comando que crea una copia de cualquier clip que se encuentre en la posición de la barra de reproducción, la cual coincide en el lienzo y el visor. Los puntos de entrada y salida del clip de la secuencia coincidirán con los de la copia del visor y se podrá ver además todo el material original.

- **Componer:** Proceso de combinar dos o más imágenes de vídeo o electrónicas en un mismo fotograma. También se utiliza para referirse al proceso de crear varios efectos de vídeo.

- **Composición de la toma:** Véase Composición de tomas individuales.

- **Composición de tomas individuales:** Una toma para la mejor presentación del sujeto teniendo en cuenta el tamaño del marco y cómo queda centrado.

- **Comprimir:** Proceso por el cual los archivos de vídeo, de audio y de gráficos se reducen de tamaño. La reducción del tamaño de un archivo de vídeo, mediante la eliminación de datos redundantes se conoce como Esquema de compresión con pérdida. Un esquema de compresión sin pérdida se basa en un proceso matemático mediante el cual reduce el tamaño del archivo, consolidando la información redundante, pero sin eliminarla. Véase Codec.

- **Contraste:** Diferencia entre los valores más claros y más oscuros de una imagen. Las imágenes de alto contraste tienen un amplio rango de valores, que van desde las sombras más oscuras a las zonas de luz más brillantes. Las imágenes de bajo contraste, por el contrario, tienen un rango de colores más limitado, por lo que resulta en una imagen apagada.

- **Control de fundido:** En el mezclador de audio, reguladores verticales que se utilizan para ajustar los niveles de audio de los clips situados en la posición de la barra de reproducción.

- **Control de zoom:** Función para aumentar o reducir mientras se mantiene centrado el material en el área de la pantalla de forma de onda. Haciendo clic a la derecha del control se aumenta para ver una duración más extensa del clip; haciendo clic a la izquierda del zoom aumenta la imagen par ver más detalladamente.

- **Control Jog de ajuste:** Control que desplaza la barra de reproducción hacia adelante o hacia atrás, de fotograma en fotograma.

- **Control Lock Track:** Icono con la imagen de un candado que se encuentra al principio de la sección de las pistas de la línea de tiempo y que pulsamos para bloquear o desbloquear dichas pistas. Véase Pista bloqueada.

- **Control panorámico de vector:** Ventana de Final Cut Pro que muestra gráficamente los componentes de color de una señal de vídeo y muestra precisamente el rango de colores en una señal de vídeo midiendo su intensidad y su matiz. Es un osciloscopio especializado que se puede utilizar tanto para calibrar el color de las señales de vídeo que se están capturando desde la cinta de vídeo como para hacer comparaciones entre dos clips y así corregir el color.

- **Control Shuttle o de lanzadera:** Control que sirve para arrastrar el deslizador de control de lanzadera hacia la derecha para avanzar o hacia la izquierda para

retroceder. La velocidad de reproducción varía dependiendo de la distancia del deslizador al centro del control. El control de lanzadera está ubicado en la parte inferior del visor y del lienzo. Este control es muy útil para la reproducción continua a diferentes velocidades, en cámara rápida o en cámara lenta. También cambia el tono del audio cuando se reproduce a velocidades variables.

- **Controlador Bezier:** Controladores que se acoplan a una curva Bezier y nos permiten cambiar su forma.

- **Controladores:** Fotogramas extra de vídeo o audio sin utilizar que se colocan a los lados de los puntos de entrada y salida de una edición.

- **Controles de vídeo panorámicos:** Herramientas que se pueden utilizar para evaluar el color y el brillo de los clips de vídeo en el visor, el lienzo o la línea de tiempo. Los controles de vídeo panorámicos muestran un análisis del fotograma de vídeo ubicado en la posición actual de la barra de reproducción.

- **Conversor A/D:** Equipo que convierte una señal analógica en otra digital.

- **Corrección de color:** Proceso en el que los colores de los clips se suavizan para que todas las tomas de una secuencia estén en armonía cromática.

- **Corte recto o Straight cut:** Edición en la que tanto las pistas de audio como las de vídeo se cortan juntas en la línea de tiempo.

- **Corte:** El tipo más sencillo de edición que consiste en incluir un clip entre dos clips, sin ninguna transición.

- **Cortinilla:** Tipo de transición que utiliza un lado movible que borra progresivamente el clip actual para revelar el próximo clip.

- **Crear marca de entrada:** Proceso por el que se indica con una marca en la línea de tiempo el primer fotograma que se va a utilizar de un clip.

- **Crear marca de salida:** Proceso por el que se indica con una marca en la línea de tiempo el último fotograma que se va a utilizar de un clip.

- **Cromatismo:** Información sobre el color de una señal de vídeo que se compone del tono y de la saturación o intensidad del mismo.

- **Cuenta atrás:** Procedimiento por el que, utilizando los puntos de entrada y de salida en el visor y sólo un punto de salida en la línea de tiempo, los dos puntos de salida se alinearán y el resto del clip aparecerá antes o a la izquierda de este punto.

D

- **Datos digitales:** Datos que se almacenan o transmiten como una secuencia de unos y ceros.

- **Decibelio (dB):** Unidad de medida del volumen.

- **Degradado:** Imagen generada con gradaciones de dos colores. El cambio de un color a otro se puede realizar en cualquier dirección, incluso de dentro hacia afuera y a la inversa.

- **Desaturar:** Eliminar el color de un clip. Una desaturación del 100 por cien resulta en una imagen en escala de grises.

- **Descomprimir:** Proceso que consiste en crear un elemento reproducible a partir de un archivo comprimido de vídeo, de audio o gráfico. Véase Comprimir.

- **Deshacer:** Comando que permite cancelar el último cambio realizado.

- **Desincronizado:** Cuando el audio de una pista se ha movido horizontalmente en la línea de tiempo desde el vídeo haciendo que ya no concuerde con la pista de vídeo.

- **Deslizador de zoom:** Deslizador que aparece debajo de la línea de tiempo. El deslizador de zoom permite navegar sobre toda la duración de la secuencia actualmente visualizada; se pueden utilizar las etiquetas de imagen reducida situadas a ambos lados del deslizador para aumentar o reducir la visualización de una secuencia y así ver más detalladamente.

- **Digital:** Datos almacenados o transmitidos como secuencia de unos y ceros.

- **Digitalizar:** Convertir una señal de vídeo analógica en otra digital. Método empleado para capturar vídeo. Véase Capturar.

- **Disco Scratch o de pruebas:** Disco duro que se destina para contener los medios capturados, los clips procesados y los archivos ocultos.

- **Dispositivo de control:** Cable que permite a Final Cut Pro controlar una cámara o una plataforma de vídeo. Los tres protocolos más frecuentes para controlar los dispositivos de vídeo son: Control de serie mediante los protocolos RS-422 y RS-232, y FireWire para las cámaras y plataformas DV.

- **Distorsión por corte:** Efecto que ocurre durante la reproducción o la grabación de audio digital debido a un alto nivel de sonido de overlay.

- **Distort:** Opción de la paleta de herramientas que permite cambiar la forma de una imagen, moviendo para ello cualquiera de las esquinas de la misma, de manera independiente.

- **Doblar:** Crear una copia de una cinta analógica con el mismo tipo de formato.

- **Dominancia de campo:** Elección del campo que se visualizará primero en el monitor: el uno o el dos. El valor predeterminado debe ser inferior para DV y capturas Targa (TGA).

- **Drop shadow:** Efecto que crea una sombra artificial detrás de una imagen o un texto.

- **Duración:** Longitud de un clip o secuencia desde su punto de entrada hasta su punto de salida. También referido al tiempo que tarda una secuencia o un clip en reproducirse.

- **DV (Digital Video):** Estándar de vídeo digital creado por una asociación de vendedores de videocámaras, que utiliza el formato Motion JPEG, de resolución 720x480 y de 29.97 fotogramas por segundo (NTSC) o una resolución de 720x546 a 25 fps (PAL). Este formato se almacena con una frecuencia de bits de 25MB por segundo y una compresión de 4:1:1.

- **DVD:** Disco del tamaño de un CD, pero con métodos de almacenamiento de mayor densidad que ofrecen mayor capacidad. Se emplea fundamentalmente para la distribución de vídeos comerciales, aunque también pueden emplearse para almacenar datos.

E

- **Easy Setup:** Paramentos predefinidos de audio y vídeo, incluyendo los de captura, secuencia, control de dispositivos y salida.

- **Edición de tres puntos:** Técnica de edición para ahorrar tiempo utilizada en Final Cut Pro. Para establecer una edición en Final Cut Pro, no es necesario especificar ni los puntos de entrada y de salida para el clip en el visor, ni los puntos de entrada y de salida para el destino de ese clip en el lienzo o en la línea de tiempo. Por el contrario, se pueden establecer tres de los cuatro puntos de edición necesarios y Final Cut Pro se encarga de calcular el cuarto punto.

- **Edición Extend:** Edición en la que el punto de edición se mueve a la posición de la barra de reproducción de la línea de tiempo.

- **Edición Fit to Fill:** Edición que consiste en insertar un clip dentro de una secuencia de modo que su duración coincida con la del espacio que se ha definido para ello.

- **Edición Insert:** Edición que consiste en insertar un clip dentro de una secuencia ya existente, desplazando de manera automática los demás clips hacia la derecha. Una edición por inserción nunca reemplaza material ya existente.

- **Edición Lift:** Edición que genera un hueco cuando el material se extrae de la línea de tiempo.

- **Edición lineal:** Estilo de edición de vídeo según el cual el programa se edita junto, al copiar las tomas, de una en una, de las cintas originales a una cinta maestra. Debido a que el montaje es lineal, cualquier cambio que realicemos en algún punto de la cinta afectará al material que hay a partir de ese punto.

- **Edición multicámara:** Edición que permite reproducir y ver tomas de varias fuentes al mismo tiempo y cortar entre ellas en tiempo real.

- **Edición no lineal (NLE):** Proceso de edición de vídeo que emplea el disco duro del sistema para acceder a los medios de manera aleatoria. Este proceso permite al editor organizar los clips rápidamente o cambiar secciones sin tener que crear de nuevo todo el programa.

- **Edición Offline:** Proceso de edición de un programa a una resolución inferior para ahorrar en costos de equipo o para

conservar espacio en el disco. Cuando el proceso de edición ha terminado, el material se puede recapturar a una calidad superior o se puede generar un **EDL** para recrear la edición en otro sistema.

- **Edición Overwrite o por sustitución:** Edición en la que el clip que ha sido editado a la secuencia reemplaza un clip existente. La duración de la secuencia no varía.

- **Edición Replace o de reemplazo:** Modo de edición que permite reemplazar una toma existente en una secuencia con una toma diferente de la misma duración.

- **Edición Ripple:** Edición en la que los tiempos de inicio y de final de un rango de clips en una pista se ajustan cuando la duración de uno de los clips se altera.

- **Edición Rolling:** Edición que afecta dos clips que comparten un punto de salida común. El punto de salida del clip que termina y el punto de entrada del clip que comienza se modifican pero la duración total de la secuencia sigue siendo la misma.

- **Edición Slide o por deslizamiento:** Edición en la cual se mueve todo el clip, junto con los puntos de edición a su derecha y a su izquierda. La duración del clip que se está moviendo sigue siendo la misma, pero los clips a la derecha y a la izquierda cambian de longitud para acomodarse a la nueva posición del clip. La duración general de estos tres clips sigue siendo la misma.

- **Edición Slip o por inserción:** Edición en la que la ubicación de los puntos de entrada y de salida de un clip se cambian simultáneamente sin cambiar la duración o la ubicación de los medios marcados. Este procedimiento también es conocido como **slipping** porque se insertan un par de puntos de entrada y de salida dentro de la película.

- **Edición Split o por división**: Edición en la que la pista de vídeo o de audio de un clip sincronizado termina siendo más larga que el otro; por ejemplo, el sonido es más largo que el vídeo al inicio del clip lo que hace que se escuche antes de que aparezca el vídeo. También se conoce como un corte en L (L-cut)

- **Edición Superimpose o por superposición**: Edición en la que el clip que está entrando se ubica en una pista adyacente a un clip que ya está en la línea de tiempo en la posición de la barra de reproducción. Si no se han especificado los puntos de entrada y ni los de salida en la línea de tiempo y en el lienzo, los puntos de entrada y de salida del clip que fue anteriormente editado serán utilizados para definir la duración del clip entrante. Las ediciones superpuestas se utilizan para superponer títulos y texto a los vídeos y para crear otros efectos compuestos.

- **Edit to Tape:** Comando que permite crear ediciones Insert y Assemble en una cinta.

- **Editor de transiciones:** Editor especializado que aparece en el visor cuando se hace doble clic en una transición en la línea de tiempo para hacer cambios detallados en la temporización de los parámetros de un efecto.

- **EDL:** Archivo de texto que utiliza el código de tiempo fuente de los clips para ordenar secuencialmente las ediciones que componen una secuencia. Las listas EDL son de gran utilidad a la hora de pasar un proyecto de una aplicación de edición a otra, para coordinar el ensamblaje de un programa en una aplicación de edición en línea basada en cintas.

- **Efecto Fade (Fundido):** Efecto que crea una transición gradual a negro.

- **Efecto Matte:** Efecto que oculta o muestra parte de un clip.

- **Efecto Motion Blur:** Efecto que desenfoca un clip con movimiento, similar al efecto de movimiento desenfocado grabado por una cámara.

- **Efectos en tiempo real:** Efectos que pueden ser aplicados a los clips en una secuencia editada y reproducida en tiempo real sin que sea necesario procesarla previamente. Los efectos de tiempo real se pueden reproducir utilizando cualquier ordenador con capacidad para reproducirlos.

- **Efectos:** Término general empleado para describir todas las funciones de Final Cut Pro que van más allá de la mera edición. Véase Filtros, Generadores y Transiciones.

- **Eje:** Línea recta imaginaria (horizontal, vertical o diagonal en 3D) a través de la cual un objeto puede desplazarse o girar en el espacio.

- **Eje X:** Coordenada X en geometría cartesiana. La coordenada X describe la ubicación horizontal de los efectos de movimiento.

- **Eje Y:** Coordenada Y en geometría cartesiana. La coordenada Y describe la ubicación vertical de los efectos de movimiento.

- **Eje Z:** Coordenada Z en geometría cartesiana. La coordinada Z describe la ubicación perpendicular de los efectos de movimiento.

- **Emisión segura (Broadcast safe):** Filtro de corrección de color que proporciona un rápido método de detección y corrección de clips con niveles de luminancia y cromatismo que exceden los permitidos para su emisión.

- **Equilibrio de blancos:** La referencia al blanco que se realiza durante una grabación. Se puede cambiar desde FCP para restablecer el equilibrio de blancos, corregirlo o mejorarlo.

- **Equilibrio de color:** Mezcla de rojos, verdes y azules para las zonas más brillantes, las medias y las de sombra de un clip. El equilibrio del color de estas tres zonas puede ajustarse mediante el filtro de corrección de color trifásico.

- **Escala:** Valor ajustable, en la ficha Motion en el visor, que cambia el tamaño general del clip. Es posible que se modifique la proporción de una imagen.

- **Etiquetas:** Términos que aparecen en la columna Label del buscador, tal como "Best Take" (Mejor toma) o "Interview" (Entrevista). Las etiquetas pueden ade-

más asignarse a los clips y a los medios para ayudar a identificarlos. Cada etiqueta tiene un color concreto que se aplica también a los clips.

- **Export:** Opción que permite mover archivos o medios fuera de Final Cut Pro, a una gran variedad de destinos, mediante el uso de distintos codec. Esta opción permite convertir el formato de un archivo en varios formatos diferentes.

- **Exportar por lotes:** Posibilidad de exportar múltiples clips o secuencias mediante un único comando y de definir el orden de espera. Esta función es de gran utilidad cuando el proceso de exportación va a llevar mucho tiempo.

F

- **Faders:** Controles deslizantes del mezclador de audio que sirven para ajustar los niveles de audio de los clips que se encuentran en la misma posición que la barra de reproducción. Mediante estos controles, podemos ajustar el sonido basándonos en una escala de logaritmos que va desde +12 dB a -dB (silencio).

- **Fase:** Atributo de percepción del color, también conocido como matiz.

- **Favorito:** Efecto personalizado que se utiliza con frecuencia. Pueden crearse favoritos a partir de la mayoría de los efectos de Final Cut Pro.

- **Ficha de controles de vídeo panorámicos:** Ficha del banco de herramientas que contiene los cuatro controles panorámicos de vídeo de Final Cut Pro: monitor de forma de onda, control panorámico de vector, monitor Parade e histograma.

- **Fichas:** En Final Cut Pro, las fichas delinean los proyectos en el buscador, las secuencias en el lienzo y en la línea de tiempo, y las funciones en el visor. Se hace clic en una ficha para abrir un proyecto o para ir a una ventana de función específica, como vídeo, audio, filtros o movimiento. Las fichas también se pueden arrastrar al exterior de la ventana principal para crear una ventana separada.

- **Ficha Video Scopes:** Ficha del banco de herramientas que incluye los cuatro monitores de vídeo de Final Cut Pro: Waveform Monitor, Vectorscope, Parade Scope e Histogram.

- **Filtro De-interlace:** Filtro utilizado para convertir fotogramas de vídeo compuesto de dos campos entrelazados en un único fotograma unificado. Se emplea, por ejemplo, para crear una imagen estática de un objeto moviéndose a gran velocidad.

- **Filtro Luma Key:** Filtro empleado para eliminar un determinado valor de luminancia, mediante la creación de una máscara basada en las zonas más brillantes u oscuras de la imagen. Véase Keying y Matte.

- **Filtro Wide-screen matte de máscara de pantalla ancha:** Filtro que se emplea para agregar barras negras encima y debajo de una imagen de 4x3 que la corta a un formato de 16x9.

- **Filtros:** Efectos que pueden aplicarse a los componentes de audio o vídeo de un clip o secuencia. Los filtros afectan la calidad visual o auditiva del clip al que se aplican. Podemos emplear un filtro de vídeo para, por ejemplo, cambiar el color de una toma, o un filtro de audio para reducir el ruido de fondo o cambiar el timbre de una voz.

- **FireWire:** Marca registrada de Apple para el estándar IEEE 1394 empleado para conectar unidades externas y cámaras a un sistema. Dispone de una interfaz que permite desplazar archivos de vídeo y audio de gran tamaño al disco duro del sistema rápidamente.

- **Forma de onda de audio:** Representación gráfica del volumen de un sonido, durante un periodo de tiempo.

- **Formato de pantalla ancha no-anamórfico:** Formato que se emplea cuando el vídeo se tiene que adaptar a un monitor estándar de 4x3, poniendo el negro encima y debajo de la imagen.

- **Formato OMF (Open Media Framework):** Formato de intercambio de datos de edición.

- **Fotograma:** Imagen estática de un vídeo o una película. En el caso del vídeo, cada fotograma se compone de dos campos entrelazados. Véase Vídeo entrelazado.

- **Fotograma clave:** Punto en el que cambia el valor de un filtro, efecto de movimiento o nivel de audio. Debe haber al menos dos fotogramas clave que representen dos valores diferentes para poder apreciar el cambio.

- **Fotograma póster:** Fotograma representativo de un clip que se corresponde a la imagen en miniatura del mismo.

- **Frecuencia:** Número de veces por segundo que vibra un sonido o una señal, medido en ciclos por segundo o hercios.

- **Frecuencia de muestreo de audio:** Frecuencia o velocidad a la que se digitaliza o muestrea un sonido. La frecuencia estándar para audio digital es de 48 kHz; para CD es de 44,1 kHz.

- **Función de autoguardado (Autosave Vault):** Función que crea automáticamente copias de seguridad de todos los proyectos que estén abiertos en FCP, en intervalos regulares. Para que funcione, debemos activarla y definir dichos intervalos.

- **Fundido (Dissolve):** Transición entre dos clips de vídeo que consiste en que la imagen de salida se difumina, mientras aparece la imagen de entrada.

- **Fundido encadenado (Cross Dissolve):** Transición entre dos clips de audio que consiste en que el sonido de salida disminuye, mientras va aumentando el de entrada. Se emplea para que la transición entre dos cortes de audio se note menos.

G

- **Gama:** Curva que describe el modo en que aparecen los tonos medios de una imagen. Esta función no lineal, a menudo, se confunde con el brillo o el contraste de una imagen. Al cambiar este valor, sólo los tonos medios se ven afectados, sin alterar ni los blancos ni los negros. Suele utilizarse para compensar las diferencias existentes entre las tarjetas de vídeo de Macintosh y de Windows.

- **Ganancia:** Nivel de blancos en una imagen de vídeo, o volumen de una señal de audio.

- **Generadores:** Clips creados por Final Cut Pro que pueden utilizarse como fondos, títulos u otros elementos de diseño.

- **Giro panorámico:** Movimiento de la cámara de izquierda a derecha sin cambiar su posición.

- **Guión gráfico (Storyboard):** Serie de fotos que sintetizan el contenido, la acción y el flujo de un proyecto propuesto. Cuando se utiliza el buscador en vista de iconos, los clips se pueden organizar visualmente como en un guión gráfico. Cuando se arrastra en grupo a la línea de tiempo, los clips se editan juntos en el orden en que aparecen en la línea de tiempo, de izquierda a derecha, y de la línea superior a la línea inferior.

H

- **Herramienta Crop (Recorte):** Herramienta empleada para eliminar una cantidad específica del tamaño total del fotograma. Podemos eliminar la parte superior o inferior, o la parte izquierda o derecha de un clip, de manera independiente.

- **Herramienta de selección:** Cursor en forma de flecha que permite seleccionar objetos en la interfaz. Por ejemplo, se utiliza para seleccionar un clip o para editar un punto. Se puede seleccionar la herramienta de selección pulsando la tecla **A**.

- **Herramienta QuickView (Vista rápida):** Herramienta que brinda una alternativa para visualizar las creaciones fuera del lienzo mientras se trabaja. Aprovecha la capacidad que tiene Final Cut Pro de ocultar los fotogramas de la secuencia mientras que ésta es reproducida. Es una opción muy útil para la vista previa de compuestos y efectos complejos. Es también una excelente manera de ver cómo se ven las composiciones finales cuando se aumentan y/o se reducen en el lienzo mientras se hacen los ajustes.

- **Herramienta Razor Blade (Cuchilla):** Opción de la paleta de herramientas que le permite cortar el clip en dos ediciones diferentes y así poderlas manipular individualmente. También se utiliza como una manera rápida de separar fotogramas de un clip.

- **Herramienta Voice Over (Grabación de voz):** Herramienta que permite grabar audio en Final Cut Pro mientras se reproduce simultáneamente una sección específica de una secuencia desde la línea de tiempo. El audio se puede reproducir utilizando un dispositivo compatible con Sound Manager, como un dispositivo USB de captura de audio, una tarjeta de sonido PCI o un micrófono incorporado, o una cámara para grabación de DV.

- **Histograma:** Ventana que muestra la intensidad relativa de los valores de luminancia de un fotograma, desde el negro al super blanco. Es de gran utilidad a la hora de comparar dos clips y hacer que sus valores de brillo sean lo más parecidos posible.

- **Hueco:** Parte de la secuencia en la que no existe ningún elemento. Cuando se pasan a vídeo, los huecos de una secuencia aparecen como secciones en negro.

I

- **Icono:** Símbolo que representa un programa o archivo.

- **Imagen anamórfica:** Imagen grabada en un formato de ancho de pantalla que se reduce al tamaño 4x3.

- **Import File:** Opción que permite importar medios dentro de un proyecto de FCP.

- **Import Folder:** Opción que permite importar medios que ya se han organizado en carpetas en un proyecto de FCP y que mantienen aún los nombres de las carpetas y subcarpetas, así como su organización.

- **Importar:** Proceso que consiste en introducir archivos de diversos tipos dentro de un proyecto de Final Cut Pro. Los archivos importados pueden crearse en otra aplicación, capturarse mediante un dispositivo diferente o copiarse de otro proyecto de Final Cut Pro.

- **Imprimir a vídeo (Print to Vídeo):** Comando de Final Cut Pro que le permite procesar una secuencia y producirla en cinta de vídeo.

- **Inclinación:** Manera de inclinar la cámara hacia arriba y hacia abajo haciendo que la imagen se mueva hacia arriba y hacia abajo en el fotograma/recuadro.

- **IRE:** Unidad de medida de la luminancia de una señal analógica, establecida por el Instituto de Ingenieros de Radio (Institute of Radio Engineers).

J

- **JPEG (Joint Photographic Experts Group):** Formato de archivos de imagen que permite crear archivos gráficos con un alto grado de compresión. A menor compresión, mayor calidad de imagen.

K

- **Keying (Enmascarar):** El proceso de crear una máscara (key) para eliminar algún área específica del fondo y así poder hacer la composición de los elementos del primer plano contra un color de fondo diferente.

L

- **Línea de tiempo:** Ventana de Final Cut Pro que muestra la visualización cronológica de una secuencia abierta. Cada secuencia tiene su propia ficha en la línea de tiempo. Se puede utilizar la línea de tiempo para editar y organizar una secuencia. El orden de las pistas en la línea de tiempo determina el orden de las capas para la combinación de varias pistas de vídeo. Los cambios que se hagan a una secuencia en la línea de tiempo se ven al reproducir la secuencia en el

lienzo. Si se modifican los clips en el lienzo, los cambios son guardados con los clips en la línea de tiempo. Se debe observar que el lienzo y la línea de tiempo sólo dejan ver las secuencias que están abiertas en el momento.

- **Líneas de cebra:** Líneas diagonales animadas que aparecen sobre las áreas ilegales o sobre las áreas que están muy cerca de los límites legales de transmisión en una imagen. Las líneas blancas y negras se activan cuando se utilizan las opciones de revisión de rango de Final Cut Pro.

- **Loop:** Modo de reproducción que consiste en repetir la misma sección de un programa, definida por un punto de entrada y otro de salida.

- **Luma (Luminancia):** Valor que define las partes más brillantes de una señal de vídeo sin color (cromatismo).

- **Luminancia:** Véase Luma.

M

- **Marca de sincronización:** Marca que indica que el audio de una fuente distinta está sincronizado con el clip de vídeo seleccionado. Esta marca desactiva los avisos normales de desincronización.

- **Marcador de compresión:** Marcador creado en una película de Final Cut que indica el lugar donde DVD Studio Pro debe detenerse para modificar un fotograma I.

- **Marcador DVD:** Indicador de posición que se utiliza en DVD Studio Pro para marcar un capítulo.

- **Marcadores:** Indicadores de posición que pueden colocarse en un clip o secuencia para facilitar la tarea de encontrar un punto determinado a la hora de editar. Pueden también utilizarse para ajustar la sincronización entre dos clips, identificar secciones de música o marcar una palabra de referencia para el narrador.

- **Marquesina:** Líneas discontinuas animadas que resaltan un elemento seleccionado.

- **Máscara (key o mask):** Imagen o clip utilizados para definir zonas de transparencia en otro clip. Similar a un canal alfa.

- **Máscara de color:** Un clip que contiene un color sólido disponible en la carpeta de elementos generados.

- **Medidor UV (de unidad de volumen):** Medidor análogo para monitorizar los niveles de audio.

- **Mezcla de audio:** Proceso que consiste en ajustar los niveles de volumen de todos los clips de una secuencia editada, incluyendo la música, efectos de sonido, grabaciones de voz o sonido ambiente. La finalidad es conseguir que los sonidos sean armónicos.

- **Mezcla de fotogramas:** Proceso por el cual se insertan fotogramas ya mezclados en el lugar de fotogramas que se han duplicado en clips de movimiento lento, para que se reproduzcan con mayor suavidad.

- **Miniaturas:** El primer fotograma de un clip, representado a pequeño tamaño como referencia. En Final Cut Pro, la miniatura es de forma predeterminada el primer fotograma de un clip. Puede cambiar el fotograma utilizado como miniatura de un clip con la herramienta Scrub Video.

- **Modo Composite:** Una de las opciones del menú Modify que ofrece una gran variedad de métodos para combinar dos o más imágenes.

- **Modo Mastering:** Modo de la ventana Edit to Tape que permite crear elementos adicionales, tal como barras de color y tono, claquetas o cuentas atrás, para incluir en la cinta final.

- **Monitor de forma de onda:** Ventana de Final Cut Pro que muestra los niveles relativos de brillo y saturación del clip que se examina. Las puntas y caídas en las formas de onda visualizadas facilitan la visualización de la ubicación de las áreas más oscuras y más brillantes en la imagen.

- **Monitor de grabación:** Monitor que reproduce las versiones previsualizadas y terminadas de un proyecto cuando éstas se están imprimiendo en cinta. Un monitor de grabación corresponde al lienzo en Final Cut Pro.

- **MPEG:** Siglas de *Moving Picture Experts Group*, un grupo estándares de compresión para vídeo y audio que incluye MPEG-1, MPEG-2, MPEG-3 (conocido como MP3) y MPEG-4.

- **Muestreo:** Proceso por el cual el audio analógico es convertido en información digital. La frecuencia de muestreo de una cadena de audio especifica cuántas muestras son capturadas. Las frecuencias más altas de muestreo producen audio de mayor calidad. Ejemplos: 44.1K, 48K.

- **Multiclip:** Clip que permite agrupar varias fuentes como ángulos independientes y cortar ente los mismos, hasta 128 ángulos, de los cuales 16 se pueden reproducir al mismo tiempo.

N

- **Nivel de blanco:** Amplitud de una señal de vídeo analógica para obtener el blanco más brillante en una imagen, se representa en unidades *IRE*.

- **Nivel de negros:** Cantidad de zonas negras de una señal de vídeo. Este nivel se indica como 7,5 IRE en los EE.UU. y como 0 IRE para NTSC (Japón) y PAL.

- **Nivel de vídeo:** Medida del nivel (amplitud) de una señal de vídeo. Se mide utilizando un monitor de forma de onda en FCP.

- **NTSC:** Siglas de *National Television Systems Committee*. Estándar de retransmisión televisiva utilizado principalmente en Norte América, México y Japón, que consiste en 525 líneas por fotograma, 29.97 fotogramas por segundo y 720x486 píxeles por fotograma (720x480 para DV).

O

- **OMF:** Formato de intercambio de datos de edición.

- **Opacidad:** Grado de transparencia de una imagen, permitiendo la visualización de las imágenes posteriores.

- **Opciones de comprobación de rango:** Opciones que hacen posible que las líneas de cebra adviertan inmediatamente qué áreas de la imagen de un clip pueden salirse del rango legal de transmisión.

P

- **PAL:** Abreviatura de *Phase Alternative Line system* (Sistema de línea de fase alternativa). Es el estándar europeo de transmisión de televisión a color que consiste en 625 líneas por fotograma, que pasan a 25 fotogramas por segundo y 720x546 píxeles por fotograma.

- **Paleta de herramientas:** Ventana de Final Cut Pro que contiene las herramientas para editar, aumentar o reducir la imagen, o cortar o distorsionar elementos en la línea de tiempo. Todas las herramientas de la Paleta de herramientas se pueden seleccionar utilizando las teclas de acceso directo.

- **Panel Patch:** Sección de la línea de tiempo que contiene el audio, el origen y el destino, el bloqueo y la activación de pista además de los controles de selección de edición.

- **Pantalla azul:** Fondo de color azul sólido que se coloca detrás de un objeto para que después dicho objeto pueda extraerse e incluirse dentro de otra imagen.

- **Pantalla verde:** Fondo de verde sólido que se coloca detrás de un sujeto para que éste pueda extraerse e incluirse en otra imagen diferente.

- **Pegar atributos:** Capacidad de copiar atributos de un clip a otro y transferirlos (pegarlos) a otro clip del mismo tipo.

- **Pico:** Estímulo de sonido corto y fuerte que dura una fracción de segundo y que puede verse en un audiómetro digital que muestra el volumen absoluto de una señal de audio a medida que la reproduce.

- **PICT**: Formato nativo de imagen estática para Macintosh desarrollado por Apple. Los archivos PICT pueden contener imágenes vectoriales y de mapas gráficos, texto y un canal alfa.

- **Pista bloqueada:** Una pista cuyo contenido no se puede mover o cambiar. Las cuadrículas distinguen una pista bloqueada en la línea de tiempo. Se pueden bloquear y desbloquear pistas en cualquier momento haciendo clic en el control Lock Track de la línea de tiempo.

- **Pista de destino:** Luz amarilla que indica la pista que está activa.

- **Pistas:** Capas de la línea de tiempo que contienen los clips de audio o de vídeo en una secuencia. También se refiere a las pistas separadas de audio y de vídeo en cinta. Final Cut Pro deja utilizar hasta 99 pistas de vídeo y hasta 99 pistas de audio en una sola secuencia.

- **Píxel:** Abreviatura de "picture element", un punto en un vídeo o en una imagen estática.

- **Píxel cuadrado:** Píxel que tiene la misma altura y el mismo ancho. Los monitores de ordenador tienen píxeles cuadrados, pero el vídeo en NTSC y PAL no tiene píxeles cuadrados.

- **Píxel no cuadrado:** Píxel cuya altura es diferente que su anchura. Un píxel NTSC es más alto que ancho, mientras que un píxel PAL es más ancho que alto.

- **Post-producción:** Fase de la edición de películas, vídeos o audio que empieza cuando se acaba el proceso de grabación.

- **Post-roll:** Tiempo que una cinta continúa corriendo después del punto de salida de un punto de edición, normalmente de dos a cinco segundos.

- **Pre-roll:** Lapso de tiempo especificado, normalmente cinco segundos, que tienen las máquinas de cinta para que se puedan sincronizar ellas mismas con el ordenador de edición antes de hacer visualizaciones previas o ejecutar una edición.

- **Proc amp (Amplificador de procesamiento):** Pieza específica del equipo que le permite ajustar los niveles de vídeo en la producción.

- **Procesar:** Acción para procesar vídeo y audio con los efectos aplicados como transiciones o filtros. Los efectos que no están en tiempo real se deben procesar para que se puedan reproducir apropiadamente. Una vez procesados, la secuencia se puede reproducir en tiempo real.

- **Profundidad de color:** Gama de colores que pueden emplearse en una película o imagen. En los gráficos existen generalmente cuatro opciones: escala de grises y de 8, 16 y 24 bits. Cuanto más elevada es la profundidad del color, más variedad de colores hay disponibles, lo que implica a su vez más espacio de disco. El vídeo comercial suele ser de 24 bits, con 8 bits de información cromática por cada canal.

- **Proporción de aspecto:** La relación entre la anchura y la altura de una imagen. La televisión estándar tiene una proporción de aspecto de 4:3, mientras que HDTV tiene una relación de 16:9.

- **Proyecto:** Archivo, en Final Cut Pro, de nivel superior que contiene todos los medios asociados a un programa, incluidas las secuencias y los clips de diversas clases.

- **Punto central:** Punto que define la ubicación de un clip en un plano de coordenadas X/Y de la ficha Motion del lienzo.

- **Punto de anclaje:** Punto que se define en la ficha Motion y que se utiliza para centrar los cambios de movimiento realizados en un clip. El punto de anclaje de un clip no tiene que estar obligatoriamente en su centro.

- **Punto de edición:** (1) Punto que define la parte de un clip que vamos a editar en la secuencia. Entre los puntos de edición se incluyen los puntos de entrada, que especifican el comienzo de una sección determinada de un clip o secuencia, y los puntos de salida, que especifican el final de dicha sección. (2) Punto en la línea de tiempo de una secuencia editada en que convergen el punto de salida de un clip con el de entrada del siguiente.

- **Punto de entrada:** Punto de edición que determina el primer fotograma de un clip que se va a editar dentro de una secuencia.

- **Punto de salida:** Punto de edición que determina el último fotograma del clip que será editado en una secuencia.

Q

- **QuickTime:** Multi-plataforma de tecnología multimedia de Apple. Muy utilizada para la edición, la composición, CD-ROM, vídeo en Internet y más.

- **QuickTime streaming:** Adición de flujos de medios de Apple a la arquitectura de QuickTime. Se utiliza para visualizar el contenido de QuickTime en tiempo real en la Web.

R

- **Rango dinámico:** Diferencia, en decibelios, entre los sonidos de volumen más alto y los de volumen más bajo.

- **Reasignación temporal:** Proceso de cambiar un fotograma de un clip a otro punto temporal con respecto a la línea de tiempo. Todos los fotogramas de dicho clip desde el principio hasta el fotograma clave se aceleran o ralentizan para acomodar la nueva duración especificada.

- **Recorte:** Toma relacionada con el tema principal y que se da en el mismo fotograma de tiempo, tal como la reacción del entrevistador a una respuesta dada por el entrevistado. Puede utilizarse también para cubrir algún fallo técnico.

- **RGB:** Abreviatura de rojo (red), verde (green) y azul (blue) que son los tres colores primarios que constituyen el color de una imagen.

- **Región estática:** Área de una secuencia en la línea de tiempo que se bloquea de tal manera que se puede ver aún cuando se utiliza la barra de desplazamiento para ver otras pistas. Puede contener pistas de vídeo y de audio, o ambas.

- **Registrar:** Proceso que consiste en introducir información detallada sobre el material original, como por ejemplo los puntos de entrada y de salida, como paso previo a la captura.

- **Registro y captura:** Proceso que consiste en registrar los clips que deseamos capturar para capturarlos después mediante un dispositivo de control en la ventana Log and Capture.

- **Rehacer:** Acción para invertir una orden que reestablece el último cambio realizado en un proyecto.

- **Relación de aspecto de píxel:** Relación de anchura y altura para los píxeles que componen una imagen. Los píxeles en las pantallas de ordenador y en las señales de vídeo de alta definición son cuadrados (proporción 1:1). Los píxeles en las señales de vídeo de definición estándar no son cuadrados.

- **Rotación:** Acción para girar un clip sobre su punto de anclaje sin cambiar su forma.

- **RT Extreme:** Procesamiento de efectos en tiempo real escalado con el sistema.

S

- **Salto de corte:** Corte en el que se produce un cambio abrupto entre dos tomas, sin continuidad entre ambas.

- **Saturación:** Pureza del color. A medida que disminuye la saturación, el color tiende a pastel y luego a blanco.

- **SECAM (Sequentiel Couleur à Memoire):** Color secuencial con memoria. Estándar de reproducción de la televisión francesa. Similar a PAL, la frecuencia de reproducción es de 25 fps y el tamaño del cuadro es de 720x546.

- **Secuencia:** Conjunto editado de clips de vídeo, de audio o de gráficos. En Final Cut Pro, las secuencias pueden ser de una duración de hasta cuatro horas y pueden contener todos los clips necesarios para contar la historia. Una secuencia puede contener todo el programa editado o limitarse a una sola escena.

- **Segmento de sonido (SOT, sound on tape):** Segmento corto extraído de un clip de entrevista.

- **Selección vinculada:** Opción de la línea de tiempo que, al activarla, mantiene conexiones entre clips vinculados. Al desactivarla, los elementos vinculados se comportan como si no lo estuvieran.

- **Señal analógica:** Señal que consiste en un nivel de voltaje que varía continuamente, que se mide mediante un monitor de formas de onda que representa la información del vídeo y del audio. Las señales analógicas deben convertirse en señales digitales para poder utilizarse en Final Cut Pro. Los formatos analógicos más conocidos son VHS y Beta SP.

- **Slug**: Cuadro de vídeo negro sólido que se puede utilizar para representar un clip de vídeo que no ha sido ubicado en la línea de tiempo.

- **SMPTE (Society of Motion Picture and Television Engineers) (Sociedad de ingenieros cinematográficos y de televisión)**: Organización responsable de establecer los estándares de reproducción de vídeo como el estándar de código de tiempo SMPTE para la reproducción de vídeo.

- **Snapping**: Parámetro en la línea de tiempo que afecta el movimiento de la barra de reproducción. Cuando la función Snapping está activada, la barra de reproducción se adhiere a los marcadores o puntos de edición cuando la barra pasa cerca de ellos.

- **Solo**: Control de audio que permite aislar una pista de un grupo para poder escucharse sin tener que extraerla del mismo.

- **Sonido ambiente**: Tipo de sonido que incluye el ruido de fondo de una habitación, el ruido del tráfico y los sonidos atmosféricos.

- **Sonido natural**: Sonido ambiente procedente de la cinta de vídeo original.

- **SOT**: Acrónimo de *sound on tape* (sonido en cinta).

- **Spread**: Control de audio que permite ajustar el nivel de separación de los canales de estéreo.

- **Streaming**: Transmisión de medios en una intranet o en Internet.

- **Suavizado**: Proceso de crear una mezcla de sonido refinando los niveles de sonido, regrabando las secciones de diálogo defectuosas y grabando y agregando narración, música y efectos de sonido.

- **Super negro**: Negro que es más oscuro que los niveles permitidos por el estándar de ingeniería CCIR 601. El estándar de de la CCIR 601 para el negro es 7.5 IRE en los Estados Unidos y 0 IRE para PAL y para NTSC en Japón.

- **Superblanco**: Valor de grado de blanco que es más brillante que el valor normal aceptado de 100 IRE por el estándar CCIR 601.

- **Sync (sincronización)**: Relación entre la imagen de un sonido que se produce en un clip de vídeo (por ejemplo, una persona que habla) y el sonido correspondiente en un clip de audio. Mantener la sincronización del audio es de suma importancia cuando se está editando el diálogo.

T

- **Tercio inferior (Lower third)**: Líneas de texto utilizadas para identificar a una persona, lugar o cosa en un clip.

- **TIFF (Tagged Image File Format)**: Formato de archivo de imágenes unidas. Formato muy frecuente de mapas gráficos que manipula colores monocromáticos, en escala de grises y de 8 y 24 bits. Existen dos tipos de imágenes TIFF: con canal alfa o sin él.

- **Toma maestra:** Una sola toma de gran duración a partir de la cual se crean cortes más breves o close-up para completar la historia.

- **Toma OTS (Over the shoulder):** Toma en la que la parte posterior de la cabeza y los hombros de una persona están en el plano principal para crear así un marco para la toma.

- **Tono:** Color o pigmentación concreta, tal como el rojo.

- **Tonos medios:** La gama de valores medios de brillo de una imagen; ni los más brillantes ni los más oscuros.

- **Transición**: Efecto visual que se aplica entre dos ediciones.

- **Trazado de movimiento:** Trazado que aparece en el lienzo al seleccionar el modo Image+Wireframe y aplicar fotogramas clave de centro a un clip.

- **Trimming (Recorte)**: Función empleada para agregar o eliminar fotogramas desde el punto de entrada o desde el punto de salida de un clip. También se utiliza para afinar una secuencia editada haciendo muchos ajustes diminutos cuidadosamente.

U

- **Unidad RAID (Redundant Array of Independent Disks/ Matriz aleatoria de discos independientes):** Método para proveer a los editores no lineales con muchos gigabytes de almacenamiento de datos de alto rendimiento mediante la aplicación de formato a un grupo de discos duros para que actúen como un volumen de unidad sencillo.

V

- **Velocidad de datos:** También conocida como Frecuencia de datos o Data rate, se trata de la velocidad a la que se transmiten los datos, que se mide en megabytes por segundo (MB/seg.). Cuanto más elevada es la velocidad de datos de un vídeo, mayor es su calidad, aunque esto supone una mayor utilización de los recursos del sistema (velocidad del procesador, espacio libre en disco y rendimiento). Algunos codec permiten especificar la velocidad de datos máxima permitida para capturar una película.

- **Velocidad variable:** Alteración dinámica de la velocidad de un clip alternando entre los rangos de velocidades en movimiento hacia atrás o hacia delante.

- **Ventana Audio Meters:** Representación gráfica de los niveles de audio (volumen) de un clip o una secuencia. Se utiliza para definir cambios en los niveles de entrada o salida, y para comprobar la fuerza de la señal, y si se produce algún tipo de distorsión.

- **Ventana de edición por recorte:** Ventana de Final Cut Pro que muestra ambos lados de una edición: el punto de salida del clip que está terminando a la izquierda y el punto de entrada del clip que está empezando a la derecha. Se puede utilizar esta ventana para ajustar el punto de edición entre los dos clips con gran precisión, fotograma por fotograma.

- **Ventana de preferencias del usuario:** Ventana en la que se determina cómo se desea trabajar con los medios en Final Cut Pro.

- **Ventana Lienzo o Canvas:** Ventana en la que se visualiza la secuencia editada.

- **Ventana Log and Capture:** Ventana empleada para introducir información sobre los clips de las cintas originales y para capturar dichos clips, antes de comenzar el proceso de edición.

- **Vídeo digital:** Vídeo que se ha capturado, manipulado y almacenado con formato digital y que puede importarse fácilmente dentro del sistema. Los vídeos digitales pueden ser de varios formatos, tales como Digital-8, DVC Pro, DVCAM o DV.

- **Vídeo entrelazado:** Método de escaneado de vídeo que escanea primero las líneas impares (campo 1) y después las pares (campo 2), para después combinarlas en un único fotograma de vídeo. Este método se emplea en el vídeo de definición estándar.

- **Vídeo no entrelazado:** Representación estándar de imágenes en un ordenador, proceso conocido también como escaneado progresivo. El monitor muestra la imagen, dibujando línea a línea de arriba a abajo de la pantalla.

- **Vincular:** (1) Conectar diversos elementos de audio y vídeo para que cuando movamos, seleccionemos o eliminemos un elemento, esta acción afecte a todos los que están vinculados a él. (2) Conectar un clip al archivo de medios originales del disco. Si movemos, eliminamos o cambiamos el nombre de los archivos originales, los vínculos se rompen, por lo que los clips asociados al proyecto de Final Cut Pro pasan a ser clips offline.

- **Visibilidad de la pista:** Control situado al comienzo de todas las pistas sobre el que se puede hacer clic para activar y desactivar la visibilidad de pista. Las pistas que no se pueden ver no se reproducen en el lienzo ni en un monitor externo. Tampoco se pueden procesar o reproducir en cinta. Cuando una pista es invisible, aparece de un color oscuro en la línea de tiempo pero sus contenidos siguen en la secuencia y todavía se pueden editar.

- **Visor:** Ventana de Final Cut Pro que actúa como un monitor fuente. Se puede utilizar el visor para ver individualmente los clips originales y marcar los puntos de entrada y de salida preparándolos para editarlos luego en la secuencia. También se pueden personalizar las transiciones, modificar los filtros y visualizar y editar diferentes efectos. Los clips de la secuencia actual en la línea de tiempo se pueden abrir en el visor para refinar las ediciones, los efectos y el volumen de audio.

- **Vista previa:** Modo para reproducir una edición y observar cómo se ve sin efectuar realmente la edición.

- **Vista reticular:** Sustituto visual del clip que simplemente representa el contorno del marco de un clip de vídeo. Los clips en el visor y en el lienzo se pueden visualizar en modo reticular.

- **VTR/VCR Vídeotape Recorder/ Vídeocassette Recorder:** Videocámara que se utiliza para grabar imágenes y sonido en una cinta de vídeo.

W

- **Window burn:** Información sobre el código de tiempo y el código de máscara que se superpone a los cuadros de vídeo. Aparece normalmente en una franja situada debajo o encima del cuadro. De esta manera brinda información al editor sin oscurecer ninguna parte de la imagen.

Y

- **YcrCb:** Espacio de color en el que los formatos de vídeo guardan los datos. Tres componentes se guardan para cada píxel: uno para luminancia (Y) y dos para la información de color, Cr para la porción roja de la señal de diferencia de color y Cb la señal de diferencia de color azul.

- **YUV:** Señal de vídeo PAL de 3 canales con una luminancia (Y) y dos señales de diferencia de cromatismo de (UV). A menudo se utiliza incorrectamente para referirse al vídeo NTSC, el cual es YIQ.

Z

- **Zona segura de títulos:** Parte de la imagen de vídeo cuya visualización está garantizada en todos los aparatos de televisión. El área del seguro de título es el 80 por ciento de la parte interior de la pantalla. Para evitar que parte del texto en el vídeo quede oculta detrás del borde del aparato de televisor, se deben restringir todos los títulos o el texto al área de seguro de título.

- **Zoom:** Función para cambiar la visualización de una imagen en la línea de tiempo.

Índice alfabético

Y

Z